D1693831

Kinderarzt Karl Leven

Umschlagfoto vorn:
Karl Leven, März 1916 Dillingen/Saar

Dieses Buch erscheint mit Unterstützung
der Deutschen Gesellschaft für
Kinder- und Jugendmedizin.

© Verlag HENTRICH & HENTRICH
  Ganzer Straße 10, 16866 Teetz

Kein Teil dieses Buches darf ohne schriftliche Genehmigung des Verlages in
irgendeiner Form, durch Fotokopie, Mikroverfilmung, Digitalisierung,
Einspeisung in Datenbanken oder Online-Dienste oder irgendein anderes
Verfahren, reproduziert oder in eine von Maschinen, insbesondere von
Datenverarbeitungsmaschinen, verwendbare Sprache übertragen oder
übersetzt werden.
Sollten Rechteinhaber nicht ermittelt worden sein, bitten wir
um Verständnis und nachträgliche Mitteilung an den Verlag.
All rights reserved (including those of translation into other languages).
No part of this book may be reproduced in any form, by photoprinting,
microfilm, digitalisation or communication to the public in online-services
or in other means, no transmitted or translated into a machine language
without written permission from the publishers.

Druck: Brandenburgische Universitätsdruckerei und
  Verlagsgesellschaft Potsdam mbH

1. Auflage 2005
Printed in Germany
ISBN 3-938485-05-1

Lorenz Peter Johannsen

Kinderarzt Karl Leven

Lebensspuren – Todesspur

Reihe
»Jüdische Memoiren«
Herausgegeben von Hermann Simon
Band 13

HENTRICH & HENTRICH

Inhalt

GELEITWORT   6

I   LEBENSSPUREN

1	Eine Frage. Antworten und ein Schreibtisch.	10
2	Eine Todesanzeige als Lebensspur.	18
3	Der 7. Juni 1895.	21
4	Schulzeit und Studium. Krankheit (?)	23
5	Im Ersten Weltkrieg.	29
6	Examen. Medizinalassistent in Köln-Ehrenfeld.	35
7	Augusta-Hospital Köln. Der Doktorand.	44
8	Die Dissertation.	48
9	Akademische Lehrer. Ausbildung zum Kinderarzt.	52
10	Seltene Diagnose. Schwierige Therapie.	58
11	Wieder in Düren. Die Herkunft.	62
12	Die Praxis. Patienten.	75
13	Hochzeit. Die Familie.	86
14	Zeitsprung: April 2000. Besuch in Prestwich.	97
15	Kinder. Boykott. Ein Überfall.	108
16	In Düren wie überall in Deutschland.	113
17	Ausgrenzung. Entrechtung. Berufsverbot.	128
18	Zeitsprung: Oktober 1998/Mai 2000, Gedenken in Dresden und Jerusalem.	147
19	Brennende Synagoge. Brennende Praxismöbel.	153
20	Emigrieren?	166
21	Ausgeraubt und eingekreist. Ein abgelehnter Antrag.	177
22	In Aachen. Eine Geburt. „Man darf als Jude heute nicht krank sein."	194

II TODESSPUR

23	Deportationen.	202
24	Sonderzug DA 22.	212
25	Izbica. Sobibor.	227

III HINTERGRÜNDE

26	Kinderheilkunde – ein spezieller Blick zurück.	250
27	NS-Ideologie und Medizin.	258
28	Die Folgen. Alltagspraxis?	268

ANHANG

Zeittafel.	284
Quellen der Familiendaten.	287
Vorfahren von Karl Leven.	288
Verwandte von Karl Leven.	290
Familie Lachs.	292
Anmerkungen und Zitatnachweise.	294
Verwendete Literatur.	342
Abkürzungen.	348
Dank.	349
Biografische Notiz.	351
Abbildungen, Quellen.	351
Distrikt Lublin.	353

Geleitwort

Gedenken wurzelt tief in der jüdischen Tradition. Aus dem Leben von Jahrtausenden kommen bedeutsame Erfahrungen: Geschichte ist nie vorbei. Das Vergangene beeinflusst die Gegenwart. Erinnertes weist Wege in die Zukunft und vermittelt Orientierung.

Gedenken bestimmt im Judentum das Bild vom Menschen. Wegen seiner von Gott begründeten persönlichen Würde gebührt jedem Menschen sein Gedächtnis. Darin bleiben Name und Leben anwesend. Begegnung ist möglich, auch über den Tod hinaus.

Gedenken gehört nach jüdischer Denkweise wesentlich zum Leben der Gemeinschaft. Die Generationen sind auf diese Weise verbunden. Das Wissen um eine gemeinsame Herkunft und Geschichte schafft Identität und begründet das Miteinander.

Ich bin dem Dürener Kinderarzt Dr. Lorenz Peter Johannsen dankbar, dass er kompetent und engagiert Leben und Wirken seines jüdischen Kollegen Dr. Karl Leven aufgearbeitet und in einer Darstellung präsentiert hat. Das Gedächtnis an Dr. Karl Leven und die vielen anderen jüdischen Dürenerinnen und Dürener, die in der Zeit der nationalsozialistischen Gewaltherrschaft diskriminiert, verfolgt, zur Emigration gezwungen, inhaftiert, gequält und zahlreich ermordet wurden, gilt es zu bewahren. Jede und jeder einzelne unter den Opfern haben ihre unverlierbare Würde. Es ist unsere Verantwortung und Verpflichtung, diese nicht ins Vergessen sinken zu lassen. Das Buch über Dr. Karl Leven lässt uns teilhaben an seiner Lebensgeschichte und am Schicksal seiner Familie und Freunde. An der detaillierten Biographie lässt sich das verlorene jüdische Leben in Düren in seiner Bedeutung für unsere Stadt und ihre historische Entwicklung erahnen. Am konkreten Beispiel erfahren wir anschaulich, eindringlich und zugleich anrührend, wovon uns Geschichtsbücher oft nur allgemein zu berichten vermögen.

Ich danke Herrn Dr. Lorenz Peter Johannsen, dass dieses wichtige Buch erscheinen konnte.

Paul Larne
(Bürgermeister)

Dedicated to Ruth und Werner
and their families

I LEBENSSPUREN

1
Eine Frage.
Antworten und ein Schreibtisch.

„Warum interessieren Sie sich eigentlich für Karl Leven?"

Seit Jahren hatte ich immer wieder Vorträge über meinen früheren Berufskollegen gehalten und war nun dabei, dieses Buch zu schreiben. Für manche schien diese Frage interessanter zu sein als Dr. Levens Lebensgeschichte. Meine Antwort, beide hätten wir in derselben Stadt gelebt und beide als Kinderärzte in ihr gearbeitet – wenn auch um eine Generation getrennt – schien nicht immer zufrieden zu stellen, vielleicht auch zu irritieren. Es gab zwar noch weitere Parallelen: Dass wir jeweils im Alter von 36 Jahren mit unserer Arbeit in Düren begonnen hatten, dass aus unseren Ehen jeweils drei Kinder hervorgingen und dass die Kinderfolge die gleiche war – ein Sohn, eine Tochter und ein weiterer Sohn. Aber das alles hatte mit meinen Recherchen nichts zu tun. Im Gegenteil, abgesehen von diesen Zufälligkeiten sind unterschiedlichere Lebensläufe nicht vorstellbar.

Meistens fragte man, vielleicht aus Höflichkeit, nicht weiter nach. Oder dachte man etwa an ein Schlüsselerlebnis des Autors oder auch an eine belastete Vergangenheit seiner Familie? Aber über ein besonderes Motiv konnte ich meinen Gesprächspartnern nichts berichten, so wie es auch unergiebig zu sein schien, über meine eigene Familie genauer nachzudenken. Oder doch nicht so ganz? Ich werde darauf zurückkommen.

Es begann mit einem Buch. In einer Dokumentation über die Jüdinnen und Juden in Düren während der NS-Zeit wird Familie Leven erwähnt.[1] Eine Leserin machte mich darauf aufmerksam, dass ein jüdischer Berufskollege von mir in dieser Stadt – die seit 35 Jahren auch meine Heimatstadt ist – gelebt und gearbeitet hat.[2]

Den Anstoß zu weitergehenden Nachforschungen gaben zwei Besuche, zwischen denen zehn Jahre lagen. 1988 und 1998 kamen Jüdinnen und Juden, die früher in Düren gelebt hatten, auf Einladung des Rates der Stadt Düren aus aller Welt in ihre alte Heimatstadt. Beim ersten Mal, fünfzig Jahre nach der Pogromnacht, waren es achtzig Personen, zehn Jahre später waren es noch dreißig. Zu einem dritten Besuch kam es im Juli 2003, dieses Mal waren auch Kinder und Enkel eingeladen. 1998 hatte ich mich bei allen Besuchern nach Familie Leven erkundigt. Dr. Leven war zwar vielen als ihr Kinderarzt aus der Hohenzollernstraße erinnerlich, niemand konnte jedoch näheres über ihn berichten. Aber der vermeintliche Mangel an belegbaren Fakten war da schon längst zu einer Herausforderung geworden.

Beim ersten Besuch geschah etwas aus heutiger Sicht selbstverständliches, das damals aber ganz unerwartet war: Der Holocaust, für mich bisher ein mehr oder weniger gut bekanntes „historisches" Geschehen, bekam Gesicht und Stimme. Es waren besonders die Gespräche in kleiner Runde, die die Vergangenheit unmittelbar in die Gegenwart trugen. Beim zweiten Besuch wurde mit Abraham und Ruth Loewy aus Moledeth und mit Neomi Pelzig aus Haifa ein Besuch in Israel vereinbart, der im Mai 2000 zustande kam und der einen Besuch der Gedenkstätte Yad Vashem einschloss.

Während ich immer mehr über die Vertreibung und Vernichtung der deutschen und europäischen Juden erfuhr, irritierte mich zunehmend ein Gedanke, ausgelöst durch ein Wort von Jorge Semprun, der das Konzentrationslager Buchenwald überlebt hatte. Semprun hatte über die Konzentrationslager und *das kollektive, abstrakte Grauen, in dem die Individuen sich verloren*, geschrieben.[3] Zunächst hatte ich nur die irrationale Vorstellung, das Grauen und das Verlorengehen für Familie Leven nicht zu akzeptieren. Dann verstand ich: wenn es bei diesem unverbindlichen Gedankenspiel nicht bleiben sollte, hatte ich Konsequenzen zu ziehen.

Das bedeutete, historische Quellen geduldig zu studieren, eine Vielzahl von Daten und Fakten zu sammeln, Zeitzeugen zu suchen und Gespräche mit ihnen zu führen, schließlich alles zu ordnen und in eine lesbare Form zu bringen, um Karl Levens familiäre und berufliche Lebensgeschichte öffentlich zu machen. Der gelegentlich zu hörende Einwand, doch nur „so wenig" von Karl Leven zu wissen, wurde für mich bald bedeutungslos, allenfalls verstärkte sie erneut die Suche nach zeitgeschichtlichen Zeugnissen. Zum Schluss hatte ich den Weg des 47-jährigen Kinderarztes und seiner Familie in den Tod zu verfolgen. Er führte mich „in den Osten", wie das Ziel der Deportationszüge damals verschleiernd hieß, nach Polen, in das Todeslager Sobibor.

Es waren ganz unterschiedliche Bereiche aus der Lebenswelt meines jüdischen Berufkollegen, über die ich mich kundig machen musste: etwa über die Rolle jüdischer Ärzte im deutschen Gesundheitswesen, besonders über die Bedeutung jüdischer Pädiater für die deutsche Kinderheilkunde; über Karl Levens akademische Lehrer; über die Kliniken, an denen er gelernt und gearbeitet hat; über die Geschichte der jüdischen Bevölkerung in Düren; über die Teilnahme jüdischer Soldaten am Ersten Weltkrieg – Karl Leven hatte zu ihnen gehört; über das Verhältnis der Bewohner seiner Heimatregion zum Nationalsozialismus und zu ihren jüdischen Nachbarn; über die Ausschaltung jüdischer Ärzte aus ihrem Beruf durch die nichtjüdische Ärzteschaft; über die Gleichschaltung der deutschen Ärzteschaft gleich zu Beginn der NS-Zeit und über den Weg, den die deutsche Medizin und besonders die Kinderheilkunde im Zeichen des nationalsozialistischen Rassismus nahm; über die Vertreibung deutscher Juden aus ihrer Heimat und über die Isolierung derer, die nicht emigrieren konnten oder wollten; über die Reaktion christlicher Gemeinden auf die

Schutzsuche von jüdischen Nachbarn; über die Methoden, die die Organisatoren des Holocaust ersannen, vorbereitet durch die tausendfachen Euthanasiemorde; über den Deportationszug DA 22 am 15. Juni 1942.

In pädiatriegeschichtlichen Veröffentlichungen ließ sich das Muster der antisemitischen Verfolgung und Vertreibung am besten am Beispiel prominenter jüdischer Kinderärzte erkennen. Sie waren als Wissenschaftler oder durch leitende Funktionen hervorgetreten. Hier gab es gut dokumentierte Lebensläufe und Berufswege, Veröffentlichungen in Fachzeitschriften und Büchern, Briefe aus dem Exil, Aussagen von Nachkommen und Verwandten. Viele Materialien sind in aufwändigen Recherchen gesammelt und dargestellt worden.[4] Die Deutsche Gesellschaft für Kinderheilkunde hat in beispielhafter Weise einen Forschungsauftrag über die jüdischen Kinderärztinnen und Kinderärzte formuliert und finanziert. Aber ich wollte es bei der Aufnahme der Kurzbiographie des außerhalb seiner Heimatstadt unbekannten, in eigener Praxis niedergelassenen Kinderarztes Dr. Karl Leven in die verdienstvolle Monographie Eduard Seidlers nicht belassen. Es war wohl auch zeittypisch, dass meine pädiatrische Fachgesellschaft ihre Initiative in demselben Jahr 1995 auf den Weg brachte, als ich, unabhängig von diesem Forschungsprojekt, über das ich zunächst nicht informiert war, mit meiner Suche nach Spuren von Karl Leven begann.

Für die Schilderung meiner Recherchen nach zeitgeschichtlichen Fakten und biographischen Daten schien mir eine Form am geeignetsten zu sein, die sich mit „Werkstattbericht" umschreiben lässt. Sie erlaubt zu zeigen, wie eine solche Suche nach Lebens- und Todesspuren verlaufen und auf welche Wege sie führen kann. Einige erzählende Textanteile sind damit zwangsläufig verbunden. Für Romanhaftes oder Fiktives ist kein Platz. Alle Fakten werden, wo immer möglich, durch Quellen belegt. Worte der Unschärfe – so dürfte es gewesen sein; es muss angenommen werden; vielleicht; wahrscheinlich – wiederholen sich dennoch oft genug. Sie begleiten meine Suche seit Jahren.

Auf dem Weg zur Annäherung an Familie Leven lagen Leseerfahrungen von besonderer Intensität. Als herausragend nenne ich: Ruth Klüger: „Weiter leben", die Tagebücher von Victor Klemperer, Jorge Sempruns Bücher über seine Haftzeit im Konzentrationslager Buchenwald, Istvan Kertesz: „Roman eines Schicksallosen" und „Kaddisch für ein nicht geborenes Kind". Die amerikanische Fernsehserie über den Holocaust und der Film „Schindlers Liste" von Steven Spielberg wurden in ihrer erschütternden Wirkung von Claude Lanzmanns Dokumentarfilm „Shoa" übertroffen. Zweifellos waren diese Erlebnisse motivierend für mein Vorhaben. Die Besuche der Konzentrationslager Buchenwald, Auschwitz, Majdanek und Sobibor, der Gedenkstätten Yad Vashem in Jerusalem und im Imperial War Museum in London sind untrennbar mit meiner Spurensuche verbunden und gehen doch weit über sie hinaus.

Schon zu Beginn meiner Untersuchungen über Karl Leven stellte sich mir, fern von allen Spekulationen oder Projektionen, eine beunruhigende Frage: Gab es vielleicht eine Privatgeschichte meiner Familie, die einen Anteil an der nationalsozialistischen Judenpolitik hatte – so marginal dieser auch sein mochte? Weiter gefragt: War das Leben meiner nationalsozialistisch eingestellten Familie – Belege für diese Feststellung folgen – lediglich eine zeitliche Parallele zu dem Leben der Familie Leven oder hatte es vielleicht ein subtiles Bedingungsgefüge zwischen diesen so verschiedenen Lebenswegen gegeben? Vielleicht musste ich ja nur etwas genauer hinsehen und mich nicht selbst abspeisen mit der in den ersten Jahrzehnten nach der NS-Diktatur – und oft noch bis heute – verbreiteten „individualbiographischen Diskretion"[5], die apologetisch auch meiner Familie nahe legte, dass man ja doch in einer nach Millionen zählenden Gemeinschaft ganz normaler Familien gelebt habe. Es schien auch keinen vernünftigen Einwand gegen die in der Generation meiner Eltern gängige Argumentation zu geben, dass die meisten Menschen zwar zu einem zeitgemäßen völkischen und deutsch-nationalen Denken neigten, wobei eine antisemitische Einstellung gar nicht einmal geleugnet wurde, dass sie die fatalen Folgen aber zu Beginn der NS-Zeit kaum hätten vorausahnen können. Wäre es nicht spitzfindig und spekulativ, wenn nicht gar betroffenheitsbeflissen, über dieses allgemein akzeptierte Konstrukt hinauszudenken?

Um nicht in ein unhistorisches Fahrwasser mit moralischen Untiefen zu geraten, musste ich das eigene Familienarchiv als Quelle heranziehen. Familienbiographische Relikte, von denen nur wenige ausgewählte folgen sollen, haben unterschwellig aber ständig meine Arbeit über Dr. Leven begleitet. Ob sich aus ihnen Schlussfolgerungen ziehen lassen – und wenn ja, welche – überlasse ich dem Urteil der Leserin, des Lesers.

Das Parteibuch meines Vaters ist erhalten. Er gehörte seit dem 1. Mai 1933 der Nationalsozialistischen Deutschen Arbeiterpartei an. Neben dem roten Buch mit dem golden eingepressten „Hoheitsadler" liegt das ausgefranste Blatt der „Entscheidung" der Entnazifizierungskommission vom 3. Februar 1948. Ein Schuldspruch ist daraus nicht ersichtlich, nur der Hinweis: „fällt nicht unter § 7", was einer Einstufung als Mitläufer entsprach. In seinen Lebenserinnerungen, die mein Vater im Alter von 75 Jahren aufzeichnete, nannte er sich selbst ein „Märzveilchen", was eigentlich eine damals halb scherzhaft-ironische, halb herabsetzende Bezeichnung für Österreicher war, die seit dem März 1938, dem „Anschluss" Österreichs an Deutschland, in großer Zahl in die NSDAP eingetreten waren.

Zeitweise trug der Vater die braune Uniform der DAF (Deutsche Arbeitsfront). Feldgrau war nie an ihm zu sehen: Er hatte als Geschäftsführer einen kriegswichtigen Betrieb der Lebensmittelversorgung im „Gemeinschaftswerk der Deutschen Arbeitsfront" zu leiten und war vom „Dienst mit der Waffe" befreit. Noch kurz vor Kriegsende erwarb er ein besonders kostbares Exemplar von Hitlers „Mein Kampf": Ein Buchbindergeselle hatte damit sein Meisterstück abgelegt und einen großformatigen Prachtband in rotem Leder mit Goldprägung geschaffen, der vor dem Einmarsch der amerikanischen Truppen in Thüringen in Ölpapier eingeschlagen und in einem tiefen Loch im Garten vergraben wurde.

In den Aufzeichnungen meines über siebzigjährigen Vaters finden sich die bekannten nationalsozialistischen Denkmuster. So wunderte er sich noch 1977 über „Herrn Wagner", den jüdischen Eigentümer einer Lebensmitteleinzelhandelskette, dessen Betrieb 1933 während der ersten Phase der Arisierung in „arische" Hände übergegangen war und in dem mein Vater Buchhalter war: *Es handelte sich hier also um die Übernahme von jüdischen Geschäften, die seitens der Verkäufer freiwillig zu ordentlichen Kontrakten, also nicht unter Druck, erfolgte. Die genauen Bedingungen habe ich nicht gekannt.* Herr Max L., der „arische" Geschäftsführer, *schlug Herrn Wagner vor, als eine Art Berater, evtl. Verkaufsleiter tätig zu bleiben und Herrn Wagner bat, Vorschläge auszuarbeiten. Mir persönlich war das nicht sympathisch, ich sah Kompetenzstreitigkeiten voraus. Groß war unsere Überraschung, als wenige Tage später alle Wagners samt Möbeln etc. verschwunden waren. Wir haben nie wieder etwas von ihnen gehört.*

Später, ab Juli 1944, übernahm der Vater einen Betrieb des Gemeinschaftswerkes der DAF Erfurt mit angeschlossener Brotfabrik. Damit wurde er verantwortlich für die Brotlieferungen an das nicht weit entfernte Konzentrationslager Buchenwald. Gleich zu Beginn stellte er fest, dass die laut einer Verordnung zuzufügende Beimischung von zehn Prozent Rübenschnitzeln zum Brotteig bisher unterblieben war. Der Backmeister habe das aus Qualitätsgründen abgelehnt, Kontrollen seien bisher nie gemacht worden. Der Vater beließ es dabei, obwohl ein derartiger Verstoß gegen eine verbindliche Anordnung eine empfindliche Strafe nach sich ziehen konnte. Empört registrierte er viele Jahre später, dass der Schauspieler Ernst Deutsch, der das Konzentrationslager Buchenwald überlebt hatte, in einer Ansprache *anlässlich irgendeines Gedenktages […] mit großer Erschütterung in der Stimme von Brot mit Sägespänen* [sprach], *das sie essen mussten*.[6] Der Vater unterstellte Ernst Deutsch, bewusst gelogen zu haben, und schreibt, es sei ja absolut denkbar, dass auch weitere *Schauergeschichten über unsere Verbrechergeneration* genauso leicht zu widerlegen seien. Ein Wort des Bedauerns oder der Scham über die Konzentrationslager ist in den Aufzeichnungen meines Vaters an keiner Stelle zu finden.

Bei mir selbst, 1933 geboren, kam es zwangsläufig durch Schule und Elternhaus zu frühen Prägungen: In meiner Schulfibel für das erste Schuljahr, das ich 1939 besuchte, kann ich heute noch die rührselige Propagandageschichte nachlesen, in der sich Adolf Hitler tröstend über einen kleinen weinenden Jungen beugt, der Peter (!) heißt. Peter hatte seinen älteren Bruder in der den „Führer" bejubelnden Menschenmenge verloren. Natürlich ist es der „Führer", der den kleinen Peter persönlich zu seinem Bruder bringt.[7]

Über meinem Bett, dem Bett eines zwölfjährigen „Hitlerjungen", hing bis zum Ende des Krieges ein Foto des „Führers" mit faksimilierter Unterschrift und dem Hitlerzitat „Der deutsche Junge muss schlank und rank sein, flink wie ein Windhund, zäh wie Leder und hart wie Kruppstahl". Der Aufforderung der Mutter folgend wurde der „Führer" zusammen mit der Bitte um den „Endsieg" in das Nachtgebet eingeschlossen.

Der Erinnerungsfaden ließe sich fortspinnen, aber Anekdotisches dieser Art dürfte als kollektive Erinnerung, endlos variiert, in vielen Familien überlebt haben und sich heute noch aus dem Gedächtnis vieler Einzelner abrufen lassen. Während des Zweiten Weltkrieges gab es in Deutschland Hunderttausende von Kindern in meinem Alter. Ich weiß nicht, welche Bedeutung diese frühen Erfahrungen für ihr späteres Leben hatten (und bis heute haben). Ruhen sie, ohne weiteren Schaden anzurichten, halb oder ganz vergessen in einer Schutzzone familiären Desinteresses? Eine weitere Frage wäre, ob solche Bruchstücke eines privaten Erinnerns Einblicke in die Zeitgeschichte möglich machen. An literarischen Beiträgen dazu herrscht kein Mangel.[8]

Vor mir, auf meinem Schreibtisch, liegen Kladden mit Notizen, Mappen mit Briefen, kopierte Dokumente, Artikel und Stapel von Büchern. – Auf meinem Schreibtisch? Er war Anfang oder Mitte der 30er Jahre in die Familie meiner Frau gekommen, die in einem mehrgeschossigen „Berliner Haus" in Berlin-Pankow lebte. Dass er einer jüdischen Familie gehört hatte, ist nie ausdrücklich erwähnt worden. Es ist eben nur eine Familie gewesen, die im gleichen Haus gewohnt hat und die eines Tages plötzlich ausgezogen ist, ohne ihre Möbel mitzunehmen.

2
Eine Todesanzeige als Lebensspur.

Einige Jahre nachdem ich meine Recherchen aufgenommen hatte, bin ich auf diese neue Spur gestoßen. Immer wieder lese ich die Todesanzeige in der „Dürener Zeitung" vom 6. September 1929:[1]

Statt besonderer Anzeige. Heute früh um 3 $\frac{1}{2}$ Uhr entschlief sanft nach langer schwerer Krankheit mein geliebter Mann, unser treusorgender Vater, Schwiegervater, Großvater, Bruder, Schwager und Onkel – HERR HERMANN LEVEN im Alter von 77 Jahren. – In tiefer Trauer: Frau Hermann Leven, geb. Heimann, Dr. med. Karl Leven, Johanna Lachs, geb. Leven, Berta Leven, Alfred Leven, Richard Lachs, Ruth und Werner Lachs.
Düren (Hohenzollernstr. 13), Magdeburg, Köln – Bayenthal, Unna i. W., den 6. September 1929 – Die Beerdigung findet statt am Sonntag, den 8. ds. Mts. nachmittags 3 Uhr vom Sterbehause aus.

Ich versuche herauszufinden, welche Namen zu welchen Verwandtschaftsbezeichnungen und zu welchen Wohnorten gehören könnten.

Dass Alfred Leven ein (weiterer) Sohn von Hermann Leven – und also ein Bruder Karl Levens – war, steht außer Frage: Sein Name ist mir bereits in einer „Dokumentation über die Jüdinnen und Juden in Düren 1933–1945" begegnet.[2] Alfred Leven wurde am 18. 9. 1902 geboren.

Unna als Wohnort eines Leidtragenden und die Bezeichnung „Bruder" lässt an Max Leven denken, den 1855 geborenen Bruder von Hermann Leven. Allerdings wird Max in der Anzeige namentlich nicht erwähnt. Er soll noch 1938 in Unna gelebt haben.[3]

Eine Schwester von Hermann Leven, Amalia, geb. 1851 und mit Moses Berg (1852–1918) verheiratet, war 1920 gestorben.[4] Ihr gemeinsamer Grabstein findet sich heute noch auf dem gleichen Friedhof wie der ihres Bruders und Schwagers. „Onkel" war Hermann Leven für ihre 1883 geborene Tochter Mathilde Berg.[5]

Magdeburg dürfte sich auf Karl Leven beziehen: Mir ist bekannt, dass er in der dortigen Kinderklinik unter Prof. Albert Uffenheimer seine Ausbildung zum Kinderarzt erhielt.[6]

Die Namen von Johanna Lachs geb. Leven, Richard Lachs, Ruth und Werner Lachs sowie Berta Leven begegnen mir bei der Durchsicht der Todesanzeige zum ersten Mal. So bleiben die Bezeichnungen Schwiegervater, Großvater und Schwager zunächst ohne Zuordnung. Später erfahre ich, dass Johanna, geboren am 4. September 1896, und Berta, geboren am 19. Oktober 1899, Töchter von Hermann und Sara Leven waren.[7] Die Schwestern standen also in der Geschwisterfolge zwischen ihren Brüdern Karl und Alfred.

Richard Lachs musste demnach Johannas Ehemann sein, der verstorbene Hermann Leven somit sein Schwiegervater. Ruth und Werner Lachs waren vielleicht Kinder von Johanna und Richard, „Großvater" bezöge sich auf diese Enkel. Köln-Bayenthal musste der Wohnort der Familie Lachs sein. Später finde ich über den aus Hochkirchen stammenden und 1895 geborenen Richard Lachs heraus, dass er 1915 nach „Köln-Kalk" übergesiedelt sei.[8] Aber zunächst habe ich über die – vermutlich – vierköpfige Familie Lachs keinerlei Kenntnisse.

Ich suche weiter und gehe die langen Listen der aus Köln deportierten Juden nach dem Namen Lachs durch.[9] Karl Levens Schwester Johanna ist nicht dabei, ebenso wenig ihr Mann Richard und ihre – mutmaßlichen – Kinder Ruth und Werner. Auch im „Gedenkbuch – Opfer der Verfolgung der Juden unter der nationalsozialistischen Gewaltherrschaft in Deutschland 1933 – 1945"[10] finde ich ihre Namen nicht.

Nach Jahren einer immer wieder unterbrochenen und neu aufgenommenen Suche nach Lebensspuren von Karl Leven schimmert plötzlich eine Hoffnung auf: sollte es Überlebende der Familie Leven geben? Ruth und Werner Lachs würden etwa meiner Generation angehören. Sie wären jetzt über siebzig Jahre alt. Wenn die Geschwister dem Holocaust entkommen wären, könnten sie noch leben. Aber wo sollte ich sie suchen und wie sie finden?

Regina Müller aus Düren-Gürzenich hatte 1989 eine Dokumentation zur Geschichte der Juden im alten Landkreis Düren verfasst.[11] Diese mit großem Fleiß und innerer Anteilnahme erarbeitete Sammlung einer Fülle von Namen, Daten, Wohnorten und von Zeugnissen der Verfolgung und Vernichtung war in einer nur kleinen, nicht mehr erhältlichen Auflage erschienen. So hatte ich erst spät von ihrem Buch erfahren. Inzwischen waren Regina Müller und ich Gesprächspartner geworden. Familie Lachs aus Hochkirchen war in ihrem Buch erwähnt worden. Auf meine Anfrage hin fällt ihr in ihrem unerschöpflichen Gedächtnis ein, dass der Name Lachs vor etlichen Jahren in einem Schriftwechsel mit einer Briefpartnerin aus Manchester vorgekommen sei.

Im Dezember 1999 informiert mich die internationale Telefonauskunft über einen oder eine „W. Lachs" in Prestwich bei Manchester. Ich wähle die Nummer, eine männliche Stimme meldet sich. Als ich frage, ob ich mit Werner Lachs spräche und ob seine Mutter Johanna, mit Mädchennamen Leven hieß, habe ich meine Stimme kaum unter Kontrolle. Die Fragen werden verwundert bejaht. Ich berichte dem Neffen Karl Levens von meinen Nachforschungen. Lange Briefe und Telefonate folgen.

Vier Monate später fliege ich nach Manchester und besuche Werner Lachs und seine in der Nähe lebende Schwester Ruth. Ihre Eltern waren mit ihnen im Juli 1939 nach England emigriert, nachdem sie die Hoffnung, Deutschland verlassen zu können, fast schon aufgegeben hatten. Ich nehme im Gedächtnis und im kleinen Reisegepäck alles mit, was ich über ihre Familie und über ihren Onkel, den Kinderarzt Dr. Karl Leven, erfahren habe.

3
Der 7. Juni 1895.

Am 7. Juni 1895 ist der in Düren erscheinenden „Rurzeitung" ein Bienenschwarm eine Meldung wert. Die Dürener erfahren, dass die Bewohner der oberen Kölnstraße *heute kurz nach Mittag das gewiß seltsame Schauspiel des Einfangens eines Bienenschwarms beobachten* konnten. Ein Bienenzüchter hatte nach langem Suchen den ausgebrochenen Schwarm an einem Baume auf dem kleinen Höfchen an der Sakristei der Ursulinenkirche gefunden. *Am meisten Verwunderung erregte die Kühnheit, mit welcher der Bienenvater inmitten der Tausende aufgeregter Bienen herumhantierte*[1].

Am gleichen Tag wird aus London über einen Dr. Klein berichtet, der im „British Medical Journal" festgestellt hatte, dass die Untersuchung bei dem Todesfall in „Saortditsch" keinerlei Anhaltspunkte für das Vorhandensein einer „asiatischen Cholera" ergeben hatte. In Berlin wird mitgeteilt, dass die „Agitation der Impfgegner gegen die Schutzpockenimpfung wieder mit besonderer Lebhaftigkeit betrieben" wird, und dass diese „insbesondere auch in ärztlichen Kreisen neuerdings mehr Unterstützung als früher zu finden" scheint, wofür die „jährlich [sich] mehrenden Impfbefreiungen" sprächen.[2]

An diesem 7. Juni 1895 wird Karl Leven geboren, „Sohn des Gütermaklers Hermann Leven", wie man am 14. Juni in der „Rurzeitung" unter „Civilstand der Stadt Düren", Rubrik Geburten, lesen kann.[3] Karl Levens Mutter, Sara, geb. Heimann, ist bei der Geburt ihres ersten Sohnes 26 Jahre alt, sein Vater, Hermann Leven, ist 43 Jahre.

Drei Monate vor der Geburt des kleinen Karl, am 6. März 1895, hatte ein Stenograph im Deutschen Reichstag in Berlin den folgenden Debattenbeitrag protokolliert: *Es ist ganz gewiß, es gibt manchen Juden bei uns, dem man Schlimmes nicht nachreden kann. Wenn man gleichwohl die Gesamtheit der Juden als schädlich bezeichnet, so weiß man, daß die Rasseneigenschaften dieses ganzen Volkes derartige sind, daß sie sich mit den Rasseneigenschaften der Germanen für die Dauer nicht vertragen, und daß jeder Jude, der in diesem Augenblick noch nichts schlimmes gethan hat, doch in Zukunft unter gegebenen Verhältnissen das wahrscheinlich thun wird, weil seine Rasseneigenthümlichkeiten ihn dazu treiben*[4].

Ob den werdenden Eltern dieser Redebeitrag aus dem fernen Berlin bekannt wurde? Hätte er sie beunruhigt oder waren derartige Äußerungen für sie nicht ungewöhnlich? Waren sie antisemitischen Entsprechungen – offen oder verdeckt – in ihrer Heimatstadt ausgesetzt?

Ich lese, dass sich seit Ende der siebziger Jahre des 19. Jahrhunderts mit der Abkehr der Reichspolitik vom Liberalismus antisemitische Denkweisen in der Bevölkerung immer mehr ausbreiten. Der Gründer der Christlich-Sozialen Partei, der Berliner Hofprediger Stoecker, versuchte, die judenfeindlichen Tendenzen politisch zu nutzen. Schließlich errang bei der Reichstagswahl 1893 eine antisemitische Fraktion 16 Sitze.[5] Das erwähnte Zitat stammt von ihrem Sprecher Ahlwardt, der bei der Debatte über einen Gesetzentwurf zur Verhinderung der Einwanderung nichtdeutscher Juden hinzufügte: *Wir wollen eine ruhige und vernünftige Trennung der Juden von den Deutschen. Und dazu ist zunächst nöthig, daß wir einmal die Klappe zumachen, damit nicht noch mehr hinein kommen*[6].

Bei einer Volkszählung am 2. Dezember 1895 war der gerade halbjährige Karl Leven, der „in diesem Augenblick noch nichts Schlimmes getan" haben konnte, einer von 252 Jüdinnen und Juden, die in Düren lebten.[7] Das entsprach 1, 03 Prozent der 24 531 „ortsanwesenden Personen".

4
Schulzeit und Studium. Krankheit?

Ich, Karl Leven, bin geboren am 7. Juni 1895 zu Düren, als Sohn des Kaufmannes Hermann Leven und seiner Ehefrau Sara, geb. Heimann. Von Ostern 1901 bis Ostern 1905 besuchte ich die israelitische Volksschule in Düren, dann dortselbst von Ostern 1905 an das Realgymnasium. Hier bestand ich August 1914 die Notreifeprüfung.

So beginnt Karl Leven seinen Lebenslauf in seiner 1925 vorgelegten Dissertationsschrift[1].

Die „israelitische Volksschule" hatte eine alte Geschichte. In den ab 1835 in Düren erschienenen „Materialien zur Geschichte Dürens und seiner Umgebung"[2] ist sie bereits vor dem 17. Jahrhundert erwähnt: *In den Uralten Weißthümern lesen wir, daß eine Juddenscholen uf dem Vehmarkt war; ob dieses nun die Synagoge, ihr Bethaus oder eine gesonderte Schule gewesen, läßt sich nicht ermitteln. Im 17. Jahrhundert befand sich die jüdische Schule und Kirche in der Kölnstraße in dem Hause früher mit No. 24 bezeichnet, welches der Herr Bürgermeister Dr. G ü n t h e r mit seinem Hause durch einen Neubau verbunden hat. Im Jahre 1727 war Abraham L e v y Lehrer der Judenschule welcher, weil er katholisch ward, in demselben Jahr abdankte. Gegenwärtig haben die Juden hier keine eigene öffentliche Schule, und besuchen deren Kinder die städti-*

schen Elementarschulen, wofern die Eltern es nicht vorziehen, sie selbst zu unterrichten.

Nach Fertigstellung der Synagoge in der Schützenstraße, die 1869 erbaut und 1872 eingeweiht worden war, stand den jüdischen Kindern auf dem Gelände eine Schule zur Verfügung. Am 3. Januar 1899 gab es dort 33 jüdische Schüler und Schülerinnen. Diese Räumlichkeiten sollten für Karl Leven eine besondere Bedeutung bekommen. Hier verbrachte er seine ersten Schuljahre und hier – ich greife an dieser Stelle dem chronologischen Zeitablauf weit voraus – stellte er vor dem Novemberpogrom 1938 das Inventar seiner Kinderarztpraxis unter, nachdem er aus seinem Beruf vertrieben worden war. Es ist auch nicht auszuschließen, dass er dort als „Jüdischer Krankenbehandler" noch für eine kurze Zeit praktiziert hat.

Realgymnasium Düren

Aber zunächst einmal stelle ich mir Karl Leven vor, der die Volksschule verlassen hatte und von seinem zehnten bis neunzehnten Lebensjahr durch das Eingangsportal in das „Realgymnasium mit Realschule zu Düren, Rhld." ging. Dort konnte er die Inschrift lesen: *Die Furcht Gottes ist der Weisheit Anfang*[3]. Der Zehnjährige wird den Spruch kaum wahrgenommen haben, der Abiturient hat vielleicht einmal über ihn nachgedacht.

Das Zitat lässt sich an mehreren Stellen der Bibel in gering variierten Lesarten finden, so in den Sprüchen Salomos, dem 111. Psalm und im Buch Hiob (28, V. 28). Da ist etwa statt ‚Weisheit' auch ‚Erkenntnis' oder ‚Einsicht' zu lesen. Bei Hiob folgt: *… und das Meiden des Bösen ist Einsicht*[4]. Die Botschaft richtet sich gleichermaßen an die christlichen und jüdischen Schüler (und Lehrer). Juden lesen sie im Tenach, dem hebräischen Urtext, der von jeher für sie die Grundlage allen Thora-Studiums bildet.

Die Schülerschaft bestand zu Beginn des Sommerhalbjahres 1914 aus 201 katholischen, 145 evangelischen und 32 jüdischen Schülern. In seiner Abiturklasse war Karl Leven der einzige „israelitischer Konfession". Von seinen zehn Mitschülern, zwischen 1892 und 1896 geboren, waren sechs katholisch und vier evangelisch.[5]

Einige trugen nicht ganz alltägliche Namen wie *Daweke, Fienup, Stegher, van Wickeren, Zumbusch.* Lag vielleicht darin eine Chance, ihre Nachkommen aufzuspüren und bei ihnen nach alten Dokumenten, etwa einem Foto der Abiturientia 1914 – und damit nach einem Bild von Karl Leven – zu fahnden? Die aufwändige Suche war vergeblich: Entweder waren keine Angehörigen aufzufinden oder sie waren nicht mehr im Besitz so alter Zeitzeugnisse.

Im Deutschunterricht seines letzten Schuljahres hatte der Primaner Leven folgende Aufsatzthemen zu bearbeiten: *Alles Große ist unbequem; Wie kommt es, daß frühere Beurteiler des Tacitus glaubten, er habe seinen Landsleuten in der Germania einen Sittenspiegel vorhalten wollen?; Der Charakter des Don Cesar*[6].

Bei der aus Kriegsgründen vorgezogenen Reifeprüfung im August 1914 musste Karl sich im Deutschaufsatz über die Frage Gedanken machen: *Weshalb kann unser Volk dem Weltkriege getrost entgegen sehen?*

Das französische Aufsatzthema lautete: *La Prise de Valenciennes* („Die Eroberung von Valenciennes"). Zweifellos hat die aktuelle politische Situation zu Beginn des Weltkriegs zu dieser Themenwahl beigetragen. Am 2. August 1914 marschierten die deutschen Truppen in Belgien ein. Valenciennes ist am 25. August 1914 eingenommen worden. Da Karl Levens Abiturzeugnis aber das Datum des 17. August 1914 trägt, muss dem Thema ein anderer historischer Bezug, etwa die Einnahme von Valenciennes im französischen Revolutionskrieg durch die Reichstruppen im Jahr 1793, zugrunde gelegen haben.

In Physik wurde nach dem *Wesen der Spektralanalyse* gefragt.

Am 17. August 1914 händigte die „Königliche Prüfungskommission" unter dem Vorsitz von Direktor Dr. Becker dem Abiturienten Karl Leven das Zeugnis der Reife aus. Karl Leven gehörte zu den eher durchschnittlichen Schülern. Seine Abiturnoten sollen nicht verschwiegen werden: Betragen und Fleiß: „Gut"; ein „Gut" gab es auch in Englisch, Geschichte und Erdkunde; mit „Genügend" wurden die Fächer Deutsch, Latein, Französisch, Physik, Chemie, Turnen beurteilt; in Mathematik gab es ein „Nicht genügend"; in Freihandzeichnen „Mangelhaft"; Handschrift: „Ordnungsmäßig".[7]

Nachdem Karl Leven neuneinhalb Jahre das Realgymnasium, davon anderthalb Jahre die Prima besucht hatte, verließ er die Schule, *um als Freiwilliger ins Heer einzutreten, begleitet von den besten Wünschen für sein ferneres Wohl,* wie die Eintragungen im Abiturzeugnis lauteten. In einer Auflistung der Berufswünsche der Abiturienten wird bei Leven und drei weiteren Mitschülern „unbestimmt" und für fünf seiner Klassenkameraden: „Tritt als Freiwilliger ein" angegeben.⁸ Eine von der Schule zusammengestellte „Übersicht über die Schüler, die ins Heer eingetreten sind oder sich für den Heeresdienst vorbereiten" führt die Namen von drei ehemaligen Schülern an, die „als Pfleger verwendet" wurden, darunter der Name Karl Levens.⁹

In seinem Lebenslauf heißt es weiter: *Anschließend besuchte ich W.S. 1914/1915 und S.S. 1915 zwecks Studiums der Medizin die Universitäten zu Bonn und München.*

Dass Karl Leven Akademiker wird, lässt sich aus den zeitgeschichtlichen Gegebenheiten verstehen. Die hundert Jahre vor dem Ersten Weltkrieg mit ihren noch vor der Industrialisierung einsetzenden wirtschaftlichen Wachstumsbedingungen auch für die Judenheit werden als die „glücklichste Zeit in der langen Geschichte der Juden in Deutschland" angesehen.¹⁰ Im Gegensatz zu früheren Jahrhunderten, in denen Juden zu etwa neunzig Prozent vom Handel leben mussten, weil ihnen die Gesetzgebung die Bindung an Boden und Produktion verwehrte, hatte die seit 1869/71 gesetzlich garantierte bürgerliche Gleichstellung den Zugang zu Berufsfeldern frei gemacht, die ihnen bisher verschlossen gewesen waren. Seitdem empfanden Juden sich immer weniger als „Juden in Deutschland", sondern als „deutsche Juden"¹¹. In Karl Levens Geburtsjahr, 1895, trieb nur noch etwa die Hälfte der 600 000 in Deutschland lebenden Juden Handel, bereits 40 000 arbeiteten in freien Berufen oder im öffentlichen Dienst. Trotz einer im Kaiserreich anhaltenden antisemitischen Grundtendenz breiter Bevölkerungsschichten – erinnert sei nur an das zitierte Reichstagsprotokoll vom 6. März 1895 – etablierten sich immer mehr jüdische Kaufmannsfamilien, wie auch Familie Leven, im bürgerlichen Mittelstand. De facto und entgegen geltendem Recht waren sie allerdings auch weiterhin vom Justiz-, Militär- und Schuldienst gemeinhin ausgeschlossen. Daher drängte die junge, aufstrebende Generation Karl Levens in freie Berufe, die ihr Selbständigkeit und wirtschaftliche Unabhängigkeit versprachen und die ihr vor allem die Möglichkeit boten, ein antisemitisches Umfeld, etwa in der Kollegenschaft oder bei Vorgesetzten, zu umgehen. Oft führte dann sogar, wie noch gezeigt wird, die antijüdische Diskriminierung zu einer jüdischen Erfolgsgeschichte. Das galt besonders für Ärzte, Zahnärzte, Rechtsanwälte und Notare.[12]

Karl Leven fährt in seinem Lebenslauf fort: *Am 22. Juli 1915 trat ich zum Heeresdienst ein und diente dem Vaterlande bis zum Kriegsende.*

Im April 2000 erinnert sich Karl Levens Nichte, Ruth Shiers, geb. Lachs, dass Karl einen „Lungenkollaps" gehabt habe und dass er deswegen nicht sehr lange Soldat gewesen sei.

Meine Nachfrage ergibt, dass es sich nicht um eine Verwundung gehandelt habe, auch sei ihr Onkel anschließend für eine Weile in einem Sanatorium gewesen. Wir diskutieren, ob er vielleicht an einer Lungentuberkulose erkrankt war. Ruth hält das für möglich. In einer Zeit, in der eine wirksame medikamentöse Behandlung der Tuberkulose noch nicht bekannt war, umgab diese Infektionskrankheit ein ungleich größeres Odium als heute. Beschönigendes Verschleiern, wenn nicht Verschweigen war in Familien und erst recht nach außen hin ein herkömmliches Verhaltensmuster. Sozial abträglich war eine Tuberkulose ohnehin, umso mehr dürfte es für den zukünftigen Arzt nachteilig gewesen sein, wenn über ihn bekannt wurde, „etwas an der Lunge" gehabt zu haben. „Lungenkollaps" war da eine unverdächtigere Diagnose.

Dass Karl Leven, anders als im Abiturzeugnis bekundet, nicht sofort Kriegsfreiwilliger wurde, sondern zunächst noch zwei Semester Medizin studierte, könnte zwar im Zusammenhang mit einer Erkrankung stehen. Es bleibt aber ungewiss, ob er tatsächlich erkrankte und, wenn ja, wie lange er behandlungsbedürftig war. Wie auch immer, er ist fast ein Jahr nach Kriegsbeginn in den Heeresdienst eingetreten und hat nach eigenen Angaben bis „zum Kriegsende dem Vaterlande gedient". Von einer Unterbrechung ist in seinem Lebenslauf nichts zu lesen.

Wenn die Verlässlichkeit von Angaben durch „oral history" auch eingeschränkt ist, so sehe ich doch keinen Grund, Ruth Shiers' Erinnerungsvermögen anzuzweifeln.

Schließlich bleibt noch die vielleicht wahrscheinlichste Möglichkeit, dass Karl Leven einen Spontanpneumothorax erlitten hat, ein seltenes Krankheitsbild unbekannter Ursache ohne Beziehung zu einer Infektionskrankheit, gewöhnlich hervorgerufen durch das Platzen einer an sich harmlosen Lungenblase, wovon der Patient sich nach zumeist kurzer Zeit spontan und vollständig erholt.

5

Im Ersten Weltkrieg.

Ob der Medizinstudent Karl Leven wohl nach zwei Studiensemestern in Bonn als Sanitäter ausgebildet und danach an der Front oder im Lazarett eingesetzt wurde? Die Eintragung im Jahrbuch 1914 seiner Schule über seine „Verwendung als Pfleger" könnte so gedeutet werden.[1] Wie auch immer, der „Dienst am Vaterlande" sollte ihm nach dem Krieg zu einer Verkürzung des für angehende Ärzte obligatorischen Praktischen Jahres verhelfen und ihm, wenn auch nur für kurze Zeit, noch einmal nützlich sein, als nämlich 1933 jüdischen Ärzten ihre Kassenzulassung entzogen werden sollte.

Sah Karl Leven den Militärdienst als seine ganz persönliche Pflicht an oder beugte er sich dem Druck, der – auch – von jüdischer Seite ausging? Zur Zeit der Mobilmachung gab es in der jüdischen Presse, wie überall, eine Vielzahl patriotischer Aufrufe, die auch in der Hohenzollernstrasse 13 in Düren Beachtung gefunden haben dürften.

Da schrieb der „Centralverein deutscher Staatsbürger jüdischen Glaubens" am 1. August 1914: *... Daß jeder deutsche Jude zu den Opfern an Gut und Blut bereit ist, die die Pflicht*

Karl Leven, rückseitig beschriftet: „März 1916 Dillingen / Saar"

erheischt, ist selbstverständlich. Glaubensgenossen! Wir rufen Euch auf, über das Maß der Pflicht hinaus Eure Kräfte dem Vaterlande zu widmen! Eilet freiwillig zu den Fahnen!…[2]. Der „Reichsverein deutscher Juden" forderte zusammen mit der „Zionistischen Vereinigung": *Deutsche Juden! In dieser Stunde gilt es für uns aufs Neue zu zeigen, daß wir stammesstolzen Juden zu den besten Söhnen des Vaterlandes gehören. Der Adel unserer vieltausendjährigen Geschichte verpflichtet. (…) Wir rufen Euch dazu auf, im Sinne des alten jüdischen Pflichtgebotes mit ganzem Herzen, ganzer Seele und ganzem Vermögen Euch dem Dienste des Vaterlandes hinzugeben.* Die „Jüdische Rundschau" wies in ihrem Aufruf zur Mobilmachung zwar auf antisemitische Tendenzen in Deutschland hin, motivierte aber durch ein beängstigendes Feindbild zur Kriegsteilnahme: *Wir deutschen Juden kennen trotz aller Anfeindungen in den Zeiten des Friedens heute keinen Unterschied gegenüber anderen Deutschen. Brüderlich stehen wir mit allen im Kampfe zusammen. Wir wissen aber auch, daß der Sieg des Moskowitertums jüdische und zionistische Hoffnungen und Arbeit vernichtet. Wir wissen, daß unser Interesse wie im Frieden, so noch mehr in dem wilden Weltkriege, ausschließlich <u>auf deutscher Seite</u> liegt. Denn auf deutscher Seite ist <u>Fortschritt, Freiheit und Kultur.</u>*

Karl Leven war ab November 1915 einer von den rund 100 000 deutschen Juden[3], die dem „jüdischen Pflichtgebot" Folge leisteten und von denen gut drei Viertel an der Front standen[4]. Damit dienten 17 Prozent aller deutscher Juden ihrem Vaterland[5]. Weltweit kämpften in diesem Krieg 1,5 Millionen jüdische Soldaten in den verschiedenen Armeen, allein für Russland 600 000 und für Österreich-Ungarn 300 000. Gefallen sind insgesamt 154 000, darunter 100 000 Russen, 25 000 Österreicher und 12 000 Deutsche[6].

Über Karl Levens Militärzeit gibt es keine Dokumente. Einer Verwundung ist er wohl entgangen, in seinem Lebenslauf wäre sonst vermutlich davon zu lesen gewesen. Es erging ihm somit besser als seinem Mitschüler „H. F.": Hinter diesem Kürzel unter einem Beitrag in einer Sammlung „Kriegserlebnisse" mit Berichten aus Karl Levens

Schule aus dem ersten Kriegsjahr, dürfte sich der Name Heinrich Fienup aus Euskirchen verbergen, der zu Karl Levens Abiturklasse gehörte. Dieser Erfahrungsbericht eines Mitschülers, aus dem ein Abschnitt folgt, dürfte auch von Karl Leven gelesen worden sein.[7]

Am 21. Oktober morgens 7 Uhr begann der zweite Kampftag. Wir legten uns in ein Gehöft eine Stunde lang und deckten uns dann im Busch, um von feindlichen Fliegern nicht gesehen zu werden. Dann entwickelte sich das Gefecht. Bis 12 Uhr ging es in Sprüngen vorwärts. Sämtliche Führer außer einem Leutnant und einem Vizefeldwebel fielen oder wurden schwer verwundet. Gegen 12 Uhr trafen mich Schrapnellkugeln, eine zerschnitt den Hals und legte die Schlagader bloß, andere bohrten sich in meine Schulter und den Oberarm. So blieb ich schwer verwundet von 12 ½ Uhr bis zum nächsten Morgen 10 Uhr liegen. Ein Kamerad hatte mir den Uniformrock und das Hemd von der Schulter gezogen, um mir den ersten Notverband anzulegen, doch riß ihn der Kampf weiter. So fand mich ganz zufällig ein Soldat eines anderen Regiments; ich wurde verbunden und umgekleidet. Das Hemd, das man mir ausgezogen, stand allein von Blut. (…) Tage lang hungerte ich, bis ich nach Gent gebracht wurde.

Wenn es auch von Karl Leven keinen derart dramatischen Bericht über seinen Militärdienst gibt, musste er sich deshalb aber vorhalten lassen, er habe es *verstanden, eine Verwendung außerhalb der vordersten Front zu finden?* Dieser pauschale Vorwurf wurde nämlich den jüdischen Kriegsteilnehmern zwei Jahre nach Kriegsausbruch gemacht.[8]

Unter dem patriotischen Druck einer kriegführenden Nation hatte es, wie die zitierten Aufrufe zeigen, 1914 einen großen Ausbruch von Kriegsbegeisterung gegeben. Wie in Karl Levens Schule wurden im ganzen Reich viele Freiwillige rekrutiert und die Wehrpflichtigen wurden mobilisiert. Es lag im nationalen Interesse, alle Deutschen, jüdisch oder nichtjüdisch, zu einer vaterländischen Einheit zusammen zu trommeln. Der deutsche Kaiser und oberste Kriegsherr hatte am 1. August 1914 in seiner „Zweiten Balkonrede" ausgerufen: „Ich kenne keine Parteien mehr und keine Konfessionen mehr, wir sind heute alle deutsche Brüder und nur noch deutsche Brüder!"[9].

Nach kurzer Zeit erhielt die „Konfession" der Kriegsteilnehmer dann doch wieder ihre Bedeutung. Überall in Deutschland fanden sich in Kirchen und auf Friedhöfen Denkmäler und Namenstafeln für die für Kaiser und Vaterland Gefallenen. Auch in der Dürener Synagoge wurde eine solche Gedenktafel für die jüdischen Kriegsopfer angebracht.[10] Im dritten Kriegsjahr, am 1. November 1916, wurde dann allerdings verfügt, alle jüdischen Kriegsteilnehmer zu zählen. Es galt festzustellen, … *wie viele wehrpflichtige Juden in jeder Einheit der deutschen Truppen dienten*[11]. Das preußische Kriegsministerium begründete diese Erfassung mit Klagen aus der Bevölkerung, … *daß eine unverhältnismäßig große Zahl wehrpflichtiger Angehöriger des israelitischen Glaubens vom Heeresdienst befreit sei (…).*[12] Die Zählung lag auch im Interesse des hermetischen preußischen Offizierskorps, das miterlebte, wie sich jüdische Soldaten auszeichneten. Bis zum Kriegsende erhielten 35 000 von ihnen Auszeichnungen, 23 000 wurden befördert, darunter 2000 zu Offizieren. Juden im Offiziersrang waren in der traditionell antisemitisch eingestellten Offizierskaste nicht gerne gesehen und so ließ man seine Fäden spielen. Nach dem Krieg wurde berechnet, dass der Anteil der gefallenen jüdischen Offiziere über dem der nichtjüdischen lag.[13]

Die Ergebnisse der Zählung blieben unveröffentlicht, solange der Krieg dauerte. Teile der Erhebungen wurden bald nach Kriegsende lanciert, verfälscht zum Nachteil der jüdischen Bevölkerung. Dass die Teilnahme deutscher Juden am Militärdienst anteilmäßig, mit nur geringen Abweichungen der der deutschen Gesamtbevölkerung entsprach, wurde erst Anfang der zwanziger Jahre bekannt, so dass von jüdischer Seite zu Recht der Vorwurf *der größten statistischen Ungeheuerlichkeit, die jemals von einer deutschen Behörde begangen* [worden sei], erhoben wurde.[14]

Über die Zählung von 1916 schrieb im ersten Nachkriegsjahr der jüdische Autor und ehemalige Kriegsfreiwillige Ernst Simon – der ‚spürte, daß die Judenzählung mehr war, als die Initiative einiger böswilliger Beamter' – :
Sie war realer Ausdruck einer realen Stimmung: daß wir fremd waren, daß wir daneben standen, besonders rubriziert und gezählt, aufgeschrieben und behandelt werden müssten.[16]

1933, siebzehn Jahre nach der „Judenzählung", waren die Nationalsozialisten über die große Zahl jüdischer Kriegsteilnehmer schockiert, als sie, im Zusammenhang mit dem „Arierparagraphen" des Gesetzes „zur Wiederherstellung des Berufsbeamtentums" jüdische Beamte aus ihren Ämtern entfernen wollten und dabei auf den Widerstand Hindenburgs stießen. Er setzte sich für die ehemaligen jüdischen Frontkämpfer ein, die denn auch – wenn auch nur vorübergehend – von den Repressalien ausgenommen wurden.[17] Wenig später wird das Verbot der Nazis, auf „künftigen Kriegerdenkmälern die Namen jüdischer Gefallener wiederzugeben", auf die Hinterbliebenen der jüdischen Kriegsopfer wie ein Fußtritt gewirkt haben. Und so war es ja auch gemeint.

Karl Levens Foto im Postkartenformat ist auf der Rückseite beschriftet: „März 1916 Dillingen / Saar"[18]. Es zeigt den 20-jährigen Rekruten Leven nach etwa fünf Monaten Kriegsdienst im schmucklosen, hochgeknöpften Uniformrock ohne Kragenspiegel und ohne Rangabzeichen an Schulterklappen und Schirmmütze. Der rechte Daumen ist in die Knopfleiste eingehängt, die linke Hand steckt lässig in der Rocktasche. Das alles lässt sich auf der einfachen Kopie erkennen, die mir zugeschickt wurde, auch der Busch, vor dem Karl in einem Garten steht. Den zwiespältigen Gesichtsausdruck erkenne ich aber erst später auf dem Originalfoto: Da steht einer, zwar durchaus selbstbewusst, der sich in seinem „Kleid der Ehre" dennoch nicht ganz wohl zu fühlen scheint. Die ein wenig nach unten gezogenen Mundwinkel wirken eher bedrückt, während die Augen einen

Menschen zeigen, der gerne lacht und andere zum Lachen bringt. Vielleicht mischen sich in diesen Deutungsversuch aber auch die Erinnerungen seines Neffen Werner Lachs: Den Kindern war oft vor Lachen die Luft ausgegangen, wenn Onkel Karl mit ihnen seine Späße trieb.

Nach der Auflistung am Ende des Schuljahres 1914, in der Karl Leven in seiner Klasse als einziger Schüler jüdischen Bekenntnisses registriert wurde, hat er im November 1916 ein weiteres Mal wegen seines Judentums in einer Liste gestanden, dieses Mal als jüdischer Soldat im Dienste seines Vaterlands.

6
Examen.
Medizinalassistent in Köln-Ehrenfeld.

Nach Kriegsende nimmt Karl Leven das Medizinstudium wieder auf. Er schreibt: *Nachdem ich an der Universität zu München meine Studien fortgesetzt hatte, bestand ich W.S. 1919/1920 dort die ärztliche Vorprüfung. Nach 2 weiteren Semestern in München und 3 Semestern in Köln legte ich an der letztgenannten Universität im Dez. 1921 die ärztliche Staatsprüfung ab. Auf Grund meines Kriegsdienstes wurde mir die Hälfte des praktischen Jahres erlassen, so dass ich am 1. August 1922 meine Approbation erhielt. Vom 1. Febr. bis 1. Aug. 1922 war ich als Medizinalpraktikant am Israelitischen Asyl für Kranke und Altersschwache zu Köln – Ehrenfeld, vom 1. Aug. bis 1. Okt. 1922 als freiwilliger Arzt dortselbst tätig.*[1]

Nach dem Staatsexamen arbeitet Karl Leven also sieben Monate in Köln-Ehrenfeld, zunächst als Medizinalassistent, die beiden letzten Monate ohne Vergütung als „freiwilliger Arzt". Auch in den beiden darauf folgenden Stellen wird Karl Leven kein Gehalt bekommen. Er ist trotz abgeschlossenen Studiums weiterhin auf die Unterstützung seiner Eltern angewiesen. Das kann ihm nicht gleichgültig sein, schließlich hat er noch drei jüngere Geschwister, von denen der 1902 geborene Bruder Alfred vermutlich zu diesem Zeitpunkt schon als Handlungsreisender in Herrenkonfektion berufstätig ist.[2] Über eine Berufstätigkeit der 1896 und 1899 geborenen Schwestern Johanna und Berta ist nichts bekannt. Es ist zwar noch nicht die kritischste Zeit der Weimarer Republik – der Höhepunkt der Arbeitslosigkeit steht noch bevor –, aber vermutlich ist es der rezessionsbedingte Mangel an bezahlten Arbeitsplätzen, der Karl Leven zwingt, unbezahlte Stellen anzunehmen.

Dennoch stellt sich die Frage, ob es nicht die zunehmenden antisemitischen Tendenzen gerade dieser Jahre sind, die dem angehenden jüdischen Arzt die Stellensuche erschweren. Die Verarmung und Deklassierung vieler Millionen Menschen durch Nachkriegszeit und Inflation, aber auch die „ungeheure moralische Verwirrung und Verwilderung im Zeichen einer Niederlage"[3] sind die Vorgänge, die dem 1879 erstmals zu hörenden Ausruf Heinrich von Treitschkes: „Die Juden sind unser Unglück"[4] nunmehr ein starkes Echo verschaffen. Golo Mann schreibt über diese Zeit: „Ich würde die Behauptung wagen: Nie war die antisemitische Leidenschaft in Deutschland wütender als in den Jahren 1919 bis 1923".[5] So gesehen fände die Wahl des Israelitischen Asyls für Kranke und Altersschwache in Köln als erstem Arbeitsplatz nach dem Examen eine Erklärung. Hier konnte Karl Leven unangefeindet und in einem sozial und auch religiös vertrauten Umfeld lernen und arbeiten. Vielleicht war gerade das für ihn, der aus einem traditionell-konservativen Elternhaus kam, von besonderem Wert.

Vermutlich sind aber auch Ausbildungs- und Arbeitsstellen gerade an den Kliniken schwer zu finden, von denen sich Karl Leven für sein Berufsziel eine besondere Qualifikation verspricht. So ist er auf elterliche Hilfe angewiesen, um trotz unbezahlter Arbeit seinen Weg verfolgen zu können. In jedem Fall dürfte der finanzielle Druck auf die Familie deutlich spürbar gewesen sein.

Der 26-jährige angehende Arzt wird also von Februar bis Oktober 1922 früh morgens in etwa zwanzig Minuten von der Hohenzollernstraße zum Dürener Bahnhof gehen, den Morgenzug nach Köln nehmen und etwa eine Stunde später in Köln-Ehrenfeld aussteigen.

Fragte Karl Leven einen ortskundigen Kölner nach dem Israelitischen Asyl, bekäme er eine Wegbeschreibung zum „Jüdde-Spidohl", was im kölnischen Lokalkolorit nicht herabsetzend, sondern eher nachbarschaftlich-freundlich klingt.

Nach einem Fußweg von einigen Minuten bis zur Ottostraße 85 erreicht der junge Medizinalassistent den Haupteingang des Israelitischen Asyls für Kranke und Altersschwache. Wie in seiner Schule kann er auch hier eine Inschrift am Portal lesen: „CARITATI – PIETATI"[6]. Der frühere Lateinschüler versteht, dass man sich in seiner zukünftigen Arbeitsstätte der Nächstenliebe und der Frömmigkeit verpflichtet hat.

In einer anderen denkbaren und für ihn bequemeren Variante, als der allmorgendliche Weg von Düren nach Köln, bezieht er eine der vier Wohnungen, die im ausgebauten Dachgeschoss des Mittelbaus der Klinik für Assistenzärzte vorgesehen sind. Da im Israelitischen Asyl aber, wie für 1918 dokumentiert, sechs, später bis zu acht Assistenzärzte beschäftigt waren[7], während der unverheiratete Karl als – unbezahlter – Medizinalassistent gerade erst die unterste Stufe in der Klinikhierarchie erklommen hat, waren die Arztwohnungen vermutlich bereits an ältere Kollegen vergeben worden.[8]

Er betritt ein weitläufiges, 200 mal 100 Meter großes, monumental bebautes Klinikgelände, eingerahmt von Nussbaumstraße, Kruppstraße, Röntgenstraße und der genannten Ottostraße, mit einer großen zentralen Grünfläche, verbunden mit weiteren randständigen Gärten und einem Spielplatz. Insgesamt sieben allein stehende moderne Bauten sind über das Gelände verteilt. Vielleicht wendet sich Karl Leven, nachdem er das Pförtnerhaus passiert hat, nach rechts und geht zur Poliklinik oder er geht gleich weiter in den Mittelbau. Hier befinden sich auf zwei Etagen je zwei Männer- und Frauenstationen und eine „Pensionärsabteilung". In diesen fünf Stationen sind 118 Betten zu belegen und sie sind meist gut belegt. Im „Altershaus", das dem Hauptgebäude gegenüberliegt, befinden sich weitere 62 Betten für „Sieche 2. Klasse" und „Pensionäre 1. Klasse".[9]

Vielleicht hat aber der Medizinalassistent Leven hier auch schon sein Interesse für die Kinderheilkunde entdeckt und sein Chef, Geheimrat Dr. Benjamin Auerbach, erlaubt ihm, sich der Pädiatrie schon einmal zu nähern. Dann würde er dem links abbiegenden Weg zum Infektionshaus folgen, in dem sich außer sechs Erwachsenen- auch vierzehn Kinderbetten befinden.

Das Israelitische Asyl für Kranke und Altersschwache trägt einen nach heutigem Sprachgebrauch schwer deutbaren Namen, der nach Versorgung und Pflege für gebrechliche oder auch in sozialer Not befindliche ortsansässige Juden klingt. Aber dahinter verbirgt sich eine moderne Klinik, die über Köln hinaus einen guten Ruf hat. Sie wird noch 1933 als jüdische Musteranstalt bezeichnet, zählt zu den besteingerichteten Krankenanstalten Kölns und entwickelt sich im Laufe der ersten drei Jahrzehnte des 20. Jahrhunderts, auch wegen ihrer hervorragenden Ärzte, zu einem überregional bedeutenden Krankenhaus.[10]

Das erste israelitische Asyl, das 1869 als Stiftung der Gebrüder Eltzbacher in der Silvanerstraße eröffnet worden war, weil es Schwierigkeiten bei der Aufnahme jüdischer Patienten in Kölner Krankenhäusern gab, hatte schon immer, laut Satzung, Alten und Kranken aller Konfessionen offen gestanden. Es war bald „in ganz unzulässiger Weise belegt", so dass „Hülfesuchende fortgesetzt zurückgewiesen" werden mussten.[11] Dem Neubau des bei Levens Eintritt 14 Jahre alten Klinikkomplexes war 1903 ein „allgemeiner Ideenwettbewerb unter den Architekten Deutschlands" vorausgegangen, den Wilhelm Winkler aus Charlottenburg gewonnen hatte. Er ließ alle Gebäude in „einfachem Barockstil" errichten.

Das Krankenhaus, in dem Karl Leven 1922 seinen Berufsweg beginnt, war 1908 fertiggestellt und von Anfang an von der Kölner Bevölkerung angenommen worden. 1932 werden 3980 Patienten in 50 902 Pflegetagen stationär versorgt. Bis 1933 ist die Klinik vorwiegend von Nichtjuden belegt, die zeitweise bis zu 80 Prozent ausmachen.

Karl Levens klinische Ausbildung beginnt bei dem hoch geachteten Internisten Geheimrat Dr. Benjamin Auerbach, der von 1885 bis 1936 die Innere Abteilung leitet, davon 30 Jahre als Chefarzt. Auerbach lebt seinen Mitarbeitern eine hohe Auffassung von ärztlicher Pflicht und sozialer Verantwortung vor, verbunden mit Bescheidenheit und Hilfsbereitschaft. So gründet er den Kölner Verein für jüdische Krankenpflegerinnen, gehört zu den Mitbegründern des jüdischen Lehrlingsheims, des unabhängigen Ordens „B'nei Briss", der Kölner Ortsgruppe des Centralvereins deutscher Juden und der Rheinlandloge.[12]

Es verwundert nicht, dass Auerbach, der sich zum Sozialismus bekannte, als charismatische Persönlichkeit für seine Ärzte zum Vorbild wurde, zumal er privat eine auch junge Leute ansprechende Gastlichkeit pflegte. Die 26-jährige Ärztin Lilli Schlüchterer war am 29. April 1926 im Hause des Geheimrats eingeladen: *Es war [...] so nett und fein, wir haben uns so wohl gefühlt, und plötzlich war es zwei Uhr morgens, ohne daß wir es gemerkt hatten, und der Geheimrat war noch in lebhaftester Unterhaltung. Köstliches Essen und mit Hilfe des Radio-Lautsprechers haben wir auf Londoner Tanzmusik getanzt [...].*[13]

Ob Karl Leven an diesem Abend ebenfalls im Hause Auerbach eingeladen war? Unwahrscheinlich wäre das nicht, da er vorübergehend zur gleichen Zeit wie Lilli Schlüchterer bei Dr. Auerbach in Köln-Ehrenfeld arbeitete. Es gibt ein Gruppenfoto mit sechs Ärztinnen und Ärzten des Israelitischen Asyls aus dieser Zeit, das nicht datiert ist,

Ärztinnen und Ärzte des Israelitischen Asyls für Kranke und Altersschwache, Köln-Ehrenfeld.
3. v. l.: Karl Leven; 5. v. l.: Lilli Schlüchterer, (verh. Jahn);(ca. 1924)

es soll aber „um 1924" aufgenommen worden sein. Im weißen Kittel posiert man, offenbar im Klinikgelände. Mit leicht geneigtem Kopf steht Lilli Schlüchterer als Dritte von rechts im Vordergrund. In der hinteren Reihe, das Gesicht etwas im Schatten, glaube ich, die mir bekannten Fotos vergleichend, den knapp 30-jährigen Karl Leven zu erkennen. Sein Neffe Werner Lachs bestätigt später meine Vermutung, er hat keinen Zweifel daran, dass sein Onkel auf dieser Aufnahme zu sehen ist.[14]

Karl Levens Kollegin Lilli Schlüchterer stammte aus Köln. Sie studierte in Würzburg, Halle, Freiburg und Köln, wo sie 1924 ihr Staatsexamen ablegte. Vermutlich haben ihre und Karl Levens Wege sich bereits im Kölner Augustahospital gekreuzt. Von November 1922 bis September 1923 hatte Karl Leven in der von Professor Franz Külbs geleiteten Klinik als Doktorand gearbeitet und Külbs hatte auch Lilli Schlüchterers Dissertation über ein ebenfalls hämatologisches Thema betreut, die 1924 zur Promotion führte.[15]

Die beiden Ärzte werden sich – in verschiedenen Regionen Deutschlands lebend – wohl bald wieder aus den Augen verloren haben. Aber da sie sich kannten und da beide als jüdische Ärzte unter dem NS-Regime zu leiden hatten, soll an dieser Stelle an Lilli Schlüchterers Leidensweg, der inzwischen einem breiten Lesepublikum bekannt geworden ist, erinnert werden.

Ihrer Neigung zur Pädiatrie ist die junge Ärztin nicht gefolgt, sie wurde praktische Ärztin. Zwei Jahre nach ihrem Examen und ärztlicher Tätigkeit in der genannten Klinik in Köln-Ehrenfeld und in einigen ärztlichen Praxen heiratete Lilli Schlüchterer den praktischen Arzt Ernst Jahn, mit dem sie noch im selben Jahr in Immenhausen bei Kassel eine Praxis aufbaute. Sie bekam in rascher Folge fünf Kinder. Die Ehe war nicht glücklich. Ihr nichtjüdischer Ehemann reichte im Oktober 1942 die Scheidung ein. Lilli Jahn verlor dadurch den Schutz einer in privilegierter Mischehe lebenden Jüdin und war von nun an den Demütigungen und Verfolgungen ausgesetzt, die alle jüdischen Ärztinnen und Ärzte zu erleiden hatten. Der Verhaftung und Inhaftierung durch die Gestapo Ende August 1943 folgte die Internierung in einem nahegelegenen Arbeitslager und im März 1944 die Deportation nach Auschwitz. Am 17. oder 19. Juni 1944 ist Lilli Jahn, geb. Schlüchterer, in Auschwitz-Birkenau ermordet worden oder an Hunger und Krankheit zu Grunde gegangen. Ihre Leiden, aber auch ihre Seelenstärke spiegeln sich in dem erschütternden Briefwechsel mit ihren Kindern wider, der sechzig Jahre nach ihrem Tod veröffentlicht wurde.[16]

Es gibt Hinweise darauf, dass der junge Arzt Leven durch das Vorbild seines Chefs, Professor Auerbach, geprägt wird.

Als er zehn Jahre später seine Tätigkeit als niedergelassener Kinderarzt in Düren beginnt, hat er bald den Ruf, sozial eingestellt zu sein. Seine Liquidationen sind auch für wenig begüterte und nicht sozialversicherte Familien bezahlbar, gelegentlich hat er auch ganz auf eine Honorierung verzichtet. Ein Ausspruch seiner Mutter in einem Gespräch mit einer Nachbarin ist überliefert: „Der arme Kerl wird es nie zu etwas bringen. Der ist zu gutherzig!"

Das Israelitische Asyl in Köln-Ehrenfeld wird zu einem späteren Zeitpunkt noch einmal eine besondere Rolle auf dem Lebens- und Leidensweg von Karl Levens Familie spielen. Aus diesem Grund, aber auch weil der biografische Bericht über Karl Leven allgemein die Geschichte der jüdisch geprägten Anteile des deutschen Gesundheitswesens anspricht, habe ich mich für die weitere Geschichte dieser Klinik interessiert. Sie soll daher, im Vorgriff auf die spätere Schilderung der Verfolgung und Unterdrückung, kurz skizziert werden.[17]

Karl Leven hat die Klinik in Ehrenfeld längst verlassen, als sie 1933 unter schweren wirtschaftlichen Druck gerät, nachdem die Nationalsozialisten eine Aufnahmesperre für nichtjüdische Kassenpatienten verfügt haben. Der von den Stiftungsgebern ausgedrückte „Sinn der Humanität", der die Krankenhaustüren für alle Patienten geöffnet hat, soll so auf dem Verordnungswege begrenzt werden. Die Klinik ist zwar bald wieder ausgelastet, da jüdische Patienten nicht mehr in anderen Krankenhäusern behandelt werden dürfen, die medizinische Versorgung kann jedoch nur mit größten Anstrengungen aufrechterhalten werden.

Gleichzeitig verlieren jüdische Ärzte, die in nichtjüdischen Kliniken arbeiten, ihre Stellung, sie dürfen nur noch in jüdischen Einrichtungen beschäftigt werden. Viele kommen nach Ehrenfeld, um dort als Volontäre, also in unbezahlter Stellung, zu arbeiten. Das Israelitische Asyl ist die einzige Anlaufstelle für jüdische Patienten und jüdische Ärzte aus Köln und weit darüber hinaus.

Die ersten jüdischen Patienten, die im Oktober 1938 aus dem Asyl deportiert werden, stammen aus Polen. In der Nacht zum 10. November 1938, der Pogromnacht, wird die Klinik Zufluchtsort vieler Menschen, von denen einige schwerverletzt sind. Das Asyl selbst bleibt in dieser Nacht von Übergriffen verschont, vielleicht auf Weisung eines höheren SS-Mannes, dessen Sohn dort einmal Hilfe gefunden haben soll.[18] Realistischer ist wohl die Feststellung, dass zu dieser Zeit die Partei und die Behörden noch nicht an einer völligen Ausschaltung jüdischer Sozialeinrichtungen interessiert waren, sondern ihre Funktion erhalten wissen wollten. Auch in der Nähe des Krankenhauses gelegene jüdische Einrichtungen wie ein Kinderheim, ein Waisenhaus und ein Lehrlingsheim blieben verschont. In der Pogromnacht ist die Badeabteilung überfüllt. Der Ehrenfelder Friseur Moritz Spiro erliegt hier seinen Verletzungen, nachdem er einen Bruch der Schädeldecke durch eine „stumpfe Gewalt" erlitten hatte. Jahre später sollen die Luftangriffe für Patienten, Schwestern und Ärzte zu einer besonderen Bedrohung werden, da es eine Verordnung gibt, das Asyl nicht über einen Voralarm zu unterrichten. Es soll nicht verschwiegen werden, dass der Leitende Arzt der Gynäkologie des St. Elisabethkrankenhauses, Prof. Wieloch, gegen die Anordnung verstößt und Voralarme jeweils telefonisch durchgibt, so dass die Schutzräume doch noch aufgesucht werden können.[20]

Nach der Zerstörung des Kölner Bürgerspitals durch einen Bombenangriff im Mai 1942 wird das Asyl von der Gestapo ohne Rücksicht auf bettlägerige Patienten geräumt. Es wird „arisiert" und als Hilfskrankenhaus beschlagnahmt. Es sind hauptsächlich Fremdarbeiter und Kriegsgefangene, die dort behandelt werden, bis es im Oktober 1944 durch einen Bombenangriff weitgehend zerstört wird. Nur das Hauptgebäude bleibt funktionstüchtig. 1950 wird es verkauft und nach einem teilweisen Wiederaufbau als belgisches Militärkrankenhaus genutzt Nach dem Abzug der

Belgier 1995/96 kommt der Mittelbau wieder in den Besitz der Kölner Jüdischen Gemeinde, die beschließt, hier ein jüdisches Wohlfahrtszentrum zu errichten. Ab Ende 2003 gibt es hier wieder ein Altenpflegeheim. Im Sommer 2004 ziehen eine jüdische, aber konfessionsüberschreitend konzipierte Grundschule und eine Kindertagesstätte ein. Damit ist das lange geplante jüdische Wohlfahrtszentrum, das in der Tradition der früheren Einrichtungen steht, fertiggestellt.

Karl Levens erster klinischer Lehrer, Dr. Benjamin Auerbach, emigriert 1939 hochbetagt über England nach New York, wo er im November 1940 im Alter von 85 Jahren stirbt.[21]

7
Augusta-Hospital Köln. Der Doktorand.

Ab 1. Nov. 1922 bis 1. Okt. 1923 arbeitete ich in derselben Eigenschaft [als freiwilliger Arzt] *an der Medizinischen Klinik (Augusta-Hospital) der Universität Köln. Seit 16. Juni 1924 betätige ich mich als freiwilliger Arzt an der Kinderklinik der Universität Köln.*[1]

Hier endet der von Karl Leven in seiner Doktorarbeit formulierte Lebenslauf. 1925 legt er seine Inaugural-Dissertation mit dem Titel „Blutplättchenzählung nach ‚SPITZMÜLLER'" vor. Die Arbeit stammt aus der „Medizinischen Klinik (Augusta-Hospital) der Universität Köln, Direktor Dr. F. Külbs". Auf der zweiten Seite findet sich die obligatorische Erklärung: *Ich gebe die eidesstattliche Versicherung ab, dass ich die vorliegende Arbeit ohne unerlaubte Hilfe angefertigt habe. Karl Leven, Köln, den 8. Juli 1925.* Der Schriftzug ist leicht nach rechts geneigt, die Buchstaben sind mit spitzer Feder akkurat, fast schülerhaft ausgeführt. Eine psychologisierende Deutung des Schriftbildes wäre unzulässig: Auf eine gut lesbare, korrekte

Schrift wurde noch großer Wert gelegt, sogar im Abiturzeugnis gab es ja eine Zensur für die Handschrift. (Die Unterschrift und das handschriftlich eingetragene Datum sollen für lange Zeit die persönlichsten Zeugnisse bleiben, die ich von Karl Leven kenne. Jahre vergehen, bis ich das zuvor erwähnte Foto aus dem Jahr 1916 erhalte.)

Auf der folgenden Seite bedankt sich Karl Leven: *Es ist mir eine liebe Pflicht, Herrn Professor Dr. L. Beltz für die Überlassung des Themas und Herrn Professor Dr. F. Külbs für die Übernahme des Referates herzlichst zu danken.* Eine Seite weiter folgt der Dank an die Eltern: *Meinen Eltern in Liebe und Dankbarkeit gewidmet.*

Der Tag der Promotion ist unbekannt. Hinter dem Eintrag auf der Titelseite *Promoviert am:* fehlt die Datumsangabe. Neben dem freien Raum befindet sich der Stempel der „Universitäts- und Stadtbibliothek Köln, Abt. 3", ebenfalls ohne Datum der Registrierung. Dass die Arbeit angenommen wurde, ergibt sich daraus, dass der Dekan und Direktor der Medizinischen Klinik der Universität Köln (Augusta-Hospital), Professor Dr. Külbs, ein Referat der Dissertation „im Rektoratsjahr 1924/25" veröffentlicht hat.[2]

Für elf Monate, vom November 1922 bis zum Oktober 1923, ist also das Augusta-Hospital in Köln Karl Levens Arbeits- und Forschungsstätte. Es hat 510 Betten. Sie waren ursprünglich überwiegend infektiösen internistischen Patienten vorbehalten, die aus dem im Zentrum Kölns gelegenen Bürgerhospital übernommen worden waren. (Das Bürgerhospital war danach zunächst nur noch für chirurgische Patienten zuständig.[3]) Das Gelände des Augusta-Hospitals lag mit seinen vier massiven Krankenbaracken, von denen zwei später durch einen OP-Trakt verbunden wurden, zwischen dem Südbahnhof und der Zülpicher Straße an der Stelle des früheren Fort V. Zwei weitere dreigeschossige Pavillons vervollständigten 1897/99 die Bettenhäuser.[4] In den zwanziger Jahren wurde das Augusta-Hospital zur Medizinischen Universitätsklinik, deren Funktionen später ausschließlich von der Lindenburg Köln wahrgenommen wurden.

Karl Levens Chef im Augusta-Hospital, Professor Dr. med. Franz Külbs, wurde 1875 in Rheine/Westfalen geboren und kam nach seiner Habilitation 1907 nach Kiel, wo er 1911 a.o. Professor wurde, und nach einer Professur in Straßburg (1916) 1917 als außerordentlicher Professor nach Köln. Er wurde 1924 zum Dekan der Medizinischen Fakultät Köln gewählt. Nach dem Ersten Weltkrieg blühte in Köln eine bedeutende medizinische Schule auf, an der Külbs großen Anteil hatte.[5] 1933 übernahm er „in einer schwierigen Zeit"[6] das Direktorat der Medizinischen Klinik Lindenburg der Universität Köln. Schwierig dürfte die Zeit besonders für Professor Dr. med. Hans Eppinger, seinen Amtsvorgänger in der Medizinischen Klinik, gewesen sein. Professor Eppinger war erst seit 1930 Direktor der Klinik und wurde 1933 als „Nichtarier" durch Professor Külbs ersetzt.[7] Der akademische Werdegang seines früheren Chefs dürfte dem „Nichtarier" Karl Leven, der zu diesem Zeitpunkt seit zwei Jahren als Kinderarzt in der Nachbarstadt Düren praktizierte, nicht entgangen sein. 1938 wurde Professor Külbs emeritiert. Er verstarb 1964 im Alter von 89 Jahren.

Karl Levens Doktorvater am Augusta-Hospital war jedoch Ludwig Beltz. Es darf wohl wörtlich und weniger als formelle Gepflogenheit verstanden werden, wenn der Doktorand Leven es als „liebe Pflicht" empfindet, sich bei Ludwig Beltz „herzlichst" für die Überlassung des Themas seiner Dissertation zu bedanken, auch wenn Beltz, als er in leitender Position war, ein gewisser auf Distanz angelegter Ernst umgab.[8] Ludwig Beltz, 1882 in Krefeld geboren, hatte nach Assistentenjahren in Berlin und Düsseldorf 1908 am Augusta-Hospital Köln eine Assistentenstelle angetreten. Hier rückte er bereits nach einem Jahr zum „Sekundärarzt" auf. Seine klinische Tätigkeit war erfolgreich, so dass er bei der Kölner Akademie für praktische Medizin 1914 einen

Lehrauftrag erhielt. Beltz arbeitete während der Kriegsjahre 1914 – 1918 als Stabsarzt und Internist „im Felde" und kehrte nach Kriegsende als Oberarzt an seine frühere Wirkungsstätte zurück. Wissenschaftlich und klinisch hatte er sich mit Erkrankungen des Blutsystems und der Nieren beschäftigt.[9] Die Vergabe eines Dissertationsthemas über die Blutplättchen lag somit nahe.

Für den späteren Kinderarzt Leven war Beltz vermutlich ein wichtiger akademischer Lehrer: Ludwig Beltz hatte Erfahrungen *auf dem Gebiet der Säuglings- und Kinderkrankheiten, die er auf einer großen Abteilung zu sehen und zu behandeln jahrelang Gelegenheit hatte,* wie ihm 1924 sein Chef, Professor Külbs, in einem Zeugnis bescheinigte.[10]

Dass es im Augusta-Hospital eine Kinderabteilung gab, dass Karl Leven, wenn er nicht selbst kranke Kinder zu betreuen hatte, hier also zumindest bei den Visiten kranke Kinder sah und dass er einen Doktorvater mit internistisch-kinderärztlichem Erfahrungsschatz hatte, dürfte nach den ersten pädiatrischen Eindrücken im Jüdischen Krankenhaus in Köln-Ehrenfeld ein weiterer, wenn nicht der entscheidende Impuls für ihn gewesen sein, die Kinderheilkunde als sein Fach zu wählen.

Vielleicht gab es ja sogar ein „Übertragungsphänomen"? Professor Beltz wird in seiner Aachener Zeit als ein Chef ohne große Worte geschildert, der den Patienten gegenüber ruhig, freundlich und vertrauenserweckend, aber auch bestimmend war, und der sich den Mitarbeitern gegenüber offen und kollegial verhielt. War es der ihm später nachgesagte Sinn für soziale Gerechtigkeit, der die Beziehung zu seinem jüdischen Doktoranden in unbezahlter Stellung prägte? Beltz war in den Jahren nach 1933 in Aachen als aufrechter Katholik bekannt, der dem NS-Regime von Anfang an kritisch gegenüberstand. So unterlief er das Verbot des NSDAP-Kreisleiters Schmeer, Kranken und Sterbenden durch Geistliche Trost spenden zu lassen, und widersetzte sich anscheinend erfolgreich dem Entfernen von Kruzifixen aus den Krankenzimmern durch die „braune" Krankenhausverwaltung. Außerdem, so ein Denunziant gegenüber der Kreisleitung, behandele Professor Beltz Juden, Polen, Kriegsgefangene und andere Geächtete mit ostentativer Freundlichkeit. Beltz bewegte schließlich den NS-Spitzel zum Widerruf, zweifellos aus Gründen des Selbstschutzes.[11]

8
Die Dissertation.

Was zu den Dienstobliegenheiten eines „freiwilligen Arztes" im Augusta-Hospital gehörte, ist heute nicht mehr zu rekonstruieren. Ganz sicher aber experimentiert der Doktorand Leven mit Blutplättchen, den Thrombozyten. Er erörtert in seiner Dissertation „eine gewisse Vernachlässigung" der Blutplättchen gegenüber anderen Blutelementen und diskutiert einleitend *die nicht übereinstimmenden Anschauungen hinsichtlich ihrer morphologischen Genese und der pathogenetischen Bedeutung*[1]. Karl Leven beschreibt weiter die Morphologie im ungefärbten Präparat und das stark agglutinierende Verhalten der Thrombozyten, also ihre Neigung zur Zusammenballung und Verklumpung. Er stellt ihre Funktion bei der Blutgerinnung und bei Veränderungen der inneren Gefäßwand und die Erzeugung *beträchtlicher Mengen von gerinnungsaktiven Stoffen wie Thrombokinase und wahrscheinlich auch Thrombogen heraus.*

Der Schwerpunkt der Studie liegt bei den unterschiedlichen Zählungsmethoden der Blutplättchen, die zu unterschiedlichen Normbereichen geführt haben. Zehn Autoren mit voneinander abweichenden Angaben von „Normalwerten" werden zitiert. Besonders interessiert sich der Doktorand für die Zählung nach SPITZ, die einen Verdünnungsfehler in sich birgt, der durch eine andere, von

MÜLLER angegebene, Berechnungsformel vermieden werden kann. Dem Abiturienten mit der mangelhaften Zensur in Mathematik wurden hier einige Rechenleistungen abverlangt.

In einem zweiten, klinischen Teil untersucht Karl Leven die Plättchenzahlen bei 39 Patienten des Augusta-Hospitals mit den verschiedensten Krankheitsbildern. Beispielhaft seien nur erwähnt: „Magenneurose", „Bronchiektasen" „Sepsis unbekannter Ursache", „Endokarditis lenta" (vier Patienten), „Sepsis post abortum" „Typhus abdominalis", „Offene Lungentuberkulose", „Urämie", „Alkoholabusus".

An einer Stelle erwähnt Karl Leven seinen Doktorvater Professor Dr. Ludwig Beltz namentlich: ...*hat das Verdienst, als erster auf diese Erscheinung* [die Verminderung der Thrombozyten, Verf.] *bei der echten Urämie hingewiesen zu haben.*

Drei Patienten hat Karl Leven 2 ccm „Caseosan" intravenös injiziert *und nach 5 Minuten die Plättchenzahlen bestimmt, die dann eine erhebliche Verminderung zeigten. 1 Std. nach der Injektion erneute Zählung, deren Ergebnis stets eine Vermehrung gegenüber dem vor der Injektion gefundenen Werte zeigte.* Caseosan ist eine sterile 4–5prozentige Kaseinlösung. Kasein ist der Hauptanteil des Milcheiweißes. Caseosan wurde bei „Infektionskrankheiten insbesondere zur Behandlung lokaler Entzündungsherde, Gelenkerkrankungen, Entzündungen der Eierstöcke usw." eingesetzt.[2] Diese empirische und unspezifische fiebererzeugende Therapie, die lange verlassen worden ist, war vor der Zeit der Antibiotika weit verbreitet. Bei mehreren Patienten des Doktoranden Leven ist heute, aber auch aus damaliger Sicht, nicht ohne weiteres verständlich, warum sie dieser – belastenden – Therapie ausgesetzt wurden, so etwa bei Patienten mit „Magenkatarrh", „Alkoholabusus" oder „Grippe". Nach einer Liste aus dem Jahr 1938 besteht bei diesen Erkrankungen keine Indikation für die nicht ganz harmlose Caseosantherapie.[3] So stellt sich die Frage, ob Karl Leven sein Experimentierfeld vom Labor auf die Krankenstation ausgedehnt haben könnte. Ob das Motiv für diese therapeutische Entscheidung Karl Levens eigener forscherischer Impuls oder eine Idee seines Doktorvaters war, muss offen bleiben. Immerhin hat Leven selbst sein Vorgehen als „experimentell" bezeichnet. (Es dürfte zu jener Zeit ethisch weniger anfechtbar gewesen sein, als nach heutigen Maßstäben.)

Für Interessierte wird die Zusammenfassung der Ergebnisse mit Karl Levens eigenen Worten und in seiner Schreibweise im Anhang wiedergegeben.[4]

Von der Beendigung seiner Tätigkeit im Augusta-Hospital am 30. September 1923 bis zum Beginn seines Dienstes als „freiwilliger Arzt" in der Universitätskinderklinik Köln am 16. Juni 1924 klafft eine Lücke von über acht Monaten, auf die Karl Leven in seinem Lebenslauf nicht eingeht.

Hat er in dieser Zeit seine Dissertation fertig gestellt? Oder war es der Zeitraum, in dem er den an anderer Stelle erwähnten „Lungenkollaps" erlitt? Die Erkrankung soll allerdings in die Kriegszeit gefallen sein und wurde, wie erwähnt, als zu vermutender Grund für einen verkürzten Militärdienst angesehen. Wenn Karl Leven an einer „spezifischen", also tuberkulösen Lungenerkrankung gelitten haben sollte, dann hätte er im Augusta-Hospital durchaus ein hohes Infektionsrisiko gehabt: mehrere der im Rahmen seiner Doktorarbeit von ihm untersuchten Patienten litten an einer offenen Lungentuberkulose.

Vielleicht fand aber der junge Arzt, der am 1. August 1922 seine Ärztliche Approbation erhalten hatte[5], auch zunächst einfach keine Stelle, die ihm eine Weiterbildung zum Kinderarzt ermöglichte. Karl Leven wäre dann einer der vielen Arbeitslosen dieser Jahre gewesen.

Oder weist das erwähnte Foto mit Ärztinnen und Ärzten des Israelitischen Asyls für Kranke und Altersschwache, auf dem er abgebildet ist, darauf hin, dass er noch einmal vorübergehend an seine erste Ausbildungsstelle zurückgekehrt war? Die Bildlegende nennt als Datum „um 1924", also den Zeitraum, über den er in seinem Lebenslauf keine Angaben macht. Über den Grund ließe sich allenfalls spekulieren.

Im Bestreben, mir einen Einblick in diese politisch und wirtschaftlich so schwierigen Zeiten in Deutschland zu verschaffen, stoße ich auf Sebastian Haffners 1939 verfasste „Geschichte eines Deutschen". Hier wird ein Schlaglicht auf das Deutschland des Jahres 1923 geworfen, also auf das Jahr, in dem Karl Leven – vermutlich – an seiner Dissertation arbeitete.[6] Aus der Sicht des Emigranten und in der für den jungen Haffner typischen provokanten Metaphorik beleuchtet es die Lebenswelt einer Generation, in der nicht nur das Geld entwertet wurde. 1923 sei das Jahr gewesen, das *in den heutigen Deutschen jene Züge hinterlassen hat, die der gesamten übrigen Menschheit unverständlich und unheimlich und die auch dem normalen ‚deutschen Volkscharakter' fremd sind: jene hemmungslos zynische Phantastik, jene nihilistische Freude am ‚Unmöglichen' um seiner selbst willen, jene zum Selbstzweck gewordene ‚Dynamik'.* Haffner spricht von diesem Jahr als der Zeit, in der einer ganzen deutschen Generation ein ‚seelisches Organ' entfernt worden sei: *…ein Organ, das dem Menschen Standfestigkeit, Gleichgewicht, freilich auch Schwere gibt und das sich je nachdem als Gewissen, Vernunft, Erfahrungsweisheit, Grundsatztreue, Moral oder Gottesfurcht äußert. Eine ganze Generation hat damals gelernt – oder zu lernen geglaubt –, dass es ohne Ballast geht. […] Das Jahr 1923 machte Deutschland fertig – nicht speziell zum Nazismus, aber zu jedem phantastischen Abenteuer. Die psychologischen und machtpolitischen Wurzeln des Nazismus liegen tiefer zurück, wie wir sahen. Aber damals entstand das, was ihm heute* [1939] *seinen Wahnsinnszug gibt: die kalte Tollheit, die hochfahrend hemmungslose, blinde Entschlossenheit zum Unmöglichen; das ‚Recht ist, was uns nutzt' und ‚das Wort unmöglich gibt es nicht'.*

Wenn Haffners schlaglichtartige Einschätzung der erschreckenden Entwicklung zutrifft, die Karl Levens Vaterland im Jahr 1923 genommen hat, muss sie Auswirkungen auf das Lebensgefühl des in unbezahlter Stellung arbeitenden jüdischen Doktoranden gehabt haben, die nur bedrückend gewesen sein können.

9
Akademische Lehrer.
Ausbildung zum Kinderarzt.

Karl Levens erster pädiatrischer Lehrer, Geheimrat Professor Dr. Ferdinand Siegert (1865–1946), ist der erste Direktor der Kölner Kinderklinik, deren Hauptgebäude 1908 errichtet wurde. Er war bereits ab 1904 Direktor der Kinderklinik der „Akademie für Praktische Medizin" in Köln. 1919 wird ihm das neu eingerichtete Ordinariat für Kinderheilkunde übertragen. Siegert leitet die Universitätskinderklinik bis zu seiner Emeritierung 1931.[1]

Auf den Jahrestagungen der 1900 gegründeten „Vereinigung rheinisch-westfälischer Kinderärzte", deren Vorsitzender Siegert 1924 wird, tritt Karl Levens späterer Chef von 1904 an mehrfach mit Diskussionsbeiträgen und Fallvorstellungen in Erscheinung. In den Sitzungsprotokollen sind seine Themen dokumentiert: perniziöse Anämie, Myxödem, „Mongolismus", „Familiärer Infantilismus", Osteogenesis imperfecta, Testdiagnostik bei TBC. 1905 und noch einmal 1910 spricht er über die „hereditäre Rachitis" und erntet den Widerspruch seiner akademischen Kollegen, die eine Erblichkeit nicht erkennen können. Wissenschaftlich beschäftigt sich Professor Siegert besonders mit entwicklungsgeschichtlichen Themen, z. B. mit der Entwicklung der Hand.[2]

Dass Siegert auch politische Ambitionen hatte, geht aus einem Brief Lilli Schlüchterers hervor, die am 11. April 1924 wegen ihres Staatsexamens bei Siegert zu einem offenbar vereinbarten Termin vorsprach, ihn aber nicht antraf, „da er zu sehr mit Reichstagswahlreden etc. beschäftigt" war. Die Studentin schreibt dazu: „Bei einer Reichstagsrede in [Köln-]Kalk haben ihn die Kommunisten wahnsinnig angegriffen und ihm gedroht. Wenn sie ihn kriegten, hauten sie ihn tot"[3].

Vermutlich war Karl Leven froh, in der Kölner Kinderklinik überhaupt, wenn auch in unbezahlter Stellung als

„freiwilliger Arzt", angenommen worden zu sein. 1950 wird Siegert posthum als ein „Mann ganz eigener Prägung, Autodidakt, vornehm mit festen Überzeugungen und als aufrechter Mann" geschildert.[4] Ein Foto zeigt einen etwas steif lächelnden Klinikdirektor, der kühl und distanziert zu sein scheint.[5] Karl Leven, der so gerne lachte, wird als unbezahlter Arzt wohl wenig Kontakt zu seinem Chef gehabt haben. Aber vielleicht verleiten mich ja die ausgeprägten Mensurnarben zu einem Vorurteil. Immerhin geben sie mir Anlass darüber nachzudenken, wie sich das Verhältnis zwischen dem sich für die politische Rechte engagierenden Universitätsprofessor und dem jungen, jüdischen „freiwilligen Arzt" gestaltet haben könnte.

Bekanntlich hatte in der hermetischen Welt schlagender Studentenkorps eine antisemitische Einstellung eine lange Tradition. In den Aufnahmestatuten war eine Sperrklausel für jüdische Kommilitonen vielfach üblich.[6] Bei den Studenten besonders der Bereiche Jura und Medizin hatte sich ein „radikaler Typ von Judenfeindschaft festgesetzt"[7]. In der Weimarer Republik war der Anteil von Juden in diesen Berufsfeldern besonders hoch. Herkömmlich rassistisches Denken, aber auch der zu erwartende berufliche Konkurrenzdruck bedingten eine extrem antisemitische Haltung vieler angehender Ärzte und Rechtsanwälte. Dem entsprach bei der Mehrzahl der „arischen" Professoren seit dem Kaiserreich eine Einstellung, die als „gebildete Judäophobie" charakterisiert worden ist.[8]

In der Kinderklinik Köln gab es bereits eine Abteilung, in der man sich um die „Erziehung nervöser und schwer erziehbarer Kinder" bemühte.[9] Vielleicht macht Dr. Leven hier schon Erfahrungen, auf die er später in Düren zurückgreifen kann. Der Klinik angegliedert ist auch eine staatlich anerkannte Säuglings- und Kinderkrankenschwesternschule.

Wann er die Kölner Kinderklinik verlassen hat, um in Magdeburg seine Weiterbildung fortzusetzen oder um vorher noch einmal vorübergehend im Jüdischen Krankenhaus in Köln-Ehrenfeld zu arbeiten, ist nicht bekannt. Der Status „freiwilliger Arzt" in Köln hatte zur Folge, dass er im dortigen Personalverzeichnis nicht aufgeführt wurde. Im September 1929, beim Tod des Vaters, ist jedenfalls Magdeburg sein Wohnort. Aber auch im dortigen Klinikarchiv, dem „Traditionskabinett", findet sich keine Personalakte und auch sonst keine Spur von Dr. Karl Leven.[10]

In Magdeburg trat Karl Leven in eine Kinderklinik ein, die, wie auch die Kölner Kinderklinik, eine etwa zwanzigjährige Geschichte hatte. 1906 wurde zunächst eine kleine Säuglingsabteilung im Krankenhaus Altstadt gegründet. Ihr Leiter war Professor Dr. Arthur Keller, 1902 Begründer der heute noch existierenden „Monatsschrift für Kinderheilkunde" und ein Schüler und späterer Freund und Mitarbeiter des einflussreichen Adalbert Czerny aus Breslau.[11]

Die Geschichte der Magdeburger klinischen Pädiatrie zeigt beispielhaft einen Wesenszug der Kinderheilkunde, der für dieses Fachgebiet von Anfang an existenziell war: Zum kurativen Bemühen um das kranke Kind trat die Sorge um das soziale Umfeld. Das galt nicht nur für den einzelnen kleinen Patienten, sondern auch für die Lebensbedingungen von Säuglingen und Kindern aller Altersstufen in einer Stadt, einer Provinz und schließlich einer ganzen Nation.

Es wird für Dr. Levens späteres Wirken als Kinderarzt in Düren bedeutsam gewesen sein, dass er in seiner zweiten Ausbildungsstätte an den reichen Erfahrungen einer ‚Sozialen Pädiatrie' teilhaben konnte. In Magdeburg war schon lange bevor Dr. Leven in die Kinderklinik eintrat, nämlich vom Amtsantritt Professor Kellers im Jahre 1906 an, die Stelle eines „städtischen Kinderarztes" mit der Leitung der Säuglingsabteilung verbunden. Ihm war die gesamte Säuglingsfürsorge der Stadt unterstellt. So gab es bereits seit dieser Zeit Säuglingsberatungsstellen im gesamten Stadtgebiet. Arthur Keller hatte mit Czerny zusammen das Handbuch der Ernährungslehre veröffentlicht, das 1906 erschien. Heute ist auch älteren Kinderärzten der damals häufige

„Milchnährschaden" durch eine fehlerhaft zusammengesetzte Säuglingsnahrung mit Vollmilch kaum noch bekannt. Die von Keller entwickelte und nach ihm benannte Malzsuppe war für viele Jahrzehnte ein wichtiger Bestandteil der Ernährungstherapie dieser Krankheit. Keller war auch Mitherausgeber des 1912 in Berlin erschienenen Handbuchs „Säuglingsfürsorge und Kinderschutz". Weitere Leiter der Magdeburger Kinderklinik werden im Anhang erwähnt.[12]

Karl Levens zweiter pädiatrischer Lehrer, Professor Dr. Alfred Uffenheimer, geb. 1876, war von 1925 bis 1933 Leiter der Kinderklinik der Magdeburger Altstadt. Er erreichte für die Klinik entscheidende Verbesserungen durch Erweiterungen und Umbauten und setzte durch eine Vereinbarung mit dem Internisten Professor Otten durch, dass die Versorgung der infektionskranken Kinder den Kinderklinikern übertragen wurde. 1928, zu einer Zeit, als Dr. Leven mit großer Wahrscheinlichkeit Mitarbeiter der Magdeburger Kinderklinik war, arbeiteten unter Uffenheimers Leitung 17 Säuglings- und Kleinkinderberatungsstellen. 1926 wurden in den Beratungsstellen schon 68 Prozent aller Säuglinge untersucht und ihre Mütter beraten. Darüber hinaus versorgte Uffenheimer mit seinen Assistenten und Fürsorgeärzten 16 Kindertageskrippen und ein Kinderheim, so dass Dr. Leven neben seiner Kliniktätigkeit in diese Arbeit einbezogen worden sein dürfte.

Alfred Uffenheimer führte neben einer Spezialsprechstunde für „geistig und erziehlich abnorme Kinder" einen „Gesundheitsbogen des Kindes" ein, auf dem die Entwicklung von der Geburt bis zur Schulentlassung dokumentiert wurde. Damit war er ein Vorläufer der Jahrzehnte später eingeführten gesetzlichen Vorsorgeuntersuchungen. Uffenheimer schreibt zu der Ausweitung des sozialpädiatrischen Arbeitsgebietes: *Die Stadt Magdeburg kann das bedeutende Verdienst für sich in Anspruch nehmen, als erste unter den großen Städten Deutschlands die ärztlichen Maßnahmen der kommunalen Säuglingsfürsorge zentralisiert und in einer Hand vereinigt zu haben.*[13]

In seiner Magdeburger Zeit veröffentlichte Alfred Uffenheimer eine Vielzahl von Beiträgen in Fachzeitschriften und arbeitete am Handbuch der Kinderheilkunde mit. 1927 erschien die dritte Auflage seines Buches „Warum kommen die Kinder in der Schule nicht vorwärts?", das er mit Otto Stählin verfasst hatte.[14]

Vor mir liegt eine kopierte Seite einer im April 1933 erschienenen Ausgabe der „Magdeburger Zeitung".[15] Die Stadt Magdeburg, die sich durch die Sachkenntnis und den enormen Arbeitseinsatz Professor Uffenheimers und seiner Mitarbeiter, somit auch Dr. Karl Levens, noch wenige Jahre zuvor einer Spitzenstellung in der Sozialen Pädiatrie in Deutschland rühmen durfte, gab zahlreiche Beurlaubungen von städtischen Mitarbeitern, die „im staatlichen Interesse" und zum 20. April 1933 – dem Geburtstag Adolf Hitlers – ausgesprochen wurden, bekannt. Unter den Überschriften „Der Oberpräsident räumt auf!" und „Säuberung der Ärzteschaft" musste auch der „Klinikdirektor des Krankenhauses Altstadt, Prof. Dr. Uffenheimer", neben zahlreichen Pädagogen, Verwaltungsbeamten und Ärzten seinen Namen lesen.

Einer der späteren Nachfolger Alfred Uffenheimers in der Leitung der Magdeburger Kinderklinik, Professor Wilhelm Thal, hat 1978 von dessen Tochter, Eva Bieler, den weiteren bedrückenden Lebensweg ihres Vaters erfahren. Im August 1933, vier Monate nach seiner Entlassung, wurde Alfred Uffenheimer zwangspensioniert. In der Mitgliederliste der Deutschen Gesellschaft für Kinderheilkunde wurde er 1933 durch Ankreuzen als Jude kenntlich gemacht und 1938 nach dem Entzug der ärztlichen Approbation aus seiner Fachgesellschaft ebenso ausgeschlossen, wie alle anderen bis dahin noch in der Gesellschaft verbliebenen jüdischen Ärzte.[16] In Kattenhorn am Bodensee, wohin die Familie übersiedelt war, wurden Ostern 1938 die Pässe konfisziert, mit dem Bescheid, dass sie ihnen erst zum Zwecke der Emigration und nach Abgabe des gesamten Besitzes wieder ausgehändigt würden.

Im August 1938 erfolgte die Emigration nach England. Nach englischem Standesrecht war Alfred Uffenheimer mit 62 Jahren zu alt, um sich durch Ablegen des nationalen Ärzteexamens noch für eine ärztliche Tätigkeit in England zu qualifizieren. So betreute der in psychosozialen Problemstellungen erfahrene Alfred Uffenheimer in Hertfordshire eine Gruppe schwer erziehbarer Jungen. Im Februar 1940 übersiedelte das Ehepaar Uffenheimer nach Nordamerika. Eva Bieler schreibt: *Nach einigen sehr schweren Monaten und völliger Armut gelang es meinem Vater, eine Dozentur in einer von einem religiösen Orden geleiteten Universität in Albany zu finden … Er hat es nicht lange geschafft. Er starb an einem Herzinfarkt im April 1941 im Alter von 65 Jahren.*[17]

Auf den Abbildungen, die Alfred Uffenheimer in verschiedenen Lebensjahren zeigen, glaube ich einen Mann mit einem nachdenklichen und klugen Blick zu erkennen, der freundlich, warmherzig und auch humorvoll zu sein scheint.[18] Auf einer Gruppenaufnahme ist er von vielen Schwestern und einigen Ärztinnen und Ärzten umgeben. Rechts außen, durch die Optik verzerrt und unscharf kopiert, sehe ich einen mittelgroßen Arzt etwa Ende zwanzig, der – nach den mir bekannten Fotos – Karl Leven sein könnte.

Von Wilhelm Thal erfahre ich in einem ersten Schreiben, dass es in Magdeburg keine Personalakte von Professor Uffenheimer mehr gibt. Ebenso wenig findet sich eine Liste seiner Mitarbeiter: *Es ist kein Schriftwechsel vorhanden. Lediglich eine Sonderdrucksammlung konnte gerettet werden. Darunter habe ich keine Publikation von Dr. Leven während der Amtszeit von Uffenheimer gefunden.*[19]

Dass Wilhelm Thal doch noch fündig wurde, zeigt das folgende Kapitel.

10
Seltene Diagnose. Schwierige Therapie.

Gegen Ende seiner Magdeburger Zeit nahm Dr. Leven eines Tages ein schwer krank wirkendes neugeborenes Kind in seine Obhut.[1]

Die im achten Schwangerschaftsmonat geborene, zwei Wochen alte Ilse-Margot K. war aus der Frauenklinik in die Städtische Kinderklinik überwiesen worden. Sie war das dritte Kind einer 29-jährigen Patientin, die als „Paralytikerin" auf der Nervenstation in Behandlung war. Dr. Leven schreibt: *Das Kind wurde wegen des schlechten Allgemeinzustandes der Mutter gleich nach der Geburt von ihr getrennt, nicht angelegt und gedieh anfänglich bei Ernährung mit abgespritzter Ammenmilch gut.*

Bei der damals noch häufigen progressiven Paralyse, unter der die Mutter litt, handelt es sich um die Spätform der Syphilis, die oft erst Jahre oder Jahrzehnte nach der Erstinfektion mit erheblichen neurologischen Symptomen einhergeht.

Das neugeborene Mädchen hatte zunächst keine Probleme gemacht, sie hatte gut getrunken und ganz normal am neunten Lebenstag ihr Geburtsgewicht wieder erreicht. Dann verlor sie plötzlich an Gewicht und sah graublass und „verfallen" aus. Bei der Aufnahme am 14. Lebenstag hatte das 46 cm lange und nur 2020 g wiegende zierliche Kind eine stark gelb gefärbte Haut und es hatte Fieber (38,5°), für ein Kind dieses Alters ein Alarmzeichen. Sonst bot es keine besonderen Krankheitssymptome, auch keinen Hinweis auf eine angeborene Syphilis, was bei der mütterlichen Krankheit denkbar gewesen wäre. Dr. Leven stellte dem kleinen Mädchen zunächst eine „nicht ungünstige" Prognose.

In den ersten beiden Tagen in der Kinderklinik stieg das Fieber bis 39°. Danach ging die Temperatur zwar herunter, blieb aber weiter leicht erhöht. Am dritten Krankenhaustag, dem 17. Lebenstag des Kindes, verschlechterte sich der

Allgemeinzustand. Ilse-Margot trank schlecht, sie erbrach häufig, es kam zu Durchfällen und das Kind bot Zeichen der Austrocknung. Der Zustand wurde so bedrohlich, dass Dr. Leven eine Infusion machte, wie damals üblich mit einer salzhaltigen Lösung unter die Haut. Der Zustand und die Nahrungsaufnahme besserten sich danach rasch, das Erbrechen ließ nach, das Kind machte, wie Dr. Leven notierte, *im ganzen einen frischeren Eindruck.*

Am 24. Lebenstag zeigte sich ein *überraschender Blutbefund*. Der rote Blutfarbstoff war deutlich erniedrigt und die roten Blutkörperchen wiesen *blaue Ringe mit roten Punkten* auf, die als Malariaerreger *vom Tertianatyp* gedeutet wurden. Karl Leven schreibt dazu: *Daraufhin angestellte Nachforschungen ergaben, dass die 29jährige Mutter wegen einer Paralyse mit Malaria tertiana geimpft worden war.*

Diese „Impfung" – man würde heute eher von einer Infizierung aus therapeutischen Gründen sprechen – war 22 Tage vor der Geburt erfolgt. Wie angestrebt, hatte die Mutter acht Tage nach der Injektion des Malariaerregers mit hohem Fieber reagiert, was sich dann in fast regelmäßigen Abständen alle 40 Stunden wiederholte. Nach dem 8. Fieberschub wurde das kleine Mädchen aus Steißlage geboren. An der Plazenta waren nach bloßem Augenschein keine Veränderungen sichtbar.

Die Schilderung dieses ungewöhnlichen Krankheitsfalles beruht auf einer Veröffentlichung Karl Levens, der bei der kleinen Ilse-Margot die für heutige Mediziner kaum verständliche Diagnose einer „Impfmalaria" stellte. Dem fachlich Interessierten mag zum besseren Verständnis der Krankengeschichte der kleinen Ilse-Margot ein kurzer medizingeschichtlicher Rückblick dienen.[2]

Die in den nächsten Wochen häufig vorgenommenen Blutuntersuchungen zeigten eine zunehmende Blutarmut und eine Verminderung der weißen Blutkörperchen, meist Lymphozyten und Monozyten, und als wichtigsten Befund, mit Dr. Levens Worten: *Bei jeder Untersuchung waren Plas-*

modien [Malariaerreger], *junge und ältere Formen, in wesentlicher Anzahl nachweisbar.* Dennoch nahm das Kind gut zu, hatte eine *gute Stimmung und machte auch hinsichtlich der geistigen Entwicklung* Fortschritte. Es kam zwar immer wieder zu Fieber, das aber meist nicht sehr hoch war. Milz und Leber waren vergrößert. Am 50. Lebenstag entschlossen sich die Magdeburger Kinderkliniker zu einer Chininbehandlung: *Der Erfolg dieser Therapie war überraschend.* Der Allgemeinzustand besserte sich rasch, die Vergrößerung von Milz und Leber verschwanden, das Blutbild normalisierte sich und die Malariaerreger wurden nicht mehr gesehen. Der übliche Test auf Syphilis, die Wassermann-Reaktion, fiel negativ aus.

Bei der Entlassung aus der Kinderklinik wiegt das fünf Monate alte Mädchen zwar nur 4200 Gramm, ist aber *lebhaft, lacht, blickt um sich.* Dr. Leven übt dann noch an einer Kollegin Kritik: *Während die Abteilungsassistentin keine Plasmodien mehr glaubte sehen zu können, hat systematische Nachprüfung der aufgehobenen Präparate doch noch vereinzelte Erythrozyteneinschlüsse, die als Plasmodien angesehen werden mussten, ergeben.*

Ilse-Margot wurde in einem Säuglingsheim untergebracht und neun Monate später zu einer Nachuntersuchung wieder aufgenommen. Es bestanden zwar keine malariatypischen Temperaturerhöhungen mehr, aber inzwischen hatte sich eine starke Blutarmut entwickelt und im Blutbild waren wieder zahlreiche Malariaerreger zu sehen. Man begann erneut mit einer Chininbehandlung. Als das Kind die stark bitter schmeckende Substanz immer wieder erbrach, wurde das Medikament unter die Haut injiziert. Die Folge waren entzündliche Veränderungen bis zur Abszessbildung an den Injektionsstellen, was als Grund für ein jetzt langsameres Verschwinden der Plasmodien aus dem Blut angesehen wurde. *Nach fast 2monatlicher Behandlung sind keine Malariaplasmodien mehr nachweisbar.* Bei normalisierten Laborwerten und in gutem Zustand wurde Ilse-Margot wieder entlassen.

Hier endet die ungewöhnliche und eindrucksvolle Beschreibung eines kranken Kindes, dessen Krankheitserkennung und Behandlung die Magdeburger Kinderkliniker vor ernste Probleme gestellt hatten.[3]

Am Ende seines Fallberichtes stellt Dr. Leven die Frage zur Diskussion, ob auch Malariaerreger, wie von anderen Krankheitskeimen bekannt, durch die Plazenta auf das ungeborene Kind übergehen können. Diese Erkenntnis war noch keineswegs ärztliches Allgemeingut und Karl Leven trägt eine große Zahl von in- und ausländischen, zum Teil sich widersprechende Studien zusammen, diskutiert sie gründlich und bezieht die Resultate auf seine eigene Beobachtung.

Abschließend weist Dr. Leven noch auf das zu dieser Zeit bekannte Vorkommen der die Malaria übertragenden Anophelesmücke in der Magdeburger Region hin. Er erwähnt, dass die jahreszeitlichen Temperaturen für die Entwicklung der Malariaerreger im Mückenkreislauf nicht ausreichten und die Gegend ohnehin als malariafrei gilt.[4] Auch seien keine sonstigen Malariainfektionen zu der Zeit aufgetreten, eine natürliche Infektion sei somit ausgeschlossen. In einer Fußnote bedankt sich Dr. Leven bei Prof. Dr. Nocht, Hamburg *für die Güte,* die Befunde nachprüfend zu bestätigen.

Karl Leven beendet seine Publikation: *Nach den vorgängigen Betrachtungen dürfte die Schlussfolgerung als richtig anerkannt werden, dass die Möglichkeit der intrauterinen Übertragung der Malaria von der Mutter auf den Fetus auf direktem Wege vorhanden ist und dass in unserem Falle die Infektion des Kindes auf diese Weise zustande gekommen ist.*

Es war 1931, im Jahr seiner Niederlassung als Kinderarzt in Düren, als Dr. Karl Leven als Alleinautor „Aus der Städt. Kinderklinik Magdeburg. Direktor: Prof. Dr. A. Uffenheimer" diese Fallbeschreibung in der „Monatsschrift für Kinderheilkunde", dem renommierten Fachblatt der Deutschen Gesellschaft für Kinderheilkunde, veröffentlichte. Die präzise und empathische Beobachtung, die Sorgfalt und Gewissenhaftigkeit im Umgang mit dem kranken Kind, die ambitionierte Durchsicht der internationalen Fachliteratur und die Logik der Schlussfolgerungen lassen erkennen, dass Karl Leven sowohl als Kinderkliniker mit wissenschaftlichen Interessen als auch als gut ausgebildeter Kinderarzt in eigener Praxis einem erfolgreichen Berufsleben entgegensehen konnte.[5]

11
Wieder in Düren. Die Herkunft.

Als Karl Leven nach seiner pädiatrischen Facharztausbildung 1931 wieder nach Düren kam, begann ein neuer Lebensabschnitt als Kinderarzt in der eigenen Praxis im Haus seiner Eltern. Er kehrte aber auch zurück in schon lange bestehende familiäre Bindungen und in eine fest gefügte religiöse Tradition.

Die älteste Nachricht über einen in Düren ansässigen Juden stammt aus dem Jahr 1238. Den Schreinsurkunden der Kölner Laurenzpfarre ist zu entnehmen, dass Anselm aus Düren und seine Frau Jutta Besitzer eines Teilgrundstücks im Kölner Judenviertel wurden.[1] Ihre Nachkommen lebten in Köln. Ein Steuerverzeichnis der Reichsorte aus dem Jahr 1241/42 besagt, dass von den 40 Mark Silbers (heutiger Wert: etwa 1600 Euro), die Düren zu zahlen hatte, – deren eine Hälfte an den Kaiser ging und die andere für die Stadtbefestigung benutzt wurde – die Dürener Juden zehn Mark Silbers und damit ein Viertel der Gesamtsumme aufbrachten.[2] 1271 war ein „Herr Liverman" aus Düren – der Name lässt auf eine jüdische Abstammung schließen – Gläubiger des Erzbischofs Engelbert von Köln.

1348/49 wurde die jüdische Gemeinde in Düren durch einen der Pestpogrome, in denen den Juden eine Schuld an dieser Epidemie gegeben wurde, zum ersten Mal vernichtet.[3]

1370 siedelten sich wieder Juden in Düren an.[4] Am 26. Mai 1387 verbietet der Herzog von Jülich, die jüdische Gemeinde zu Düren „weiter zu behelligen." Vorausgegangen war „eine Beschwerde"[5]. Im August 1402 erteilt der Herzog Reinald von Jülich sieben jüdischen Familien „das Geleit", für acht Jahre in Düren zu wohnen und Handel zu treiben.

Diese wenigen frühen, beurkundeten Beispiele aus der jahrhundertealten Geschichte der Juden in Düren lassen einige Erkenntnisse zu: Es gab sehr wohlhabende Juden, die dem Adel, dem Klerus und den Kommunen finanzielle Mittel zur Verfügung stellten oder zu entsprechenden Abgaben herangezogen wurden; Juden waren eine Minderheit, die Pogromen ausgesetzt war, weil man ihnen Katastrophen, wie etwa eine Epidemie, anlastete und über die man sich beschweren konnte, so dass sie auf den Schutz durch die Obrigkeit angewiesen waren; sie wurden besonderen rechtlichen Bedingungen wie etwa einer Befristung ihres Aufenthaltes und ihrer Berufstätigkeit unterworfen.

Im Jahr 1500 wird erstmals die „Juedenschoele", womit nach damaligem Sprachgebrauch die Synagoge gemeint war, ebenso erwähnt wie der „Juedenkirchhoff" an der Arnoldsweilerstraße. Die Synagoge war vermutlich identisch mit einem 1634 bezeugten, aber nicht mehr benutzten Gebäude auf der Südseite der Kölnstraße[6], heute Hausnummer 24. Nicht weit vom früheren jüdischen Friedhof, am Beginn der Arnoldsweilerstraße, befindet sich etwas versteckt heute noch ein Gedenkstein aus dem Jahre 1697. Er erinnert mit zehn hebräischen Textzeilen an „Bronnel, Frau des ha Raw Rabbi Sebelen ha Levi"[7].

1799 sind 39 jüdische Personen, davon 22 Erwachsene, in Düren nachweisbar. Eine Familie mit 8 Personen gehört zu den Vorfahren der Familie Leven.[8] 1806 lebten 52 Juden in Düren.[9] Ihre Zahl nahm in den folgenden Jahren meist stetig zu. So wird bis zur Begründung der fünf Synagogengemeinden im Regierungsbezirk Aachen durch Gesetz vom 23. Juli 1847 für den Kreis Düren eine Zahl von knapp 600 Juden festgestellt. 1933 lebten im Dürener Stadtgebiet 358 jüdische Bürger, was 0,9 Prozent der Bevölkerung entsprach. Der Prozentsatz lag damit über dem im Regierungsbezirk Aachen und auch über dem Durchschnitt im Deutschen Reich (0,76 Prozent).[10]

Hinweise auf Karl Levens Vorfahren gab es schon früh. Sie sind, um einige Beispiel zu nennen, nachweisbar in den nach Düren eingemeindeten Orten Birgel und Gürzenich. Aber auch in folgenden Orten haben in den letzten 250 Jahren Vorfahren von Karl Leven gelebt: Jülich, Kerpen, Frimmersdorf (jetzt Grevenbroich), Bergheim, Jackerath (jetzt Titz), Boslar und Tetz (jetzt Linnich), Linnich, Schlich und Merode (jetzt Langerwehe), Niedermerz (jetzt Aldenhoven), Laurenzberg Wüstung, (jetzt Eschweiler) sowie in Zülpich, Bonn, Bornheim, Deutz (jetzt Köln), Düsseldorf und Ansbach in Bayern. Eine genealogische Recherche nach Vorfahren der Familie Leven geht zurück bis in die 2. Hälfte des 16. Jahrhunderts. In dieser Zeit lebten die frühesten bisher bekannten Vorfahren von Karl Leven, nämlich Nathan Salomon Gans Aswa in Lippstadt und Moses Spanier, Kaufmann in Stadthagen und Hamburg.[11]

1797 erwarb der 45-jährige Joseph Levy, geboren um 1742 in Schlich/Merode, mit seiner Frau Helena, geboren um 1752–1757 in Bonn, und den Töchtern Sara und Maria Anna sowie drei kleinen ungenannten Kindern das Dürener Bürgerrecht. Bei der Bevölkerungszählung des Jahres 1799 lebte Joseph Levy als 46-jähriger Händler mit seiner Frau und sechs Kindern im Haus 81 in der Pletzergasse in Düren. Am 6. 2. 1806 war er Trauzeuge bei der Hochzeit seiner Tochter Rosa. Nach administrativer Verordnung des Code Napoléon musste Joseph Levy, wie alle Juden, deren Namen bis dahin den Verwandtschaftsgrad innerhalb einer Familie, den Herkunftsort oder einen Beruf oder auch ein körperliches Merkmal wiedergab, einen bürgerlichen Familiennamen annehmen. 1808 erklärt Joseph den Namen

Levi zum Familiennamen für sich, seine Frau und drei Töchter. 1833 ist er 82-jährig in Düren verstorben.

Ein Urgroßvater mütterlicherseits von Karl Leven war der Arzt Emanuel (Mendel) Levy (Levi), der 1808 den Namen Gordon annahm. Er wurde um 1774 in Bergheim/Erft, geboren und trug den Beinamen „Maneleh bar Naftali bar Moshe Rofeha Levi". Nach Besuch des Gymnasiums in Moers studierte er ab 1792 an der 1655 vom Großen Kurfürsten geschaffenen Universität Duisburg Medizin. Nachdem er zunächst in Bergheim und in Zülpich praktizierte, war er von 1815 an bis zu seinem Tod 1842 ein angesehener Arzt in Gürzenich bei Düren: *Der Mann war Israelit und hatte als Arzt eine ausgedehnte Praxis, vielen Zulauf aus der Nähe und der Ferne. Die Gemeinde betrauert diesen Fall.* So die Chronik des Amtes Birgel bei Düren.

Die Familienuntersuchung deckt nicht nur Abstammungsverhältnisse, Daten und Orte auf, sondern erlaubt, wie gezeigt, sogar einen Blick auf Karl Levens Berufswahl. Wenn sich auch nicht gerade von einer Familientradition sprechen lässt – der Arztberuf hat in der Familie jeweils zwei oder drei Generationen übersprungen – so ist dennoch eine familiäre Neigung erkennbar: Auch der Großvater des erwähnten „Gordon" war Arzt und Doktor der Medizin. Mo(i)ses [ben] Samuel, der sich ab 1743 Levi/Levy nannte, wurde 1717 in Ruhrort (jetzt Duisburg) geboren. Er besuchte als erster Schüler jüdischer Abstammung ab 1727 das Gymnasium in Duisburg und legte dort 1735 das Abschlussexamen ab. Während seiner Schulzeit wird er als besonders guter Schüler viermal mit einem Preis ausgezeichnet. Ab 1735 studierte er in Duisburg Medizin, die Abschlussprüfung legte er im Oktober 1740 ab. Am 7. November 1740 fand die öffentliche Disputation über seine 32-seitige Doktorarbeit statt. Sie trug den Titel „Dissertatio de vesicantium usu in morbis pectoris" (Über den Gebrauch von blasenziehenden Pflastern bei Brustkrankheiten). Die Promotion folgte neun Tage später, am 16. November 1740. Drei Jahre danach erhält er das

Geleitrecht in Bergheim/Erft. Von 1743 bis 1780/90 wird er als „Arzt und Meister" in den Bergheimer Kellnereibüchern genannt. 1770 ist er als „Vorgänger" Mitglied des Vorstandes der Jülich-Bergischen Judenschaft, ein Amt das er auch am 28. 10. 1788 innehat. Der einflussreiche Arzt ist „nach 1788" in Bergheim verstorben.[12]

Ein weiterer Urgroßvater (mütterlicherseits) von Karl Leven, der „Lotterie-Collecteur" Moises Capell, wurde etwa 1771 in Jülich geboren. Sein Name findet sich in einer Aufstellung Dürener Bürger aus dem Jahr 1830.[13] Seine Tochter Bertha, 1818 geboren, heiratete den 1820 in Frimmersdorf geborenen Moses Leven („bar Elieser ha Levi"), der Metzger und Makler gewesen sein soll.

Der hebräische Name bedeutet „Sohn des Elieser", übersetzt: „Gott bringt Hilfe". Elieser war ein Knecht Abrahams, der für Isaak um Rebekka warb. Levi war der dritte Sohn Jakobs und Leas, Ahnherr von Moses und Aaron. Levi, der kein Stammgebiet besaß, gilt als Ahnherr der Priester und der Leviten. Die Leviten taten Dienst im Heiligtum und waren den Priestern unterstellt. Der Zusatz „ha Levi", der auch auf dem Grabstein von Karls Vater Hermann Leven zu lesen ist, bedeutete somit, dass sich Karls Großvater und Vater zum Stamm der Leviten zählten. Sie hatten in der Kultusgemeinde beim Dienst in der Synagoge bestimmte Aufgaben zu übernehmen.

Moses Leven lebte in Düren, 1882 im Hause Bongard 21, später bis zu seinem Tod im Hause Höfchen 10. Eine repräsentative Anzeige im „Adreßbuch für die Stadt Düren 1882" weist ihn als Häuser- und Gütermakler aus. Der Ehe von Moses Leven mit Bertha Capell entstammten drei Kinder: Amalia, geb. 1851, Hermann, (Karl Levens Vater), geb. 1852, und Max, geb. 1855. Moses Leven legte den Grundstein für einen gewissen Wohlstand und hatte mit seiner Familie offenbar seinen Platz in der städtischen Gesellschaft gefunden. Er nahm aktiv am Leben der jüdischen Kultusgemeinde teil und war in den Jahren 1868, 1875, 1881 und

1891 Vorstandsmitglied, zeitweise vermutlich auch Vorsitzender der Kreissynagogengemeinde.[13]

Karl Levens Großvater, Moses Leven, starb am 13. Februar 1903 im Alter von 83 Jahren. In der Todesanzeige heißt es: *Heute Morgen, 4 Uhr, entschlief sanft nach langem Leiden infolge Altersschwäche im 83. Lebensjahre unser innigstgeliebter Vater, Schwiegervater, Großvater, Bruder, Schwager und Onkel Herr Moses Leven. Um stille Teilnahme bitten im Namen der Hinterbliebenen: Frau Amalie Berg geb. Leven. Hermann Leven. Max Leven. Moses Berg. Sara Leven geb. Heimann. Berta Leven geb. Herz und 11 Enkel. Düren, Unna, Euskirchen, 13. Februar 1903.*

Auch der Vorstand der Synagogengemeinde zeigt den Tod seines früheren Mitgliedes an: *Nach langem schweren Leiden verschied heute morgen, hochbetagt, Herr Moses Leven, Jubilarvorsteher der hiesigen Synagogengemeinde. Im Jahre 1869 in den Vorstand berufen, hat der Verewigte demselben ununterbrochen, zum Teil in leitender Stellung, angehört, bis im Juli 1894 ein schweres Siechtum, von dem er sich nicht wieder erholen sollte, seiner Hand die Zügel entwand. Wie sehr sein selbstloses und uneigennütziges Wirken in der Gemeinde Anerkennung und Würdigung gefunden, bewies die allgemeine und begeisterte Teilnahme an seiner Silberjubelfeier, die in körperlicher und geistiger Frische begehen zu können er noch das Glück hatte. Seine großen Verdienste um die Gemeinde, seine immer bereite Nächstenliebe und Menschenfreundlichkeit sichern ihm für alle Zeiten ein ehrendes Gedenken. Düren, den 13. Februar 1903. Im Namen des Vorstandes und der Repräsentanten, Alex. Bendix.*[15]

Moses Leven wurde auf dem neuen Jüdischen Friedhof in der Binsfelder Straße beerdigt. Sein Grabstein ist heute noch zu sehen. Der siebenjährige Karl wird als einer der elf Enkel wohl am Grab seines Großvaters gestanden haben. Vielleicht war er zum ersten Mal der Erfahrung von Sterben und Tod ausgesetzt.

Die enge religiöse Bindung der Familie Leven ist Anlass, auf die Entwicklung ihrer Gemeinde zurückblicken. 1847 hatten nach preußischem Gesetz die jüdischen Gemeinden

den Status einer Gesellschaft öffentlichen Rechts erhalten. Die männlichen „Repräsentanten", gemeint sind etwa Familienvorstände, wählten in Düren die drei Mitglieder des Vorstandes und neun Mitglieder zur Repräsentantenversammlung, deren Wahl vom Dürener Landrat und vom Aachener Regierungspräsidenten genehmigt werden musste.[16] Noch im gleichen Jahr 1847 konstituierte sich die Kreissynagogengemeinschaft. Zu ihr gehörten außer Düren die Filialgemeinden Drove, Gey, Pier, Embken, Langerwehe, Lüxheim, Gürzenich, Weisweiler und Vettweiß.[17] 1926 gehörten der Synagogengemeinde der Stadt Düren 557 Mitglieder an. Aus den umliegenden dörflichen Gemeinden kamen noch einmal 397 Mitglieder dazu, so dass in der Kreissynagogengemeinde 954 Juden vertreten waren.[18]

Durch Gesetz vom 28. 3. 1938 verloren die Jüdischen Gemeinden die Körperschaftsrechte. Sie wurden zu eingetragenen Vereinen. Die ihnen unter Aufsicht des preußischen Staates garantierten bürgerlichen Rechte und auferlegten Pflichten, die sich von denen der „christlichen Unterthanen" bis dahin nicht unterschieden, hatten aufgehört zu existieren.

Das Gemeindeleben spielte sich in der Synagoge an der Schützenstraße 20 ab. Sie wurde 1869 erbaut und 1872 eingeweiht. Bei den Einweihungsfeierlichkeiten durch den Aachener Rabbiner Wilhelm Wolfssohn sang auch der Aachener Synagogenchor, der aus 43 Damen und Herren bestand. Die Aachener Gemeinde galt als ausgesprochen liberal, sie animierte mit Erfolg die Dürener, auch einen „gemischten Chor" zu gründen, der tatsächlich bald zustande kam. Das Geschenk eines Harmoniums durch die Aachener zeigt, dass die Aachener Synagogengemeinde froh war, in der Nachbarschaft Gesinnungsgenossen gefunden zu haben. Die Dürener behielten ihre progressiv-reformierte Orientierung bei. Bei der 25-Jahrfeier wird erwähnt, dass nicht nur Knaben eingesegnet wurden, sondern inzwischen die Mädchen ihre Bat Mizwa erhielten. Nach der Renovierung 1921 gab es auch keine Frauenempore mehr. Männer und Frauen saßen im gemeinsamen Gottesdiensraum, nur durch den Mittelgang getrennt.[19]

Der 1909 geborene und 1938 nach Kolumbien emigrierte Paul Meyer, schrieb 1987 über seine Synagogengemeinde: *Die jüdische Gemeinde in Düren war eine kleine, aber sehr schöne, nicht allzu orthodoxe Gemeinde und gut geleitet durch den Lehrer Oppenheim. [...] Das Verhältnis zu den Christen war stets gut und freundlich und alle Juden waren sehr angesehen[...].*[20]

Der Synagoge in der Schützenstraße war ein kleines Schulgebäude angegliedert.[21] Karl besuchte, wie erwähnt, dort von Ostern 1901 bis Ostern 1905 die „Israelitische Volksschule", in der er auf die Aufnahme in das „Realgymnasium mit Realschule" – später „Gymnasium am Wirteltor" – vorbereitet wurde.[22] Mehr als drei Jahrzehnte später sollte Dr. Karl Leven, wie noch berichtet wird, den Schulanbau in der Schützenstraße in ganz anderer Weise nutzen.

Der Name von Karls Vater, dem „Güter – und Immobilienmakler" Hermann Leven, findet sich sieben Jahre später, 1910, in einem Verzeichnis der in Düren lebenden Juden als Eigentümer und Bewohner des Hauses Hohenzollernstraße 13.[23] Auf einem Kalenderblatt mit Fotografien aus dem alten Düren und auf einer weiteren alten Postkarte ist die „Hohenzollernstraße um 1904" zu sehen. Eine in der Hohenzollernstraße 7 aufgewachsene Nachbarin der Familie Leven zeigt mir auf dem Foto das Haus der Familie Leven[24]. Es unterscheidet sich nicht von den Nachbarhäusern. Man blickt auf eine lange Zeile dreigeschossiger, stabiler und repräsentativ wirkender Wohnhäuser in der Architektur der Gründerzeit. Durch Verzierungen mit Simsen, Erkern, Kuppeln, Türmchen und Giebelreitern und durch eine durchgehende Linie horizontaler Mauervorsprünge zeigt die Straße das Bild eines wohlhabenden, gediegenen Bürgertums. Der einheitliche Baustil weist darauf hin, dass die Bauten der Häuserzeile etwa gleichzeitig entstanden sein müssen. Dr. Leven wird später das Erdgeschoss seines Elternhauses nutzen, um dort seine Praxisräume einzurichten.

Düren, Hohenzollernstraße

Karl Levens Vater setzte die Tradition seines Vaters fort, aktiv in der Synagogengemeinde mitzuarbeiten. 1908 ist seine Mitgliedschaft im Vorstand der Kreissynagogengemeinde dokumentiert. Aus dem Jahr 1916 gibt es eine lange Namensliste von Repräsentanten, deren Steuerleistungen, getrennt in Einkommenssteuer und Kultusbeitrag, aufgeführt sind. Bei einer Einkommenssteuer von 390 Reichsmark zahlte Hermann Leven 54 Reichsmark als Kultusbeitrag. Auf die Einkommenssteuer bezogen waren das 13,8 %, ein Anteil, der dem der meisten Beitragszahler entsprach. Der Beitrag Hermann Levens lag an vierzehnter Stelle der 159 genannten Repräsentanten.[25]

Es gibt mündliche Hinweise, dass auch Karl Leven, wie Vater und Großvater, in traditioneller Bindung an das Judentum gelebt und sich aktiv am Leben der jüdischen Ortsgemeinde beteiligt hat.[26] Offenbar verband er auch als praktizierender Kinderarzt seinen Glauben über konfessionelle Grenzen hinaus mit seinem ärztlichen Handeln. So ist ein Ausspruch überliefert, mit dem er verzweifelte Eltern katholischer Konfession mit dem Ernst der Erkrankung ihrer Tochter und der Begrenztheit seiner ärztlichen Heilkunst konfrontierte: „Sie und ich können jetzt nur noch hoffen, helfen muss nun ein Anderer".[27]

Darüber nachzudenken, mit welchem Lebensgefühl Dr. Leven sein Leben und seinen Beruf zu Beginn der NS-Zeit meisterte, ist zwar reizvoll (und im Rahmen dieses „Werkstattberichtes" legitim), es muss aber spekulativ bleiben. Die ungebundenen Jahre waren vergangen, in denen dem jungen Angehörigen einer zunehmend zur Minderheit gemachten Gruppe das Suchen nach der eigenen Identität wichtig gewesen sein muss und in denen Juden einer jüngeren Generation verschiedene Rollen „durchprobierten". In der Weimarer Republik und in den frühen Jahren der NS-Herrschaft hatte es noch ein Fluktuieren des Bewusstseins geben können, in dem man etwa „in einem einzigen Jahr drei Phasen des Selbstverständnisses durchlaufen [konnte] [...]: einen säkular-jüdischen Nationalismus sozialistischer Prägung, einen deutsch ausgerichteten Antifaschismus und eine jüdische Religiosität".[28] Wenn auch naturwissenschaftlich ausgebildete jüdische Ärztinnen und Ärzte vermutlich nicht selten dem liberalen Reformjudentum Interesse entgegenbrachten, so wird der in einer starken, traditionell gefärbten familiären Bindung stehende Karl Leven sich seiner religiösen Zugehörigkeit bewusst geblieben sein. Eine immer bedrohlicher werdende Lebenswelt wird dazu beigetragen haben. Der Ausspruch am Bett des schwer kranken Mädchens mag diese Einschätzung belegen.

Die Stimme eines Zeitgenossen aus Karl Levens Heimatstadt gibt eine persönliche Einschätzung der allgemeinen Anteilnahme am religiösen Leben wieder. In einem Brief vom 4. 12. 1987 schreibt Otto Edler als emigriertes Mitglied der Dürener Kultusgemeinde: *Die meisten Juden waren nicht religiös. Sie waren einfach alle Deutsche, da sie, wie meine Familie väterlicher und mütterlicher Seite, seit mehreren Jahrhunderten hier ansässig waren. Wir waren eben nur ‚israelitischer Religion'. Diese Beschreibung ist bezeichnend, da das Wort ‚jüdisch' schon lange vor Hitler einen unerwünschten Klang hatte.*[29]

Diese Meinung vertritt auch die in Düren geborene und 1939 nach Palästina ausgewanderte Ruth Loewy, geb. Roer, die ich im Mai 2000 in Israel besucht habe. Sie schreibt 1987 in einem Brief: *Meine Eltern waren nicht orthodox, und dementsprechend war auch unser Kontakt mit der Synagoge sehr minimal. An den Feiertagen „ging man" zum Gottesdienst, Jom Kippur wurde gefastet usw. Ich kann mich nicht an wirklich fromme Familien in Düren erinnern. Was wir hier „Aguda" nennen, gab es nicht bei uns (oder zumindest habe ich es nicht gesehen).*[30] Ruth Loewy spielt damit wohl auf Agudas Jisroel (Bund Israels) an. Dabei handelte es sich um eine 1912 in Kattowitz gegründete Weltorganisation aller toratreuen (orthodoxen) Juden zur Pflege und Vertretung ihrer religiösen Interessen. Seit 1921 existierte eine eigene „Palästina-Zentrale zum Aufbau Palästinas im Geiste der Tora".[31]

Es ist wohl kein Zufall, dass gleich zwei Emigranten zu Wort kommen, die eine nur geringe Bindung an ihre heimatliche Synagogengemeinde erkennen lassen. Auch aus anderen Zeugnissen lässt sich ableiten, dass sich das religiöse jüdische Leben in einem ähnlichen Säkularisierungsprozess befand wie das der christlichen Konfessionen.[32] Es gab aber auch andere Positionen. So wurde von einem Konflikt berichtet, in dem jüdische Eltern beklagten, dass ihre Kinder durch die israelitische Volksschule, die ja auch Karl Leven besucht hatte, zu wenig Rückbindung an jüdische Geschichte und Tradition erhielten.

Wenn auch heute von Emigranten im subjektiven Rückblick das Zusammenleben mit nichtjüdischen Bevölkerungsteilen als sehr „aufgeschlossen und offenherzig" dargestellt wird[33], dürfte es zu näheren freundschaftlichen Beziehungen doch überwiegend zwischen jüdischen Familien gekommen sein. Ruth Loewy schreibt, dass alle Freunde und Bekannten Juden waren und dass schon 1933 die christlichen Bewohner Dürens grundsätzlich nicht mehr bereit waren, eine Freundschaft mit Juden öffentlich zu pflegen.[34]

Im sozialen Gefüge der Nachbarschaft hatte die Familie Karl Levens offenbar ihren festen Platz. Es gibt Hinweise auf einen gewissen bürgerlichen Wohlstand. So erinnert sich ein Nachbar, dass die Kinder der Levens auf der Straße durch ihre gepflegte, hübsche Kleidung auffielen.[35] Daneben sind heute noch Äußerungen zu hören, nach denen Karls Vater Hermann Leven sich als „Güter- und Häusermakler" berufliches Ansehen verschafft hatte. Neben den geschäftlichen Erfolgen wird auch ein honoriges kaufmännisches Gebaren erwähnt. Berichte über heimliche nachbarschaftliche Hilfsaktionen „über den Gartenzaun", in einer Zeit, als das schon nicht ohne Risiko war, sprechen erst recht für die soziale Einbindung.

Karl Levens Vater starb am 6. September 1929. Hermann Leven wurde, wie auch sein Vater Moses Leven, auf dem Jüdischen Friedhof an der Binsfelder Straße in Düren begraben. Dieser ist einer der 1400 in der alten Bundesrepublik noch erhaltenen Jüdischen Friedhöfe.

Der breite Grabstein aus dunkelgrauem Granit trägt maurische Stilelemente. Zwischen zwei keilförmig nach oben spitz zulaufenden Flächen verläuft ein oben konvexbogiger Keil mit seiner Spitze nach unten. Er trägt den Davidsstern. Auf der linken Seite findet sich die Inschrift: *HERMANN LEVEN* und darunter *11. 8. 1852 – 6. 9. 1929.* Über seinem Namen ist die hebräische Inschrift eingemeißelt: *Haim ben Mosche Halevy.* Haim, in anderer Schreibweise Chaim oder Chajim, ist ein seit dem Mittelalter häufiger jüdischer Vorname und bedeutet „Leben". Dem Vornamen folgt: „Sohn des Mosche (Moses) Halevy". Die rechte Seite, offenbar für Karl Levens Mutter vorgesehen, die ihren Mann fast dreizehn Jahre überlebte, war bis 2003 unbeschriftet. Jetzt ist dort zu lesen: „Zum Gedenken an Sara Leven und Familie. Ermordet in der Shoa".[36]

Grabstein von Karl Levens Vater, Friedhof Binsfelder Straße, Düren, (1996)

1988 und 1996 wurde der Friedhof an der Binsfelder Straße zweimal geschändet. Grabsteine wurden umgestürzt, beschmiert, beschädigt. Die beiden Anschläge gehören zu den 408 im wiedervereinigten Deutschland dokumentierten Friedhofsschändungen, die in den zehn Jahren von 1990 bis 1999 begangen wurden.[37] 2002 überschritt diese Zahl die Tausender-Grenze.[38] Damit liegt das Ausmaß dieser Manifestation antisemitischer Kriminalität weit über dem der Weimarer Republik: Im Zehnjahreszeitraum von 1923 bis 1932 war es zu 189 Friedhofsschändungen gekommen.[39]

Das Grab von Karl Levens Vater blieb von den Schändungen unberührt.

12

Die Praxis. Patienten.

Am 14. Februar 1931 können die Dürener in ihrem „Amtlichen Kreisblatt", der „Dürener Volkszeitung", erfahren, dass sich in ihrer Stadt ein weiterer Kinderarzt niedergelassen hat:[1]
Nach 6½-jähriger Tätigkeit an der Universitätskinderklinik Köln (Geheimrat Siegert) und an der Städt. Kinderklinik Magdeburg (Prof. Uffenheimer) habe ich mich als Spezialarzt für Säuglings- und Kinderkrankheiten niedergelassen.
Dr. med. Karl Leven
Hohenzollernstr. 13, Fernspr. 4214
Sprechstunden 9 – 10½ Uhr, 3 – 4 Uhr (außer Samstag nachm.)

Die Hürden vor einer Praxiseröffnung lagen schon seit einigen Jahren hoch. 1922/23 hatten sich in ganz Deutschland alteingesessene Kassenärzte um eine Niederlassungssperre bemüht. Sie waren erfolgreich: Tausend Kassenpatienten pro praktizierendem Arzt stellten ab Oktober 1923 ein gesetzlich verankertes, regional abgestecktes Limit dar, an dem praktisch bis zum Ende der Weimarer Republik der Niederlassungswunsch vieler fertig ausgebildeter Ärzte zumindest vorübergehend scheiterte. Immerhin war die Zahl registrierter Ärzte in den sechs Jahren von 1919 bis 1925 von 33230 auf 47904 angestiegen.[2] Wenn eine Kassenzulassung überhaupt genehmigt wurde, war eine Wartezeit von bis zu zwei Jahren die Norm.[3]

In Dr. Levens Karteikarte des Reichsarztverzeichnisses ist der 1. Februar 1931 als Datum seiner Niederlassung als „Facharzt für Kinder" in Düren angegeben. Dr. Leven musste zunächst über anderthalb Jahre eine Privatpraxis betreiben: auf der Rückseite seiner Karteikarte ist als Ersttag der Kassenzulassung laut RVO [Reichsversicherungsordnung] erst der 29. Oktober 1932 vermerkt.[4] Wenn auch Düren im

Dezember 1931 40 000 Einwohner hatte, so werden besonders am Anfang die Praxiseinnahmen in dieser wirtschaftlich schwierigen Zeit nur für das nötigste gereicht haben, zumal zu diesem Zeitpunkt bereits zwei Pädiater in Düren in eingeführten Praxen tätig sind: Dr. Hedwig Bockemühl und Dr. Kasimir Biegelstein. Alle drei Kinderärzte sind 1933 im Reichsmedizinalkalender aufgeführt.[5]

Karl Leven hatte sich Zeit genommen für seine Ausbildung zum Kinderarzt. Nachdem er in den Kinderkliniken Köln und Magdeburg die Weichen für seinen Lebensberuf gestellt hatte, war die Niederlassung nur konsequent. Dass er seine Sprechstunden im elterlichen Haus in der Hohenzollernstraße 13 abhalten konnte, wird ihm den Entschluss leicht gemacht haben, es sei denn, er hätte eine Fortsetzung seiner Krankenhaustätigkeit vorgezogen, wäre aber durch ein fehlendes Stellenangebot daran gehindert worden. Wie auch immer, nach langen Jahren als Krankenhausarzt wird es Karl Leven wohl nicht ganz leicht gefallen sein, schwer kranke, stationär behandlungsbedürftige Kinder nicht weiter in seiner Obhut behalten zu können: Seine Nichte Ruth erinnert sich daran, dass er nur zu gerne seine kleinen Patienten im Städtischen Krankenhaus Düren weiterbehandelt hätte. Dass Karl Leven dazu die Gelegenheit erhielt, ist allerdings nicht anzunehmen. Erst sehr viel später wurde dort eine kinderärztlich geleitete Station eingerichtet. (Diese Wunschvorstellung Karl Levens lässt mich nicht gleichgültig: Zwei Ärztegenerationen später habe ich über einen Zeitraum von drei Jahrzehnten in der Kinderklinik des Dürener Krankenhauses an eben der Stelle gearbeitet, wo Dr. Leven seine klinischen Erfahrungen gerne weiter genutzt hätte.)

Auch aus diesem Grunde lag es nahe, nach Spuren der beruflichen Tätigkeit meines Berufskollegen zu suchen. 1996 begannen meine Gespräche mit Patienten Dr. Levens. Nach mehreren Unterbrechungen endeten sie 2002.

„Alte Dürener Familien: Wer erinnert sich an den Dürener Kinderarzt Dr. Karl Leven? Auskünfte erbeten unter…". Diese

Anzeige ließ ich in mehreren Ausgaben der in Düren erscheinenden Tageszeitungen veröffentlichen.[6] Ich erhielt ein gutes Dutzend Telefonanrufe. Meine Gesprächspartnerinnen und -partner waren selbst als Kinder von Dr. Leven behandelt worden, hatten als ältere Geschwister erkrankter Kinder noch eine Erinnerung oder konnten über Krankengeschichten berichten, die in der Familie überliefert worden waren. Andere sprachen mich auf der Straße oder nach einem meiner Vorträge über Dr. Leven an. Ich besuchte einige Informanten in ihren Wohnungen, um das Gespräch zu vertiefen.

Resi Düpper, 1928 geboren, erinnert sich an die schwere Krankheit ihrer sechs Jahre jüngeren Schwester. Es muss 1935 gewesen sein, als die elf Monate alte Cilli „lebensgefährlich" erkrankte. Sie litt etwa fünf Monate lang an einer eitrigen Lungenerkrankung. In der bedrohlichsten Krankheitsphase machte Dr. Leven mehrmals täglich, zeitweise sogar mehrfach nachts, Hausbesuche. Er brachte die Medikamente immer mit. Als Cilli sehr geschwächt war, machte Dr. Leven in der Wohnung der Familie eine Bluttransfusion. Blutspender war Cillis Vater, der Gastwirt Tilman Zilken. Der bereits zitierte Ausspruch Dr. Levens „Jetzt können Sie und ich nur noch hoffen, helfen muss ein Anderer" fiel zu einem Zeitpunkt, als Cillis Zustand besonders kritisch war. Er besserte sich erst, nachdem Cilli einen eitrig-blutigen Schleimpfropfen ausgehustet hatte. Nach diesem Ereignis hat Dr. Leven einen günstigen Krankheitsverlauf vorausgesagt. Hat er, wie sich heute rückblickend vermuten lässt, das spontane Aushusten eines früher aspirierten Fremdkörpers angenommen und ihn daher eine günstige Prognose stellen lassen? Resi Düpper erinnert sich noch daran, dass Dr. Leven erst nach mehrfacher Aufforderung durch Cillis Vater eine Liquidation schrieb. Das für die fünfmonatige Behandlung geforderte Honorar für ärztliche Leistung und Medikamente soll 189 Reichsmark betragen haben.[7] Cilli selbst war zu jung, um sich heute noch an ihren Kinderarzt erinnern zu können. Sie hat keine Folgen ihrer Krankheit zurückbehalten. Seit langem hat sie die Gastwirtschaft ihres Vaters übernommen. Zu dem Bier, das ich bei unserem Gespräch dort trinke, werde ich eingeladen, ausdrücklich als Dank dafür, dass ich mich für meinen Berufskollegen und ihren alten Kinderarzt interessiere. Ihre Schwester Resi weiß noch, dass Karl Leven gerne sein Bier in der Gaststätte ihres Vaters trank. Sie deutet in die Ecke, in der er immer gesessen hat. Einmal verblüffte Dr. Leven die kleine Resi, ein Schulkind, dadurch, dass er ihr flüssig aus einer Zeitung vorlas, die er verkehrt herum, mit dem Kopf nach unten, hielt.[8] Dass Karl Leven Freude daran hatte, Kinder zum Staunen und Lachen zu bringen, sollte mir später auch sein Neffe Werner aus seiner eigenen Erinnerung berichten.

Ein Kleinkind hatte einen großen Lymphknotenabszess am Hals. Dr. Leven veranlasste die sofortige chirurgische Behandlung. Der ehemalige Patient wusste noch aus Erzählungen seiner Mutter davon. Er berichtete mir im gleichen Gespräch auch von der anhaltenden Verärgerung seines Vaters über einen jüdischen Nachbarn. Dieser hatte ein Grundstück zu verkaufen, an dem auch der Vater des Patienten Interesse hatte. Aber ihm, dem NSDAP-Mitglied und Uniformträger, wurde ein anderer Interessent vorgezogen. Damals wollte der Vater das nicht akzeptieren und noch heute zeigt der Sohn kein Verständnis dafür, dass sein Vater leer ausgegangen war.

Die 76-jährige Margarete Sauer aus Düren-Birkesdorf erinnert sich an eine gegen Ende der dreißiger Jahre im Hause ihrer Eltern lebende Familie mit einem kleinen Kind, das schwer erkrankte. Es hustete so heftig, dass es in der ganzen Etage zu hören war. Ein Dürener Kinderarzt habe nicht helfen können und Mutter und Kind aus der Praxis wieder nach Hause geschickt. Der Hauswirt habe dann zu Fuß Dr. Leven geholt. Der habe mit Terpentin und Wasser getränkte Tücher über das Gitterbettchen legen lassen und gewartet, bis es dem – vermutlich an Pseudocroup erkrankten – Kind besser ging. Zu diesem Zeitpunkt hatte Dr. Leven schon Berufsverbot und alles musste heimlich stattfinden. So hatte Dr. Leven auch kein Honorar verlangt, zumal die junge Familie fast mittellos gewesen ist. Frau Sauers Vater habe dann doch irgendeine Regelung gefunden. Die Mutter des schwerkranken Kindes habe das Eingreifen Dr. Levens später wiederholt als „lebensrettend" bezeichnet. Sie habe ihm das Kind auch noch einmal in seiner Praxis vorgestellt. Das Praxisschild sei schon abmontiert gewesen. Frau Sauer sagt in dem Gespräch: „Er war ein so lieber Mensch. Als Arzt war er sehr gewissenhaft, aber für unsere Familie war er eigentlich mehr ein Freund als der ‚Herr Doktor'. Hätte es doch einen solchen Arzt wieder gegeben!"[9] In einem weiteren Telefonat bestätigt die Mutter des kranken Kindes, die 1914 geborene Frau Christine Henzig, den beschriebenen Verlauf in allen Einzelheiten. Sie datiert die schwere Erkrankung ihres 1937 geborenen Kindes auf das Jahr 1938.[10]

Frau Mölbert, geb. Jöntgen, 1932 geboren, lebte mit ihrer Familie in der bei Düren gelegenen Ortschaft Vettweiß. Ihr Vater war dort Bürgermeister. Sie war im Alter von zwei Jahren „sehr schwer an einer Hirnhautreizung" erkrankt. Nacheinander wurden drei verschiedene Dürener Ärzte in Anspruch genommen, die das kleine Mädchen schließlich aufgaben. In der Familie ist der ärztliche Ausspruch überliefert: „Trotzen Sie Gott das Kind doch nicht ab, wenn es überlebt, wird es später ein Krüppel sein." Die verzweifelte Mutter bat dann auch noch Dr. Leven um seine Hilfe. Dabei sah sie sich – man schrieb das Jahr 1934 – erheblicher Kritik aus der Verwandtschaft ausgesetzt: „Wie kannst du nur zu einem Judenarzt gehen?"[11] Dr. Leven machte zahlreiche Hausbesuche, brachte Medikamente mit und sorgte vor allem für eine rund um die Uhr ausreichende Flüssigkeits- und Nahrungszufuhr. Nachdem das Kind von der schweren Erkrankung genesen war, ist es auch später noch weiterhin mehrfach in Dr. Levens Behandlung gewesen. Zu der prognostizierten Behinderung („Krüppel") ist es nicht gekommen. Die Patientin, die später mit einem Dürener Arzt verheiratet war, hat mir ihre Geschichte im Anschluss an einen Vortrag über Dr. Leven erzählt.

Die Fallbeschreibung gibt Anlass zu fragen, was die Familie veranlasst haben mochte, dem Misstrauen gegen einen jüdischen Arzt größere Bedeutung beizumessen, als der Chance auf eine wirksame ärztliche Hilfe, auch wenn diese in Anbetracht des schweren Krankheitsbildes vielleicht nur gering war. War man in der kurzen Zeit seit Beginn des NS-Regimes bereits so vom programmatischen Antisemitismus der Nationalsozialisten infiziert worden? Politisch war die Landbevölkerung dieser Region traditionell zentrumsorientiert, wie die Wahlergebnisse vor der NS-Zeit zeigen. Oder war in der stark katholisch geprägten Region der uralte christliche Antijudaismus virulent geblieben? Im Mittelalter bedienten sich zwar sowohl der Adel als auch der hohe Klerus jüdischer Ärzte, dennoch wurden sie, wie alle Juden, besonders seit Mitte des 13. Jahrhunderts von Seiten der Kirche in ihren Rechten beschnitten. 1246 verbot die Kirchenversammlung von Bezier Christen bei Androhung der Exkommunikation, sich von Juden behandeln zu lassen. Später waren – in lutherischer Tradition – auch die Protestanten gleichen Sinnes. Sollte etwa eine institutionalisierte Obsession bis zum 20. Jahrhundert überlebt haben, die um 1700 die protestantischen theologischen Fakultäten der Universitäten Wittenberg und Rostock formuliert hatten? Dort hatte man verbreitet, *dass ein christlicher Kranker keinen jüdischen Arzt berufen könne, weil der größte Teil derselben unwissend sei, ferner, dass die jüdischen Ärzte Zaubermittel anwenden, dass sie gehalten seien, von zehn Getauften je einen sterben zu lassen und endlich, dass sie, die Sprossen eines verdammten Volkes, unmöglich Christen, die doch Gottes Kinder seien, heilen könnten.*[12]

Ich finde eine Antwort auf meine Frage bei einem Antisemitismusforscher, der die grundlegenden dogmatischen

Anschauungen des Christentums als antijudaistisch geprägt ansieht und eine Kontinuität dieses Denkmusters für „fast unweigerlich" hält.[13] Dass der Antisemitismus der Kaiser- und erst recht der NS-Zeit einen durch den religiösen Antijudaismus im katholischen Rheinland gut vorbereiteten Nährboden fand, erscheint plausibel. Die ablehnende Haltung der Verwandtschaft des kleinen Mädchens findet so ihre Erklärung. (So informativ dieses historische Bedingungsgefüge heute auch sein mag, pragmatisch gesehen – und aus der subjektiven Sicht des Autors, die für einen „Werkstattbericht" legitim ist – war es damals wichtiger, dass sich die junge Mutter von ihren Verwandten nicht verunsichern ließ und auf ihrer mütterlichen Entscheidungsfreiheit bestand.)

Das antisemitische Vorurteil war kein Einzelfall. So gibt es eine fast wörtliche Übereinstimmung in der einhelligen Ablehnung Dr. Levens durch Verwandte und Bekannte. Dieser Fall wird von zwei Schwestern überliefert, deren Elternhaus sich in der Hohenzollernstraße 21, in unmittelbarer Nachbarschaft der Kinderarztpraxis befand. Hedwig, die 1935 geborene jüngere der Schwestern Müller, war als Säugling – es muss in der zweiten Hälfte 1935 gewesen sein – an einem schweren Brechdurchfall mit Flüssigkeitsverlust und drohender Austrocknung erkrankt, wie ihre ältere Schwester Maria, geb. 1924, berichtete. Auch hier hätten nichtjüdische Ärzte nicht mehr helfen können, das Kind wäre aufgegeben worden. Dr. Leven habe ihr schließlich „das Leben gerettet". Auch in diesem Fall wurde die Mutter angefeindet, dass sie einen jüdischen Arzt in Anspruch nahm. Sie wurde auch auf die Gefahr hingewiesen, in die sie sich und ihre Familie damit brachte. Aber ihre Mutter, so die Informantin, habe sich nicht beirren lassen und immer zu Dr. Leven gestanden. Er sei so ein hervorragender Arzt und ein „feiner Mensch" gewesen, wie auch seine ganze Familie „nett und sympathisch" gewesen sei. Beide Schwestern bestätigen diese Angabe.[14]

Bei schweren Atemwegsinfektionen wendete Dr. Leven gerne ein damals beliebtes Hausmittel an. Er war ein Anhänger von Senfwickeln, die er auch immer selbst anlegte. Frau Meesen, geb. Hühnerbein, erinnert sich an diese Methode, die Dr. Leven bei ihrem Bruder, der als Säugling an einer schweren Lungen- und Rippenfellentzündung erkrankt war, mit Erfolg eingesetzt hatte.[15]

1996 schreibt die nach Schweden emigrierte 87-jährige Lotte Löwenherz: „Dr. Leven war der Kinderarzt, der meine Kinder behandelte, wenn sie krank waren. Ich erinnere mich, dass er sogar einmal aus der Praxis mit dem Fahrrad zu mir kam, da meine Tochter, sechs oder sieben Monate alt, einen schweren Krampf hatte. Er war immer hilfsbereit".[16]

Dr. Norbert Ludwigs, der mit seinen Eltern und seiner Schwester Hildegard in der Hohenzollernstraße 7, nicht weit entfernt von der Kinderarztpraxis, wohnte, weiß noch, dass Dr. Leven als sehr guter Kinderarzt geschätzt wurde. Als zu Beginn der 30er Jahre die Armut in Deutschland sehr groß war, sei Dr. Leven auch oft von armen Familien in Anspruch genommen worden, da sich herumgesprochen hatte, dass seine Arztrechnungen niedrig waren und er auch schon einmal auf sein Honorar ganz verzichtete.[17]

In den Aufzeichnungen eines früheren Nachbarn der Familie Leven findet sich eine überraschende Erinnerung: *Verbindung hatte ich mit meinen Angehörigen noch lange Zeit mit der jüdischen Familie Leven aus der Hohenzollernstraße, deren Garten hinter ihrem Haus an die Hinterfront unserer Wohnung stieß. Einer der Söhne hatte eine sehr frequentierte Kinderarztpraxis. Jahrelang suchten noch Dürener Parteigrößen in aller Heimlichkeit seine Praxis auf. Eines Tages war die ganze Familie lautlos aus unserem Gesichtsfeld verschwunden.*[18]

Vielleicht weniger ungewöhnlich, als es zunächst erscheinen mag, geschah es nicht nur in Düren, dass Vertreter von NS-Organisationen in Fragen ihrer Gesundheit die offizielle Parteilinie nicht immer strikt befolgten. Am 14. Oktober

1934 schrieb Dr. Curt Staeckert, Kreisamtsleiter des Nationalsozialistischen Deutschen Ärztebundes (NSDÄB) und Amtsleiter der Kassenärztlichen Vereinigung Erfurt, an fünf örtliche Dienststellen der NSDAP, SA, SS und HJ und übte erheblichen Druck auf die NS-Gliederungen aus, um sechzehn „nichtarische" Ärzte, die ihre Kassenpraxis noch weiterführten, zu boykottieren. Als Initialzündung des sich länger hinziehenden „Erfurter Ärztestreits" ist der Brief Staeckerts ein Dokument des Zeitgeistes. Er soll daher ungekürzt wiedergegeben werden. Die Vermischung von unverhohlenem „Futterneid" mit Aspekten der NS-Ideologie ist ebenso entlarvend wie die massiven und unverhüllten Drohungen sowohl gegen die jüdische Ärzteschaft als auch gegen ihre nichtjüdischen Patienten.[19]

In meiner Eigenschaft als Amtsleiter der Kassenärztlichen Vereinigung, Bezirksstelle Erfurt, mache ich seit einem Jahr die Beobachtung, dass die Erfurter Bevölkerung in immer steigendem Maße jüdische Ärzte aufsucht. Seit Ende des Jahres 1933 hat sich die Patientenzahl bei den Erfurter jüdischen Ärzten und damit auch die Einnahmen aus der Praxis verdoppelt, in einem Falle sogar verdreifacht.

Während also die Inanspruchnahme der jüdischen Ärzte sich ungeheuer gesteigert hat, ist die Inanspruchnahme der arischen Ärzte gleichgeblieben, ja, in vielen Fällen ist sie sogar vermindert worden. Ich kenne arische Ärzte in Erfurt, die direkt notleiden, Ärzte, die ihre Lebensversicherungen nicht mehr halten konnten, Ärzte, die nur von den Unterstützungen leben, die sie von der Kassenärztlichen Vereinigung erhalten. Meistens sind das solche Ärzte, die fest für ihre nationalsozialistische Überzeugung eingetreten sind, oder Ärzte, die niemals die Begehrlichkeit von Kassen- und Fürsorgepatienten unterstützt haben.

Wenn ich den Ursachen dieser Erscheinung nachgegangen bin, so habe ich jedes Mal feststellen müssen, dass die betreffenden jüdischen Ärzte unter Hintansetzung aller Standesethik und Moral, unter Außerachtlassung aller Rücksicht auf die Finanzlage der Stadt und der Krankenkassen, unter bewusstem Verstoß gegen alle öffentliche

Interessen nur auf ihren eigenen Vorteil bedacht waren. Sie sind es, die jedes von ihnen verlangte Gutachten ausstellen, die jeden Menschen krankschreiben, der es wünscht, die jedes Stärkungsmittel verordnen, auch wenn es gar nicht angebracht ist. Die vor allem die asozialen Elemente in der weitgehendsten Weise unterstützen und damit allen Behörden ständige Schwierigkeiten bereiten.

Weiter ist einwandfrei festgestellt worden, dass bei den verschiedenen in Erfurt bekannten größeren Baustellen eine erschreckend große Anzahl von Unfallverletzten jüdische Ärzte bevorzugt. Da es sich hierbei meistens um militärische Bauten handelt, möchte ich auf die besondere Gefahr hinweisen, die durch diese Bevorzugung jüdischer Ärzte entsteht.

Der größte Teil der Erfurter Bevölkerung scheint noch nicht begriffen zu haben, um was es sich bei der Judenfrage handelt, nämlich um einen Kampf auf Leben und Tod für unser ganzes Volk. Dieser Kampf wird von der Gegenseite mit dem größten nur möglichen Hass geführt. Wir spüren das jetzt täglich am eigenen Leibe, wir spüren das an der Devisenknappheit, an der Einfuhrbeschränkung und vielem anderen.

Wenn ein ehemaliger Kommunist oder Reaktionär zum jüdischen Arzt geht, so entspricht das seiner Einstellung. Wenn aber ein Parteimitglied mit allen Abzeichen oder ein SA-Mann in voller Uniform zum jüdischen Arzt geht, so ist das der schlimmste Verstoß gegen jede Parteidisziplin, der sich denken lässt. Jeder SA-Mann, jedes Parteimitglied hat unserem Obersten Führer unwandelbare Treue geschworen. Wer trotzdem zum Juden geht, der ist damit meineidig an seinem Obersten Führer, der bekanntlich den Juden den Kampf bis aufs Messer angesagt hat. Und solche meineidigen Brüder gehören nicht mehr in unsere Reihen!

Ich bitte daher, allen Gliederungen der Partei, einschließlich der Arbeitsfront, und allen unterstellten Formationen der SA, SS, HJ dieses Schreiben bekannt zu geben. Ich bitte besonders, anordnen zu wollen, daß kein Volksgenosse eine Unterstützung von einer Parteidienststelle erhält, der ein Attest von einem jüdischen Arzt vorlegt. Ich bitte weiter, anzuordnen, dass das gleiche auch für die Winterhilfe gelten soll. Ich bitte weiter, allen Dienststellen den Erlass des Stellvertreters des Führers vom 29. August 1934 bekannt zu geben, nach dem jeder

Umgang mit Juden verboten ist. Dieser Erlass gilt in seinen Punkten 2 und 5 für das Aufsuchen jüdischer Ärzte.

Zum Schluss bitte ich, allen unterstellten Gliederungen bekannt zu geben, was für Abwehrmaßnahmen ich gegen dieses Aufsuchen jüdischer Ärzte treffen werde. Ich werde die Patienten aller jüdischen Ärzte kontrollieren lassen. SA-Männer, die trotzdem noch zum Juden gehen, werde ich der betreffenden Brigade zum Ausschluss aus der SA melden. Beamte, Festangestellte usw. werde ich außerdem ihrer Behörde melden. Ich bin in der Lage, diese Kontrolle wirksam durchführen zu können. Heil Hitler! gez. Dr. Staeckert, Kreisamtsleiter. Liste der nichtarischen Ärzte liegt bei.

Alle Berichte aus Dr. Levens kinderärztlicher Praxis und einige weitere, hier nicht im einzelnen zitierte Äußerungen von Zeitzeugen lassen erkennen, dass Karl Leven sich in seiner Heimatstadt rasch den Ruf eines beliebten, fachlich hoch qualifizierten und sozial eingestellten Kinderarztes erworben hat. Seine menschlichen Eigenschaften, seine Freundlichkeit und Höflichkeit verschafften ihm hohes Ansehen, wie noch nach über sechzig Jahren zu erkennen ist.

Die berufliche Akzeptanz erstreckte sich alsbald auf die gesellschaftliche Ebene und so verwundert es nicht, dass Karl Leven, der ein begeisterter Fußballer war, auch ein Ehrenamt angetragen wurde. Beim renommierten Dürener Sportclub D. S. C. 03 wird er im Oktober 1932 zum Geschäftsführer gewählt.[21] Bereits ein halbes Jahr später, am 15. März 1933, war dann jedoch die lapidare Mitteilung zu lesen: *Der Dürener S. C. wählte in seiner Gesamtvorstandssitzung am Donnerstag für den auf seinen Antrag ausscheidenden Geschäftsführer Dr. med. Leven das langjährige Mitglied Hans Zander in den engeren Vorstand.*[22]

Was mag diesem „Antrag" vorausgegangen sein? Diskrete Hinweise, dass sich die Zeiten geändert hätten? Dass es gelte, Schaden vom Verein fern zu halten? Dass man es bedauere, wenn er nun sein Amt als Geschäftsführer niederlege, und dass das natürlich nichts mit Dr. Leven als Person zu tun habe, dass man ihn menschlich unverändert schätze? Oder gab es eine unverblümte Aufforderung, sein Amt zur Verfügung zu stellen, weil er als Jude unerwünscht sei? Man konnte von Vereinsseite leicht darauf hinweisen, dass ebenfalls im März 1933 gleichsam „nebenan" die Stadt Köln Juden die Benutzung städtischer Sportanlagen untersagte.[23]

Aber schon früher und gravierender hatte nationalsozialistisches Gedankengut seinen Schatten auch auf den Arzt Dr. Leven geworfen. Das in Aachen erscheinende „Deutsche Grenzblatt" äußerte sich zum „künftigen Schicksal der Juden in Deutschland."[24]

Sämtliche in Deutschland lebende Juden haben kein Staatsbürgerrecht. Die Fähigkeit, öffentliche Ämter zu bekleiden, besitzt kein Jude. Sämtliche jüdische Beamte wie etwa Lehrer, Richter, Regierungsangestellte usw. werden entlassen… Kein Jude darf Anwalt sein. Ausübung der ärztlichen Praxis durch Juden an Christen ist nicht gestattet. […] Die Deutsche Volksgemeinschaft hält sich ausdrücklich das Recht vor, alle jüdischen Mitbürger zu internieren oder auszuweisen, die gegen die Interessen des Deutschen Volkes verstoßen. Mischehen zwischen Juden und Christen werden für ungültig erklärt.

Dieser Text erschien am 14. Dezember 1931, vierzehn Monate vor der „Machtergreifung" Hitlers und acht Monate, nachdem Dr. Karl Leven seine Kinderarztpraxis in der Hohenzollernstraße eröffnet hatte.

13
Hochzeit. Die Familie.

Im Dezember 1931 gibt Karl Leven seine Verlobung mit der zwölf Jahre jüngeren Else Samuel bekannt.[1] Karl Levens Braut wurde am 4. September 1908 geboren und stammt aus Köln. Ihr Vater ist der Kaufmann Fedor Samuel, Inhaber des in der Glockengasse 1, Ecke Herzogstraße, gegenüber der Kolumbakirche gelegenen Geschäftes *Kölns größtes Spe-*

zialhaus für Damenputz². Els Mutter, Selma Samuel geb. Caspary, geboren am 4. März 1881, stammt aus Bernau.³

Ein halbes Jahr später, zwei Tage vor Karl Levens 37. Geburtstag, wird Hochzeit gefeiert. In der Dürener Zeitung ist zu lesen:⁴

Dr. med. Karl Leven, Else Leven geb. Samuel –
Vermählte – Düren – Köln, Schildergasse 65/67.
Trauung: Sonntag, 5. Juni 1932 (12 Uhr) Rheinlandloge Köln

Hochzeit von Karl und Else Leven, geb. Samuel; vordere Reihe, v. l. n. r.: NN; Fedor Samuel; Selma Samuel; Berta Moses, geb. Leven; Sara Leven, geb. Heimann; Max Moses; hintere Reihe v. l. n. r.: Ernst Samuel; NN., NN.; Johanna Lachs, geb. Leven; Richard Hermann Lachs (5. Juni 1932)

Sara Leven, geb. Heimann, Hermann Leven, Karl Levens Eltern, mit ihrem ersten Enkelkind Ruth Lachs

Die nach England emigrierten Verwandten des Bräutigams, Ruth Shiers, geb. Lachs, als Nichte und Werner Lachs als Neffe, damals neun und sechs Jahre alt, konnten sich, als ich sie fragte, noch an das Fest erinnern. Bei der Feier in der Rheinlandloge sei es sehr feierlich und ziemlich formell zugegangen. Auch die Kinder trugen Festtagskleidung und nach der Zeremonie kam die Hochzeitsgesellschaft zum Festessen im Elternhaus der Braut zusammen.[5]

Bei einem Familienfest trifft sich nach altem Brauch die nähere und weitere Verwandtschaft und so soll, über siebzig Jahre nach der Hochzeitsfeier, der Versuch gemacht werden, Karl Levens Familienangehörige kennen zu lernen. Einige

Sara Leven, geb. Heimann
(mit ihrem Enkelkind Hans Hermann Leven?)

von ihnen sind schon 1929 bei der Beerdigung von Karls Vater vorgestellt worden. Bei der Rekonstruktion der Liste der Hochzeitsgäste sind alte Familienfotos, die mir Werner Lachs zugänglich gemacht hat, hilfreich. Sie stammen meist aus den zwanziger Jahren.[6]

Ein Vetter von Selma Samuel, der Schwiegermutter von Karl Leven, der in einem Seniorenheim bei Manchester lebt, hat sogar noch ein kleines Foto von der Hochzeitsfeier in seinem Besitz. Es zeigt einige Familienangehörige, leider jedoch nicht das Brautpaar[7] (siehe S. 87). Von den Angehörigen der Braut sind mir nur ihre Eltern und ihr Bruder Ernst bekannt. Alle drei finden sich auf dem Foto, das vermutlich in der

Karl Levens Schwester Johanna, verh. Lachs

Wohnung der Brauteltern aufgenommen wurde. Elses Mutter, Selma Samuel, geb. Caspary, ist fünf Jahre später, 1937, als Witwe, wohnhaft unter der oben genannten Anschrift und mit dem Vermerk „o. G." (ohne Gewerbe), im Kölner Adressbuch verzeichnet. Fedor Samuel, Elses Vater, ist 1933, im Jahr nach der Hochzeit seiner Tochter, gestorben.

Karl Levens Mutter, Sara Leven, geb. Heimann, ist am rechten Rand des Hochzeitsbildes zu erkennen. Sie ist 1869 in Krauthausen bei Düren geboren worden. Zwei frühere Fotos, vermutlich im Abstand von etwa zehn Jahren aufge-

Karl Levens Schwester Berta, verh. Moses

nommen, zeigen sie als Großmutter mit zwei verschiedenen Enkelkindern. Auf dem ersten Bild hat ihr neben ihr sitzender Mann seine erste Enkeltochter, Ruth Lachs, auf dem Schoß. Ruth, 1923 geboren, wird damals etwa ein Jahr gewesen sein, ihre Großmutter ist also bei der Aufnahme etwa 55 Jahre alt. Wenn ich Sara Leven betrachte, glaube ich Eigenschaften wie Freundlichkeit und Güte zu erkennen. Da sitzt eine etwas rundliche und grauhaarige Frau im langen dunklen Rock mit weißer Bluse. Ihr Gesichtsschnitt zeichnet sich durch eine schmale lange Nase und einen engen Augenab-

v. r. n. l., obere Reihe: Fred Lachs; Johanna Lachs, geb. Leven; Caroline Levy, geb. Lachs; Friedrich Levy; mittlere Reihe: Marcus Lachs; Berta Lachs, geb. Kaufmann; Sara Leven, geb. Heimann; untere Reihe: Martha Haase, geb. Lachs; Ruth Lachs; Berta Leven (verh. Moses)

stand aus (siehe S. 88). Auf dem zweiten Foto steht sie mit einem nur wenige Wochen alten Säugling auf dem Arm. Ist es Hans Hermann, das erste Kind von Karl und Else Leven? (siehe S. 89) Dann stammte die Aufnahme aus dem Jahr 1933 und Sara Leven wäre damals 64 Jahre alt gewesen. Sie ist etwas fülliger geworden, das Haar teilweise schon weiß. Mit großmütterlicher Freude lächelt sie dem Fotografen zu.[8]

Natürlich müssen wir uns auch Karl Levens drei Geschwister Johanna, Berta und Alfred als Hochzeitsgäste vorstellen.

v. l. n. r.: Martha Haase, geb. Lachs; Ruth Lachs; Johanna Lachs, geb. Leven; Caroline Levy, geb. Lachs

Johanna, als ältere der beiden Schwestern am 4. September 1896 geboren, hatte sich im September 1920 mit dem am 18. Dezember 1895 geborenen und aus Hochkirchen stammenden Richard Hermann Lachs verlobt[9] und war seit Juni 1922 mit ihm verheiratet[10]. Ihre Tochter Ruth wurde am 4. Mai 1923, ihr Sohn Werner am 30. November 1926 geboren.[11] Johannas Mann, Richard Hermann Lachs, war seit 1915 in Köln-Bayenthal ansässig, wo er Mitarbeiter einer Kölner Bank oder Sparkasse war.[12] Auf dem Hochzeitsfoto stehen Johanna und Richard Hermann nebeneinander und prosten mit erhobenen Gläsern dem Fotografen zu.

Von Johanna haben mir ihre Kinder Werner und Ruth weitere drei Fotos kopieren lassen. Auf einer Porträtaufnahme trägt sie den Ehering, ist also älter als 26 Jahre. Die schöne junge Frau hat ein ebenmäßiges schmales Gesicht. Sie schaut den Fotografen lächelnd an, die Augenbrauen leicht ironisch hoch gezogen. Das volle dunkle, lockige Haar ist anliegend gescheitelt. Die schmale lange Nase ihrer Mutter lässt sich wieder erkennen. Ein aufgeschlagenes Buch, vom Fotografen dekorativ platziert, liegt unter ihren Händen (siehe S. 90).

Die anderen beiden Fotos mit Johanna stammen offenbar von einem Fest der Familie Lachs, das etwa 1924/25 gefeiert worden sein dürfte, die kleine Ruth scheint ein bis zwei Jahre alt zu sein. Neben Johannas Mutter sitzen ihre Schwiegereltern, Marcus Lachs, (1862–1934), und Berta Lachs, geb. Kaufmann, geb. 1870. Aber auch Schwägerinnen und Schwäger wie Karoline Levy, geb. Lachs (1897–1946), und ihr Mann Friedrich Levy, geb. 1894, sind dabei. Ihre Ehe sollte später geschieden werden. Mit ihren 1924 und 1927 geborenen Töchtern Hilde, verh. Barret, und Lotti, verh. Phillips, beide in Köln-Kalk geboren, konnte ich etwa 75 Jahre nach diesem Hochzeitsfest bei meinem Besuch in Manchester Gespräche führen. Auf einem der Gruppenfotos sind Friedrich („Fred") Lachs (1902–1959), ein Bruder von Johannas Ehemann Richard Lachs, zu sehen sowie seine Schwester Martha Haase geb. Lachs, (1899–1942?), verheiratet mit Walter Haase, (1897–1942?). Johannas Mann ist auf keinem der Fotos abgebildet. Ist er der Fotograf? Johannas und Karls Schwester Berta hält ihre kleine Nichte Ruth fest zwischen sich und Martha Haase. Ein Schäferhund komplettiert die beiden Gruppenbilder.[13]

Johanna und Richard Hermann Lachs gelang mit ihren Kindern Ruth und Werner im Juni 1939 die Emigration nach England. Ruth und Werner habe ich, wie erwähnt, im

April 2000 in Prestwich bei Manchester besucht. Darüber berichtet das folgende Kapitel.

Von Karl Levens zweiter Schwester, Berta Leven, geboren am 19. Oktober 1899, gibt es eine Porträtaufnahme im Alter von etwa 25 bis 30 Jahren. Auch hier fällt das schmale Gesicht mit der länglichen Nase wie bei ihrer Mutter und ihrer Schwester Johanna auf. Die Augen sind groß, das volle Haar im modischen Pagenschnitt der 20er Jahre seitlich gescheitelt. Berta heiratete am 31. Mai 1931 den aus Dinslaken stammenden, 1890 geborenen Max Moses.[14] Auf dem bereits erwähnten Hochzeitsfoto hat Max einen Arm um die Schulter seiner Schwiegermutter, Sarah Leven, gelegt. Er hält ihr mit gespielt ernstem Gesichtsausdruck eine Tasse an den Mund und raucht eine dicke Zigarre, den Kopf an ihre linke Schläfe gelehnt. Berta sitzt im Zentrum der Gruppe in einem elegant geschnittenen hellen Kleid, ein gefülltes Weinglas in der Hand. Der Ehe von Max und Berta entstammt die 1935 geborene Johanna Moses. Später lebte Berta in Venlo/Holland.[15]

Als jüngstes der drei Geschwister Karl Levens dürfte der am 18. September 1902 geborene Bruder Alfred ebenfalls an der Hochzeit seiner Schwester teilgenommen haben. Er ist damals zwanzig Jahre alt und noch ledig. Alfred hatte bald nach seinem Realschulabschluss (1918/19) begonnen, als Handelsvertreter für Herrenkonfektion zu arbeiten. Ein Zeitzeuge und Nachbar, Dr. Norbert Ludwigs, erinnert sich noch, dass seine erste lange Hose bei ihm gekauft wurde.[16] Alfred Leven lebte später in Hamburg, wo er die aus Hamburg stammende Inge Frensdorff, geb. am 15. Februar 1921, heiratete. Ihre gemeinsame Tochter Tana Leven wurde am 25. September 1940 geboren.[17] Ein undatiertes Foto zeigt einen gutaussehenden und elegant gekleideten jungen Mann, der schon früh, wie auch von seinen Verwandten und Zeitzeugen berichtet, sein Haupthaar verloren hatte.

Alle genannten Mitglieder der Familien Leven und Lachs werden dem Leser wieder begegnen.

Karl Levens Bruder Alfred

Das Gebäude, in dem die Hochzeit gefeiert wurde, die Rheinlandloge in der Kölner Cäcilienstraße 18–22, war im Januar 1902 eingeweiht worden. Karl Levens erster Chef, Dr. Benjamin Auerbach, der das Israelitische Asyl für Kranke und Altersschwache in Köln-Ehrenfeld leitete, hatte sich sehr dafür eingesetzt, dass 1888 die Gründung der Rheinlandloge erfolgen konnte. Die Loge stand dem ‚Centralverein deutscher Staatsbürger jüdischen Glaubens' nahe. Man wehrte sich gegen antisemitische Tendenzen, aber auch gegen die weit verbreitete Indifferenz in Glaubensfragen. Wie es der Rabbiner Dr. Isidor Caro 1913 beim 25-jährigen Jubiläum ausdrückte, war die Loge mit ihrer Devise „Wohltätigkeit, Brüderlichkeit, Eintracht" „ein Konzentrationspunkt für die sozialen, ethischen und allgemein jüdischen Bestrebungen innerhalb der Gemeinde" geworden. Nachdem die Gemeinde lange Zeit strikt antizionistisch eingestellt war, kam es in den 30er Jahren unter dem zunehmenden antisemitischen Druck zu einer Annäherung an die Zionisten, so dass Anfang 1935 die Kölner Synagogengemeinde der Kölner Zionistischen Vereinigung einige Räume überließ. 1935, drei Jahre nach der Hochzeit Karl Levens mit Else Samuel, wurde die Rheinlandloge, die einen großen Festsaal hatte, zum Gemeindehaus umgebaut. Die Kölner jüdische Gemeinde feierte nach der Pogromnacht im November 1938 hier einen Gottesdienst. In den Jahren 1941/42 wurde das Gebäude zu einem Ghettohaus, bevor es 1942/43 an eine Privatperson verkauft wurde, die den Bau teilweise an Polizeibehörden und NS-Gliederungen vermietete. Im Bombenkrieg wurde das Bauwerk zerstört. An dem Standort befindet sich heute die Kreuzung Nord-Südfahrt/Cäcilienstraße.[18]

14
Zeitsprung: April 2000, Besuch in Prestwich

Sabbatruhe lag über dem Stadtteil von Prestwich, in dem das kleine Hotel im viktorianischen Stil lag. Karl Levens Neffe hatte ein Zimmer für uns, meine Frau und mich, reservieren lassen. Ein kurzer Spaziergang durch die ruhigen Straßen mit ihren geschlossenen Geschäften, einer Talmudschule und mit den in lange, schwarze Mäntel gekleideten und schwarz behüteten Männern zeigte uns, dass hier, im Norden von „Greater Manchester", ein jüdisches Wohnviertel liegt. Werner Lachs hatte mich bei der Planung unseres Besuches wissen lassen, dass seine Familie in traditioneller Weise den Sabbath einhält und dass er uns am Samstagabend nach Eintritt der Dämmerung gerne im Hotel abholen würde.

In dem hübschen, in einer ruhigen Wohngegend nahe gelegenen Haus empfing uns Ruth, seine Frau, mit einem kleinen Imbiss. Die „andere Ruth", Karl Levens Nichte und Werners Schwester, die nicht weit entfernt wohnte, hatte uns für den nächsten Abend zum Essen eingeladen.

Durch den Briefwechsel und die vorangegangenen Telefonate war ein Klima von gegenseitigem Vertrauen entstanden. So begann unser Treffen nach dem Austausch einiger Bemerkungen über Flug und Unterkunft mit der Frage: „Warum beschäftigen Sie sich eigentlich mit meinem Onkel Karl?". Es lag auf der Hand, dass die Antwort, auch wenn sie nicht ganz einfach zu formulieren war, für den Verlauf des Treffens in den folgenden Tagen von Bedeutung sein würde. Zunächst ließ sie sich jedenfalls nur fragmentarisch geben und sie war, in einer fremden und unvollkommen beherrschten Sprache, die Nuancen und Differenzierungen nicht zuließ, wohl auch nicht sofort befriedigend. Dazu kam, dass ich keine vorgeprägten Formulierungen abrufen konnte oder wollte. Im Laufe des fast dreitägigen Gedanken- und Informationsaustausches entwickelte sich dann aber das immer verlässlichere Gefühl, sich zu verstehen. So ergab sich wie von selbst eine Klärung der Motivation für meine Recherchen und das Interesse an „Onkel Karl" – und damit auch für diesen „Werkstattbericht".

Meine Fragen nach Karl Leven und seiner Familie ergaben zwar nicht allzu viele neue Fakten, dafür aber Antworten, die das Bild eines geliebten Verwandten und – erneut – das einer kompetenten und verantwortungsvollen Arztpersönlichkeit zeichneten. Von besonderem Interesse waren für mich einige Fotos aus dem geretteten Familienfundus. Werner Lachs hatte allerdings das Unglück zu beklagen, dass eine Kassette mit vielen seiner alten Dokumente, Briefe und Bilder bei einem Umzug in England verloren gegangen oder gestohlen worden war. Und die persönlichen Erinnerungen waren, sechzig Jahre nach dem Verlassen Deutschlands, eingetrübt und verschwommen, umso mehr, als Ruth bei der Emigration erst 16 und Werner 12 Jahre alt waren.

Dennoch konnte manches wieder aus der Vergangenheit zurückgeholt werden. Karl Leven ist den Kindern seiner Schwester Johanna als ein fröhlicher Mann in Erinnerung geblieben, der immer zu Späßen aufgelegt war, „a man of good humour". So manches Mal mussten sie sich über ihn „kaputtlachen". Da gab es ein sehr lustiges Kartenspiel („31"), das er ihnen beibrachte. Die ganze Familie verbrachte, gewinnend oder verlierend, so manche glückliche Stunde damit, wobei Onkel Karl stets den Einsatz spendierte. Dass es ihm Spaß machte, Kinder zum Lachen zu bringen oder sie zu verblüffen, war mir aus den Erzählungen der Töchter Zilken, die seine Patientinnen waren, erinnerlich. Wie erwähnt, hatte er, in der Wirtsstube ihres Vaters sitzend, den staunenden Kindern demonstriert, dass er eine Zeitung lesen konnte, die er verkehrt herum hielt!

Mit seiner Familie war Karl Leven sehr stark verbunden, vielleicht war auch das ein Grund, weswegen er eine Emigration nicht in Betracht gezogen oder nicht mit letztem Nachdruck betrieben hatte? So gestellt lässt die Frage allerdings außer acht, dass vielen Emigrationswilligen aus formalen oder finanziellen Gründen die Flucht aus Deutschland, wie noch gezeigt wird, nicht möglich war. In seinem Beruf – davon sind die damaligen Kinder, bei unserem Besuch 76 und 73 Jahre alt, überzeugt – ist Karl Leven sehr glücklich gewesen. Werner wurden die Mandeln im Krankenhaus Birkesdorf bei Düren herausgenommen, als er drei Jahre alt war. Er brauchte nach der Operation nicht im Krankenhaus zu bleiben, weil er in der Hohenzollernstraße 13, in der kinderärztlichen Wohnung und Praxis gepflegt wurde. Das nicht gerade brillante Abiturzeugnis ihres Onkels dürfe nicht den Schluss zulassen, – so Werner Lachs

– dass er nicht intelligent gewesen sei. Aber der Neffe konnte sich aus Erzählungen seiner Mutter erinnern, dass „ihr Bruder lieber auf der Straße Fußball spielte, als seine Schulaufgaben zu machen." Später sei er in seinem Beruf äußerst fähig und gewissenhaft gewesen.

Ruth, Karls Nichte, konnte sich im Gespräch plötzlich erinnern, dass Karl Leven sehr gerne Kinder, die einer stationären Behandlung bedurften, auch in Düren im Krankenhaus behandelt hätte, so wie er das in Köln und Magdeburg gelernt und praktiziert hatte. Aber eine Möglichkeit dazu tat sich an seinem Heimatort nicht auf und die Idee, in Düren eine eigenständige Kinderklinik zu gründen, musste ein Wunschtraum bleiben. Aus Erzählungen ihrer Mutter wusste Ruth auch noch, dass Karl Leven im Ersten Weltkrieg nicht lange an der Front gewesen sei, da er einen „Lungenkollaps" erlitten habe. Auf beide Erinnerungsbruchstücke ist bereits hingewiesen worden. Neu war mir auch, dass Dr. Leven in dem Schulanbau an der Synagoge in der Schützenstraße, in dem er seine ersten Schuljahre verbracht hatte, noch für eine Weile seine kinderärztliche Praxis betrieben haben soll. Wenn das zutrifft – Ruth traute hier ihrer Erinnerung nicht ganz – , hätte er hier nach 1938 nur noch jüdische Patienten behandeln können. Bei einer Anzahl von insgesamt 200 bis 300 in Düren gebliebenen Jüdinnen und Juden war ein Auskommen als „jüdischer Krankenbehandler" damit nicht zu erreichen.

Als das Gespräch auf die Zeit der Emigration kam, von der ich bis dahin nur wusste, dass Familie Lachs 1939 nach England ausgewandert war, legte Werner uns ein Buch vor und bemerkte, das Wichtigste könne ich darin nachlesen. Das Buch heißt: FOLEY, THE SPY WHO SAVED 10 000 JEWS[1]. Auf dem Umschlag war zu lesen, dass mit diesem Buch der „britische Schindler" zu entdecken sei. Werner Lachs und seine Schwester hatten dem Autor auf dessen Bitte hin geschrieben und ihr Bericht war in das Buch aufgenommen worden. Später waren Ruth und Werner für einige Zeitungen interviewt worden.[2] Die wichtigsten Ausschnitte aus Buch und Zeitungsbericht und aus einem späteren Brief fasse ich übersetzt zusammen:

Karl Levens Schwager, Richard Hermann Lachs, der Vater von Ruth und Werner, arbeitete als Verwaltungsangestellter in einer Kölner Gesellschaft, bis diese arisiert wurde. Nach der „Kristallnacht" entschloss er sich, mit seiner Familie unterzutauchen, um sich der Gestapo zu entziehen. *Wir versteckten uns bei den Razzien und verließen unser Haus endgültig einige Tage nach dem 10. November 1938. Wenn uns jemand suchte, war von uns niemand mehr zu Hause,* berichtete sein Sohn Werner. *Wir verbargen uns im Haus des früheren Chefs meines Vaters, der schon in ein Konzentrationslager gebracht worden war, so dass dort niemand mehr suchte.*

Die Familie war zwar seit 1938 im Besitz einer Bürgschaftserklärung (Affidavit), die ihnen die Einwanderung in die USA erlaubt hätte, aber die Kontingente für die Einwanderung nach Nordamerika waren ausgeschöpft, die Einreise nach USA wurde damit unmöglich.

Werner Lachs schreibt: *Wir beantragten dann bei der Passkontrollstelle der britischen Botschaft in Berlin befristete Visa für England, wo ein Onkel und eine Tante von mir lebten. Allerdings war Onkel Fred selbst erst kürzlich eingewandert und besaß ebenfalls nur ein befristetes Visum. Daher konnte er die geforderten Garantien nicht übernehmen. – Meine Tante, Erna Lachs, war eine von fünfzig deutschen Zahnärztinnen und -ärzten, denen 1936, zu einer Zeit, in der es zu wenig Zahnärzte in England gab, durch eine königliche Verfügung die Einreise ermöglicht wurde, um dort ohne weitere Formalitäten zu praktizieren. Mein Onkel, Fred Lachs, war zwar auch Arzt, durfte aber keine Praxis eröffnen. Seine Frau unterhielt ihn und ihre Mutter. So konnten die Eheleute, gerade selbst immigriert und ohne unbefristetes Visum, keine Garantieerklärung (für uns) abgeben, zumal sie die erforderliche Summe nicht aufbringen konnten und auch niemanden fanden, der das übernommen hätte.*

In der Hoffnung, dass sich doch noch irgendwie eine Garantieerklärung ergeben würde, hatte die Kölner Familie

Lachs dennoch ihre Visa beantragt. Werner führte dazu weiter aus: *Die Bearbeitung des Gesuchs konnte Monate dauern. Aber wir wussten, ohne die ersehnte Erklärung würden wir keine Visa erhalten. Wir hofften immer wieder, aber es war vergeblich. – Dann, eines Tages, aus heiterem Himmel, trafen die Visa ein. Ich kann mich so lebhaft daran erinnern. Ich war zwar erst zwölf Jahre alt, aber so etwas vergisst man sein Leben lang nicht. – Es war Sonntagmorgen, ein Freund war gerade zu Besuch bekommen, als die Post einen Brief vom Britischen Passamt in Berlin brachte mit der Mitteilung, dass meine Eltern ihre Pässe nach Berlin schicken sollten, um die Visa eintragen zu lassen. Wir sprangen in die Luft vor Freude. Eine rasche Nachfrage ergab, dass auch die Pässe von meiner Schwester und mir mitgeschickt werden sollten.*

Wie viele andere, denen Frank Foley geholfen hatte, nahm Familie Lachs an, dass die Visumstelle der Botschaft durch eine Namensverwechslung einen Fehler gemacht hatte, zumal die Visa für die Kinder Ruth und Werner bei der Mitteilung durch die britische Botschaft ursprünglich gar nicht vorgesehen waren und, wie sie später erfuhren, ein kinderloses Ehepaar gleichen Namens ebenfalls einen Visumantrag gestellt hatte. Aber in Wirklichkeit hatte es keine Namensverwechslung gegeben, und wenn doch, dann war sie bewusst und zur Rettung der Familie Lachs herbeigeführt worden. Foley, der gewusst haben musste, dass die erforderlichen Garantien fehlten, hatte das britische Einwanderungsgesetz wider geltendes Recht zu Gunsten der Familie Lachs ausgelegt. Wie sich erst sehr viel später herausstellte, war der Geheimdienstagent und Passbeamte Frank Foley in Tausenden von anderen Fällen so – oder so ähnlich – verfahren.

Fünfzig Jahre lang hatten die Geschwister geglaubt, ihre Rettung vor der Gestapo wäre auf eine Namensverwechslung beim britischen Passamt in Berlin zurückzuführen gewesen. 1999 erfuhren sie zu ihrem großen Erstaunen, dass sie ihr Leben einer geheimen, illegalen und privaten Rettungsaktion verdankten. Foley war der Kopf einer Geheimdienstgruppe der „Military Intelligence" („MI 6") im Berlin der dreißiger Jahre gewesen. Offiziell war er als Leiter des Passamtes der Britischen Botschaft für das Ausstellen von Visa sowohl für Großbritannien als auch für das britische Mandatsgebiet Palästina verantwortlich. Er besaß keine diplomatische Immunität.

Captain Frank Foley hatte als Privatperson eng mit der Organisation des Mossad, L'Aliyah Bet, zusammengearbeitet, die illegal Juden nach Palästina einschleuste. Er hatte sich geweigert, die britische Polizei darüber zu informieren, wie es seine Pflicht gewesen wäre. Außerdem hatten er und seine Frau unter hohem persönlichen Risiko in ihrer Berliner Wohnung ständig vier bis fünf Juden versteckt. Dem 1958 verstorbenen Frank Foley wurde von Yad Vashem, der nationalen Gedenkstätte für die Opfer des Holocaust Israels in Jerusalem, posthum der Ehrentitel „Gerechter der Völker" verliehen. Er wurde damit einer von dreizehn so Geehrten in England.

In dem Buch über den Retter seiner Familie und vieler anderer Juden aus Deutschland bedankt sich Werner Lachs: *Wenn ich daran denke, was mit uns hätte geschehen können, bin ich diesem Land ewig dankbar, aber ich bin sicher, dass ich noch größere Dankbarkeit Frank Foley schulde. Ich bin zu neunundneunzig Prozent davon überzeugt, dass ich und meine Familie ohne Mr. Foley in die Statistik des Holocaust eingegangen wären.*

Ich zitiere weiter: *So haben wir Deutschland ganz regulär im Juli 1939 verlassen. Als wir uns beim jüdischen Flüchtlingskomitee in London meldeten, empfahl man uns, zurückzufahren, da wir keine Garantieerklärung vorweisen konnten. Natürlich war die Antwort meines Vaters ziemlich heftig. Aber das Komitee hatte kaum eigene Geldmittel und konnte über staatliche Gelder nicht verfügen, so dass wir keine Unterstützung erhalten konnten. Man händigte uns die fürstliche Summe von 10 Shilling pro Person aus und teilte uns mit, dass wir ohne finanzielle Reserven nicht bleiben dürften. Natürlich wusste man genau, dass wir England nicht wieder verlassen würden.*

Wir begaben uns nach Manchester, zunächst zu unserem Onkel Fred, der uns in seiner Wohnung und in der Nachbarschaft für ein oder zwei Tage unterbrachte. Dann zogen meine Eltern zu einem Arzt im Süden von Manchester, meine Schwester Ruth noch weiter in den Süden als Mitbewohnerin in einem Haushalt, in Wirklichkeit aber als Dienstmädchen. Ich kam zu einer Familie in Bolton, im Norden von Manchester. Keiner von uns blieb lange dort, wo er war. Der Krieg begann, und aus unterschiedlichen Gründen mussten wir wieder umziehen.

Werner hatte glücklicherweise keine großen Schwierigkeiten, sich in der englischen Sprache zurechtzufinden. Er war in Köln Schüler der Jawne gewesen. Sie war das erste jüdische Gymnasium in Köln und hatte Mitte der 30er Jahre einen Bestand von 300 bis 400 Schülern. Schon bei den ersten Zeichen eines aggressiven Antisemitismus hatte eine vorausschauende Lehrerschaft dem Englischunterricht höchste Priorität verliehen.

Die Eltern, die nicht arbeiten durften und die von einem minimalen Taschengeld des örtlichen Flüchtlingskomitees lebten, zogen von einer Stelle zur nächsten, jedes Mal mit einem niedrigeren Lebensstandard. Ruth wurde in eine andere Familie gesteckt unter sogar noch schlechteren Bedingungen. Aber nach einigen Monaten hatte sie das Glück, zu einer sehr netten Familie mit kleinen Kindern zu kommen, wo man wirklich sehr freundlich zu ihr war. Ich blieb für etwa ein halbes Jahr in Bolton, wo ich sogar die Schule besuchte, aber aus Gründen, die mir nie klar geworden sind, musste ich diese sehr freundliche Familie wieder verlassen. Ich wurde „evakuiert" und kam nach Blackpool, ans Meer, wo ich 13 Monate blieb und zur Schule ging. Im Alter von 14 Jahren kehrte ich wieder nach Manchester zurück.

In der Zwischenzeit, nach Dünkirchen, es muss wohl im Juni 1940 gewesen sein, kamen alle deutschen Männer, Juden oder Nicht-Juden, in ein Internierungslager. Sie wurden allesamt zu „enemy aliens" – feindlichen Ausländern – erklärt. Nach einer gewissen Lagerzeit wurden sie zur Arbeit in Rüstungsbetrieben und in der Landwirtschaft verpflichtet. Ich war noch zu jung dazu. In der Internierungszeit meines Vaters kehrte ich zu meiner Mutter zurück und lebte mit ihr in verschiedenen, immer schrecklicheren Unterkünften. Im Spaß sagte ich: „Die Mäuse laufen die Wände rauf und das Wasser läuft die Wände herunter." Ich begann in einer Kleiderfabrik zu arbeiten (wo ich bis zu meinem Ruhestand, 51 Jahre später, blieb!) Es war Krieg, dort wurde kriegswichtige Bekleidung hergestellt, und aus diesem Grund bekam ich eine Arbeitserlaubnis. Meine Mutter verdiente – illegal! – ein paar Shilling nebenher, indem sie bei einer älteren Dame putzen ging. Aber Mutter wurde sehr krank und meinem Vater wurde nach einer 13-monatigen Internierung auf der Isle of Man mit Rücksicht auf die familiäre Situation gestattet, nach Hause zu kommen. Auch ihm wurde aus kriegswichtigen Gründen gestattet, zu arbeiten. Wirtschaftlich begann es uns besser zu gehen, aber der Gesundheitszustand meiner Mutter verschlechterte sich. Ruth musste ihre Zufluchtsfamilie verlassen und kam nach Hause, um unsere Mutter zu pflegen. Zu unserem großen Kummer verstarb sie im November 1944 im Alter von 48 Jahren.[3]

Am nächsten Tag unseres Besuches in Prestwich, einem Sonntag, fuhren wir mit Werner und Ruth nach Laxton, Newark in Nottinghamshire und besuchten Beth Shalom, ein Holocaust Memorial Centre, das von der – christlichen – Familie Smith konzipiert und 1995 errichtet worden ist. Den Anstoß dazu hatte ein Besuch in der Gedenkstätte Yad Vashem in Jerusalem gegeben. Stephen und James Smith sahen es als ihre soziale und persönliche Aufgabe an, dazu beizutragen, dass der Tragödie des Holocaust mehr Aufmerksamkeit gewidmet wird. Sie wollten eine Stelle schaffen, in der die derzeitige Gesellschaft etwas über die oft unterschätzte Rolle der Verantwortlichkeit jedes einzelnen Menschen erfahren kann. „Es ist die Pflicht einer christlichen Welt, zu ihren Verfehlungen gegenüber den jüdischen Gemeinden in Europa zu stehen", schreibt Stephen Smith über das Konzept der Einrichtung. Das wird in der ständigen Ausstellung deutlich. In einem Bildungszentrum haben Themen wie der aktuelle Antisemitismus und Rassismus in der heutigen Gesellschaft sowie das Verhältnis zwischen Christen und Juden ihren Platz. Für Überlebende

In „Beth Shalom", Newark, Nottinghamshire, v. l. n. r.:
Werner Lachs, Ruth Lachs, geb. Ganz, Lorenz Peter Johannsen (2000)

des Holocaust und ihre Nachkommen ist der Rosengarten eine besondere Gedenkstätte. Jeder einzelne der vielen Hundert Rosenbüsche ist dem Gedenken einer Person oder einer Familie gewidmet. Schilder wie: „Für meine Eltern, Schwestern und Brüder im Warschauer Ghetto" lassen etwas von den einzelnen Schicksalen ahnen. Unser Besuch war von Werner Lachs dort angekündigt worden und bei einem Mittagessen mit einem der Leiter der Einrichtung, einem Kinderchirurgen, konnte ich von meinen Nachforschungen über Familie Leven berichten.

Der letzte Abend war einem Essen in einem größeren Familienkreis gewidmet. Nun trafen wir neben Werner und Ruth Lachs sowie Ruth und Harold Shiers auch Hilde

Barrett, geb. Levy, mit ihrem Mann Horst und Hildes Schwester Lotti mit ihrem Mann Philip Phillips. Die Schwestern sind Kusinen von Werner Lachs. Sie sind mit ihrer Mutter, Karoline Levy, geb. Lachs, einer Schwester von Werners Vater, nach England gekommen. Ihr Vater, Friedrich Levy, war in Deutschland geblieben – die Ehe war geschieden. 1941 ist Friedrich Levy im Konzentrationslager Lodz umgebracht worden. Etwas später an diesem Abend vergrößerten dann noch Joanne, die Tochter von Ruth und Werner Lachs, mit ihrem Ehemann die Tischrunde.

Es war ein eigenartiges Gefühl, das mich an diesem Abschiedsabend berührte. Sie alle waren zusammengekommen, weil ich auf der Suche nach Lebensspuren eines ihrer Verwandten war, der vor sechs Jahrzehnten von Menschen meines Heimatlandes beruflich ausgegrenzt und entrechtet und mit seiner Familie interniert und ermordet worden war. Dass dieses Deutschland auch einmal ihre Heimat – oder die Heimat ihrer Eltern – gewesen war, bildete einen zwar schemenhaften, dennoch immer vorhandenen Hintergrund unserer Gespräche. Wir wurden in der zugleich nachdenklichen und fröhlichen Runde so ohne alle Vorbehalte aufgenommen, dass sich uns diese Stunden tief einprägten.

Familienerinnerungen und Erfahrungen bestimmten das Gespräch. Kriegsgeschichten wurden hervorgeholt. Einige von den Anwesenden hatten als Soldaten auf „deutschem Boden" gekämpft oder gehörten als Bodenpersonal zum „Bomber Command" der britischen Luftwaffe. Ich erzählte ein wenig von meiner Kindheit in einem vom Nationalsozialismus geprägten Elternhaus. Die historischen Gegenpole wurden als gegeben hingenommen, sie änderten nichts an dem gegenseitigen Vertrauen.

Von Hilde Barrett bekam ich die Fotokopie des Briefes ihrer Tante Martha Haase, die auch die Tante von Werner Lachs, Ruth Shiers und Lotti Phillips war.[4] Die 43-jährige Martha hatte unmittelbar vor ihrem Abtransport aus Düren an ihre Freundin Gerti geschrieben und sie gebeten, sich um ihre Mutter zu kümmern. Martha Haases Mutter, Bertha Lachs, wurde später ebenfalls deportiert. Sie war die Großmutter unserer Gastgeber Werner Lachs und Ruth Shiers.

Am nächsten Mittag brachte uns Werner Lachs zum Flughafen. Der Abschied war herzlich. Seitdem gehen immer wieder Briefe von Düren nach Prestwich und in umgekehrter Richtung. 2003 kam es zu einem Besuch Werner Lachs' und seiner Frau Ruth in Düren. Die Stadt Düren hatte ihre ehemaligen jüdischen Mitbürgerinnen und Mitbürger eingeladen. Karl Levens Nichte, Ruth Shiers, geb. Lachs, konnte der Einladung nicht mehr folgen, sie war ein Jahr zuvor in England gestorben.

Auf dem Rückflug tauschten wir uns über die erlebnisreichen Tage aus. Karl Levens Verwandte kennen gelernt zu haben, war eine bewegende Erfahrung. Aber wir verstummten, als wir Martha Haases Abschiedsbrief noch einmal lasen: *... Ach liebe Gerti, was ist das Leben grausam. Wären wir doch alle tot, dann wäre uns allen wohl. Wie es uns allen zu Mute ist, dafür gibt's keine Worte. Meine arme Mutter, die allein zurückbleibt. Soll es noch einen Herrgott geben? Ich glaube an nichts mehr. Das ist das Ende unseres Lebens ...*

15
Kinder. Boykott. Ein Überfall.

Karl und Else Leven haben drei Kinder: Hans Hermann, geboren am 30. Mai 1933[1], Mirjam Charlotte, geboren am 8. Dezember 1935, beide in Düren geboren, und Jona, der am 23. 3. 1942 in Köln geboren wurde.

Den ersten Sohn von Karl und Else Leven, sehe ich vor mir. Der professionelle Fotograf hat mit weichem Licht gearbeitet. Hans Hermann ist etwa drei Jahre alt. Er streckt seiner Mutter oder dem Fotografen vergnügt lächelnd einen kleinen Ball entgegen. Das offene, fröhliche und weiche

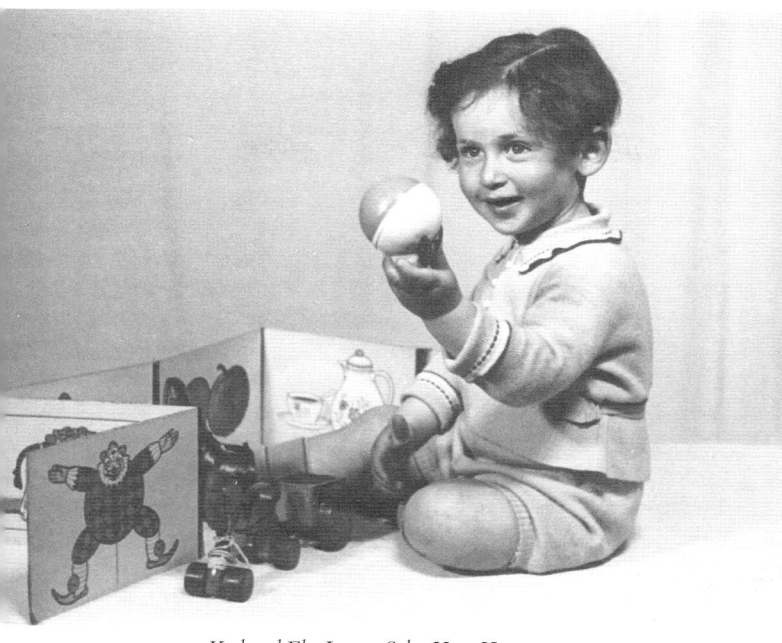

Karl und Else Levens Sohn Hans Hermann

Kleinkindergesicht zeigt Vertrauen. Den kräftigen Haarschopf kenne ich schon von den Fotos seiner Großmutter und seiner Tanten Johanna und Berta.[2] Von seinen Geschwistern Mirjam Charlotte und Jona besitze ich ebenso wenig ein Foto, wie von seiner Mutter. Auch sonst habe ich über Else Leven wenig erfahren können, und das, was ich erfuhr, war bedrückend.

Nach Beginn der Judenverfolgung traf eine Nachbarin Else Leven, die schwer an ihren Einkäufen trug, auf der Straße. Derartige öffentliche Kontakte mit Juden waren zu dieser Zeit bereits untersagt. Dennoch bot die Nachbarin ihre Hilfe an. Die junge Mutter bedankte sich für dieses Zeichen der Solidarität, bat die Nachbarin aber, sich nicht in Ungelegenheiten zu bringen und ging alleine weiter.[3]

1995 erreicht mich ein Brief aus Australien. Lotte Löwenherz, eine hochbetagte Emigrantin aus Düren, die ich später kennen lernen konnte, als sie ihre alte Heimatstadt besuchte, schreibt: *Dr. Karl Leven kannten wir auch recht gut. Er war unser Kinderarzt, da er und mein Mann sich seit Kindheit kannten. Ich erinnere mich, dass Frau Leven ein zweites Kind erwartete, ehe wir ausgewandert sind [1935]. Ich vergesse nie unsere Unterhaltung. Ich sagte, ich bewundere Ihren Mut, unter diesen Verhältnissen ein zweites Kind zu haben. Und sie erwiderte: „Ach, wenn ein Kind satt wird, können auch zwei satt werden".*[4]

Frau Margarete Sauer, 1919 geboren und in Düren-Birkesdorf lebend, erinnert sich an eine Begebenheit, die sie als junges Mädchen tief erschüttert hat. Dr. Leven war ein guter Bekannter ihrer Eltern. Eines Abends – wann genau, weiß sie nicht mehr – habe Dr. Leven in der Küche ihrer Eltern gesessen und unter Tränen erzählt, dass seine schwangere Frau von den Nazis in seinem Hause die Treppe hinauf und herunter gejagt worden sei. Frau Sauers Vater habe Dr. Leven danach in der Dunkelheit nach Hause begleitet, um ihn vor Angriffen zu schützen.[5]

Später fand ich im „Lokal-Anzeiger für Düren und Umgebung" (*„Parteifreie christliche Tageszeitung"*), datiert vom 5. April 1933, in der Rubrik „Die letzten lokalen Ereignisse" die folgende Notiz:

Junge Leute, die Montagabend [3. April] in einer Wirtschaft in Düren gezecht hatten, drangen in SA-Uniform in die Wohnung eines Arztes in der Hohenzollernstraße mit der Begründung ein, nach Waffen suchen zu müssen. Dabei nahmen sie eine Kassette von 300 Mk. mit. Nunmehr ist es gestern der Kriminalpolizei gelungen, einen der Täter, ein junger Mann aus Köln, festzunehmen. Er hatte bei dem Zechgelage in der Wirtschaft seinen Mantel und einige Papiere liegen lassen. Als er nun gestern in der Wirtschaft erschien, um die Sachen abzuholen, wurde er festgenommen. Bis jetzt hat er Angaben über seine Mithelfer verweigert.[6]

Zusammen mit dem Bericht von Margarete Sauer lässt sich der genannte Arzt unschwer als Dr. Leven identifizieren. In der Hohenzollernstraße gab es damals nur einen Arzt, nämlich Dr. Leven. Zudem war Else Leven Anfang April 1933 schwanger. Sieben Wochen nach dem Überfall wurde ihr erstes Kind, Hans Hermann, geboren.

Datum und Täterkreis des Überfalls stehen in enger Beziehung zum 1. April 1933, dem „Reichsboykottag", an dem die Bevölkerung aufgefordert war, jüdische Geschäfte und Arzt- und Rechtsanwaltspraxen zu boykottieren.[7] Die Parteileitung der NSDAP hatte am 29. März 1933 auch in dem in Aachen erscheinenden Politischen Tageblatt einen „Aufruf" veröffentlicht, in dem wegen einer „landesverräterischen Hetzkampagne" gegen das deutsche Volk aus dem Ausland Gegenmaßnahmen angekündigt wurden. Bevor ein Katalog der am 1. April geplanten Maßnahmen bis ins Detail beschrieben wird, heißt es:

[...] Die nationalsozialistische Partei wird nunmehr den Abwehrkampf gegen diese Generalverbrechen mit den Mitteln aufnehmen, die geeignet sind, die Schuldigen zu treffen; denn die Schuldigen sind bei uns, sie leben unter uns und missbrauchen Tag für Tag das Gastrecht, das ihnen das deutsche Volk gewährt hat. – In einer Zeit, da Millionen Menschen von uns nichts zum Leben und nichts zum Essen haben, da Hunderttausende deutsche Geistesarbeiter auf der Straße verkommen, leben diese jüdischen intellektuellen Literaten zwischen uns und nehmen sehr wohl unser Gastrecht in Anspruch. – Jahrzehntelang hat Deutschland jeden Fremden wahllos hereingelassen. Aus Dank dafür hetzen jetzt, während Millionen eigene Volksgenossen von uns arbeitslos sind und verkommen, ein Klüngel jüdischer Literaten, Professoren und Geschäftemacher die Welt gegen uns. Damit ist jetzt Schluss. [...][8]

Nach dieser und anderen agitatorischen Vorbereitungen wurden am 1. April 1933 jüdische Geschäfte boykottiert und Ratsuchende daran gehindert, ihren Arzt oder Rechtsanwalt aufzusuchen. Zumindest hatten sie mit Belästigungen durch die an den Eingängen postierten SA-Leute zu rechnen. Vor Geschäften mit jüdischen Inhabern kam es zu heftigen Diskussionen und sogar zu Prügeleien. Wenn auch die ursprünglich bis zum 4. April angesetzte Aktion offiziell nach einem Tag wieder abgesetzt wurde, „weil [er] durch die Entwicklung überflüssig geworden ist"[9], so hat es doch in den folgenden Tagen, besonders außerhalb der Großstädte, gelegentlich weitere und unkontrollierte Übergriffe und Misshandlungen an Juden durch SA-Trupps gegeben. Auch für Düren wird angenommen, dass der Boykott bis zum 4. April anhielt.[10] Der Überfall im Hause Leven fand am 3. April statt. Es hatte zum Kalkül des „staatlich gelenkten und staatlich geweckten Hasses"[11] gehört, ortsfremde zusammen mit ortsansässigen SA-Leuten einzusetzen. Die aus Köln stammende SA-Gruppe, die in das Haus Hohenzollernstraße 13 eindrang, belegt dieses Vorgehen.

Das „Westdeutsche Grenzblatt/Dürener Beobachter" schrieb am 5. April 1933: *Wie überall hatte auch in Düren planmäßig der Boykott sämtlicher Juden eingesetzt. Plakate wurden auf die Schaufenster geklebt, SA-Leute hielten Wache mit Schildern, SS-Leute patrouillierten durch die Straßen. Da die jüdischen Geschäfte fast ausnahmslos geschlossen hielten, konnte man keine nennenswerten Störungen beobachten. [...] Es war eine Art halber Feiertag. [...]*[12]

Weitere Einzelheiten über die Aktion in Düren sind nicht bekannt. Im Archiv der Stadt Düren und auch bei den Zeitungsverlagen besteht für den fraglichen Zeitraum eine Lücke. In der „Zeittafel zur Geschichte Dürens, 747–1997" wird der Boykotttag nicht erwähnt.[13] Es ist anzunehmen, dass 59 jüdische Geschäftsinhaber, drei Arztpraxen und mehrere Rechtsanwaltsbüros betroffen waren.[14]

Trotz seiner kurzen Dauer war der Boykott für viele Juden in Deutschland ein furchtbarer Schock.[15] Ob die Aktion von der deutschen Bevölkerung ganz allgemein überwiegend positiv oder ablehnend aufgenommen wurde, lässt sich auch nach neueren Untersuchungen heute nicht mehr sagen. Viele missbilligten die offene Gewalt auf der Straße. Allerdings bestand, so die Ansicht des englischen Historikers Michael Burleigh, die eigentliche Prüfung der moralischen Standfestigkeit der Deutschen vielmehr darin, ob (und wie) sie später auf die heimtückischeren und legalisierten Formen einer Benachteiligung ihrer jüdischen Nachbarn reagierten: die Berufsverbote für Rechtsanwälte und Ärzte; die wirtschaftliche Unterdrückung jüdischer Kaufleute; die Folgen der „Nürnberger Rassegesetze" mit dem Entzug der den „Reichsbürgern" vorbehaltenen Rechte.

Aber wie auch immer die Bedeutung des Boykotts von Zeitzeugen und Zeitgeschichtlern eingeschätzt werden mag, der Überfall im eigenen Hause muss Karl Leven, seine Frau und seine im selben Hause lebende Mutter zutiefst verunsichert haben. Vermutlich zum ersten Mal haben sie am 3. April 1933 die schockierende Brutalität und Gewalttätigkeit von Nationalsozialisten am eigenen Leibe erfahren.

Was aus den Tätern geworden ist, ist unbekannt. Die Durchsicht der Gerichtsmitteilungen in der Lokalpresse der folgenden Wochen, die im allgemeinen keinen Gerichtstermin unerwähnt ließ, ergab keinen Hinweis auf ein Verfahren gegen den festgenommenen jungen SA-Mann aus Köln.

16
In Düren wie überall in Deutschland.

Die „Entwöhnung des deutschen vom jüdischen Nachbarn", so bezeichnete 1995 in einem Gespräch der 86-jährige Kurt Bachmann, Sohn einer Dürener jüdischen Familie, das Ziel der antijüdischen Propaganda zu Beginn der NS-Zeit. Sein Gesprächspartner war der ebenfalls aus Düren stammende Historiker Horst Wallraff[1]. Kurt Bachmann lebte zu diesem Zeitpunkt in Köln. Er hatte die Selbstbefreiung des Konzentrationslagers Buchenwald am 11. April 1945 miterlebt, durch die der organisierte Untergrund nach der Flucht der meisten SS-Männer die Kontrolle über das Lager übernommen hatte.

Entwöhnung setzt voraus, dass man einmal aneinander gewöhnt, vielleicht miteinander vertraut war. Ohne Entwöhnung wären die Verfolgung und Vernichtung der deutschen Juden unmöglich gewesen. So wollte Kurt Bachmann sich wohl verstanden wissen. Der Antisemitismus war zwar, wie gezeigt, in Deutschland schon vor und in der Kaiserzeit und in der Weimarer Republik weit verbreitet, dennoch gab es vor dem „Dritten Reich" gerade in kleineren Städten und Dörfern oft über Jahrzehnte stabile und gutnachbarschaftliche Beziehungen zwischen jüdischen und nichtjüdischen Einwohnern.

Heinrich Böll hat in seinem 1983 veröffentlichten Aufsatz „Die Juden von Drove" nach den Gesprächen, die er mit älteren Bewohnern des nahe Düren gelegenen Dorfes geführt hatte, die enge Einbindung jüdischer Familien in die Dorfgemeinschaft vor und auch noch in der NS-Zeit herausgestellt. Reservierter verhielt man sich da schon gegenüber zugezogenen evangelischen Dorfbewohnern.[2] Als nicht gesellschaftsfähig galten nicht die Juden, sondern Menschen, die nicht in die Kirche gingen. Trotz Methodenkritik an einer rein mündlichen Geschichtsschreibung, sei sie berechtigt oder nicht, gibt es genügend Belege dafür, dass die jüdischen Familien Nachbarn waren, wie andere auch. Heinrich Bölls Feststellung, dass das Dorf Drove nicht judenfeindlich war, ist weder dadurch zu widerlegen, dass ein Drover zu dem neunköpfigen Terrorkommando gehörte – die anderen waren ortsfremd –, das den Synagogenbrand verursachte[3], noch dadurch, dass sich niemand fand, der die Zerstörung der Synagoge oder die Verwüstung von Röschen Holländers kleinem Haushaltswarenladen verhindert hätte. Später wusste man im Dorf auch, auf wen man sich verlassen konnte, wenn es galt, Juden zu warnen und heimlich zu unterstützen. Böll spricht von dem Terror, der „in die Dörfer hineinbefohlen wurde", verleugnet aber auch nicht, dass es schwierig war, „in die Geheimnisse und Geheimwelten einer Dörflichkeit einzudringen, zu erkunden, wer da wem verpflichtet ist, wer da nichts auf das Dorf kommen lassen will"⁴.

In seiner materialreichen Dissertation über den Nationalsozialismus in den Kreisen Düren und Jülich wertet Horst Wallraff die Haltung der Bevölkerung des Kreises Düren zu ihren jüdischen Bürgern, wenn man NS-Maßstäbe anlegt, nicht als ausgesprochen judenfeindlich, aber „noch viel weniger als vorurteilslos und tolerant". Er folgt aus seinen Untersuchungen, dass die „Indifferenten" überwogen, die „einem latenten ‚passiven' Antisemitismus frönten"⁵.

So sollte das politische Klima sich schneller ändern und das nachbarschaftliche Miteinander sich als weniger tragfähig erweisen, als Familie Leven und mit ihr viele jüdische und auch nichtjüdische Familien vermutlich erwartet hatten.

Im Februar 1933 hatte die NSDAP zu einer Wahlkundgebung in die Stadthalle Düren eingeladen. Hauptredner war Julius Streicher, der für seinen Judenhass berüchtigt war. In der 1923 von ihm gegründeten Wochenzeitschrift „Der Stürmer" hatte er ein Forum geschaffen, das schon in der Zeit der Weimarer Republik mit Skandalgeschichten antisemitischen Sensationsjournalismus betrieb und das 1938 eine Auflage von einer halben Million erreichte. Schließlich wurden Schaukästen mit wöchentlich wechselnden Aushängen an Haltestellen, in Betriebskantinen, in Parks und Einkaufsstraßen angebracht. Diese zeitweise von „Stürmerwachen" geschützten „Stürmerkästen" „wurden fester Bestandteil des Alltagslebens im nationalsozialistischen Deutschland"⁶ Auf der Titelseite jeder Ausgabe wurde der Leser stereotyp belehrt: „Die Juden sind unser Unglück!" Streicher nahm damit die 1879 erstmals von Heinrich von Treitschke formulierte Polemik auf, die seit den 20er Jahren von den Nationalsozialisten ständig wiederholt wurde. Für einen nichtjüdischen Bekannten Karl Levens sollte der „Stürmer", wie noch gezeigt wird, als Medium der Massenpropaganda, in dem in speziellen Rubriken zur Denunziation von

„Judenfreunden" aufgerufen wurde, eine gefährliche Bedeutung bekommen.

In einem Zeitungsbericht vom 23. Februar 1933 wird zwar nichts von antisemitischen Ausfällen Streichers in der Dürener Stadthalle berichtet – gab es sie nicht, oder wollte man nicht darüber schreiben? – dennoch lohnt es sich, in diese Veranstaltung, die nur einige hundert Meter von Karl Levens Wohnung und Praxisräumen stattfand, kurz „hineinzuhören":

[...] Anschließend sprach Julius Streicher, einer der ersten Freunde des heutigen Reichskanzlers. [...] Er verwies in ernsten Worten auf den Kämpfer Christus, der sein Volk auf dem inneren Wege zur Gesundung bringen wollte, aber auch nicht davor zurückgeschreckt sei, die Wucherer mit Gewalt aus dem Tempel zu treiben. So wie er vierzehn Leidensstationen auf dem Weg zum Golgatha habe durchmachen müssen, seien dem deutschen Volk vierzehn Leidensjahre beschieden gewesen. Aber das deutsche Volk werde nicht an das Kreuz des Bolschewismus geschlagen, am Fuße des Golgatha hätte es seinen Erretter gefunden, seinen unentwegten Kämpfer und Führer Adolf Hitler.[7]

Pseudoreligiöse Tendenzen gehören zwar regelmäßig zur publizistischen Ausstattung totalitärer Systeme, die Frage ist aber berechtigt, ob der Redner im katholisch geprägten Düren gezielt potenzielle Parteigänger rekrutieren wollte. Hinweise auf Christus waren offenbar ein fester Bestandteil des Streicherschen Standardrepertoires: Über zwei Jahre später, im August 1935, verstieg er sich vor zwanzigtausend Zuhörern in Hamburg zu ganz ähnlichen Aussagen wie in Düren, wobei er sich noch steigerte: *Nachdem er einmal in Fahrt geraten war, zog Streicher gegen die Kirchen vom Leder. Jesus könne kein Jude gewesen sein, da er die Wechsler aus dem Tempel gejagt habe. Jesus habe wie Adolf Hitler gekämpft; auch dieser sei von Gott gesandt worden, allerdings um das deutsche Volk zu retten.*[8]

Das Konstrukt, dass Jesus „kein Jude" gewesen sei, war nicht ganz selten zu hören. Die ethnische Herkunft Jesu wurde schlichtweg neu definiert. Dafür war kein Argument zu verstiegen, wie etwa, dass die ‚Galiläer' keine Juden gewesen seien, dass Juden niemals, wie Jesus, Zimmerleute gewesen wären oder dass man ihn einfach zum ‚Arier' erklärte. Dem Verfasser, der im Klima einer nationalsozialistisch denkenden, den Deutschen Christen nahe stehenden Familie aufwuchs, sind derlei argumentative Klimmzüge aus seiner Kindheit erinnerlich. Er übernahm sie vertrauensvoll.

An Blasphemie wurde Streicher von seinem „Führer" noch übertroffen. Am 6. April 1938 konnten Hitlers – verblüffte? begeisterte? – Salzburger Landsleute eine Variante der Anfangsworte des Johannesevangeliums hören: *Im Anfang stand das Volk, war das Volk, und dann erst kam das Reich.* Auch hier folgte die messianische Steigerung: *Ich glaube, daß es auch Gottes Wille war, von hier einen Knaben in das Reich zu schicken, ihn groß werden zu lassen, ihn zum Führer der Nation zu erheben, um es ihm zu ermöglichen, seine Heimat in das Reich hineinzuführen. Es gibt eine höhere Bestimmung und wir alle sind nichts anderes als ihre Werkzeuge.*[9]

Bei der Reichstagswahl im Juli 1932 hatte die NSDAP in Düren lediglich 14,1 Prozent der gültigen Stimmen gewinnen können.[10] Am 5. Januar 1933, bei der nächsten Reichstagswahl, wählten 25,2 Prozent der Dürener die NSDAP. Hitlers Partei hatte damit in einem Zeitraum von sechs Monaten seit der letzten Reichstagswahl einen Stimmenzuwachs von 11,1 Prozent erreicht. Das fast gleiche Ergebnis (25,3 Prozent) wurde für die NSDAP bei der Kreistagswahl vom 12. März 1933 festgestellt, und bei der am gleichen Tag stattfindenden Wahl zur Stadtverordnetenversammlung erhielten die Vertreter der NSDAP 28,4 Prozent der Stimmen. Schon zehn Monate später, bei der Reichstagswahl am 12. November 1933, wurde ein für totalitäre Systeme typisches Wahlergebnis festgestellt: die Wahlbeteiligung lag in Düren bei 96,9 Prozent, fast 96 Prozent der Stimmen waren gültig und diese votierten 100prozentig für die NSDAP. Bei der gleichzeitig vorgenommenen Volksabstimmung

Oberstraße, eine Parallelstraße der Hohenzollernstraße (undatierte Aufnahme)

über die Anerkennung der Politik Adolf Hitlers stimmten 95,9 Prozent der Dürener Bevölkerung mit Ja und 4,09 Prozent mit Nein.

Vermutlich wäre es auch ohne Streichers Agitation in Düren zum „Sturm auf das Rathaus" gekommen. Dieses lokalpolitische Ereignis sorgte am 13. März 1933 über den Köln – Aachener Raum hinaus für Aufsehen. Es zeigte sich, dass sich Nationalsozialisten als „Revolutionäre" empfanden und sich auch so aufführten. Demokratische Regeln wurden außer Kraft gesetzt. Unterstützt von SA und SS gelang es einigen durchsetzungsfreudigen NS-Funktionären, eine größere Volksmenge für ihre Zwecke zu instrumentalisieren und so ihre Ziele durchzusetzen. Was war geschehen?

Eine Gruppe von drei Nationalsozialisten, die bei den Kommunalwahlen am Vortag zu Stadtverordneten gewählt worden war, sprach bereits einen Tag nach ihrer Wahl im

Amtszimmer von Dr. Ernst Overhues vor, den die Stadtverordnetenversammlung erst am 20. Januar 1933 „mit respektabler Mehrheit" zum Oberbürgermeister gewählt hatte. Overhues wurde mit dem Hinweis „Es ist jetzt Revolution!" aufgefordert, sein Amt niederzulegen, unterstützt durch entsprechende Parolen, die aus einer „aufgeregten Menschenmenge" auf dem Rathausplatz schallten. Man gab sich zwar zunächst mit einer „Loyalitätserklärung" des Oberbürgermeisters zufrieden und ließ eine aufgezogene SA-Formation wieder abziehen, marschierte aber schon nachmittags mit einem „imposanten SA/SS-Zug" vor einer „unübersehbaren Menschenmenge" wieder auf. Ihr Anführer Peter Binz, seit 1931 Kreisleiter der NSDAP, forderte jetzt nachdrücklich, wieder von Sprechchören unterstützt, die Demission des Oberbürgermeisters und verwies auf „Befehle höheren Ortes". Eine „bedenkliche Störung der öffentlichen Ordnung" bahnte sich an. Overhues teilte dem (Vize-)Regierungspräsidenten telefonisch mit, dass er unter Protest der Forderung nach seiner „Beurlaubung" nachkomme. Man trat gemeinsam auf den Rathausbalkon und verkündete das Ergebnis. Es folgten das Singen des Deutschland- und Horst-Wessel-Liedes und ein Marsch zum Kaiserplatz. Am Abend des gleichen Tages wurde dann auch noch das sozialdemokratische Friedrich-Ebert-Heim besetzt. Durch Berichte im Radio und in der Presse verfehlte dieser „Sturm" nicht seine öffentliche Wirkung.[11]

Die wirtschaftliche Verdrängung von jüdischen Einzelhändlern und Gewerbetreibenden wurde nach dem 1. April 1933 ebenso zur existenziellen Bedrohung, wie es das Berufsverbot für Ärzte und für Rechtsanwälte werden sollte. Es gibt Beispiele, dass sich nichtjüdische Geschäftspartner legitimiert fühlten, Verpflichtungen, wie das Begleichen einer Schuld, zu ignorieren. „Einem Juden schulde ich kein Geld", sagte der Dürener Kunde eines Pferdehändlers, als er an einen Wechsel erinnert wurde, der fällig geworden war. Der Ausspruch war für die betroffene Familie Liffmann aus Düren der

Anlass, „dass wir erkannt haben, dass es unmöglich war, weiter in Deutschland zu leben".[12] Die Familie wanderte aus.

Deutschnationale Überzeugungen, wie sie zu Beginn des Ersten Weltkrieges als augenfällige Willensbekundungen zur „Vaterlandsverteidigung" demonstriert wurden, gehörten nicht selten auch noch in den frühen Jahren des NS-Regimes zur gesellschaftlichen und politischen Identität patriotisch eingestellter Juden, nachzulesen etwa in den berühmt gewordenen Tagebuchaufzeichnungen des Dresdner Romanistikprofessors Victor Klemperer. Es mag auch eine derartige Einstellung gewesen sein, die sich am 30. September 1933 zeigte, als am Dürener Kaufhaus Tietz – damals schon umbenannt in Westdeutscher Kaufhof, aber noch in jüdischem Besitz – neben der schwarz-weiß-roten Flagge demonstrativ auch die Hakenkreuzfahne gehisst wurde. Das stieß auf die „Empörung" vieler SA-Leute und eines „großen Teils der Bevölkerung". Die Polizeiverwaltung sorgte dafür, dass die Hakenkreuzfahne eingezogen wurde.[13] Zwei Jahre später, ab September 1935, gab es dann das Reichsflaggengesetz, durch das Juden das „Hissen der Reichs- und Nationalflagge und das Zeigen der Reichsfarben" verboten wurde.[14]

Wie populär der Antisemitismus in Stadt und Land war, verdeutlicht auch der rheinische Karneval, dessen Rosenmontagszüge seit jeher von einer breiten Bevölkerungsschicht gestaltet und bejubelt werden. In diesen Jahren diente die Diffamierung und Verhöhnung von Juden der öffentlichen Belustigung, und das offenbar nicht nur in den Karnevalshochburgen. So war 1934 auf einem Karnevalszug im Kreis Düren ein Wagen mit einer bösartig karikierenden Gruppe als Juden verkleideter Karnevalisten zu sehen, die ein Schild mit der Aufschrift „Auf der Durchreise nach Palästina" mit sich führte.[15]

Im selben Jahr gab es aber auch andere öffentliche Meinungsäußerungen über antisemitische Hetzereien. In einem geheimen Lagebericht der Gestapo wird gemeldet, die

Bevölkerung in Düren habe sich wiederholt darüber beschwert, dass Trupps des Freiwilligen Arbeitsdienstes beim Marsch über den Marktplatz das alte nationalsozialistische Kampflied „Das Lied vom Sturmsoldaten" sängen.[16] Offenbar wurde die Aggressivität des Refrains von Teilen der Dürener Bevölkerung weniger toleriert als der hämische, im regionalen karnevalistischen Brauchtum gut verpackte Fingerzeig auf die jüdischen Bürger. Eine marschierende NS-Gruppierung an zentraler Stelle der Kreisstadt rief offenbar andere Reaktionen hervor, als ein Karnevalsumzug in einer sich einig wissenden Dorfgemeinde, bei dem jede Darstellung schon von vorneherein belacht wird.

Ab September 1935 wurden die Konsequenzen aus den „Nürnberger Gesetzen" auch in Düren spürbar. Unter dieser Sammelbezeichnung waren auf dem Nürnberger Reichsparteitag neben dem schon erwähnten „Reichsflaggengesetz" das „Reichsbürgergesetz" und das „Blutschutzgesetz" verabschiedet worden. Diese „Rassegesetze" waren zwar schon lange in der NS-Hierarchie diskutiert, dann aber in einem improvisiert erscheinenden Verfahren zum Teil erst kurz vor dem Reichsparteitag formuliert worden. Im Vorfeld hatte sich der Arzt und Reichsärzteführer Gerhard Wagner bei der Definition, wer Jude sei, besonders hervorgetan. Das „Reichbürgergesetz" schrieb „Ariern" eine „Reichsbürgerschaft" mit „vollen politischen Rechten" zu, während diese „Nichtariern" vorenthalten wurden. Ihnen blieb lediglich die deutsche Staatsangehörigkeit. Damit waren sie nun auch „legal" zu Menschen zweiter Klasse geworden. In arithmetischen Bemühungen und definitorischen Kraftakten wurde festgelegt, wer als „Volljude", „Halbjude" oder „Vierteljude" oder als „deutschblütig" anzusehen war. Es gab Bedingungen für die Kategorie „Geltungsjude", die wie Volljuden behandelt wurden, deren Kinder, wenn sie aus einer „gemischtrassigen" Ehe stammten, somit als „Mischlinge ersten Grades" eingestuft wurden, von denen wiederum einige wenige auf Antrag den Status „Ehrenarier" erhalten konnten. Diese wurden wie „Deutschblütige" behandelt, wenn sie sich um die „Bewegung" verdient gemacht hatten oder „unentbehrlich" waren. Das „Blutschutzgesetz" stellte u. a. Eheschließungen und außerehelichen Geschlechtsverkehr zwischen Juden und „Deutschblütigen" als „Rassenschande" unter Strafe.[17]

Übrigens treffe ich in Gesprächen nicht selten auf das Gegensatzpaar „Deutsche und Juden", ohne dass man sich bewusst macht, damit bis heute das „Reichsbürgergesetz" von 1935 fortzuschreiben, das jüdischen Deutschen, deren Familien schon seit vielen hundert Jahren in Deutschland lebten, ihr Deutschtum absprach.

Es war noch vor den „Nürnberger Gesetzen", als im August 1935 in dem im Kreis Düren gelegenen Ort Linnich, in dem eine relativ große Zahl jüdischer Bürger lebte, eine im Mittelalter gefürchtete Strafe wieder eingeführt wurde: Ein Pranger wurde eingerichtet. An diesen sollten „Judenknechte" gestellt werden, womit alle gemeint waren, die an ihren Kontakten zu ihren jüdischen Freunden und Bekannten festhielten.[18] Gleichzeitig, am 29. August 1935, wurde auf Antrag des NSDAP-Ortsgruppenleiters durch den Bürgermeister Theodor Rübkamp angeordnet, dass von der Gemeinde keine Aufträge mehr an solche Handwerker- und sonstige Betriebe gehen dürften, die „nachweislich geschäftlichen oder persönlichen Umgang mit Juden" pflegten, und dass Wohlfahrtsunterstützungen nicht mehr ausgezahlt würden, „wenn die Unterstützten noch weiter ihre Einkäufe bei Juden tätigten". Ebenso wurden Grundstücksverkäufe oder Verpachtungen an Juden untersagt.[19]

Dass der Linnicher Bürgermeister ein strammer Nazi war, ergibt sich aus dieser Anordnung. Dennoch musste er sich Anfang 1939 gegen den Vorwurf judenfreundlicher Verhaltensweisen wehren, nachdem ihm die örtliche NSDAP vorgeworfen hatte, „dass es in Linnich gang und gäbe" sei, dass Rübkamp von Juden „durch Hut-Ziehen gegrüßt werde" und, noch belastender, dass er auf gleiche

Weise zurückgrüße. Der Bürgermeister wehrte sich am 28. Februar 1939 schriftlich beim Jülicher Landrat von Mylius: *Die Angabe ist absurd und in allen Teilen unrichtig. Richtig ist vielmehr, dass die Juden mich seit Jahren nicht mehr grüßen und dass ich seit Anfang 1933 selbstverständlich keinen Juden grüße, von Hutabnehmen gar nicht zu sprechen.* Der Landrat leitete den Brief mit einer entlastenden Stellungnahme an den Regierungspräsidenten weiter, der offenbar keine weiteren Maßnahmen für nötig hielt.[20]

Fünf Jahre später, einen Monat vor der Pogromnacht am 14. Oktober 1938, machte sich der „Westdeutsche Beobachter" Gedanken über die bis zu diesem Zeitpunkt noch in Düren gebliebenen Juden. Wie in jenen Jahren gedacht und geschrieben wurde – fraglos nicht nur in Karl Levens Heimatstadt – wird hier so deutlich, dass der mit *Wie steht's mit der jüdischen Abwanderung?* überschriebene Beitrag, gering gekürzt, wiedergegeben werden soll:

Die Personenstandszählung zum 10. Oktober hat unser Augenmerk wieder einmal auf den Anteil der Juden an der Bevölkerungsziffer unsrer Stadt gelenkt. Ist die jüdische Abwanderung seit 1933 in dem Maß erfolgt, wie es zur Entjudung unsers öffentlichen Lebens und zur endgültigen Befreiung unsrer Volksgenossen von den unerwünschten jüdischen Elementen wünschenswert erscheint? (…)

Wie sah es im Jahr 1933 aus? Die Einwohnerstatistik weist […] 1933 insgesamt 368 Juden aus. […] Von diesen 368 Juden waren aber nur 88 in Düren geboren; berücksichtigt man in dieser Zahl, daß die meisten der in Düren geborenen Kinder zugewanderter Juden sind, dann kann man sich erst von dem wirklichen Ausmaß der jüdischen Zuwanderung in unsere Vaterstadt das rechte Bild machen. Die Zugewanderten kamen aus fast allen Gauen des Reiches, zum geringen Teil nur aus dem Kreisgebiet Dürens und zur Hauptsache aus den als seinerzeit jüdisch verseucht geltenden Städten, wo ihnen anscheinend der Boden für ihre Geschäftemacherei nicht mehr lohnend genug war.

Die Entjudungsmaßnahmen des nationalsozialistischen Staates haben sich, wenn auch bisher noch nicht in dem gewünschten Ausmaß auch in Düren bemerkbar gemacht. Wir alle wissen von der Entjudung des Dürener Einzelhandels und Gewerbes, von dem Ausschluß aus gewissen Berufen u. dgl. Besonderem Interesse begegnet daher die Untersuchung, ob die jüdische Abwanderung aus unsrer Stadt Schritt gehalten hat mit der Bereinigung unsres öffentlichen Lebens.

102 Juden weniger am 1. August 1938, das ist das Ergebnis eines Vergleiches zwischen den Zahlen der letzten fünf Jahre. Den 386 Juden im Jahre 1933 standen am ersten August 1938 266 Juden […] gegenüber. Einer verhältnismäßig geringen Sterbeziffer tritt eine fühlbare Abwanderung an die Seite, die jedoch durch eine einigermaßen erstaunliche Zuwanderung in ihrem Ergebnis abgeschwächt wird. Die Zuwanderung läßt deutlich das Bestreben erkennen, die kleinen Orte, in denen der Jude nur noch schwer seine dunklen Geschäfte vor der Öffentlichkeit unbeobachtet treiben kann, mit der größeren Stadt zu vertauschen, wo man besser in der anonymen Masse der Bevölkerung untertauchen zu können hofft. Für die Art der hier gesuchten und betriebenen Geschäfte spricht folgender Querschnitt durch die von Juden ausgeübten Berufe.

Von den 125 männlichen, am 1. August 1938 in Düren wohnenden Juden, einschließlich der Schüler und noch nicht Erwerbstätigen, bezeichnen sich sage und schreibe 50 Juden als Kaufleute, 13 als Vieh- bzw. Pferdehändler und 5 als Metzger. Diese eindeutigen Zahlen zeigen, wie sehr sich auch in Düren der Jude gerade auf die Berufe geworfen hat, in denen er sein ihm angeborenes Feilsch- und Krämertalent am besten verwerten kann. Der Vollständigkeit und zugleich der Kuriosität halber sei vermerkt, daß je ein Sohn des sich als auserwählt bezeichnenden Volkes den Weg zu folgenden, für Juden sicherlich merkwürdigen Berufen fand: Anstreicher, Schneider, Schuhmacher und Diener! Von den inzwischen abgewanderten 56 männlichen Juden bezeichneten sich 14 als Kaufmann, 4 als Metzger und 2 als Viehhändler. Sprechende Zahlen für die jüdische Durchsetzung von Handel und Gewerbe. (…)

Mancher unserer Leser wird mit Verwunderung vernehmen, daß in Düren für die jüdischen Kinder noch eine eigene Schule unterhalten werden muss, die durch den monatlich von der Stadtverwaltung zu zahlenden anteiligen Beitrag an die Landesschulkasse eine empfindli-

che Belastung darstellt. Die jüdische Volksschule in der Schützenstraße wurde im Jahr 1933 von 10 Knaben und 13 Mädchen, im Jahre 1937 von 16 Knaben und 14 Mädchen und im Jahre 1938 von 9 Knaben und 13 Mädchen besucht. Man sieht, daß sich die Zahlen der letzten fünf Jahre nicht verringert, sondern sich stellenweise sogar erhöht haben.

Dieser kleine Streifzug durch die jüdische Einwohnerstatistik wird für manchen sicher überraschende Zahlen vermittelt haben, die einerseits zeigen, daß knapp 30 v. H. der 1933 hier wohnenden Juden die Stadt Düren verlassen haben, die andererseits jedoch jedem Volksgenossen klar vor Augen führen, daß noch manche Arbeit für die Ausschaltung der Juden zu tun ist. Das Ziel kann nur erreicht werden, wenn der letzte jüdische Einfluß im Geschäftsleben gebrochen wird. Wer heut noch in jüdischen Geschäften kauft, mit Juden Handel treibt oder sich ihrer als Zwischenhändler bedient, stellt sich selbstverständlich außerhalb unserer Volksgemeinschaft, die für den privaten oder geschäftlichen Umgang mit Juden kein Verständnis mehr aufzubringen gewillt ist.[21]

Welche Mitglieder der Familie Leven noch in der „Einwohnerstatistik" erfasst waren, ist nicht mehr feststellbar. Dass ein Kinderarzt bei der Aufzählung der Berufe nicht vorkommt, ist kein verlässlicher Hinweis darauf, dass sich Familie Leven nicht mehr in Düren aufhielt.

Der Beitrag im „Westdeutschen Beobachter" ist ein Beispiel für das aggressive Klima, dem die noch in Düren lebenden jüdischen Familien ausgesetzt waren. Wer noch zu ihnen hielt, riskierte, denunziert zu werden. So wurde ein guter Bekannter Karl Levens, der Dürener Gastwirt Tilmann Zilken, zum Opfer einer Denunziation. Er war, wie früher beschrieben, der Vater der kleinen Cilli, die 1935 im Alter von etwa elf Monaten an einer schweren Lungenentzündung erkrankt war. Dr. Leven habe, wie es noch heute heißt, Cilli das Leben gerettet. Er genoss verständlicherweise in der Familie großes Ansehen. Karl Leven trank gerne abends in der nicht weit von seiner Wohnung gelegenen Gastwirtschaft sein Bier. Die Wirtschaft, die sich noch an gleicher Stelle befindet, wurde Jahrzehnte später von Cilli, verh. Bongard, übernommen. Als ich dort vor einigen Jahren zu einem Gespräch mit Karl Levens früherer Patientin Cilli und ihrer älteren Schwester Resi Düpper einkehre, erfahre ich, außer der den Schwestern aus Erzählungen ihrer Mutter wohlbekannten Krankengeschichte, nebenher auch einiges über eine bedrohliche Situation, in die ihr Vater gebracht worden war.

Tilmann Zilken war als Anhänger der früheren Zentrumspartei kein Freund der NS-Politik. Obwohl zu seiner Kundschaft auch Parteimitglieder gehörten, machte er keinen Hehl aus seiner Einstellung. Nicht nur einmal, so berichteten die beiden Töchter, habe er ein von der SA angebrachtes Schild, das Juden den Besuch seines Lokals untersagte, wieder entfernt, was zunächst folgenlos bleiben sollte. Vielleicht fiel das auch in eine Phase ab Herbst 1935, als der „schon zu großer Dichte gediehene antisemitische Schilderwald (,Juden Zutritt verboten!' – ,Juden unerwünscht!') […] in vielen Gemeinden abgeholzt [wurde]": Die Olympischen Spiele 1936 standen bevor, ihr reibungsloser Ablauf sollte durch eine allzu auffällige antijüdische Propaganda nicht beeinträchtigt werden.[22]

Schlimme Folgen soll es jedoch für Zilken gehabt haben, dass er sich nicht von Dr. Leven distanzierte, und sich sogar mit ihm auf offener Straße unterhielt. Sich so zu verhalten, galt schon länger als nicht opportun, später durchaus auch als Provokation. Laut Runderlass des Reichssicherheitshauptamtes vom 24. Oktober 1941 war es strafbar, sich öffentlich mit einem Juden zu zeigen. Die Kontrolle darüber war ab 19. September 1941 durch die Pflicht, den gelben Judenstern zu tragen, erleichtert worden. Künftig sollten beide Gesprächspartner in „Schutzhaft" genommen werden, wobei der jüdische Beteiligte in jedem Fall in ein Konzentrationslager einzuliefern war. In „schwerwiegenden Fällen" sollte auch der nichtjüdische Delinquent für drei Monate ins KZ gebracht werden.[23]

Irgendwann waren Dr. Leven und der Gastwirt Zilken bei einem ihrer Gespräche fotografiert worden. Ein oder mehrere Denunzianten übten nun Druck auf Tilmann Zilken aus und drohten ihm mit einer Abstempelung als „Judenfreund" durch Veröffentlichung in den weit verbreiteten „Stürmerkästen". Der Gastwirt konnte dem nur durch seine Bekanntschaft mit auf lokaler Ebene einflussreichen Nazigrößen entgehen, die ihm allerdings zu verstehen gaben, dass er eine öffentliche Anprangerung nur vermeiden könne, wenn er sich umgehend als Kriegsfreiwilliger meldete. Tilmann Zilken musste sich dem erpresserischen Druck fügen und war Soldat bis zum letzten Kriegstag.[24] Ob dieses Gespräch auch für Dr. Leven Folgen hatte, ist meinen Gesprächspartnerinnen nicht bekannt.

Tilmann Zilkens Töchter erinnerten sich auch an in ihrer Familie weitergegebene Berichte über den bereits beschriebenen Überfall auf die Familie Leven in ihrer Wohnung, der am 3. April 1933 stattgefunden hatte.[25] Später – es war schon im Krieg – habe Familie Zilken, wie die ältere Tochter Resi sich aus Erzählungen ihrer Mutter erinnert, streng vertrauliche Informationen über den Judenmord im Osten erhalten. Ein Verwandter, Peter Krichel, Onkel der beiden Zilkentöchter, war Kaplan der Kölner St. Agnes-Kirchengemeinde. Er wurde wegen seiner offenen Kritik am Nationalsozialismus inhaftiert und nach einigen Wochen durch eine Amnestie wieder auf freien Fuß gesetzt. Ein Arzt, der „im Osten" tätig war, habe dem Geistlichen sein Wissen über die Verbrechen anvertraut. Durch Familie Zilken sei diese Nachricht als Warnung an Dr. Leven weitergegeben worden.[26]

Der Zeitpunkt ist nicht mehr erinnerlich, als Maria Glombeck, die als Kind mit ihrer Familie in der Hohenzollernstraße lebte, einen erschreckten Ausruf ihrer Mutter vernahm: „Dr. Leven kehrt die Straße!" Am Fenster stehend beobachteten die Nachbarinnen, wie der Kinderarzt Dr. Leven in verschlissener Kleidung mit einem Besen den Rinnstein fegen musste. Sie schämten sich.[27]

17
Ausgrenzung. Entrechtung. Berufsverbot.

Der 5. April 1933 hatte für Karl Leven eine besondere Bedeutung. Es war nicht nur der Tag, an dem der Zeitungsbericht über den Überfall durch die SA in „der Wohnung eines Arztes in der Hohenzollernstraße" die Runde machte – für die ortskundigen Dürener Bürger unschwer als Dr. Levens Wohnung identifizierbar.[1] Am selben Tag wurden auch die Vertreter seines Berufsstandes, an ihrer Spitze Geheimrat Dr. Alfons Maria Stauder, von Adolf Hitler empfangen.[2] Stauder war als Vorsitzender des Ärztevereins- und Hartmannbundes ranghöchster Repräsentant der deutschen Ärzteschaft. Dem Ärztevereinsbund gehörten über 90 Prozent der deutschen Ärzte an.[3]

Hitler sprach über seine *Absichten zur Reinigung des Volkes und namentlich der intellektuellen Schichten von fremdstämmigem Einfluss und rassenfremder Durchsetzung. Er betonte, daß man durch baldige Ausmerzung der Überzahl jüdischer Intellektueller aus dem Kultur- und Geistesleben Deutschlands dem natürlichen Anspruch Deutschlands auf arteigene geistige Führung gerecht werden müsse. Die Förderung der „geistigen Berufe" machte Hitler abhängig von deren Mitarbeit an dem Aufbau eines autoritären, gereinigten Staatswesens. Die rassenhygienische Reinigungsarbeit, die jetzt geleistet wird, wirkt sich vielleicht erst in Jahrhunderten aus. […] Die deutsche Ärzteschaft ist dazu berufen, an diesem Werke durch wissenschaftliche Forschung, durch weitgehende Aufklärung des Volkes und durch ihr praktisches Wissen mitzuarbeiten.*[4]

Dem Empfang beim Reichskanzler waren mehrere Treffen von Stauder und anderen Berufsfunktionären mit Vertretern des Nationalsozialistischen Deutschen Ärztebundes (NSDÄB) und dessen Vorsitzendem, Dr. Gerhard Wagner (1888–1939), vorausgegangen. Der NSDÄB war 1929 auf dem vierten Reichsparteitag der NSDAP gegründet worden und erfreute sich anfangs in der Ärzteschaft nicht allzu großer Beliebtheit.⁵ Er war aus der seit 1925/1926 bestehenden „Reichsnotgemeinschaft deutscher Ärzte" hervorgegangen. In ihr hatten sich Ärzte zusammengeschlossen, denen in der Krisenzeit der 20er Jahre keine Zulassung zu den Krankenkassen erteilt worden war und die auch durch einen starken Rückgang an Privatpatienten in wirtschaftliche Not geraten waren. Die Reichsnotgemeinschaft führte ihre Probleme auf „rote Unterwanderung" und „Verjudung" und auf die mangelhafte Unterstützung durch die offizielle Standespolitik zurück.⁶

Das erste der Gespräche zwischen dem NSDÄB und dem Ärztevereins- und Hartmannbund fand am 21. März 1933 statt. Es war der „Tag von Potsdam", an dem Hitler in einem feierlichen Staatsakt dem greisen Reichspräsidenten Hindenburg seine Reverenz erwies und die folgenschwere Versöhnung des bürgerlich-konservativen Lagers mit der nationalsozialistischen „Bewegung" inszenierte. Zwei Tage später, am 23. März, wurde Dr. Gerhard Wagner, der spätere Reichsärzteführer, zum „Kommissar" der genannten ärztlichen Spitzenverbände gewählt.⁷ Am selben Tag erschien im „Völkischen Beobachter" ein „Aufruf" des NSDÄB, in dem propagiert wurde, *dass allenthalben das völkische Erwachen und die Abkehr von artfremden liberalistischen Irrwegen zu sehen sei.* Gefolgt von dem Satz: *Bis jetzt aber steht unser Stand noch immer abseits, […] keiner ist auch so verjudet wie er und so hoffnungslos in volksfremdes Denken hineingezogen worden*⁸. Mit diesen Formulierungen lag Wagner genau auf der Linie Hitlers.

Ebenfalls am 23. März 1933 verabschiedete der Reichstag, in dem die Regierungskoalition aus NSDAP, DNVP und Stahlhelm eine knappe absolute Mehrheit hatte, mit Zustimmung der bürgerlichen Parteien das „Ermächtigungsgesetz". Damit konnte die Regierung künftig Gesetze ohne die Mitwirkung des Reichstags erlassen. Dem Herrschaftsanspruch der NS-Ideologie mit ihrer völkisch-nationalistischen und rassistisch-antisemitischen Ausrichtung stand nichts mehr im Wege.

Auch die Dürener Lokalpresse, die den 21. März 1933 als „Tag der nationalen Erhebung" bejubelt hatte, berichtete in großer Aufmachung über die neuen Machtstrukturen. In der selben Ausgabe weist die Dürener Volkszeitung dann noch, ganz nebenbei, auf ein neues Instrument politischer und polizeilicher Machtausübung hin. Ein unscheinbares Foto zeigt eine Gruppe flacher barackenartiger Gebäude, zwischen denen ein Schornstein emporragt. Die Bildunterschrift lautet: „Das Barackenlager auf dem Gelände der ehemaligen Pulver- und Munitionsfabrik in Dachau bei München". Darunter findet sich ein Satz, dessen Tragweite erst später erkannt werden sollte: „Auf Veranlassung des kommissarischen Polizeipräsidenten Himmler in München wurde in Dachau ein Konzentrationslager errichtet, das 5000 politischen Gefangenen Platz bietet".[9]

Bereits am 22. März 1933 war dem Reichskanzler eine mit Superlativen gespickte Ergebenheitsadresse des Ärztevereins- und Hartmannbundes übermittelt worden: *Die Ärztlichen Spitzenverbände Deutschlands, Ärztevereinsbund und Verband der Ärzte Deutschlands begrüßen freudigst den entschlossenen Willen der Reichsregierung der nationalen Erhebung, eine wahre Volksgemeinschaft aller Stände, Berufe und Klassen aufzubauen und stellen sich freudigst in den Dienst dieser großen vaterländischen Aufgabe mit dem Gelöbnis treuester Pflichterfüllung als Diener der Volksgesundheit. Geheimrat Dr. Stauder, Nürnberg.*[10]

Hitler wird dieses Telegramm mit der gleichen Genugtuung zur Kenntnis genommen haben wie den wenig später, am 2. April 1933, in Nürnberg formulierten ersten gemeinsamen Beschluss der Spitzenverbände und ihres Kommissars Dr. Wagner: *[…] jüdische Kollegen, die sich der neuen Ordnung innerlich nicht anschließen könnten, zur Niederlegung ihrer Ämter in den Vorständen und Ausschüssen zu veranlassen. Als weitere Maßnahme sei dem Reichsarbeitsministerium die dringende Bitte der nationalsozialistischen Ärzteschaft, jüdische Vertrauensärzte auszuschalten, übermittelt worden; […]*[11].

Die konkreten Folgen dieser berufspolitischen Aktivitäten sollte Dr. Leven bereits nach Monatsfrist zu spüren bekommen. Für ihn und seine jüdischen Kolleginnen und Kollegen in ganz Deutschland wurde jetzt bedeutsam, dass die großen Standesverbände die beruflichen Interessen der Ärzteschaft, anders als sie immer behauptet hatten, nie politisch neutral vertreten hatten. In Wahrheit war ihre Politik kontinuierlich gegen sozialdemokratische und sozialistische Tendenzen gerichtet gewesen.[12] Da in der Weimarer Republik viele Ärzte, vor allem jüngere jüdische Mediziner, einem liberalen und sozialdemokratischen oder sozialistischen Gedankengut oft näher standen als einer konservativ und deutschnational ausgerichteten ärztlichen Berufs- und Standespolitik[13], spielten sie dort nur eine untergeordnete Rolle. Schon 1929 hatte der verdienstvolle und einflussreiche jüdische Kinderarzt Arthur Schlossmann aus Düsseldorf „den ärztlichen Standesorganisationen unter anderem eine undemokratische Struktur vorgeworfen"[14]. Inzwischen bot das Eintreten für nationalsozialistische Positionen ärztlichen Spitzenfunktionären eine willkommene Basis, sich zu profilieren. Die stillschweigende Zustimmung der Mehrheit der von den Verbänden vertretenen Ärztinnen und Ärzte kam ihnen dabei entgegen. So wurde bereits frühzeitig, im März/April 1933, die sogenannte Gleichschaltung der Ärzteschaft als Anpassung an das NS-System vollzogen. Da ein Druck von außen kaum ausgeübt wurde, wäre es richtiger, von einer „Selbstgleichschaltung" zu sprechen.[15]

Motiviert zu dieser nicht nur taktischen Beflissenheit wurde die organisierte und sich selbst verwaltende Ärzteschaft durch zwei ideologisch belastete Themenkreise, die seit der Weimarer Zeit die öffentliche und berufsständische Diskussion bestimmten und deren Zielrichtungen sich ergänzten. Zum einen ging es unter dem gerade auch die Ärzteschaft erheblich belastenden wirtschaftlichen Druck der zwanziger und frühen dreißiger Jahre um eine „Krise des Ärztestandes", die als „Überfüllungskrise", als Überspezialisierung und Technisierung und als seelenloses Gewinnstreben charakterisiert wurde. In konservativen Kreisen kursierte das Wort von der Gefahr einer geistigen und materiellen Proletarisierung der Ärzteschaft. Zum anderen waren diese Vorstellungen weitgehend deckungsgleich mit der zunehmenden Agitation gegen die zumeist hoch angesehenen jüdischen Ärzte, abzulesen gleichermaßen aus der ärztlichen Standespresse wie aus der allgemeinen Propaganda. Die Polemik richtete sich sowohl gegen ihre große Zahl, die besonders in den Großstädten bis zu einem Drittel, manchmal bis fast zur Hälfte des Ärztestandes (Berlin) betrug, als auch gegen die im Vergleich mit der Gesamtärzteschaft überproportional vielen jüdischen Fachärzte, denen man überspezialisierte technisierte Denk- und Handlungsweisen unterstellte, ganz abgesehen von dem traditionellen antijüdischen Vorwurf der Gewinnsucht und des unkollegialen Geschäftsgeistes. Ein weiterer Konflikt, bei dem es um Fragen wie Antikonzeptions- und Schwangerschaftsberatung ging, hatte sich an der Unterstützung von Sexualberatungsstellen durch zumeist sozialdemokratisch orientierte jüdische Ärzte entzündet. Auch auf diesem Gebiet agitierte die ärztliche Standespresse antisemitisch, es wurde von „sexuellem Bolschewismus" und der „verkommenen Sexualmoral der Juden" gesprochen.[16]

Anfang April 1933 verkündete Gerhard Wagner einen weiteren Schritt zur Ausschaltung der jüdischen Ärzteschaft. Danach sollten „in Zukunft keine jüdischen Ärzte mehr zur kassenärztlichen Tätigkeit zugelassen werden" und künftig der Grundsatz gelten, „dass Deutsche nur von Deutschen behandelt werden"[17].

Ein kleines Beispiel aus dem ärztlichen, hier kinderärztlichen Alltag der 30er Jahre sei zitiert. Lieselotte Kahn erinnert sich 1990 an ihre eigenen Erfahrungen als jüdisches Kind im nationalsozialistisch gewordenen Deutschland: *Zu dieser Zeit erlebten wir manche Überraschungen, gute und böse, die wir in normalen Zeiten wohl nie gemacht hätten. Der Kinderarzt, der meine Schwester und mich seit unserer Geburt kannte, der uns durch all unsere Kinderkrankheiten geholfen hatte und den wir verständlicherweise sehr verehrten, wollte uns nicht mehr sehen noch mit uns sprechen. Das war schwer für uns zu verstehen, denn wir hatten uns doch nicht verändert.*[18]

Ein weiteres Zeugnis für antisemitisches Denken und Reden im offiziellen Medizinbetrieb ist eine Notiz Victor Klemperers vom 11. April 1933: *Jämmerlich der Ärztekongress in Wiesbaden! Sie danken Hitler feierlich und wiederholt als dem ‚Retter Deutschlands' – wenn auch die Rassenfrage noch nicht ganz geklärt sei, wenn auch die ‚Fremden' Wassermann, Ehrlich, Neißer Großes geleistet hätten. Es gibt unter meinen ‚Rassegenossen' in meiner nächsten Umgebung Leute, die dieses doppelte ‚Wenn' schon für eine tapfere Tat erklären, und das ist das Jämmerlichste an der Sache.*[19]

Als konkrete Grundlage der Zielvorstellungen der NS – Regierung wurde am 22. April 1933 die „Verordnung über die Zulassung von Ärzten zur Tätigkeit bei den Krankenkassen" erlassen, in deren Artikel 1 verfügt wird: *Die Tätigkeit von Kassenärzten nicht arischer Abstammung und von Kassenärzten, die sich im kommunistischem Sinne betätigt haben, wird beendet. Neuzulassungen solcher Ärzte finden nicht mehr statt.* Ausgenommen davon waren auf Antrag *Ärzte, die auf Seiten des deutschen Volkes am Weltkrieg teilgenommen hatten* oder solche, deren Väter oder Söhne im Weltkrieg gefallen waren. Dem Antrag waren Nachweise über Kampftätigkeit oder ärztliche Tätigkeit an der Front oder in einem Seuchenlazarett beizufügen.[20]

Dieser Verordnung war zwei Wochen vorher das „Gesetz zur Wiederherstellung des Berufsbeamtentums vom 7. April 1933" vorausgegangen, in dessen §3 verfügt wird: *Beamte, die nicht arischer Abstammung sind, sind in den Ruhestand zu versetzen; …*[21] Damit verloren viele jüdische Ärzte, die an Universitäten, Instituten, Gesundheitsämtern und sozialen Einrichtungen tätig waren, ihre berufliche Existenz. Geschätzt wird, dass 1145 Hochschullehrer aller Fakultäten in Deutschland entlassen wurden, davon 313 Ordinarien, 284 außerordentliche

Professoren und 322 Privatdozenten.[22] Unter den Entlassenen befanden sich, wie noch gezeigt wird, besonders viele Kinderärzte.

Anfang Mai 1933 wird Dr. Leven, wie alle Kassenärzte in Deutschland, ein vorgedrucktes Schreiben von seiner Kassenärztlichen Vereinigung erhalten haben: *Sehr geehrter Herr Kollege! In Durchführung der Verordnung über die Zulassung zur Tätigkeit bei den Krankenkassen vom 22. April 1933 haben die Kassenärztlichen Vereinigungen sofort die nötigen Feststellungen darüber zu machen, auf welche der bisher zugelassenen Kollegen und Kolleginnen die Voraussetzungen des Paragraphen 22 Abs. 2 und 3 der Zulassungsordnung zutreffen. Deshalb hat j e d e r zu den Kassen zugelassene Arzt den beiliegenden Fragebogen sofort auszufüllen und bis spätestens 15. Mai 1933 an die absendende Stelle in beiliegendem Freiumschlag zurückzusenden. [...] Wissentlich falsche oder bewusst fahrlässig gemachte Angaben [...] ziehen die schwersten berufsgerichtlichen und strafrechtlichen Strafen, eventuell Entziehung der Approbation nach sich. [...] Falls sichere Unterlagen über die Ahnen nicht zur Verfügung stehen, ist umgehend die Heiratsurkunde der Eltern bzw. Schwiegereltern [...] zu besorgen, ersatzweise die Geburts-Taufscheine der Großeltern [...]. Mit kollegialem Gruß! Die kassenärztliche Vereinigung.*[23]

Der angeführte Paragraph 22 bestimmte den Ariernachweis als Voraussetzung für die weitere Kassenzulassung. Karl Leven war einer von insgesamt 52 500 Ärzten, die Anfang 1933 in Deutschland in Klinik und Praxis tätig waren. Der Anteil „nichtarischer" Ärzte wird auf 8000 bis 9000, das heißt auf 15–17 Prozent geschätzt. Bei einem jüdischen Bevölkerungsanteil von 0,9 Prozent war die Zahl jüdischer Ärzte bezogen auf die Gesamtbevölkerung überproportional groß.[24]

Nach einer anderen Quelle gehörte Dr. Leven als niedergelassener Arzt zu den 32152 Kassenärzten, von denen 5308 (16,5 Prozent) „nichtarischer" Abstammung waren. Es wird geschätzt, dass über 2000 von ihnen ihre Kassenpraxis sofort aufgeben mussten, die zumeist von nationalsozialistisch gesinnten Jungärzten übernommen wurden.[25] Die wegen kommunistischer Betätigung von der Kassenzulassung ausgeschlossenen Ärzte traten zahlenmäßig weit hinter ihren jüdischen Kollegen zurück.

Die genaue Zahl der mit dem Frontkämpferstatus begründeten Ausnahmeanträge ist nicht bekannt. Sie wurden nicht zentral, sondern von den örtlichen Kassenärztlichen Vereinigungen bearbeitet. Regional gab es große Unterschiede in der Nutzung von Ermessensspielräumen. Abgelehnte Widersprüche und Ausnahmeanträge wurden im Reichsarbeitsministerium überprüft. In der 1997 erschienenen „Geschichte der deutschen Ärzteschaft" wurde die Durchführung der Zulassungsverordnung durch die Kassenärztlichen Vereinigungen als „eines der dunkelsten Kapitel ärztlicher Standespolitik" bezeichnet: Die Kassenärztlichen Vereinigungen und der Hartmannbund verhielten sich rigider als die staatliche Instanz des Reichsarbeitsministeriums[26], das in vielen Fällen die Beschlüsse der ärztlichen Selbstverwaltung revidierte – zu Gunsten der jüdischen Antragssteller.

Wenn auch über Karl Levens Funktion im Krieg – Soldat oder Sanitäter an der Front oder in einem Seuchenlazarett – nichts Näheres bekannt ist, so ist doch anzunehmen, dass er durch seine Teilnahme am Weltkrieg die Bedingungen erfüllte, zunächst noch weiter kassenärztlich tätig zu sein. Jedenfalls kann es als gesichert gelten, dass er einen Ausnahmeantrag gestellt hat und dass diesem auch stattgegeben wurde: Sein Name findet sich im Februar 1934 in einer amtlichen Liste über den „Ausschluss von Ärzten von der Rechnungserstattung", in welcher der Beginn der Erstattungssperre auf den 1. April 1934 festgelegt wurde. Für den Bereich Rheinprovinz sind neben Dr. Leven weitere 101 Ärztinnen und Ärzte namentlich aufgeführt. Die Stadt Düren wird nur in Verbindung mit Dr. Karl Leven genannt.[27] (Der gleichzeitig in Düren am Wirteltorplatz praktizierende jüdische Arzt Dr. Karl Marx wird ebenso wenig erwähnt wie der Hautarzt Karl Meyer, dessen Praxis sich in der Adolf-Hitler-Straße 4 befand. Vermutlich war ihnen die Kassenzulassung bereits 1933 entzogen worden oder sie hatten nur privatärztlich praktiziert.[28])

Karl Leven hat als Kriegsteilnehmer also nur ein Jahr länger als Kassenarzt praktizieren können als die Kollegen, die keinen Ausnahmeantrag stellen konnten. Am 17. Mai 1934 wurde dann allen „nichtarischen" Ärzten die Kassenzulassung entzogen, unabhängig davon, ob sie den Frontkämpferstatus, die Ehe mit einem nichtjüdischen Partner oder den Kriegstod eines nahen Verwandten geltend gemacht hatten. Die Verordnung vom 22. 04. 1933 wurde damit aufgehoben.[29]

In welchem Umfang und wie lange Dr. Leven seinen Beruf überhaupt noch ausgeübt hat, ist nicht bekannt. Belegt ist lediglich, dass er mit seiner Kinderarztpraxis in der Hohenzollernstraße 13 im Adressbuch der Stadt Düren für das Jahr 1936/37 noch erwähnt wird. Wenn er bis dahin praktiziert hat, war er einer von etwa 4200 noch in Deutschland tätigen jüdischen Ärzten, deren Zahl sich seit April 1933 praktisch halbiert hatte.[31] Zeitzeugenberichte aus Düren belegen zumindest einzelne Fälle, in denen Dr. Leven offenbar auch nach Entzug der Kassenzulassung als Kinderarzt noch gefragt war. Dabei machten, wie erwähnt, die Familien Dürener Parteigrößen keine Ausnahme.

Formal wäre das Weiterführen der Praxis für ihn durch zunächst noch bis 1. Januar 1938 bestehende Verträge mit den Ersatzkassen und durch die Behandlung von selbstzahlenden privaten jüdischen Patienten möglich gewesen. „Deutschstämmige" Versicherte von Privatkassen hatten schon seit Mai 1935 keinen Anspruch mehr auf Erstattung ihrer Arztrechnung, wenn sie von einem jüdischen Arzt oder Ärztin stammte. Abgesehen davon, dass Dr. Leven seine Kinderarztpraxis nicht mehr wirtschaftlich weiterführen konnte, wäre er, wie alle seine jüdischen Kollegen, vielerlei Einschränkungen und Demütigungen unterworfen worden. Nach dem Gesetz über Ehrenämter vom 18. Mai 1933 verloren die von den Kassen ausgeschlossenen „nichtarischen" Ärzte ihren Sitz in Ausschüssen und berufspolitischen Gremien sowie ihre Funktionen als Gutachter und Vertrauensärzte.[32] Schlimmer für ihre Patienten und für sie selbst war, dass sie ab Juli/August 1933 auch nicht mehr als Konsiliarärzte zugezogen werden durften und es ihnen verwehrt war, ihrerseits bei schwierigen Fällen den Rat nichtjüdischer Kollegen einzuholen. Gegenseitige Vertretungen von jüdischen und nichtjüdischen Ärzten waren jetzt ebenso untersagt wie wechselseitige Überweisungen. Die Teilnahme an Fortbildungsveranstaltungen und Kongressen wurde verboten, bereits vorgesehene jüdische Referenten wurden wieder ausgeladen. Für weitere Restriktionen hatte ein Abkommen zwischen dem Hartmannbund und den Privatkassen gesorgt. Ausnahmen galten zunächst noch für jüdische Patienten. Zum 1. Januar 1938 entzog die Kassenärztliche Vereinigung Deutschlands allen jüdischen Ärzten die Zulassung nun auch zu den Ersatzkassen.[33] Die Vertreibung in ein berufliches und gesellschaftliches Ghetto wurde immer perfekter durchorganisiert. Wenn viele Patienten dennoch in vertrauensvoller Anhänglichkeit ihren jüdischen Ärzten in den ersten Monaten und Jahren noch die Treue hielten, so wurde auch ein widerstandsfähiges und belastbares Patient-Arzt-Verhältnis immer schwerer belastet.

Die Reichsärzteordnung vom 13. Dezember 1935, deren Paragraph 19 die Verpflichtung hervorhob, „für die Erhaltung und Hebung der Gesundheit, des Erbgutes und der Rasse des deutschen Volkes" zu wirken, hatte zur Folge, dass jüdischen Medizinstudenten künftig die Approbation verwehrt wurde, während ältere Bestallungen vorläufig noch bestehen blieben.[34]

Die legalisierte Vertreibung aus dem Berufsleben fand in den wissenschaftlichen und berufspolitischen medizinischen Fachgesellschaften ihre Entsprechung. Leider sind viele Akten, wie Mitgliederlisten, in Kriegs- und Nachkriegszeiten verloren gegangen oder nur unvollständig erhalten. Aber auch wenn es nicht gelang, eine Mitgliedschaft Dr. Levens in den beiden damals wie heute existierenden kinderärztlichen Gesellschaften nachzuweisen, so ist es doch aufschlussreich zu erfahren, wie man dort mit den jüdischen Mitgliedern umging.

Auch eine wissenschaftliche Vereinigung, deren politisch unbedeutend erscheinender Zweck die „gegenseitige wissenschaftliche Anregung auf dem Gebiet der Kinderheilkunde" und „die Förderung der speziellen Interessen dieses Faches" ist, wird in einem diktatorischen Staat dem Interesse des Regimes unterworfen oder passt sich ihm, vorsorglich taktierend, an. Die „Vereinigung rheinisch-westfälischer Kinderärzte", 1900 auf Initiative von sechs rheinischen Pädiatern gegründet, geriet, wie andere wissenschaftliche Fachvereinigungen auch, im NS-Staat schon früh unter politischen Druck. 1933 sah man sich zu einer Satzungsänderung veranlasst, die eine „Arierklausel" enthielt. Nun mussten Bewerber von zwei „deutschstämmigen Mitgliedern" empfohlen werden und der Vorstand durfte nur noch aus ebensolchen Mitgliedern bestehen.[35]

Nach der Praxisgründung in Düren hätte Dr. Leven als wissenschaftlich interessierter und praktisch tätiger Kinderarzt die zwei- bis dreimal jährlich stattfindenden Sitzungen zunächst noch besuchen können. Von einem Aufnahmeantrag dürfte er aber spätestens nach Einführung der neuen Regelungen Abstand genommen haben. Für 16 jüdische Mitglieder war die Satzungsänderung nicht hinnehmbar. Sie erklärten ihren Austritt. Die Mehrheit der jüdischen Kolleginnen und Kollegen blieb jedoch zunächst in der Vereinigung.

Der vierköpfige Vorstand war schon vor der Satzungsänderung von 1933 in eine schwierige Situation geraten: Seit 1932 setzte er sich aus drei jüdischen Kinderärzten und dem nichtjüdischen Professor Hans Kleinschmidt, Direktor der Universitätskinderklinik Köln, als zweitem Vorsitzenden zusammen. Die anderen Vorstandsmitglieder waren der Remscheider Stadt-Medizinalrat Doz. Dr. Erich Aschenheim als erster Vorsitzender; Prof. Dr. Albert Eckstein, seit 1932 Ordinarius und Direktor der Kinderklinik der Medizinischen Akademie Düsseldorf, als Schriftführer; der in freier Praxis in Düsseldorf niedergelassene Kinderarzt Dr. Julius Weyl, seit 1906 als Kassenwart ehrenamtlich tätig, wie seine Kollegen.[36]

Ein Blick auf das Schicksal der drei jüdischen Vorstandsmitglieder in den folgenden Jahren zeigt die Vertreibung, Verfolgung und Vernichtung, der sie ausgesetzt waren. Ihren Leidensweg werden alle jüdischen Kinderärzte in Deutschland mit unerbittlicher Gleichförmigkeit, modifiziert durch ihre berufliche Positionen, in den nächsten Jahren zu gehen haben. Er soll, stellvertretend für viele, kurz geschildert werden.

Erich Aschenheim (1882–1941), Stadt-Medizinalrat und niedergelassener Kinderarzt in Remscheid, Alleestraße 85, wird 1933 von seiner Dozentur an der Sozialhygienischen Akademie Düsseldorf beurlaubt und ein Jahr später entlassen. Der Versuch der Emigration misslingt. Er lässt sich als praktischer Arzt in Krailling in Oberbayern nieder und muss seine Praxis dort nach Entzug der Approbation 1938 aufgeben. Am 10. 11. 1938 wird er im Zusammenhang mit der Pogromnacht „auf Grund der allgemeinen Aktion" in München verhaftet und nach Düsseldorf gebracht, wo er zwölf Tage im Polizeigefängnis verbleibt. Nach der Entlassung kehrt er nach Krailling zurück. Am 4. Mai 1941 begeht Erich Aschenheim Selbstmord.[37]

Albert Eckstein (1891–1950), Professor und Ordinarius für Kinderheilkunde und Nachfolger von Arthur Schlossmann in Düsseldorf, gerät in „erhebliche Konflikte mit der Düsseldorfer Stadt- und Klinkverwaltung, der NS-Studentenschaft und Mitarbeitern". 1934 wird ihm die Lehrerlaubnis entzogen. Die Entlassung aus dem Amt des Klinkdirektors wird zum 1. 7. 1935 ausgesprochen. Professor Eckstein emigriert in die Türkei, wo er von 1935 bis 1950 die Kinderklinik in Ankara leitet, die er zu einem Modellkrankenhaus macht und die 1945 unter seiner Führung Universitätsklinik wird. Damit erhält Professor Eckstein wieder ein Ordinariat. Er entwickelt umfangreiche Programme zur Bekämpfung der Säuglingssterblichkeit in der Türkei und wird Berater der Regierung für die Gesundheitsfürsorge des Landes. 1948 wird er „Ehrenbürger der Medizinischen Akademie Düsseldorf". 1950 nimmt er einen Ruf an die Universität Hamburg an. Im gleichen Jahr, kurz nach Dienstantritt, verstirbt der erst 59-jährige Albert Eckstein plötzlich bei einem Sonntagsausflug.[38]

Julius Weyl (1874–1942) ist laut Adressbuch bis Mai 1938 in Düsseldorf, Schadowstraße 58, als Kinderarzt niedergelassen. Zu Beginn der dreißiger Jahre arbeiten in Düsseldorf 29 Pädiater, 14 von ihnen sind Juden, von denen elf emigrieren. Weyl geht 1938 nach Paris, wo er am 19.9.1942 verhaftet und in das Lager in Drancy gebracht wird. Von dort wird er nach Auschwitz deportiert. Er überlebt die KZ-Haft nicht.[39]

Die Geschichte der Deutschen Gesellschaft für Kinderheilkunde als der größten kinderärztlichen Fachgesellschaft in der Zeit des Nationalsozialismus, ist genauer untersucht worden.[40] Sie hatte sich im Juli 1933 durch den Beitritt zur „Reichszentrale für Gesundheitsführung" und zur „Reichsarbeitsgemeinschaft für Mutter und Kind" selbst „gleichgeschaltet". Man hoffte dadurch, „in Zukunft die Interessen der Kinderheilkunde in einem dafür aufgeschlossenen Staat mit stärkerem Einfluss vertreten zu können"[41]. Anders als die Vereinigung Rheinisch-westfälischer Kinderärzte hatte die Deutsche Gesellschaft für Kinderheilkunde das Verhältnis zu ihren nichtarischen Kolleginnen und Kollegen nicht mit einem satzungsgemäßen Arierparagrafen belastet. Dennoch stand sie in getreuer Gefolgschaft zur offiziellen Judenpolitik, die bereits ab 1933 viele jüdische Mitglieder zum Austritt veranlasst hatte. Im August 1933 ordnete das

Reichsministerium des Inneren die Entfernung von „Judenstämmlingen" aus dem Vorstand an, was die Deutsche Gesellschaft für Kinderheilkunde veranlasste, dem stellvertretenden Vorsitzenden, Professor Walter Freund, den „freiwilligen" Rücktritt vom Amt nahe zu legen. Im Januar 1936 schreibt der damalige Schriftführer Fritz Goebel an den Vorsitzenden Hans Rietschel: *Wie zu erwarten, sind eine Anzahl von nichtarischen Austritten erfolgt und ich glaube, dass wir bald rein arisch sein werden. Diesen Weg der freiwilligen Selbstaustritte finde ich viel glücklicher, als wenn wir irgendeinen Druck ausgeübt hätten.*[42] Die Deutsche Gesellschaft für Kinderheilkunde hatte 1932/33 672 deutsche Mitglieder, von denen über ein Drittel (241) jüdisch waren. In den Jahren 1933–1938 erklärten 179 von ihnen „freiwillig" ihren Austritt.

Von Thomas Lennert, zu Beginn meiner Recherchen für das Archiv der Deutschen Gesellschaft für Kinderheilkunde in Berlin zuständig, erfahre ich, dass Karl Leven zumindest in dem Zeitraum von 1927 bis 1938 nicht Mitglied der Deutschen Gesellschaft für Kinderheilkunde gewesen ist.[43] Damit entsprach Dr. Leven dem größeren Teil der jüdischen deutschen Pädiater. Das Binnenklima war offenbar nicht dazu angetan, jüdische Kinderärzte mehrheitlich für eine Mitgliedschaft zu erwärmen. Schon von 1926 an finden sich in den Akten des Schriftführers Fritz Goebel „viele besorgte Hinweise", es gebe „zu viele jüdische Referenten" auf den Jahrestagungen und auch unter den Mitgliedern eine „Unmenge Juden". Es trifft zwar zu, dass viele hoch qualifizierte jüdische Wissenschaftler, die sich auch standespolitisch engagierten, bei den Kongressen eine wichtige Rolle spielten, aber ebenso richtig ist, dass das Gros der niedergelassenen jüdischen Kinderärzte dort nicht anzutreffen war.

Abgesehen von dem antisemitischen Verhalten der medizinischen Fachgesellschaften, war das eigentliche Ziel der gesetzlichen und administrativen Maßnahmen die vollständige Ausschaltung aller jüdischen Ärzte aus dem Gesundheitswesen. Der nächste Schritt wurde am 14. Juni 1937 eingeleitet. Gerhard Wagner drängte bei Hitler im Beisein von Martin Bormann darauf, *den Ärztestand von Juden zu befreien.* Hitler bezeichnete diese „Bereinigung" als „außerordentlich notwendig" und dringlicher als die des „Beamtenkörpers", da die Ärzte „volksführende Aufgaben" zu übernehmen hätten. Er wandte sich auch dagegen, „dass weiterhin jüdische Ärzte entsprechend dem Anteil der jüdischen Bevölkerung zugelassen würden" und gab Auftrag, den Approbationsentzug vorzubereiten.[44]

Ein Jahr später, Ende Juli 1938, wurden die noch in Deutschland verbliebenen 3151 jüdischen Kolleginnen und Kollegen (von knapp 8000 im Jahr 1933) offiziell von der Aberkennung ihrer ärztlichen Approbation in Kenntnis gesetzt. Grundlage dafür war die vierte Verordnung zum Reichsbürgergesetz vom 25. Juli 1938. Sie wurde zum 30. September 1938 wirksam und bedeutete das endgültige Verbot, weiter als Arzt tätig zu sein.[45]

Das galt auch für Dr. Karl Leven. Seiner Karteikarte aus dem Reichsarztregister ist der 1.8.1922 als Datum der „Bestallung" (Approbation) zu entnehmen. In der Rubrik „Abstammung" ist handschriftlich „Jude" eingetragen. Im Feld „Austritt am:" findet sich der Stempeleintrag: „Bestallung erloschen 30.9.38". Auf der Rückseite des Karteiblattes ist der Eintrag durchgestrichen, der sich auf Dr. Levens Kassenzulassung bezieht: als Ort des Kassenarztsitzes „Düren", als Fachgebiet „Kinder", als Datum der Zulassung „laut RVO" [Reichsversicherungsordnung] 29.10.32 und dahinter der handschriftliche Vermerk „ausgeschlossen lt. RAM [Reichsarbeitsminister] 1.7.38".[46]

Die Konsequenzen zog auch der Schriftführer der Deutschen Gesellschaft für Kinderheilkunde und strich am 30. 9. 1938 die noch verbliebenen 57 Kinderärztinnen oder -ärzte aus der Mitgliederliste. Da die jüdischen Pädiater keine Ärzte mehr waren, folgte man damit der Logik des NS-Staates.

Als Ausnahmen und auf Widerruf waren am 1. Oktober 1938 noch 709 „Krankenbehandler" zugelassen. Sie durften ausschließlich jüdische Patienten behandeln. Das Vorschlagsrecht für diese ausdrücklich nicht mehr ärztliche Tätigkeit lag zunächst bei den örtlichen Ärztekammern, wurde aber bald der Reichsvertretung der Juden in Deutschland übertragen. Die Festlegung erfolgte durch die Reichsärztekammer und das Reichsinnenministerium.[47] Ihre Zahl sollte sich nach dem Anteil der Juden an der Gesamtbevölkerung richten, ohne dass auch nur annähernd von einer wirksamen flächendeckenden ärztlichen Versorgung der jüdischen Bevölkerung die Rede sein konnte.[48] So waren etwa für ein 100 000 qkm großes Gebiet, das Mecklenburg, Pommern, Ostpreußen, Schleswig-Holstein und Lübeck umfasste, nach der Neuordnung nur noch zwei jüdische Ärzte statt 92 zu Beginn des Jahres 1938 zugelassen.[49] Aber auch die Zahl dieser „Krankenbehandler" verkleinerte sich rapide, so dass bereits am 1. Dezember 1938 nur noch 285 von ihnen registriert waren. Einer von ihnen war, laut einer später erwähnten Quelle, Dr. Karl Leven.[50] (Ein entsprechender Eintrag fehlt allerdings in der Karteikarte des Reichsarztregisters.) Außer in Berlin, wo die „Krankenbehandler" ihre Praxisräume weiter nutzen konnten, wurden sie angewiesen, sich in bestimmte Krankenhäuser oder Räumlichkeiten jüdischer Gemeinden zurückzuziehen.[51] So war beispielsweise in Bonn, wo es kein jüdisches Krankenhaus gab, Dr. Arthur Samuel gezwungen, seine Praxis für jüdische Patienten in der Bonner Synagoge zu betreiben. Instrumente und Praxismobiliar verbrannten mit der Synagoge in der Pogromnacht.[52]

Ab wann Dr. Leven als „Krankenbehandler" praktizierte, ist nicht mehr zu erfahren. Möglicherweise hat er, wie seine Nichte Ruth Shiers sich zu erinnern glaubte, dafür einen Raum der israelitischen Volksschule neben der Synagoge an der Dürener Schützenstraße genutzt, die er als Kind besucht hatte. Nach mündlichen Angaben verschiedener Gesprächspartner hieß es, dass Dr. Leven Düren „schon früh" verlassen habe. Eine Dokumentation dazu liegt nicht vor. Dass er an seine alte Wirkungsstätte, das Israelitische Asyl für Kranke und Altersschwache in Köln-Ehrenfeld, zurückkehrte, ist lediglich eine von einem meiner Gesprächspartner geäußerte Vermutung. Gesichert ist dagegen, wie noch gezeigt wird, seine Funktion als jüdischer Krankenbehandler im Aachener Ghetto in der Euskirchener Straße.

Ein weiterer Schritt zur Demütigung Dr. Levens und seiner noch in Deutschland lebenden jüdischen Kolleginnen und Kollegen wurde auf Initiative der Reichsärztekammer betrieben. Mit Schreiben vom 3. Oktober 1938 an die Reichsministerien für Justiz und Erziehung empfahl die Kammer, dass „diesen Juden baldmöglichst der Doktortitel entzogen" werden sollte. Die angeschriebenen Ministerien schlugen daraufhin dem Reichsinnenminister vor, nicht nur den Ärzten, sondern allen Juden per Gesetz sämtliche Titel und akademischen Grade abzuerkennen. Diese Initiative der höchsten Repräsentanten der Ärzteschaft wurde nicht mehr wirksam: Die Angelegenheit wurde nach dem Novemberpogrom 1938 vertagt und später nicht mehr aufgenommen.[53]

Von den 8000 bis 9000 „nichtarischen" Ärzten, die am 1. April 1933 in Deutschland lebten und arbeiteten, waren bis zum 1. Juli 1934 etwa 1500 ausgewandert und 500 hatten ihren Beruf gewechselt. Bis Ende 1934 war die Zahl jüdischer Ärzte auf 6000 und bis Ende 1935 weiter bis auf 5000 zurückgegangen. Ende 1936 lebten noch 3300 jüdische Ärzte in Deutschland.[54] Wie viele von ihnen Deutschland noch verlassen konnten, bevor am 23. Oktober 1941 ein generelles Emigrationsverbot „für die Dauer des Krieges" ausgesprochen wurde, ist nicht bekannt.

Durch den Verlust der beruflichen Existenz gerieten die jüdischen Arztfamilien in große wirtschaftliche Not. Manche Ärzte und Ärztinnen übernahmen nichtärztliche Aufgaben in der jüdischen Gesundheitsfürsorge, nachdem sich einige in verwandte Berufe wie Krankenschwestern und Pfleger, Masseure, Krankengymnastinnen oder Hebammen hatten umschulen lassen.

Die immer aussichtsloser werdende Lage trieb schon vor der Zeit der Massendeportationen viele Verzweifelte in den Selbstmord, besonders zur Zeit des „Judenboykotts" im April 1933 und des Novemberpogroms 1938. Die meisten waren betagt: Das Durchschnittsalter lag bei 65 Jahren, und meist waren es Menschen, die stark akkulturiert waren. Sie hatten fest an die dauerhafte Möglichkeit eines Zusammenlebens mit der nichtjüdischen Bevölkerungsmehrheit geglaubt. Zu denen, die keinen anderen Ausweg mehr sahen, gehörte der schon genannte Dürener Arzt Dr. Karl Marx, der am 16. März 1940 im Alter von 59 Jahren in den Freitod ging.[55]

Über die Zahl der jüdischen Ärzte, die deportiert und Opfer der Vernichtungslager wurden, sind keine verlässlichen Angaben zu erhalten. Bisher sind hierzu lediglich für einzelne Fachgebiete, wie für die Pädiatrie und die Dermatologie annähernd gesicherte Daten erhoben worden.[56] Nur vereinzelt überlebten jüdische Ärztinnen und Ärzte die Konzentrationslager. Über das Schicksal der jüdischen Pädiater gibt ein späteres Kapitel Auskunft.

In den sechs Jahren von 1933 bis 1939 sind in Deutschland über 95 Prozent der jüdischen Ärzte beruflich ausgeschaltet worden.[57] Diese Zahl korrespondiert mit den Anfang 1933 arbeitslosen 10 Prozent der „arischen" Ärzte. Diese waren nämlich im gleichen Zeitraum durch die Entrechtung und Verdrängung ihrer jüdischen Kolleginnen und Kollegen in Brot und Stellung gekommen.[58] Welche Folgen der Verlust der jüdischen Ärzteschaft für die von ihnen betreuten und behandelten kranken Menschen in Deutschland hatte, lässt sich nicht ermessen. Was hat es – etwa in Berlin – für kranke Kinder und ihre Familien bedeutet, wenn sie „ihren" Kinderarzt nicht mehr aufsuchen oder um einen Hausbesuch bitten konnten? Bereits am 22. April 1933 hatten dort die 221 jüdischen Kinderärztinnen und –ärzte (von insgesamt 264 Pädiatern) ihre Kassenzulassung verloren.[59] Dazu kommt ein nicht abschätzbarer Verlust an wissenschaftlicher Kompetenz, der die medizinische Forschung in Deutschland noch Jahrzehnte lang belasten sollte. Beispielhaft sei nur die Berliner Charité genannt. Sie entließ in der NS-Zeit 138 jüdische Dozenten. Schon im Spätsommer 1933 waren 235 Hochschullehrer der Medizin und Biologie aus Deutschland vertrieben worden.[60]

Wenn man das Schicksal der jüdischen Ärzte untersucht, dann soll ein Blick auf ihre nichtjüdischen Kolleginnen und Kollegen nicht fehlen. Fast siebzig Prozent von ihnen waren, wenn man die Mitglied- und Anwartschaften in allen NS-Organisationen berücksichtigt, in irgendeiner Form an das ‚Dritte Reich' gebunden. Die Hälfte (49,9 Prozent) der männlichen Ärzte gehörten der NSDAP an. (Bei Lehrern und Juristen lag diese Zahl bei 25 Prozent.) Eine Mitgliedschaft bei der SA bestand bei 26 Prozent der Ärzte (Lehrer: 11 Prozent). Während 7,2 Prozent der Ärzte zur SS gehörten, traf das für 0,4 Prozent der Lehrer zu. In Aachen, als der für Dr. Levens Wohnort Düren zuständigen Bezirksvertretung der Reichsärztekammer, lagen diese Zahlen noch höher. Hier war für Januar 1944 eine NS-Bindung der Ärzteschaft von 76,3 Prozent festzustellen.[61] Wenn zu Beginn der NS-Zeit der Ärztestand in hämischer Weise als „so verjudet" bezeichnet wurde wie „kein anderer Stand", so ist wenig später objektiv festzustellen, dass die Ärzteschaft in einem Maße zu einem Teil des NS-Staates geworden war, das alle anderen akademischen Berufsstände übertraf.

18
Zeitsprung: Oktober 1998 / Mai 2000. Gedenken in Dresden und Jerusalem.

Am 3. Oktober 1998 singt Salomon Almekias-Siegl, Landesrabbiner des Freistaates Sachsen, das El male rachamim, das zu jüdischen Trauerfeiern gesprochene Gebet: *Erbarmungsvoller Gott, in den Höhen thronend, gewähre vollkommene Ruhe unter den Fittichen Deiner göttlichen Gegenwart in der Erhabenheit der Heiligen und Reinen, die im himmlischen Glanz leuchten, allen sechs Millionen Juden, den Opfern der Schoa in Europa, die zur Heiligung des göttlichen Namens ermordet, hingeschlachtet oder verbrannt und vernichtet wurden in Auschwitz, Bergen-Belsen, Majdanek, Treblinka und in den übrigen Vernichtungslagern. Die ganze Gemeinde betet für die Erhebung ihrer Seelen.* [...]

Im Schauspielhaus Dresden hat sich während der 94. Jahrestagung der Deutschen Gesellschaft für Kinderheilkunde und Jugendmedizin eine große Zahl von Kinderärztinnen und Kinderärzten zusammengefunden, um in Gegenwart von Überlebenden des Holocaust und von Nachkommen aus Deutschland vertriebener Pädiater ihrer verfolgten, emigrierten und ermordeten Kolleginnen und Kollegen zu gedenken.[1] Es ist wie ein aus der Vergangenheit hervorgeholtes Menetekel: Die deutschsprachigen Teilnehmer, die sich in tiefem Schweigen erhoben haben, können in dem hebräisch gesungenen Text nur wenige Worte verstehen: die Namen der Todeslager.

Die Gesellschaft der deutschen Kinderärzte hatte 1995 beschlossen, durch ihre historische Kommission eine Dokumentation der von der nationalsozialistischen Gesetzgebung betroffenen Kinderärztinnen und Kinderärzte erarbeiten zu lassen. Die Ergebnisse wurden auf der Dresdener Tagung durch den damit beauftragten Medizinhistoriker und Kinderarzt Professor Eduard Seidler vorgestellt. In der Gedenkstunde, die auch dazu dienen sollte, daran zu „erinnern, dass nur eine redliche historische Aufklärung die Auseinandersetzung mit dem Unbegreiflichen wach halten kann", wurde eine Erklärung des Vorstandes verlesen:

Die Deutsche Gesellschaft für Kinderheilkunde hat in der Zeit des Nationalsozialismus Schuld auf sich geladen. Herausragende Fachvertreter haben sich der verhängnisvollen Doktrin der „Rasseneinheit" und der völkischen Gesundheitspolitik der nationalsozialistischen Jugendführung zur Verfügung gestellt. Die Mehrzahl der deutschen Kinderärztinnen und Kinderärzte jener Generation hat die Zerstörung der Existenz von über 700 jüdischen oder politisch missliebigen Kolleginnen und Kollegen widerstandslos geduldet. Sie und auch die Angehörigen der unmittelbaren Nachkriegsgeneration haben dazu geschwiegen. Dies öffentlich festzustellen und zu bedauern, aber vor allem die Erinnerung an die Schicksale unserer politisch verfolgten, vertriebenen und ermordeten Kolleginnen und Kollegen für zukünftige Generationen wach zu halten, ist das besondere Anliegen dieser Gedenkstunde.[2]

Die in Dresden von Eduard Seidler mitgeteilten Ergebnisse der historischen Recherche sind später aktualisiert worden.[3] Es liegt auf der Hand, dass sie nie abgeschlossen werden können. Die bis zum 1. Februar 2000 erhobenen Zahlen sollen hier in der im selben Jahr publizierten Fassung zusammengefasst wiedergegeben werden.[4]

Von den 1933 in Deutschland, Wien und in einer Stichprobe aus Prag registrierten 1384 Kinderärztinnen und -ärzten wurden 744 wegen ihrer jüdischen Herkunft im Sinne der Nürnberger Rassengesetze bzw. aus politischen Gründen verfolgt. Somit war deutlich mehr als die Hälfte, und damit weit mehr als in jeder anderen medizinischen Fachdisziplin, jüdischer Abstammung.[5] Von den verfolgten Pädiatern waren 238 Frauen. 629 der 744 Einzelschicksale konnten – bis zum Februar 2000 – geklärt werden. 464 flohen aus Deutschland in ein aufnahmebereites Emigrationsland. In fallender Reihenfolge waren das USA, Palästina, England; in der Statistik folgen viele andere Länder mit kleineren Aufnahmezahlen.⁶ 71 Kinderärztinnen und Kinderärzte wurden deportiert. Dr. Karl Leven war einer von 58 Kinderärzten, die ermordet wurden. 13 überlebten die Konzentrationslager. (Nur fünf von den 32 nach Auschwitz Deportierten gehörten zu den Überlebenden und nur ein Pädiater von 14 Kinderärztinnen und Kinderärzten überlebte das Konzentrationslager Theresienstadt.) Selbstmord begingen 27 Kinderärztinnen und -ärzte, 39 verstarben aus anderen Gründen. 117 Schicksale blieben ungeklärt.

Die Gedenkstunde in Dresden war von Trauer und tiefem Ernst geprägt. Worte der Rechtfertigung oder einer Relativierung von Schuld waren nicht zu vernehmen. Der Wiedergabe des erschütternden Streichquartetts Nr. 8, op. 110 von Dimitri Schostakowitsch konnte sich niemand entziehen. Das nach dem Krieg komponierte Werk ist „dem Gedächtnis der Opfer des Faschismus und des Krieges" gewidmet. Es wurde von einem Quartett von Kinderärzten gespielt.⁷

Während der Feierstunde wurden die Namen aller verfolgten jüdischen Kollegen und Kolleginnen mit einem stehenden Bild projiziert. Es war ein Versehen, dass der Name von Karl Leven dabei fehlte. So wurde er in die Ansprache aufgenommen, in der Professor Seidler die Ergebnisse seiner jahrelangen Suche nach den Schicksalen der jüdischen Kollegenschaft vorstellte: *[...] und wir kennen bisher 63 Kinderärztinnen und Kinderärzte, die den Weg in die Vernichtungslager des Ostens antreten mussten. Oft hatten sie dabei Kinder an der Hand – ihre eigenen, wie die Kinderärztinnen Alice Neumark aus Mannheim und Hertha Shgaller aus Breslau oder die Familie des Kollegen Leven aus Düren mit ihrem Neugeborenen; auch wird berichtet, dass ihnen auf dem Transport oder im Lager Kinder anvertraut wurden, die mit ihnen in den Tod gingen [...].*⁸

In dieser Stunde war, vielleicht deutlicher als früher, eine Gemeinschaft der Opfer sichtbar geworden. So verdienstvoll und notwendig es auch war, die genannten, mühsam erarbeiteten Zahlen öffentlich zu machen, so sehr wurde auch deutlich – besonders durch Erfahrungsberichte von Nachkommen emigrierter Kinderärzte, die in Dresden zu Wort kamen, – dass jedes Opfer des NS-Terrors auf seinem jeweils ganz eigenen Leidensweg gedemütigt, erniedrigt, verfolgt und vertrieben wurde und dass für viele erst der gewaltsame Tod ihr Leiden beendete. Mein Vorhaben, über den Lebens- und Leidensweg meines Dürener Kollegen so genau wie nur irgend möglich zu berichten, erhielt in dieser Stunde einen weiteren Anstoß.

Anderthalb Jahre nach der Gedenkstunde in Dresden, im Mai 2000, traf ich in Jerusalem mit Marianne Gerstenfeld-Schwarz zusammen. Wir waren miteinander verabredet, nachdem Regina Müller, die viele Daten über die früher im Kreis Düren lebenden jüdischen Familien gesammelt und veröffentlicht hatte[9] und mit der ich immer wieder im Gedankenaustausch gewesen war, die Bekanntschaft hergestellt hatte. Marianne Gerstenfeld hatte eines meiner Vortragsmanuskripte über Karl Leven gelesen und war bereit, mich durch Yad Vashem, die Gedenkstätte in Israel zur Erinnerung an die Verfolgung und Ermordung der Juden durch die Nationalsozialisten, zu führen.[10]

Es war ein Zufall, dass ich bei einem Gespräch vor dieser Israelreise von der engen Freundschaft zwischen Marianne Gerstenfeld und Ruth Lachs, Werner Lachs'[11] Ehefrau, erfuhr. So war bei der Spurensuche nach Familie Leven unerwartet ein Verbindungsstrang zwischen Jerusalem, Prestwich/Manchester und Düren entstanden.

Die Familie von Marianne Schwarz, so ihr Mädchenname, stammte aus dem kleinen Ort Müddersheim bei Düren. Marianne Schwarz lebte vor ihrer Deportation in Amsterdam. Als Kind überlebte sie das Konzentrationslager Bergen-Belsen. Seit langem lebt sie mit ihrem Mann, Dr. Manfred Gerstenfeld, und ihrer Familie in Jerusalem. Als Überlebende hat sie sich in den Dienst des Bildungszentrums von Yad Vashem gestellt. Sie engagiert sich dort in pädagogischen Programmen mit der Wissensvermittlung für Lehrer und

Jerusalem, Gedenkstätte Yad Vashem, „Tal der zerstörten Gemeinden"

andere Multiplikatoren über den Holocaust und ist Gesprächspartnerin von ausgewählten Besuchern und Gruppen. So ergab sich auch die Möglichkeit, im Dokumentationszentrum der Gedenkstätte nach weiteren Lebensspuren von Karl Leven und seiner Familie zu fahnden.

Vorher hatten wir beim Gang über den Gedenkhügel am Herzl-Berg das Tal der zerstörten Gemeinden besucht, ein beklemmendes Labyrinth aus grob behauenen, hoch aufgetürmten Blöcken aus hellem Felsgestein. Auch die jüdische Gemeinde von Düren, deren Namen wir nach einigem Suchen in der brütenden Hitze schließlich fanden, hat hier ihren Ort des Gedenkens. Wie alle Namen der fünftausend ausgelöschten jüdischen Gemeinden Europas wurde auch der Name von Karl Levens Heimatstadt in die Steinplatten zwischen den Felsquadern eingemeißelt.

Hoch über dem Tal, frei auf Gleisen schwebend, steht ein Güterwaggon der Deutschen Reichsbahn. Er symbolisiert die in ihrer Zahl bis heute nicht genau bekannten Deportationszüge aus Deutschland und aus den besetzten Ländern Europas in die Konzentrations- und Vernichtungslager.

Im Mittelpunkt der Gedenkstätte steht die Halle der Erinnerung. Auf fensterlosen Wänden, aufgeschichtet aus riesigen Basaltplatten, liegt eine schwere Betonplatte. Im schwachen Licht einer ewigen Flamme lässt sich auf dem Boden in hebräischer und lateinischer Schrift das Wort Sobibor lesen. Es steht neben all den anderen Namen der Vernichtungslager. Es war still in der Halle, das Schweigen lastete noch lange auf uns.

Am 18. Mai 2003 jährte sich zum fünfzigsten Mal die Verabschiedung des Gesetzes über die Gründung der nationalen Gedenkstätte Yad Vashem durch die Knesseth.[12] Von Anfang an war es ihre Aufgabe, sich auch der historischen Forschung zu widmen. So ist ein umfangreiches Dokumentationszentrum entstanden. Bei der Suche im Archiv nach mir bis dahin unbekannten Daten und Fakten über das Leben und Sterben der Familie Leven bekomme ich eine Anzahl von Gedenkblättern ausgehändigt. Sie tragen die Namen und Daten, die ich aus den von mir zu Rate gezogenen Dokumenten und Publikationen kenne. So wie das Leben Karl Levens und seiner Familie ausgelöscht wurde, so finden sich auch an dieser Stelle nur noch Spuren der Geschichte ihres Lebens und Leidens.

19

Brennende Synagoge. Brennende Praxismöbel.

Bevor der Nationalsozialismus die Schwelle zur Vernichtung der europäischen Judenheit überschritt, kam es in der Nacht vom 9. zum 10. November 1938 auch in Düren zu einem erschreckenden Höhepunkt des Judenhasses.

Das Raffinement der Inszenierung, durch die einerseits die auf ganz Deutschland ausgedehnte Koordination brutaler antijüdischer Aktionen veranlasst wurde ohne andererseits die zentrale Beteiligung von Organen der Reichsregierung, Parteiführung und SA öffentlich zu machen, kann hier nicht nachgezeichnet werden. An detaillierten historischen Analysen herrscht kein Mangel. Es ist schon früh erkannt worden, dass die „spontanen" Rachereaktionen auf den Mord an dem deutschen Diplomaten Ernst vom Rath in Paris durch Herschel Grünspan, einem siebzehn Jahre alten Juden polnischer Abstammung, nicht ohne übergeordnete Steuerung und Lenkung möglich gewesen sein können. Die Propaganda hatte die antijüdische Stimmung schon lange so angeheizt, dass das auch im Ausland nicht verborgen geblieben war. So notierte in London die TIMES am 9. November 1938, dass die noch im Dritten Reich verbliebenen 400 000 Juden „heute Nacht in Furcht und Angst einen erneuten Angriff" erwarteten „der, sofern der Ton der amtlich gelenkten Presse als Anzeichen gewertet werden kann, an Gewalttätigkeit und Rohheit jeden während der vergangenen fünf Jahre stattgefundenen übertreffen wird"[1].

Es überrascht, dass es innerhalb der Reichsregierung und bei der SS aus offenbar ganz unterschiedlichen Gründen durchaus kontroverse Meinungen über den Pogrom gab, der von Goebbels nach einem Gespräch mit Hitler propagandistisch und – verdeckt – auch organisatorisch vorbereitet worden war. Noch in der gleichen Nacht schrieb Himmler: *Der Befehl kommt von der Reichspropagandaleitung und ich vermute, daß Goebbels in seinem mir schon lange aufgefallenen Machtstreben und in seiner Hohlköpfigkeit gerade jetzt in der außenpolitisch schwersten Zeit diese Aktion gestartet hat.*[2] Göring bezeichnete Hitler gegenüber das Handeln von Goebbels als „unverantwortlich", es werde katastrophale Folgen für die Wirtschaft haben. Hitler sagte zwar zu, dass sich so etwas nicht wiederholen dürfe, nahm Goebbels aber in Schutz.[3] Reichswirtschaftsminister Walter Funk wurde am Telefon zu Goebbels noch deutlicher: *Sind Sie verrückt geworden, Goebbels? Solche Schweinereien zu machen! Man muß sich schämen, ein Deutscher zu sein. Fast das ganze Ansehen im Ausland geht verloren. Ich bemühe mich Tag und Nacht, das Volksgut zu erhalten, und Sie werfen es mutwillig aus dem Fenster. Wenn diese Schweinerei nicht aufhört, werfe ich den ganzen Dreck hin.*[4]

Für die Betroffenen waren die unterschiedlichen Einstellungen der nichtjüdischen Deutschen kaum zu erkennen, sei es, dass diese führende Positionen innehatten oder einfach nur Nachbarn waren, sei es, dass sie nur „hingeschaut und weggesehen"[5] hatten oder aktiv beteiligt waren. Für die jüdische Bevölkerung war das angesichts der Gräueltaten auch ohne unmittelbare Bedeutung.

Wie es heißt, hätte sich ohne die „anstiftende, organisierende und lenkende Aktivität" von NSDAP und SA „im Deutschen Reich kein Fuß in Bewegung gesetzt und keine Hand erhoben"[6]. An anderer Stelle wird betont, dass „die Pogromnacht das aufschlussreichste Ereignis der NS-Zeit" gewesen sei: „In diesen Stunden hätte das deutsche Volk Gelegenheit gehabt, Solidarität mit den jüdischen Mitbürgern zu bekunden. Statt dessen besiegelte es das Schicksal der Juden, indem es die Herrschenden wissen ließ, dass es mit dem eliminatorischen Unternehmen einverstanden war, selbst wenn einige Menschen lautstark gegen einzelne Maßnahmen opponierten"[7]. Im gleichen Sinn ist die Einschätzung des Pogroms als „öffentliches Erniedrigungsritual" zu werten.[8]

Es wurde aber auch beobachtet, dass der *Minderheit, die an etlichen Orten den Signalen der NS-Funktionäre gefolgt war, eine Mehrheit der Bevölkerung gegenüber [stand], die nicht nur die Gefolgschaft verweigerte, sondern ihre Ablehnung des Pogroms auch deutlich zeigte, und zwar weit über schweigende Missbilligung hinaus durch laut und vernehmlich geäußerte Empörung. In manchen Dörfern [...] stellte sich praktisch die gesamte mobilisierbare Einwohnerschaft schroff gegen einheimische oder fremde NS-Funktionäre, die den Pogrom in Gang setzen wollten. Dabei galten Kritik und Empörung gerade auch der für jedermann erkennbaren Tatsache, dass der Pogrom das Werk der NS-Führung war, nun also zum Repertoire der amtlichen Politik dieser Führung kriminelle Gewaltakte größten Stils gehörten.*[9] Auch ausländische Diplomaten und Presseleute ließen sich nichts vormachen und machten für das Geschehen keineswegs die deutsche Bevölkerung in ihrer Mehrheit verantwortlich.

Wie die nichtjüdische Bevölkerung auf die Verbrechen der Pogromnacht reagierte, lässt sich nicht ohne unzulässige Verallgemeinerung formulieren. Für die Einstellung jedes Einzelnen werden seine moralischen Wertvorstellungen, wie allgemeiner Anstand, Humanität, Gesetzestreue und Unverletzlichkeit des Eigentums maßgeblich gewesen sein. Man missbilligte vielfach das brutale Beispiel, das der jungen Generation gegeben wurde. Innerhalb des mittleren und gehobenen Bürgertums gab es Zeichen der Scham und Verwirrung darüber, dass ein zivilisiertes Land zum Schauplatz solcher Szenen werden konnte, sowie ein Gefühl der Verachtung für den Mob aus Rowdys, der sie verursacht hatte.[10]

Den Berichten über die Vorgänge dieser Nacht in Düren sind zwar Scham und Missbilligung, nicht aber „offene Empörung" zu entnehmen und schon gar nicht, dass irgendjemand den Brandstiftern und Schlägern entgegengetreten wäre.[11] Auch klare Zustimmung zum Pogrom wird ausgedrückt.

Über den Synagogenbrand in Düren lese ich: *Nachdem eine erste Brandstiftung in der Nacht zum 10. November 1938 misslun-*

Die ausgebrannte Synagoge in der Schützenstraße, November 1933

gen war, unternahmen SA-Männer, darunter auch auswärtige in Zivil, der stellvertretende Kreisleiter der NSDAP und weitere bekannte Dürener Nationalsozialisten, in den frühen Morgenstunden den zweiten Versuch. Zunächst wurden die Inneneinrichtung und die Kultgegenstände verbrannt, anschließend brannte man die Synagoge vollständig nieder. Die Privatwohnung im Obergeschoss und das hinter der Synagoge gelegene Gemeindehaus, das die jüdische Volksschule beherbergte, wurden ebenfalls Opfer der Flammen. Die aus fünf Personen bestehende Familie, die im ersten Stock wohnte, konnte sich im letzten Moment vor dem Feuer in Sicherheit bringen. Alfred Morgenthau, der im Anbau der Synagoge wohnte, berichtet: ‚Wir wurden nachts von schrecklichem Lärm geweckt. Ich ging zum Küchenfenster und sah eine Menschenmenge an der Seite der Synagoge, schreiend. Gegenüber in der Straße war eine Tankstelle, und ich *sah Männer von dort kommen mit Eimern voll Benzin, das sie durch die Fenster, die schon zerbrochen waren, schütteten. Wir schrieen um Hilfe, denn die Synagoge war inzwischen schon am Brennen. Die Leute riefen uns zu, wir sollten herauskommen. Wir stürmten alle hinaus, nur im Nachthemd und* [mit] *Hausmantel bekleidet und wohnten die Nacht bei unseren Verwandten Daniel. Nachbarn brachten uns Frühstück…* [12]

Alfred Morgenthau, 1905 geboren, war seit 1935 im Herrenkonfektionsgeschäft Gerson in der Weierstraße angestellt. Er wanderte noch 1938 mit seiner gleichaltrigen Frau Vera, geb. Holländer, und der Tochter Ingrid in die USA aus.[13]

Frau H. aus Düren, 1938 zwanzig Jahre alt, kam, wie an jedem Arbeitstag, auch am Morgen des 10. November 1938 gegen 7 Uhr an der Synagoge in der Schützenstraße vorbei. Sie beobachtete, dass die Feuerwehr keinerlei Löschversuche bei der brennenden Synagoge machte und sich darauf beschränkte, benachbarte Gebäude vor dem Funkenflug zu schützen. Sie wurde barsch aufgefordert, zu verschwinden, als sie die Feuerwehr darauf aufmerksam machte. Wenig später traf sie eine Schulfreundin, die in der Nacht im Fern(melde)amt Dienst gehabt hatte: *Sie wusste auch, dass die organisierte Zerstörung pünktlich in ganz Deutschland einsetzte. Sie erzählte weiter, wie es in der Oberstraße und Wirtelstraße aussah, sie hatte sich gleich um sieben Uhr, nach Ende des Nachtdienstes, alles angesehen und war voller Euphorie über das Geschehene. Ich war entsetzt und antwortete: ‚Ich habe das Gefühl, dass wir noch mal froh und dankbar wären über die Dinge, die diese Nacht sinnlos zerstört worden sind.' Sie hat mich giftig gemustert, mich alte Judenfreundin genannt und ich könnte Gott auf den Knien danken, dass wir jahrelang in einer Schulbank gesessen hätten, sie müsste mich eigentlich anzeigen, aber in Zukunft würde sie mich nicht mehr kennen. Sie hat mich tatsächlich nie mehr gegrüßt.*[14]

Aus der Dürener Innenstadt berichtet Herr J. aus Linnich: *Morgens gegen 7.45 Uhr sprangen in der Wirtelstraße braun Uniformierte schreiend von einem Lastwagen und wollten zunächst*

Knüppel, Stöcke Eisenstangen usw. an umstehende Jugendliche verteilen, während andere Männer in brauner Uniform bereits das Schaufenster eines jüdischen Geschäftes einschlugen. Zugleich hörte man ein fortwährendes Fluchen und Schreien, wobei die Vokabeln ‚Judenschweine', ‚Spione', ‚Ausbeuter', ‚Verbrechergesindel' häufig benutzt wurden. Andere Männer kletterten durch das zertrümmerte Fenster, warfen die Schaufensterauslagen, zumeist Textilien, auf die Straße und trampelten wie Irrsinnige darüber. Meinem Bruder bot ein SA-Mann einen eben geraubten Pelzmantel an mit der Aufforderung, ebenfalls Fensterscheiben zu zertrümmern. Verschüchtert lief der 14jährige Junge davon und eilte zur Schule, zum Stiftischen Gymnasium in der Zehnthofstraße. Auf dem Schulhof standen die Schüler in Gruppen, nur wenige sagten etwas zu den tragischen Vorkommnissen. Nur ganz wenige, von den Eltern vom Nazismus infiziert, billigten die Ausschreitungen. Die Lehrer [...] sprachen gar nicht darüber; sie schwiegen, weil sie wussten, dass jede unbedachte Äußerung für sie existenzgefährdend, sogar lebensgefährlich sein konnte. Der Unterricht wurde normal fortgesetzt. Die jüdischen Mitschüler erschienen von diesem Tag an nicht mehr in der Schule.[15]

Ebenfalls im Stadtzentrum, in der Wilhelmstraße 15, wurde das Geschäft für Metzgereibedarfsartikel von Hermann Lichtenstein zertrümmert. Lichtenstein war im Ersten Weltkrieg nach einer Kriegsverwundung beinamputiert und mit dem EK I ausgezeichnet worden. Sein Versuch, an die Schlägertruppe zu appellieren, indem er ihr seine Beinprothese und sein Eisernes Kreuz entgegenhielt, war vergeblich, wie seine Tochter später berichtete.[16]

Zwei Jahre nach Kriegsende, am 1. September 1947, veröffentlichte die „Volksstimme", ‚Zeitung für Einheit und Demokratie', den Augenzeugenbericht eines Mitarbeiters der Dürener Metallwerke über den frühen Morgen des 10. November. Die Nachtschicht in der Fabrik war kurz vor 6 Uhr zu Ende: *... fahren wir vier zur Schützenstraße. An der Synagoge angekommen, stellen wir fest, dass der Vorhang am Eingang angekohlt ist und auf dem Boden noch eine glimmende Fackel liegt. Ein dort postierter Polizeibeamter fährt uns [...] an und fordert uns* *auf, zu verschwinden. In diesem Augenblick fährt ein PKW vor, dem der stellvertretende Kreisleiter der NSDAP Logauer und einige seiner Komplizen entsteigen. Logauer, der noch einige Brocken der Auseinandersetzung zwischen dem Polizeibeamten und uns Arbeitern mitbekommt, fordert den Beamten auf, uns in Ruhe zu lassen. Er wendet sich an uns und erkundigt sich, ob wir ihm helfen wollten, ‚ganze Arbeit zu machen'. Logauer und sein Anhang nehmen eine Besichtigung der Kirche vor, wobei festgestellt wird, dass Tische, Stühle und Schränke unversehrt sind. Messbücher und Gewänder sowie zwei Kelche sind noch vorhanden. Logauer nimmt eine Kassette und eine runde Sparbüchse an sich. Hierauf begibt er sich zu der gegenüber liegenden Tankstelle und verhandelt dort mit dem Tankwart N. Nach kurzer Zeit kehren beide mit je einem Kanister Benzin zurück. Jetzt beginnt das teuflische Werk zum zweiten Male, da der erste Versuch der Brandstiftung missglückte; Tische, Stühle, Schränke und andere Gegenstände werden mit Benzin übergossen und […] in Brand gesteckt. Dieses Mal gelingt das Werk der braunen Brandstifter. […] Jetzt begeben sich die Banditen in den von den Flammen noch nicht ergriffenen Schulsaal und zerschlagen mit Eisenstangen dort die gesamte Einrichtung. […]*

In einer im Obergeschoss des Kirchengebäudes befindlichen Wohnung hält sich die jüdische Familie H. aus Angst vor den Mordbrennern hinter verschlossenen Türen auf. Die Flammen fressen sich in rasender Eile durch das Gebäude und lecken bereits an den Zugängen zu dieser Privatwohnung. Erst jetzt findet die Bitte des Hausherrn, ihn und seine Familie herauszulassen, Gehör. Die Synagoge brennt vollständig nieder. Die Feuerwehr greift erst bei der Bedrohung der umliegenden Häuser durch den Brand ein.

Ein allen Dürenern bekannter jüdischer Arzt steht kopfschüttelnd vor den rauchenden Trümmern und spricht von einer Kulturschande der Deutschen. Im Weggehen sagt er: ‚Was heute oben ist, wird morgen wieder unten sein.' (Wie recht hat dieser Mann behalten).[17]

Bei der genannten Familie H. handelte es sich um die Eheleute Ludwig und Esther Holländer, geb. Daniel, und um ihre Töchter Vera und Hilde. Ludwig Holländer wurde am 24. Mai 1876 geboren, seine Frau Ester am 1. März 1880.

Israelitische Volksschule, Schützenstraße, hinter der Synagoge;
die Geschwister Holländer

Beide wurden 1942 deportiert und gelten als verschollen. Die Töchter Hilde, mit dem 1901 geborenen Karl Fromm verheiratet, und Vera, die den 1905 geborenen Alfred Morgenthau geheiratet hatte, sind, wie z. T. erwähnt, 1938 nach Nordamerika emigriert.[18] Ein Foto aus glücklicheren Tagen zeigt Vera und Hilde Holländer in geschwisterlicher Umarmung vor dem Gebäude der jüdischen Schule.[19]

Der „allen Dürenern bekannte jüdische Arzt" ist vermutlich nicht Dr. Leven gewesen, wenn die an anderer Stelle mitgeteilte Feststellung richtig ist, dass Familie Leven

„schon früh" Düren verlassen habe. Am ehesten ist das Wort von der „Kulturschande" Dr. Karl Marx zuzuschreiben, der am Wirteltorplatz, nicht weit vom Ort des Geschehens wohnte und seine Praxis betrieb. Dr. Marx hat, wie berichtet, am 16. März 1940 Selbstmord begangen.[20] Allenfalls käme noch der Hautarzt Dr. Karl Meyer in Frage, der 1936/37 noch praktizierte und dessen Praxis in der Adolf-Hitler-Straße 4 lag. Er emigrierte vor 1939.[21]

Der Brandstifter Georg Logauer war stellvertretender NSDAP-Kreisstellenleiter und Amtsvorsteher von Birgel. Er galt als rücksichtsloser Parteikarrierist. Am 10. Oktober 1947 verstarb der 56-jährige im Internierungslager Staumühlen bei Paderborn. Nach Aussage eines Lagerinsassen soll er Selbstmord begangen haben.[22]

Friedrich C., ein weiterer Augenzeuge und ehemaliger Nachbar, erwähnt in seinem Bericht aus dem Jahr 1978 auch Karl Leven: *Es war am Morgen des 10. November, ich erinnere mich noch ganz genau. Wir hörten Krach und Klirren und sind auf den Balkon geeilt. Was wir sahen, vergesse ich mein Lebtag nicht. Eine Rotte stadtbekannter SA- und SS-Leute, allerdings in ‚Räuberzivil', drang zuerst in das hintere Gelände der Synagoge ein. Es war vor dem üblichen Arbeitsbeginn. Der Mob stürmte auf den Hof. Dabei wurden die Eindringlinge von einem großen Schäferhund angegangen, der an einem Schuppen seinen Platz hatte. Das Tier wurde brutal mit Stemmeisen und Äxten niedergemacht. Zunächst ließen die Eindringlinge ihre Wut an dem Schuppen und allem, was dort gelagert war, aus. Alles, was nicht niet- und nagelfest war, wurde zertrümmert, selbst ein kleiner Puppenwagen mit einer Spielpuppe wurde zerfetzt. Anschließend brachen die Schläger den Bau der jüdischen Schule auf, der hinter dem Tempel an eine Mauer gebaut war. Im Nu flogen alle Schulmöbel, aber auch wertvolles medizinisches Gerät, das dort gelagert war, auf den Hof. Es gehörte dem jüdischen Arzt Dr. Leven aus der Hohenzollernstraße, der bereits frühzeitig Düren verlassen hatte. Ein riesiger Scheiterhaufen wurde mit Benzin übergossen und angezündet. Das war das erste Feuer dieses Tages, das wie ein Fanal die folgenden Scheußlichkeiten einleitete...*[23]

Die Bemerkung über die Unterbringung des Praxismobiliars und Inventars von Dr. Leven im Schulgebäude an der Synagoge sowie die Angabe, dass er Düren „schon früh" verlassen habe, wirft die Frage auf, ab wann Karl Leven nicht mehr in Düren praktiziert hat. Der Entzug der ärztlichen Approbation aller noch in Deutschland verbliebenen jüdischen Ärzte am 30. September 1938 beendete in jedem Fall eine weitere Tätigkeit als Arzt. Auf die Ansicht von Dr. Levens Nichte Ruth Shiers, dass er noch Räume der jüdischen Schule genutzt haben soll, um jüdische Patienten dort zu behandeln, ist in einem früheren Kapitel bereits eingegangen worden. Dass Dr. Leven danach noch als „Krankenbehandler" für jüdische Patienten in Aachen tätig war, ist für einen späteren Zeitpunkt nachgewiesen. Es ist fraglich, wann und wohin Familie Leven verzogen ist. Auch hierzu gibt es, wie so oft in den lückenhaften Spuren dieser Lebensgeschichte, keine verlässlichen Hinweise. In einem Gespräch mit einem Zeitzeugen war die Vermutung zu hören, dass Dr. Leven vielleicht wieder in Köln gearbeitet habe. Sollte das zutreffen, wäre Dr. Levens Arbeitsstätte aus dem Jahr 1922, das Israelitische Asyl für Kranke und Altersschwache in Köln-Ehrenfeld, als Arbeitsplatz zu vermuten, da hier noch bis zum Mai 1942 jüdische Patienten behandelt wurden.

Nach der Pogromnacht, in der es in ganz Deutschland zum gewaltsamen Tod von etwa hundert Juden gekommen war, hatte es noch kein Ende mit den Demütigungen und körperlicher und seelischer Not. Manche sahen keinen Ausweg mehr aus der Zuspitzung von Unterdrückung und Gewalt und reagierten auf den Terror mit Selbstmord. Es wird geschätzt, dass zwischen 300 und 500 Juden in diesen Tagen den Freitod wählten.[24]

Hitler hatte unmittelbar vor dem Pogrom in einem Gespräch mit Goebbels angeordnet, dass zwanzig- bis dreißigtausend Juden als Vergeltungsmaßnahme auf den Diplomatenmord in Paris zu verhaften seien. Vermutlich hatte die

SS einen solchen Schritt schon vorher aus eigener Initiative vorbereitet.[25] Etwa dreißigtausend männliche Juden wurden inhaftiert und 26 000 von ihnen – die genaue Zahl ist nicht bekannt – in die Konzentrationslager Dachau, Buchenwald und Sachsenhausen verschleppt. Laut Verordnung sollten vor allem wohlhabende, nicht zu alte, männliche Juden festgenommen werden, die ausdrücklich nicht misshandelt werden sollten. Neben purer Einschüchterung war es Ziel dieser „Schutzhaft" genannten Terroraktion, die jüdische Bevölkerung zu zwingen, ihre wirtschaftlichen Positionen aufzugeben und sie ‚ausreisewilliger' zu machen.

Zu den neununddreißig aus Düren und den umliegenden Dörfern Verhafteten und Verschleppten[26] gehörte der 33-jährige Alfred Morgenthau, Schwiegersohn der im Obergeschoss der Synagoge wohnenden Ludwig und Esther Holländer, der sich mit seiner Familie aus dem Anbau der brennenden Synagoge retten konnte und der noch im gleichen Jahr nach Nordamerika emigrierte. Fünfzig Jahre später beschreibt er seinen Leidensweg unmittelbar nach der Pogromnacht: *... Danach wurden am Morgen alle Männer verhaftet und ins Gefängnis gebracht. Alle im Alter von 16 bis 60 Jahren wurden festgehalten, die anderen wieder entlassen. Wir wurden nach drei Tagen zusammen mit den jüdischen Männern aus den Nachbarorten mit Eisenbahn und Lastwagen nach Buchenwald gebracht. Der Empfang dort war fürchterlich. Wer nicht schnell genug laufen konnte, wurde geprügelt! Nachdem die Listen von unseren Namen gemacht waren, wurden wir in fünf große Baracken gebracht. In diesen Holzbauten waren Holzgestelle eingerichtet, wo je zwei Personen auf Brettern lagen. Den ersten Abend verlor ich meinen Kopf und wollte hinauslaufen, aber ein Freund (Lucas) hielt mich fest. Durch den geöffneten Eingang konnte ich sehen, dass ein Mann (Josef Keusch) an beiden Armen an einem Baumast hing und zerschlagen wurde.* [Josef Keusch wurde 1897 in Merken geboren und war als Viehhändler in Düren, Gutenbergstraße 16 wohnhaft, Verf.[27]] *Nach vier Wochen, die ich nie vergessen kann, wurde ich ins Büro gebracht und ausgefragt. Als ich erwähnte, daß ich bald in* *die USA auswandern könne, wurde ich am nächsten Tage mit noch etwa 20 Landsleuten nach einer hohnvollen und drohenden Rede des Leutnants, der die Leitung des Lagers hatte, entlassen.*[28]

Einige Hundert der Verschleppten erlitten in den folgenden Wochen in den Konzentrationslagern einen gewaltsamen Tod oder starben an schweren Krankheiten. Die meisten Überlebenden kehrten, gebrochen und verstört, gezeichnet von der Lagerhaft mit ihren Entbehrungen, Demütigungen und Misshandlungen, in ihre Heimatorte zurück. Meist war eine Ausreiseerklärung Voraussetzung für die Entlassung. Früher entlassen wurden Internierte, die, wie Alfred Morgenthau, eine baldige Ausreise nachweisen konnten.

Sie kamen in Gemeinden zurück, denen ihr religiöses Zentrum fehlte: Über tausend Synagogen waren abgebrannt oder auf andere Weise zerstört worden. In Düren befand sich auf dem Synagogengrundstück über Jahrzehnte ein kahler Parkplatz, jetzt steht dort ein Parkhaus. Nicht weit entfernt erinnert eine Bronzeplakette an den ursprünglichen Standort der Synagoge.

Das Grundstück mit der zerstörten Synagoge wurde am 26. November 1938 im Zuge der „Arisierungen" von zwei Vertretern der Kultusgemeinde, dem Fabrikanten Hermann Löwenstein und dem Tierarzt Eduard Schnitzler, an die „Stadtgemeinde Düren" verkauft. Laut Kaufvertrag wurde ein Preis von 30 000 Reichsmark für eine Fläche von 20 ar vereinbart, abzüglich 3000 Reichsmark „für Niederlegung und Entfernung der noch vorhandenen Gebäudeteile". Zu diesen Gebäudeteilen gehörten auch die Reste von Karl Levens Volksschule, aus der in der Pogromnacht sein dort untergebrachtes Praxismobiliar auf einen Scheiterhaufen geworfen worden war.

Nach dem Krieg, in der Zeit von 20. Juli 1954 bis 28. März 1955, wurde in Verhandlungen zwischen der Stadt Düren und der Jewish Trust Corporation, in denen es um die Rückerstattung des Synagogengeländes ging, ein Vergleich geschlossen.[29]

Kurz nach dem Pogrom wurde jüdischen Kindern per Verordnung vom 15. November 1938 der Besuch nichtjüdischer Schulen untersagt. Die jüdischen Schulen blieben aber geöffnet, soweit die Räumlichkeiten vorhanden waren. Der engagierte und beliebte Lehrer Max Oppenheim setzte den Unterricht in seinem Privathaus in der Goebenstraße 2 fort. Am 14. März 1939 mietete die Stadt Düren in diesem Haus eine Diele als Unterrichtsraum für die volksschulpflichtigen jüdischen Kinder.[30] In dem Mietvertrag verpflichtete sich die Stadt Düren zur Zahlung von 40 RM monatlich und zur Ausstattung des Raumes mit Schulbänken.[31] Zwei Jahre später wurde per Erlass vom 26. April 1941 die Reichsvereinigung der Juden in Deutschland angewiesen, ihre Schulen in größeren Städten zu konzentrieren und „Zwergschulen", zu denen die Dürener „Israelitische Volksschule" gehört haben dürfte, aufzulösen.[32] Ob Hans Hermann, der im Mai 1933 geborene älteste Sohn von Karl Leven, dort noch eingeschult wurde, ist nicht mehr in Erfahrung zu bringen. Am 20. Juni 1942 wurde angeordnet, dass mit Wirkung vom 30. Juni 1942 alle jüdischen Schulen in Deutschland zu schließen seien.[33] Aus einer am 2. Oktober 1947 veröffentlichten Todesanzeige geht hervor, dass Max Oppenheim „fern von seinem ehemaligen Wirkungskreise in Brüssel verschieden ist."[34] Er war nach dem Zusammenbruch des Gemeindelebens nach Brüssel geflohen und hat das Ende der NS-Zeit um zwei Jahre überlebt. Im September 1998 wurde ein zentral in Düren gelegener Straßenabschnitt „Max-Oppenheim-Platz" benannt. Anlass der Namensgebung war der zweite Besuch ehemaliger jüdischer Bürger in Düren und die Anregung früherer Schülerinnen und Schüler, die ihren Lehrer damit ehren wollten.

Am 12. November 1938, zwei Tage nach dem Pogrom, wurde eine weitere, an Zynismus nicht zu übertreffende Verordnung erlassen, die die „Wiederherstellung des Straßenbildes bei jüdischen Gewerbetreibenden" betraf. Die geschädigten Geschäftsinhaber wurden verpflichtet, die entstandenen Schäden sofort und auf eigene Kosten zu beheben, wobei die den Inhabern zustehenden Versicherungsleistungen zugunsten des Deutschen Reiches beschlagnahmt wurden. Die den Juden staatlich entwendeten Versicherungsgelder beliefen sich auf rund 225 bis 250 Millionen Reichsmark.[35] Am gleichen Tag wurde durch Verordnung den deutschen Juden als „Sühneleistung" für den Diplomatenmord eine Kollektivstrafe in Höhe von 1 Milliarde Reichsmark auferlegt. Sie wurde mit einem Satz von zwanzig bis fünfundzwanzig Prozent auf alle jüdische Kapitalvermögen erhoben, soweit sie über 5000 Reichsmark lagen.

In ganz Deutschland waren 7500 Geschäfte zerschlagen worden. Nach dem Pogrom blieben überall Geschäfte und Firmen mit jüdischen Inhabern geschlossen. In Düren mussten 1938 laut einer am 12. November erlassenen und reichsweit gültigen „Verordnung zur Ausschaltung der Juden aus dem Wirtschaftsleben" siebenundfünfzig Geschäftsbetriebe aufgegeben werden. In einer Liste dieser Betriebe findet sich auch Dr. Levens Kinderarztpraxis.[36]

20

Emigrieren?

Schon bald nach Beginn meiner Suche nach Lebensspuren von Karl Leven stellte sich die Frage, warum er mit seiner Familie nicht auch, wie drei Viertel seiner jüdischen Kinderarztkolleginnen und -kollegen[1] und wie so viele der Dürener jüdischen Familien, seine Heimat verlassen hat. Erneut kam die Frage auf, als ich erfuhr, dass Karl Levens Schwester Johanna 1939 mit ihrer Familie nach England ausgewandert ist.

Manchmal will ein „Warum" eher etwas aussagen, als nach einer Antwort zu fragen und ein „Warum nicht" kann einen Vorwurf, eine Bitte, ein Bedauern ausdrücken. In den ersten Jahren der NS-Regierung wusste niemand, dass die Antwort auf die Frage – Emigrieren oder in Deutschland bleiben? – später über Leben und Tod entscheiden würde. So liegt in der Frage, warum Karl Leven mit seiner Familie in Deutschland blieb, ein hilfloser, über Jahrzehnte verspäteter Appell. So zu fragen verbirgt auch die Klage, die sich unausgesprochen durch dieses Buch zieht.

Die briefliche Antwort, die ich von Werner Lachs erhielt, gebe ich unwesentlich gekürzt und in Übersetzung wieder.
…Warum, so fragen Sie, emigrierten er und seine Familie nicht, wie wir es taten? Ich darf Sie vielleicht bitten, zu versuchen, sich in unsere damalige Lage zu versetzen. Wir betrachteten uns als „Deutsche der israelitischen Religion" und nicht als „Juden in Deutschland". Unsere Familien waren seit Jahrhunderten Deutsche. Für viele von uns war der Gedanke, unsere Heimat, unsere Kultur, unsere Familien, unsere Geschäfte und Berufe, unsere Sprache zu verlassen, das Letzte, was wir in Betracht zogen. Zudem war das die Nation von Goethe und Schiller und vieler anderer kultureller und humanistischer Größen – ganz gewiss würde die Naziperiode vorbeigehen wie ein Wimpernschlag. Schlimmer konnte es bestimmt nicht mehr werden. So dachten wir bis 1935/36. Aber es kam schlimmer und die Not der Emigration stand bedrohlich vor uns. Und dann brachten uns die Nazis, die uns loswerden wollten, an den Bettelstab und andere Länder, die noch unter der großen Depression litten, schlossen ihre Grenzen oder nahmen nur verschwindend kleine Quoten auf. […] Im Rückblick waren diejenigen die Klügsten, die in den ersten beiden Jahren des Nazi-Regimes weggingen. Damals dachten viele, dass jene wahrscheinlich einen Fehler begingen. […] Er [Karl Leven] *hing sehr an seiner Familie und vielleicht ist das auch einer der Gründe, weswegen er die Emigration nicht in Betracht zog.*[2]

Karl Levens Neffe hat aus meiner Frage ein oft anzutreffendes Unverständnis herausgehört, warum nämlich so viele Juden nicht „rechtzeitig" die Flucht aus ihrer deutschen Heimat ergriffen hätten. Damit hat er angesprochen, was heute oft nicht gesehen wird: Vor einer Emigration türmten sich größte emotionale, wirtschaftliche und politische Schwierigkeiten auf. Vielleicht ist zwischen den Zeilen aber auch eine Warnung davor zu lesen, Schuld zu verlagern: Wenn Karl Leven mit seiner Familie rechtzeitig ausgewandert wäre, hätte er doch sein und seiner Familie weiteres Schicksal verhindern können.

Wie auch immer, dass jüdische Familien auch nach einer Emigration meist in großer finanzieller Not und sozialer Bedrängnis leben mussten, habe ich bei meinem Besuch bei Karl Levens Verwandten in England erfahren und in einem früheren Kapitel beschrieben.

Emotionale Hemmnisse, familiäre Bindungen und bürokratische Probleme stellten sich als oft unüberwindbare Barrieren zunächst vor den Fluchtgedanken und später vor die Kämpfe um seine Durchführung. Die Mehrheit der Juden war patriotisch gesinnt und fühlte sich, wie auch Werner Lachs schreibt, der deutschen Kultur und Geschichte zugehörig. Viele glaubten an die Möglichkeit eines unbelasteten deutsch-jüdischen Verhältnisses. Manche mögen sich auch der Illusion hingegeben haben, der Rassenhass sei nur gegen die in der jüngeren Vergangenheit eingewanderten osteuropäischen Juden gerichtet. Dass sich diese Vorstellungen als Täuschungen oder Selbsttäuschungen erwiesen, führte zu einer oft lähmenden Verletzung. Groß war der Schock insbesondere bei denen, die sich nicht mehr mit dem Judentum verbunden fühlten, und erst recht bei Angehörigen der jüngeren Generation, von denen manche überhaupt zum ersten Mal erfuhren, dass ein oder beide Elternteile jüdisch waren.[3]

Die von Werner Lachs angesprochene Illusion – das Schlimmste sei nun überstanden und der Hitlerspuk könne nicht mehr lange dauern – war wohl für viele ein Grund für ihr Zögern, Deutschland zu verlassen. Für die Ausreisewilligen kam der im Lauf der Jahre zunehmende Verlust nahezu aller Vermögenswerte und das Bewusstsein einer völlig ungesicherten Zukunft in einem fremden Land dazu.

Vermutlich waren es diese Vorstellungen, gemeinsam mit schlechten Erfahrungen im Fluchtland, die etwa 10 000 von den rund 60 000 Juden, die Deutschland in den ersten beiden Jahren nach Hitlers Machtergreifung verlassen hatten, bewogen, nach kurzer Zeit wieder in ihre alte Heimat zurückzukehren. Die Pogromnacht im November 1938 zeigte dann in brutaler Weise die monströse Realität.

In einem Nebensatz seines Briefes spricht Karl Levens Neffe das Ziel der Nationalsozialisten an, die Juden „loszuwerden". In der Diktion der SS vom Januar 1937 klang das so: *Leitgedanke ist die „Entjudung Deutschlands". Eine solche kann nur erfolgen, wenn den Juden in Deutschland die Lebensbasis, d. h. die wirtschaftliche Betätigungsmöglichkeit, genommen wird. Die Förderung der Auswanderung nach Gebieten, wo die Juden dem Reich nicht schaden können, ist, soweit es sich um die jüngere Generation handelt, eine zwingende Notwendigkeit.*[4] Hitler wurde noch deutlicher, als er die europäische Dimension der Judenvertreibung ansprach. Reichspropagandaminister Joseph Goebbels notierte dazu am 30. November 1937 in seinem Tagebuch: *Lange* [mit Hitler] *über Judenfrage diskutiert. … Die Juden müssen aus ganz Deutschland, aus ganz Europa heraus. Das dauert noch eine Zeit, aber geschehen wird und muß das. Der Führer ist fest entschlossen dazu.*[5] Dass die geplante europaweite Vertreibung ohne einen europäischen Krieg nicht möglich war, verstand sich von selbst. Sie entsprach auch der Logik der nationalsozialistischen Expansionsideologie („Volk ohne Raum") und die Andeutung *… dauert noch eine Zeit …* war wohl für jeden halbwegs in die Kriegsvorbereitungen Eingeweihten deutlich genug. Tatsächlich gab es zu diesem Zeitpunkt bereits eine Vielzahl von „Entjudungsmaßnahmen", so die Terminologie auch des bereits zitierten Pressebeitrages aus Düren vom Oktober 1938. Die auf die geografische Verdrängung der Juden ausgerichtete Auswanderungspolitik endete durch Erlass von Himmler am 23. Oktober 1941 mit dem Emigrationsverbot „für die Dauer des Krieges". Für die im gleichen Jahr beginnende Vernichtungspolitik hatte es in den ersten Jahren des NS-Regimes noch keine konkreten Bestrebungen gegeben.

In den ersten fünf Jahren des Nationalsozialismus war es aus der Sicht der Opfer, die sich als Teil der deutschen Kulturnation fühlten, unmöglich, das kommende Verhängnis zu erkennen. Das wird in dem Buch „Die große Illusion – Warum deutsche Juden ihre Heimat nicht verlassen wollten" deutlich, in dem die Schicksale von sechs prominenten Juden entlang der Zeitschiene von 1933 bis 1938 parallel beschrieben werden. Alle überlebten mit knapper Not: der Rabiner Leo Baeck, die Gesellschaftskolumnistin Bella Fromm, der deutschnational eingestellte Jugendführer Hans-Joachim Schoeps, der Bankier Max Warburg, der Redakteur Robert Welsch, der Nobelpreisträger Richard Willstätter.[6]

Wenn Werner Lachs in dem zitierten Brief den „Bettelstab" erwähnt, an den die Juden gebracht wurden, bezog er sich auf finanzielle Zwangsmaßnahmen, wie etwa den Runderlass des Reichsfinanzministers vom 26. Juli 1933, nach dem die Auswanderung zwar erwünscht sei und nicht unterbunden werden dürfe, dass aber dennoch die „Reichsfluchtsteuer" zu erheben sei.[7] Diese Steuer in Höhe von 25 Prozent des Gesamtvermögens, die ganz allgemein schon in der Weimarer Republik eine Kapitalflucht verhindern sollte und auf Vermögen von über 200 000 Reichsmark angewendet wurde, gab es seit 1931. Durch sie wurden ab Juli 1933 auswandernde Juden praktisch ausgeraubt, wenn sie ein Vermögen von über 50 000 RM und ein Jahreseinkommen von über 20 000 RM hatten. Devisenbestimmungen und Wechselkurse sorgten außerdem dafür, dass den Ausreisewilligen nur Bruchteile ihrer finanziellen Ressourcen verblieben.[8] Im November 1938, zwei Tage nach dem Pogrom, kam die erwähnte „Verordnung zur Ausschaltung der Juden aus dem deutschen Wirtschaftsleben" dazu, mit der Folge, dass alle jüdischen Geschäfte und Handwerksbetriebe geschlossen werden mussten.

Von den 368 zu Beginn der NS-Zeit in Düren lebenden Juden lebten am 1. August 1938 noch 266 Personen in ihrer Heimatstadt.[9] Es kann aber als sicher gelten, dass von ihnen etliche bis zum Ende des Vertreibungsphase, also bis zum Oktober 1941, noch ins Ausland fliehen konnten. Allerdings bedeutete eine Flucht in die nahen Niederlande, Belgien oder Frankreich nicht die erhoffte Sicherheit, wie sich später zeigte. Karl Levens Schwester Berta und ihre Familie mussten, wie noch berichtet wird, diese verhängnisvolle Erfahrung machen. Verlässliche Zahlen über alle jüdischen Dürener Bürger, die ihre Heimatstadt verlassen haben, liegen nicht vor. Rückschlüsse auf die Zahl der Emigrierten aus den späteren Deportationslisten sind nicht möglich, da in diesen Listen sowohl die in Düren verbliebenen als auch die an anderen Orten lebenden, aber aus Düren stammenden Jüdinnen und Juden aufgeführt wurden.[10]

Auf ganz Deutschland bezogen gibt es für die von der Vertreibung Betroffenen ebenfalls nur geschätzte Zahlen, die je nach der politischen Lage phasenweise höher oder niedriger waren. So verließen 1933 etwa 37 000 Juden ihre Heimat, um den erwarteten Repressalien zu entkommen. Einen nächsten Auswanderungsschub gab es 1935 nach dem Erlass der „Nürnberger Gesetze". Zu dieser Zeit war auch eine deutsche Binnenwanderung zu beobachten: die Bewegung vieler Juden aus Kleingemeinden in die Städte. Es war der Versuch, sich dort in einer gewissen Anonymität vor Hetze und Demütigung zu schützen. Nachdem in den Jahren 1934 bis 1937 jährlich jeweils zwischen 21 000 und 25 000 Juden Deutschland verlassen hatten, stiegen die Zahlen 1938 auf 40 000 und 1939 auf 78 000 an. Danach gingen sie rasch zurück. 1940 verließen lediglich 15 000 und 1941, mit Beendigung der Auswanderungsmöglichkeiten, nur noch 8000 ihre Heimat.[11]

Insgesamt sind von den 1933 in Deutschland lebenden 525 000 Jüdinnen und Juden[12] in den zwölf Jahren bis 1945 320 000 ins Ausland emigriert.[13] Von diesen sind etwa 30 000 freiwillig oder zwangsweise wieder in den deutschen Machtbereich zurückgekehrt, die meisten von ihnen wurden später deportiert und getötet, wenn sie nicht ein zweites Mal aus Deutschland fliehen konnten.[14]

Das Leid, das die Flucht aus Deutschland mit sich brachte und die Trennung von Familienmitgliedern und Freunden, die meistens ein Abschied für immer war, sind in vielen biographischen Berichten beschrieben worden. Auch über die Schwierigkeiten, ein aufnahmebereites Land zu finden, sowie über die Probleme im Immigrationsland selbst liegen viele Berichte vor.

In journalistischer Zuspitzung und mit authentischer Zeitzeugenschaft hatte schon 1940 Sebastian Haffner im englischen Exil geschrieben: *Um sie alle zu retten, hätten die Regierungen – oder wenigstens einige von ihnen – einiges tun müssen. Sie taten nichts. Sogar im Winter 1938/39, als man die Schreie der zu Tode gequälten Unschuldigen vernahm, fühlte sich nicht eine einzige in der Lage, ihre Grenzen zu öffnen und einige Hunderttausende fleißiger, fähiger und dankbarer neuer Bürger aufzunehmen. Die diesbezüglichen Hoffnungen erfüllten sich jedoch nicht. Das Problem wurde für unlösbar gehalten.* Haffner wies dann noch auf absolutistische Herrscher im 16., 17. und 18. Jahrhundert hin, für die die Aufnahme etwa der verfolgten spanischen Juden, der französischen Hugenotten und der flämischen Protestanten keineswegs ein unüberwindliches Problem gewesen war.[15]

Hinter den nüchternen Zahlen der emigrierten jüdischen Bevölkerung verbergen sich auch die Lebensschicksale von 464 namentlich bekannten jüdischen Kolleginnen und Kollegen von Dr. Karl Leven, die aus Deutschland geflohen sind: drei von vier jüdischen Pädiatern aus Deutschland, (einschließlich Wien und einer Stichprobe aus Prag) haben ihre Heimat verlassen.[16] Sie fanden Aufnahme in 31 verschiedenen Ländern. Die wichtigsten Aufnahmeländer waren: USA (174), Palästina (116), England (68). Einhundert fanden in verschiedenen anderen Ländern der Erde eine Zuflucht, von sechs weiteren ist das Immigrationsland nicht bekannt.[17] Alle genannten Zahlen beruhen auf dem Erkenntnisstand bis zum 1. Februar 2000; sie müssen als vorläufig und unvollständig angesehen werden.

Der Arzt Fred Lachs, ein Verwandter von Karl Levens Schwager Richard Lachs, musste erfahren, welche Schranken sich vor ihm wie vor Hunderten von emigrierten Ärzten in ihrem Aufnahmeland aufbauten, wenn sie in ihrem Lebensberuf wieder aktiv werden wollten. Fred Lachs war mit seiner Frau Erna, einer Zahnärztin, nach England emigriert. Da es an Zahnärzten mangelte, hatte der englische König 1936 eine Verfügung erlassen, die 50 Zahnärzten die sofortige Einreise und Niederlassung ermöglichte. Erna Lachs, die Tante von Ruth und Werner Lachs, war eine von ihnen. Für ihren Mann, den Arzt, galt diese Regel jedoch nicht und auch Karl Leven wäre bei einer Auswanderung nach England den gleichen Restriktionen unterworfen worden.

Zwar war zwischen 1933 und 1936 etwa zweihundert nach England eingewanderten jüdischen Ärzten erlaubt worden, sich in eigener Praxis niederzulassen, allerdings erst, nachdem sie die englische Qualifikation erhalten hatten. Aber auf Druck der British Medical Association, der englischen Ärztevereinigung, wurde später für immigrierte Ärzte eine zeitweilige Niederlassungssperre ausgesprochen. Als man nach dem „Anschluss" Österreichs im März 1938 versuchte, diese Regel aufzuweichen und weitere 500 Zulassungen zu genehmigen, protestierte die Ärztevereinigung und die Zahl wurde auf 50 gekürzt. Sir Samuel Hoare, damals Staatssekretär im Innenministerium, schrieb in seinen Memoiren, dass er nur zu gerne die österreichischen Ärzte „en bloc" übernommen hätte und durch die Äußerung der Ärztevereinigung schockiert war, die britische Medizin könne durch eine „Blutauffrischung" nichts gewinnen, hätte aber durch eine „Blutverdünnung viel zu verlieren". Es ist für eine heutige Generation nicht einfach, den Grad des in England herrschenden Antisemitismus jener

Zeit einzuschätzen. Sogar bei Menschen, die sich für die Unterstützung der jüdischen Immigranten engagierten, gab es solche Tendenzen. Neville Chamberlain, der britische Premierminister, beklagte in einem 1939 geschriebenen Privatbrief die grausame Behandlung, der Juden in Deutschland ausgesetzt waren. Er schrieb aber auch: *Zweifellos sind die Juden kein liebenswertes Volk. Ich mag sie nicht. Aber das ist keine ausreichende Erklärung für einen Pogrom.*[18]

Der Begriff des „typischen Emigrantenschicksals" scheint eine unzulässige Verkürzung individueller Lebensgeschichten, wenn auch die ausgewanderten Kinderärzte oft ähnliche lebensbestimmende Umstände im Exil erfahren mussten. Zwei dieser Biografien sollen daher skizzenhaft zusammengefasst werden.

Werner Solmitz wurde 1890, fünf Jahre vor Karl Leven, in Berlin geboren. Er betrieb eine Kinderarztpraxis in Berlin und war, wie viele jüdische Pädiater, auch in der Säuglingsfürsorge tätig. Am 29. Mai 1933 schreibt er in einem Brief:
… Denn – darüber muss man sich klar sein – die Aussichten im Ausland sind trotz der allgemeinen Teilnahme der Welt an dem Schicksal der deutschen Juden trostlos. Die Arbeitslosigkeit und der Andrang zu den Stellen sind in allen Ländern so ungeheuer, daß zwar Sympathiekundgebungen und Geldsammlungen veranstaltet werden; aber jede noch so bescheidene berufliche Tätigkeit wird höflich abgelehnt… Was mich selbst betrifft, so habe ich das Säuglingsheim schon am Boycott-Tag [1. April 1933] *aufgeben müssen, was natürlich recht schmerzlich war. In der Fürsorge bin ich zum 1. Juli gekündigt, da meine Vergangenheit als Frontkämpfer mir als auf Privatdienstvertrag Angestelltem nichts nützt; auch für die Zukunft sehe ich wenig rosig. Meine christlichen Patienten werden mir zwar treu bleiben, aber das ist die Minderheit. Und die jüdischen sind zum Teil ausgewandert, zum anderen Teil werden sie schnell verarmen, soweit sie es nicht schon sind.*[19]

Fünf Jahre später, am 20. August 1938, schreibt Solmitz an die Deutsche Gesellschaft für Kinderheilkunde: *Da auf Grund der gesetzlichen Bestimmungen am 1. Oktober meine Appro-*

bation erlischt und ich nach diesem Termin nur als jüdischer Arzt für jüdische Patienten zugelassen bin, nehme ich an, dass es auch im Sinne der Deutschen Gesellschaft für Kinderheilkunde ist, wenn ich Sie höflichst bitte, mich zum 1. Oktober aus den Mitgliederlisten der Gesellschaft, der ich seit 16 Jahren angehöre, zu streichen.

Werner Solmitz emigrierte im Juli 1939 in die Schweiz und gelangte über Frankreich, Spanien und Portugal 1941 in die USA, wo er zunächst in einem Landerziehungsheim Arbeit fand und wo er, da er Unterricht in Biologie, Physik, Chemie und Gesundheitslehre erteilen musste, noch ein Lehrerexamen abzulegen hatte. Im Januar 1943 begann der 52jährige als Intern – eine Anfängerstellung, die dem deutschen Medizinalpraktikanten entsprach – in einem Krankenhaus in Chicago zu arbeiten. Nach einem schweren Unfall mit langer Rekonvaleszenz legte er im Juni 1945 das Staatsexamen ab und ließ sich als Kinderarzt nieder. Im Dezember 1946 schreibt er: *Die Praxis geht noch sehr schwach und ich bin nicht sehr optimistisch in bezug auf die Entwicklung (…) Jetzt sind die amerikanischen Kollegen aus dem Krieg zurückgekommen, und es ist sehr schwer, ohne viele Verbindungen Fuß zu fassen und mit ihnen zu konkurrieren.*

Aufschlussreich für die innere Verfassung dieses jüdischen Kinderarztes, der durch die Emigration fast fünf Jahre von seinen Kindern getrennt war, bis die Familie 1943 in den USA wieder vereinigt wurde, ist sein Brief aus dem Jahr 1950: *Deutschland: Bei allem, was mich innerlich und äußerlich trennt, ist es doch das Land, das mich geprägt und mir die entscheidenden kulturellen und menschlichen Eindrücke vermittelt hat, und ich bin an allem dort leidenschaftlich interessiert. Meine Akklimatisation an Amerika, so dankbar ich dem Los bin, das mich hergebracht hat, steht doch mehr oder weniger unter dem Motto, wie es im Zauberberg heißt: Man gewöhnt sich daran, daß man sich nicht gewöhnt […]*

Werner Solmitz' Emigrantenschicksal weist Merkmale auf, die in der Berufsgruppe Karl Levens aber sicher auch bei Exilanten anderer Berufe häufig anzutreffen waren. Die

Ausbildung im Heimatland wurde auch bei Nachweis einer langjährigen Berufstätigkeit, die ja über die abgelegten Examina hinaus eine zusätzliche Qualifizierung bedeutete, im Aufnahmeland nicht anerkannt. Prüfungen mussten unter schwierigen Bedingungen wiederholt werden, wovon die Sprachbarriere individuell unterschiedlich schwer überwindbar war. Die ärztliche Approbation war in der Regel neu zu beantragen. Es war schwierig, eine berufliche Möglichkeit im erlernten Beruf zu finden und sich gegen die einheimische Ärzteschaft, deren Standesvertreter gegenüber der unwillkommenen Konkurrenz nicht zimperlich waren, durchzusetzen.

Ein weiteres Emigrantenschicksal ist bereits kurz skizziert worden: Albert Eckstein hatte in seinem Zufluchtsland Türkei die noch junge Pädiatrie auf den Weg gebracht. Einige Monate vor dem zu erwartenden Ende der NS-Zeit, im Dezember 1944, hat Eckstein ein Memorandum über das Problem der deutschen Emigranten und ihrer eventuellen Rückkehr nach Deutschland erstellt. Adressat der Überlegungen Ecksteins war der amerikanische Botschafter in der Türkei: *Der Schmerz der Enttäuschung und Verbitterung gegenüber Hitler-Deutschland ist bei dieser Gruppe* [der 45–60-jährigen] *besonders groß, da ihre Erinnerung an das frühere Deutschland in ihnen noch immer fortlebt und von ihrer Tradition und Kultur untrennbar ist. Diejenigen, die in alliierten Ländern eine zweite Heimat und damit eine Existenzmöglichkeit gefunden haben, dürften kaum den Wunsch haben, in ihre alte Heimat zurückzukehren, zumal die organisierte Ausrottung ihrer Familien und Freunde und die Schrecken der Pogrome,* [und der] *Konzentrationslager mit ihren Vernichtungseinrichtungen nicht von ihnen, und hoffentlich auch nicht von der übrigen Welt, vergessen werden können .*

21
Ausgeraubt und eingekreist.
Ein abgelehnter Antrag.

Zwei Monate nach der Pogromnacht, am 10. Januar 1939, wurde Karl Levens Mutter, Sara Leven, geb. Heimann, schriftlich darüber informiert, dass sie über das Grundstück und das Haus Hohenzollernstraße 13, in dem sich auch die Praxis ihres Sohnes Karl und die Familienwohnung befanden, künftig nicht mehr frei verfügen dürfe. Die von der Zollfahndungsstelle Aachen ausgestellte „Sicherheitsanordnung" bedeutete, dass die Eigentümerin bei einer Vermietung oder einer geplanten Veräußerung über die Aachener Zollfahndungsstelle die Genehmigung der Devisenstelle beim Oberfinanzpräsidenten einzuholen habe. Sara Leven konnte zu ihrem Lebensunterhalt lediglich über den Rest der Mieteinnahmen verfügen, die ihr nach Abzug von Steuern und Hypothekenzinsen verblieben.[1]

Einen Monat zuvor, am 3. Dezember 1938, war die Verordnung über den Einsatz des jüdischen Vermögens erlassen worden. Nachdem in den frühen Jahren der NS-Herrschaft in einer ersten Phase der „Arisierung" die Veräußerung von jüdischem Besitz, insbesondere von Wirtschaftsbetrieben, an „arische" Interessenten noch mehr oder weniger „freiwillig" erfolgte – wobei von einer wirklichen Freiwilligkeit von Seiten der Veräußerer, die sich unter größtem wirtschaftlichem und existenziellem Druck befanden, nicht die Rede sein kann –, folgten in einer zweiten Phase die Zwangs-„arisierungen". Eine besondere Bestimmung Hermann Görings vom 10. Dezember 1938 sah vor, dass die Erlöse der „Arisierungen", denen alle bis dahin noch existierenden jüdischen Geschäfte, Fabriken und Werkstätten unterworfen wurden, an den Staat fielen. Grundbesitz und Miethäuser waren für einen späteren Zeitpunkt zur „Arisierung" vorgesehen, um neben dem Zuwachs an „Staatseigentum" dann auch jüdische

Einzelpersonen, Paare und Familien in jüdischem Eigentum, den „Judenhäusern", konzentrieren zu können.[2] In den Jahren 1938 bis 1943 wurden fünfzig Privathäuser in Düren „arisiert". Die Namen ihrer ursprünglichen Eigentümer und die Enteignungsdaten sind bekannt.[3] Das Haus der Familie Leven ist ein Judenhaus geworden.[4]

Das Zusammenlegen von jüdischen Einwohnern in Judenhäusern hatte eine „legale" Basis: Am 30. April 1939 wurde das „Gesetz über Mietverhältnisse mit Juden" erlassen. Dadurch wurde der Mieterschutz für Juden aufgehoben, der „arische" Vermieter konnte sofort kündigen, er musste nur nachweisen, dass eine anderweitige Unterbringung gesichert war. Die alten Mietverhältnisse wurden allmählich aufgelöst. Juden durften Miet- oder Untermietverträge nur noch mit anderen Juden abschließen. Der geforderte Nachweis einer anderweitigen Unterbringung dürfte den Verantwortlichen wenig Kopfzerbrechen gemacht haben: In einem Erlass vom 4. Mai 1939 wurden die Gemeindeverwaltungen gemeinsam mit den örtlichen Stellen der NSDAP zu Zwangsumsiedlungen ermächtigt, wobei eine Obdachlosigkeit jüdischer Familien vermieden werden sollte. Dazu wurde jüdisches Wohneigentum zu Judenhäusern bestimmt, in denen sich mehrere Familien die vorhandenen Räumlichkeiten teilen mussten. Die Zusammenlegung von Juden auf engstem Raum war als Maßnahme intendiert, die einer besseren Überwachung durch die Gestapo und der Ausgrenzung der jüdischen Bevölkerungsteile diente. Gleichzeitig wurde so ein weiterer Mechanismus der Unterdrückung, Erniedrigung und Quälerei geschaffen. Eine „Ghettobildung" war allerdings „nicht erwünscht". Im Erlass, der den Behörden einen Ermessensspielraum einräumte und verschiedene Auslegungen erlaubte, heißt es: „Anwendung von Zwang nur, wenn ein Bedürfnis dazu besteht". Ab 1941 mussten alle Juden in Deutschland in Judenhäusern wohnen, soweit sie nicht in Sammellagern „kaserniert" waren.

Die Konzentration von Juden in bestimmten Gebäuden und Lagern war der erste Schritt auf dem Weg in die Deportation.

Am 8. April 1941 berichtete der „Westdeutsche Beobachter" über eine Ansprache des Dürener NSDAP-Kreisleiters Peter Binz: *Als der Redner den orientalischen Geist dem deutschen Geist gegenüberstellte, kam er in diesem Zusammenhang kurz auf die Lösung der Judenfrage zurück und gab unter lebhaftem Beifall bekannt, daß Düren nach dem 30. April judenfrei sein würde. Das gesamte deutsche Volk werde sich frei von ihnen machen und sich die Seele entlasten. Eines Tages werde das große Erwachen auch über ganz Europa kommen.*[5]

Nachdem zunächst die Wohnungsämter für die Zwangsumquartierungen zuständig waren, wurden ab 1941 die jüdischen Kultusgemeinden dazu gezwungen. Unter dem Druck von Verwaltung und Parteiorganen mussten sie die Belegungsdichte in den Judenhäusern immer weiter steigern. (Im Sprachgebrauch der Verantwortlichen: Die Juden werden „geschachtelt".) Ob auch die Dürener Jüdische Gemeinde, die durch Auswanderung bereits sehr dezimiert war, mit dieser Aufgabe belastet wurde, ist nicht bekannt. In Düren gab es mehrere – vermutlich drei – Judenhäuser. Nachdem ab September 1941 alle Juden den gelben Stern sichtbar an ihrer Kleidung zu tragen hatten, mussten ab 13. März 1942 die noch in jüdischem Besitz befindlichen Häuser mit einem schwarzen Stern gekennzeichnet werden.[6] Zu den Dürener Judenhäusern gehörten das Haus Gutenbergstraße 16 mit siebzehn – namentlich bekannten – Bewohnern, das Haus Bergstraße 35 und das Haus der Familie Leven, Hohenzollernstraße 13.

Hier musste Karl Levens Mutter, Sara Leven, die Geschwister Emma Kann und Johanna Löwenstein aufnehmen. Emma Kann, geb. Löwenstein, geboren am 27. Juni 1881 (oder am 27. Juli 1882?), gilt als verschollen. Sie wurde am 31. Dezember 1945 für tot erklärt. Auch Johanna Löwenstein, geb. am 29. August 1884, gilt als verschollen.

Sie wird noch im Juni 1942 in einer Postkarte erwähnt, die ihr Bruder Hermann Löwenstein an seine nach Schweden emigrierten Kinder Hilde und Lotte[7] schrieb: *Nun müssen wir uns von Euch verabschieden, denn wir wissen nicht, wann wir wieder schreiben können (…). Johanna war gestern hier und fährt wohl auch mit uns, worüber wir sehr froh sind.*[8] Die erwähnte bevorstehende „Fahrt" hatte das Konzentrationslager Theresienstadt zum Ziel.[9] Johanna Löwensteins Bruder, Hermann Löwenstein, der von seinem Vater Abraham die seit 1900 im Familienbesitz befindliche Maschinenfabrik und Eisengießerei übernommen hatte[10], wurde am 8. Mai 1945 für tot erklärt.

Ob außer Sara Leven weitere Familienangehörige zur Zeit der Zusammenlegung in der Hohenzollernstraße 13 wohnten, ist nicht bekannt.

Der letzte Schritt von Sara Levens Ausplünderung war eine Verfügung des Aachener Regierungspräsidenten vom 25. Juli 1942. Damit wurde das *gesamte Vermögen der Jüdin Sara Leven, geb. am 11. 3. 1869 in Gürzenich, zuletzt wohnhaft in Lendersdorf, zu Gunsten des Reiches eingezogen.* Dieses Schreiben trug die Anschrift „Oberstraße 76 b", die postalische Adresse des Sammellagers Gerstenmühle. Die Angabe *zuletzt wohnhaft in Lendersdorf* könnte aber auch darauf hinweisen, dass Sara Leven sich im Sammellager Thuirsmühle im Dürener Stadtteil Lendersdorf befunden hat. Die Formalitäten waren mit dieser amtlichen Mitteilung noch nicht beendet. Am 31. Dezember 1942 wurde von der Vollstreckungsstelle des Finanzamtes Düren die Einziehung der Vermögenswerte Sara Levens und die Umschreibung auf das Deutsche Reich beantragt und am 1. Februar 1943 stellte das Finanzamt Düren die „Unbedenklichkeitsbescheinigung für die Grundbucheintragung" aus.[11] Grundlage für die vollständige Enteignung von Karl Levens Mutter zu Gunsten des Deutschen Reiches war die 11. Verordnung zum Reichsbürgergesetz vom November 1941. Durch sie wurden alle jüdischen Vermögen „bei der Deportation" eingezogen.

Dass die Verfügung des Aachener Regierungspräsidenten und die darauf folgenden Schritte Karl Levens Mutter nicht mehr erreicht haben, wurde in Kauf genommen, wenn nicht sogar beabsichtigt, um weiteren Rückfragen zu entgehen. Andererseits konnte bürokratischer Ordnungssinn dazu führen, dass verängstigten Menschen noch im Bahnhof unmittelbar vor der Deportation eine Zustellungsurkunde übergeben wurde.[12] Oft bedingten die administrativen Abläufe, dass die Todesmaschinerie den Behördenapparat überholte. Das Datum der Verfügung über die Einziehung von Sara Levens Vermögen, der 25. Juli 1942, ist identisch mit dem Tag, an dem ein Teil der Dürener Juden in den „Osten" deportiert wurde. (Wie noch ausgeführt wird, ist anzunehmen, dass Karl Levens Mutter nicht zu diesem Transport gehörte.)

Wer das Haus der Familie Leven, das Staatseigentum geworden war, nach der Vertreibung von Sara Leven und der Bewohnerschaft bezogen hat, ist mir nicht bekannt. Zwei Jahre und vier Monate nach der Enteignung durch den Regierungspräsidenten Aachen, am 16. November 1944, wurde das Haus Hohenzollernstraße 13, wie über neunzig Prozent der Dürener Gebäude, bei einem Fliegerangriff durch alliierte Streitkräfte zerstört. Nach diesem für Karl Levens Heimatstadt schicksalhaften Tag war die Dürener Innenstadt ein einziges Ruinenfeld. Über 3000 Menschen verloren ihr Leben.[13] Nach dem Krieg entstand auf dem Grundstück ein neues Gebäude. Heute erinnert nichts mehr an das frühere Haus. Karl Levens Neffe hat 2003, bei einem Besuch in Düren, nur das Stück alte Stadtmauer wiedererkannt, die den hinteren Abschnitt des Gartens heute wie damals begrenzt. Der Jewish Claim Trust, der sich später um Entschädigungen für zwangsenteignete Grundstücke ehemaliger jüdischer Bewohner kümmerte, hat nach 1945 entsprechende Verhandlungen mit der Stadt Düren geführt. Näheres ist dazu nicht zu erfahren; das Landesarchivgesetz lässt eine Akteneinsicht nicht zu.

In den Judenhäusern war nur der kleinere Teil der Dürener Juden untergebracht. Die Mehrheit, die in Sammellagern in weit desolateren Verhältnissen leben musste, hatte vermutlich noch wesentlich stärker unter entwürdigenden Lebensbedingungen, wie Raumknappheit und fehlender Privatsphäre zu leiden. Im April 1941 wurde der größte Teil der jüdischen Bevölkerung aus Düren und Umgebung in Lagern untergebracht[14], wobei „zusammengepfercht" die treffendere Bezeichnung ist, wie mir der Augenzeuge Konrad Düpper bestätigte.[15]

In der „Zeittafel zur Geschichte Dürens" ist für den Zeitraum vom 24. April bis 3. Mai 1941 zu lesen: *Auf Anordnung der Geheimen Staatspolizei werden die jüdischen Bewohner Dürens in der ehemaligen Gerstenmühle, Oberstraße 76b, kaserniert. Ihre „überflüssigen" Möbel und Haushaltungsgegenstände kommen in das Gebäude „Zur Altdeutschen" und werden dort später versteigert. Die Juden aus Rölsdorf und Umgebung bringt man in einem Raum der früheren Fabrik Napp unter, diejenigen aus weiteren Orten der Umgebung am 9. Mai in der Thuirsmühle, Schneidhausener Weg 15, in Lendersdorf.*[16]

Am 29. April 1941 hatte der Dürener Landrat die zukünftigen Sammelunterkünfte benannt: *Als Unterbringungsräume kommen die Gerstenmühle in Düren, das Gebäude Napp in Düren-Rölsdorf und die alte Mühle in Lendersdorf in Frage (...). Als Lagerräume für die überflüssigen Möbel stehen bereit (...) Sämtliche Umzugskosten tragen die Juden (...). In die frei werdenden Wohnungen weisen die Herren Amtsbürgermeister im Benehmen mit dem Ortsgruppenleiter deutsche Volksgenossen ein.*[17] Im gleichen Zusammenhang steht wohl auch eine Entschließung des Rates der Stadt Düren vom 28. Juli 1941, in der außerplanmäßig 4000 Reichsmark unter dem Titel „Aufwendungen anlässlich der Judenumsiedlung" bereitgestellt wurden.[18] Auch wenn die „Umzugskosten" zu Lasten der unter Zwang Umgesiedelten gingen, so waren vermutlich doch einige Arbeiten handwerklicher Art zu leisten[19], vielleicht dienten sie dazu, die Räumlichkeiten überhaupt bewohnbar zu machen.

Das größte Lager, die Gerstenmühle, wird, wie die anderen Lager im Dürener Stadtgebiet, ab Frühjahr 1941 belegt worden sein. In den dreißiger Jahren war mehrfach von einem geplanten Abriss der alten Gerstenmühle, die früher eine Rolle bei der Öl-, Tuch- und Papierherstellung spielte, die Rede gewesen. Später war die Gerstenmühle zeitweise ein Obdachlosenasyl. Sie soll auch schon nach der Pogromnacht im November 1938 als Auffanglager gedient haben, als 39 Juden aus Düren und Umgebung verhaftet und in das Konzentrationslager Buchenwald verschleppt worden sind.[20]

Sammellager Gerstenmühle, Düren

Der erwähnte Gesprächspartner, Konrad Düpper, war 1941 Lehrling beim Tiefbauamt der Stadt Düren. (Er heiratete später Resi Zilken, eine schon erwähnte Patientin Dr. Levens.[21]) 1996 erzählte er mir von seinen Besuchen in der Gerstenmühle. Düpper hatte im Auftrag der Stadtverwaltung den Lagerbewohnern ihre Lebensmittelkarten zu bringen, die im Vergleich mit der nichtjüdischen Bevölkerung erheblich geringere Zuteilungsmengen enthielten. Damit konnten bestimmte, mit dieser Aufgabe betraute Bewohner der Gerstenmühle zu festgelegten Zeiten und in dafür vorgesehenen Geschäften die wenigen Nahrungsmittel kaufen.[22] In Berlin wurde beispielsweise schon am 4. Juli 1940, noch vor der Zeit der „Zusammenlegungen", für den Lebensmitteleinkauf die Stunde von 4 bis 5 Uhr nachmittags festgesetzt.[23]

Konrad Düpper äußerte sich bei unserem Gespräch immer noch entsetzt über die erbärmlichen Umstände, in denen jüdische Bürger seiner Heimatstadt in dem ehemaligen Obdachlosenasyl vegetieren mussten. Er erinnerte sich, dass auf den mit einem großen „J" kenntlich gemachten Lebensmittelkarten „kaum etwas drauf war" und dass die jüdischen Familien Hunger litten. Als ich ihn nach Einzelheiten fragte, versagte ihm die Stimme. Er konnte – oder wollte – sich nicht mehr allzu nah vor Augen führen, was er damals gesehen hatte.[24]

Es gibt einen Hinweis darauf, dass sich auch Karl Leven und seine Familie im Sammellager Gerstenmühle befunden haben sollen. Eine Zeitzeugin berichtete, „sie habe der Familie Leven Lebensmittel ins Sammellager Gerstenmühle gebracht"[25]. Es ist nicht auszuschließen, dass es Sara Leven, Karls Mutter, war, die von freundlichen Nachbarn in aller Heimlichkeit unterstützt wurde. Eine Dokumentation dazu ist jedoch nicht vorhanden, wie auch insgesamt Namenslisten der in den Lagern untergebrachten Jüdinnen und Juden fehlen. Die kriegsbedingten Verluste von Akten machen es unmöglich, sich ein genaueres Bild von der

Belegung und den Lebensverhältnissen in den Dürener Sammellagern zu machen. Nachweisbar ist erst wieder der spätere Aufenthalt der Familie Leven in Aachen.

Es kam so, wie die Gestapo Ende April/Anfang Mai 1941 angeordnet hatte: Während die Gerstenmühle das Lager für die Juden aus dem Stadtbereich war, befanden sich in der Thuirs-Mühle in Lendersdorf jüdische Familien aus den städtischen Randbezirken und dem südlichen und östlichen Kreisgebiet. Dazu gehörten Orte wie Drove, Gey, Gürzenich, Kreuzau, Rölsdorf und Lendersdorf selbst. Auch die „Napp'sche Fabrik" in Rölsdorf diente zeitweise als Sammellager.[26] Die Thuirs-Mühle war eine ehemalige Getreidemühle, die ihren Betrieb 1939/40 eingestellt hatte. Die Bewachung hatten örtliche SA-Leute übernommen, die mit ihren Karabinern im Hof patrouillierten. Einige Lendersdorfer Ortsbewohner, wie die Familie eines Bäckers und Anwohner der benachbarten Eulengasse, versuchten, den hungernden Lagerbewohnern zu helfen, indem sie ihnen bei Gelegenheit Brot oder sonstige Lebensmittel zusteckten. Die etwa fünfzig Eingesperrten versuchten ihrerseits, ihr Leben so normal wie möglich zu gestalten. Trotz der geringen Bewegungsfreiheit gelang es dem einen oder andern noch, einige Möbel und Einrichtungen von Wert bei ehemaligen Nachbarn und Bekannten unterzubringen. Es wurde sogar eine Hochzeit gefeiert: Ein junger Jude aus der Gegend von Vettweiß heiratete Sara Roer, Tochter des aus Lendersdorf stammenden Isaak Roer.[27]

Die in der Thuirs-Mühle eingesperrten männlichen Juden wurden, ohne Rücksicht auf Alter und Gesundheitszustand, dazu eingeteilt, in der Lendersdorfer Hütte Pflasterarbeiten am Schienenstrang im Werksinneren zu erledigen. Wie überall wurden die Juden in Gruppen und getrennt von der übrigen Belegschaft eingesetzt.[28]

Schon vor dieser Zeit, ab Ende 1938, hatten die Arbeitsämter den zwangsweisen Arbeitseinsatz von Juden organisiert, die Sozialunterstützung erhielten. Nachdem ihre wirtschaftliche Existenz zerstört war, drohte ein Heer verarmter und arbeitsloser Juden dem NS-Staat zur Last zu fallen. Bei breiter Akzeptanz in Industrie und Wirtschaft und unter Zustimmung großer Bevölkerungskreise[29] lag es nahe, die Zwangsarbeit als ein geeignetes und Gewinn bringendes Mittel einzusetzen. Die unterste Lohnstufe war die Regel, eine „Sonderausgleichsabgabe" verringerte den Hungerlohn um weitere 15 Prozent. Zudem verweigerten die Ernährungsämter den jüdischen Zwangsarbeitern Zulagen, wie etwa die Schwerarbeiterzulage, die den nichtjüdischen Arbeitskräften zur Erhaltung ihrer Arbeitskraft gewährt wurden. Ab 1940 hatten alle arbeitsfähigen jüdischen Männer und Frauen Zwangsarbeit zu leisten. Im Sommer 1941 waren schließlich über 50 000 der noch in Deutschland lebenden 167 245 Juden auf dem Bau, beim Straßenbau, in der Forstwirtschaft oder in der Produktion, besonders der Rüstungsindustrie, zwangsbeschäftigt. Etwa 5000 von ihnen lebten in 125 kleinen Lagern.[30] Allein in Berlin wurden im Oktober 1941 etwa 21 000 Juden registriert, die in wehrwirtschaftlichen Betrieben eingesetzt waren, davon 11 000 in der Metallindustrie. Etwa die Hälfte von ihnen waren jüdische Frauen.[31] Zusätzliche Strapazen und Schikanen waren die Regel, aber es gab auch Zeichen von heimlicher Unterstützung von Seiten der nichtjüdischen Arbeitskolleginnen und -kollegen. In den Tagebuchaufzeichnungen Victor Klemperers lassen sich eindrucksvolle Beispiele für beide Verhaltensweisen finden.

Bei meinen Gesprächen mit Zeitzeugen erinnerte sich Dr. Norbert Ludwigs an Karl Levens Bruder Alfred, der beim Straßenbau zu schweren Erdarbeiten herangezogen worden war. Bevor er seinen Beruf aufgeben musste, handelte Alfred Leven, 1902 geboren und sieben Jahre jünger als sein Bruder Karl, mit Stoffen und Herrenkonfektionsartikeln. Der ehemalige Nachbar weiß noch, dass seine erste lange Hose bei ihm gekauft worden war. Eines Tages zeigte Alfred Leven ihm seine von der ungewohnten Arbeit gezeichneten, schwieligen Hände. Die Finger schmerzten und waren so verkrümmt, dass er sie nicht mehr strecken konnte.[32]

Schon viel früher, nach der Pogromnacht, hatten sich die noch in Deutschland lebenden Juden durch eine unsichere und gefährliche Zukunft bedroht gefühlt. Unter dem tiefen Schock dieser Nacht und der nachfolgenden Tage und Wochen wurden vielerlei Zukunftsstrategien entworfen. Um weiteren Diffamierungen und Demütigungen zu entgehen, schien manchen der Übertritt zum Christentum ein gangbarer Weg zu sein. Die Hoffnung, in einer der beiden christlichen Konfessionen einen gewissen Schutz vor Verfolgung zu erfahren, lag umso näher, wenn der Ehepartner ein getaufter Christ war.

Nur wenige Tage nach dem Pogrom, am 15. November 1938, stand auf der Tagesordnung der Sitzung des Presbyteriums der Dürener evangelischen Auferstehungskirchengemeinde: *Übertritt von Frau Elsa vom Bruch, geb. Schwarz, zur evangelischen Kirche.* Die jüdische Antragstellerin war mit Artur vom Bruch, einem – nichtjüdischen – evangelischen Christen, verheiratet. Als Ergebnis ist im Sitzungsprotokoll festgehalten: *Die Mitglieder des Presbyteriums sprechen sich eingehend über diesen Antrag mit Rücksicht auf die augenblickliche Zeit aus. Die Anwesenden lehnen die Aufnahme in die evang. Kirche ab.*[33]

Jahrzehnte später gehört der Autor dem gleichen Gremium an, das über den Antrag von Frau vom Bruch entschieden hat. Im Rahmen des Berichtes über Karl Leven, der ja auch ein „Werkstattbericht" des Verfassers ist, mag der folgende kurze Exkurs gerechtfertigt sein, in dem ich mich – im Spannungsfeld zwischen den Positionen einer evangelischen Kirchengemeinde damals und heute – frage, welche Ablehnungsgründe die damalige Gemeindeleitung wohl diskutiert haben mochte und wie christliche Gemeinden überhaupt zur Verfolgung und Unterdrückung ihrer jüdischen Nachbarn gestanden haben. Natürlich setzt sich das

Presbyterium von heute aus Menschen einer anderen Generation zusammen. Aber viel mehr als die personalen Veränderungen haben sich die gesellschaftlichen und politischen Gegebenheiten eines demokratischen Staatswesens auf das Leben der christlichen Gemeinde ausgewirkt. *Jedermann ist dieser Gemeinde willkommen, gleichgültig, welcher Konfession er angehört [...] Wir bekennen uns zur Tradition unserer Kirche, verleugnen aber nicht ihr historisches Versagen [...]* Das stark gekürzte Zitat entstammt der „Dürener Theologischen Erklärung" von 1969, die von der gleichen Gemeinde erarbeitet wurde, die 1938 Frau vom Bruch nicht in ihre Gemeinschaft aufnehmen wollte… Konsequent hat die evangelische Gemeinde zu Düren ihre „Erklärung" ernst genommen und sich seit 1988 immer wieder ideell und materiell bei den Besuchen „ehemaliger jüdischer Mitbürger" tatkräftig engagiert.

Dass Elsa vom Bruch einen gewissen Schutz vor Verfolgung genoss, weil ihr Ehemann ‚arisch' war und sie nach geltendem NS-Recht in einer ‚privilegierten Mischehe' lebte, könnte die Entscheidung des Presbyteriums in dem Sinne beeinflusst haben, dass der Übertritt zur christlichen Religion als sozusagen zusätzliche Schutzmaßnahme – und damit als nicht wirklich notwendig – angesehen wurde. Im Übrigen hatte die Taufe längst nicht immer die Schutzfunktion, die sich manche Christen jüdischer Herkunft erhofft hatten: für die Rassentheoretiker war die Konfession unerheblich.[35] Je unerbittlicher und brutaler die Verfolgung und Vernichtung der Juden im Verlaufe des Krieges wurden, umso mehr wurde der vorher respektierte schützende Status einer privilegierten Mischehe ausgehöhlt.

Die Entscheidung des Presbyteriums könnte im übrigen auch von Erfahrungen beeinflusst gewesen sein, die andernorts mit der Aufnahme konvertierter Juden gemacht worden sind. Die seit 1938 immer häufiger werdenden Taufen führten in manchen evangelischen und katholischen Gemeinden zur Ablehnung der neu aufgenommenen jüdischen Gemeindemitglieder durch ihre nichtjüdischen christlichen Schwestern und Brüder. In Wien waren zwei Drittel der 8728 sogenannten Geltungsjuden, also nach den Nürnberger Gesetzen definierten Juden, zum Christentum konvertiert.[36] Manche evangelischen Kirchgänger lehnten die vielen „Judenchristen" ab, manche wollten sie sogar vom Gottesdienstbesuch ausgeschlossen sehen. Pfarrer wurden von Gemeindegliedern gebeten, nicht neben „diesen Juden" zum Abendmahl gehen zu müssen. Einige Pfarrer waren auch bereit, Rücksicht auf die Meinung der Bevölkerung und die Machtstellung der örtlichen NSDAP zu nehmen. Konkreter wurde am 10. Februar 1939 die Landeskirche Thüringen, indem sie ihren eigenen getauften Juden den Zutritt zu ihren Gotteshäusern verbot. Die Evangelische Kirche von Sachsen schloss sich zwei Tage später den thüringischen Schwestern und Brüdern an, die Kirchen von Lübeck, Anhalt und Mecklenburg folgten. Pastoren nichtarischer Herkunft wurden mit Verweis auf das Gesetz zur Wiederherstellung des Berufsbeamtentums vom 7. April 1933 ihres Amtes enthoben.[37] Auf der katholischen Seite gab es Vorschläge, Sondergottesdienste für „katholische Juden" abzuhalten. Man machte sich Sorgen wegen eines möglichen „Boykotts" von Messen durch Beamte und NSDAP- Mitglieder.[38] Immerhin gab es in beiden Kirchen Gruppierungen, die den „Judenchristen" zur Seite standen: von katholischer Seite der Raphaelsverein, von Evangelischer Seite das Büro Heinrich Grüber.[39] Ihre Hilfsmöglichkeiten waren begrenzt, weil die überwiegende Mehrheit eben „hinschaute und wegsah" und eine konsequente Hilfe verweigerte. Sie boten letztlich keinen Schutz vor Deportation und Vernichtung.

Ungeachtet der Zuspitzung der Judenverfolgung und ungeachtet der Verweigerung der christlichen Taufe durch die Dürener Evangelische Gemeinde hat Elsa vom Bruch, geb. Schwarz, den Holocaust überlebt.

Unmittelbar nach der „Kristallnacht" war von den christlichen Kirchen keine öffentliche Kritik an dem Pogrom zu hören. Erst einen Monat später und nur indirekt bezog die Bekennende Kirche – die sich dem Absolutheitsanspruch widersetzte, den die Nationalsozialisten auch in Kirchenfragen erhoben – in einer Botschaft an die Gemeinden Stellung zu den zurückliegenden Ereignissen. Dass das in einer heute befremdlichen Weise geschah, sei dahin gestellt. Betont wurde die Verbindung mit *allen Christusgläubigen aus den Juden.* Die Gemeinden wurden ermahnt, *sich der leiblichen und seelischen Not ihrer christlichen Brüder und Schwestern aus den christlichen Juden* anzunehmen, auch für sie im Gebet vor Gott einzutreten. So formuliert, grenzte die christliche Glaubensgemeinschaft, die sich in der Bekennenden Kirche zusammengefunden hatte, ungeachtet des Gebotes der Nächstenliebe, alle Juden aus, die ihrem eigenen Glauben treu blieben. Diese wurden vielmehr in ihrer Gesamtheit lediglich mit Bezug auf ihre „Sünde" erwähnt: Jesus Christus sei *auch die Versöhnung für die Sünde des jüdischen Volkes*[40]. Vom Gegenpol der Bekennenden Kirche, den „Deutschen Christen", die gleichsam den nationalsozialistischen Flügel des Protestantismus darstellten und eine „völkische Theologie" betrieben, war auf Grund ihrer ideologischen Fixierung keinerlei Eintreten für die verfolgten jüdischen Bevölkerungsanteile zu erwarten. Nach dem Krieg hat die Evangelische Kirche in Deutschland eine Mitverantwortung an den Verbrechen des NS-Staates eingestanden.[41]

Die Position der katholischen Kirche zum Antisemitismus und zur Judenverfolgung im NS-Staat ist bis heute umstritten. Nicht zu Unrecht steht in der schon zitierten Dissertation über den Nationalsozialismus in den Kreisen Düren und Jülich[42] ein Fragezeichen hinter der plakativen Überschrift „Der christliche Glaube als Hort des Widerstandes?" Wenn es auch befremdlich anmuten mag, die Zahl ausgegebener Kommunionen als ein Maß für das religiöse Leben einer katholischen Pfarrgemeinde in der NS-Zeit zu werten, so kann es doch von zeitgeschichtlichem Interesse sein, dass in dem Dürener Stadtteil Birkesdorf 1939 die Kommunion 100 000 mal und 1942 nur noch 65 000 mal ausgeteilt wurde.[43]

Wie auch immer, in der stark katholisch geprägten Aachen–Dürener Region liefen die Dinge für das NS-Regime nicht immer nur glatt. Ob allerdings das folgende Zitat als Ausdruck des rheinischen Katholizismus mehr als eine nur lokale Bedeutung hatte, muss offen bleiben. Am 5. September 1935 schrieb die Staatspolizeistelle für den Regierungsbezirk Aachen an das Geheime Staatspolizeiamt Berlin: *[…] Die Behandlung der Judenfrage hat in meinem Bezirk […] den größten Unwillen hervorgerufen, da bei ihrer Mentalität die katholische Bevölkerung zunächst den Juden als Menschen wertet und erst in zweiter Linie daran denkt, die Angelegenheit vom rassenpolitischen Standpunkt aus zu beurteilen. Selbst im Widerstreit zu bevölkerungspolitischen Grundsätzen und Forderungen der Bewegung befunden, wie es z. B. in der Frage der Sterilisation der Fall ist, ist die katholische Bevölkerung Juden allgemein gegenüber weitgehendst duldsam und lehnt, soweit es sich um den einzelnen Juden handelt, jegliche Maßnahme entschieden ab. Es ist daher sehr zu begrüßen, daß in Zukunft gegen Juden nicht mehr durch Einzelaktionen vorgegangen werden soll, zumal diese im hiesigen Grenzbezirk ohnehin schon die nachteiligsten Folgen auf das nahe Ausland gezeitigt haben. Auch der Schreibweise des „Stürmer" wird wenig Verständnis entgegengebracht. […]*[44]

Weitgehend unabhängig von der Einstellung der christlichen Konfessionen wurde das Lebensgefühl der im Lande gebliebenen Jüdinnen und Juden immer stärker beherrscht von Schikanen und Demütigungen, Erschwernissen bisher ganz selbstverständlicher Lebensgewohnheiten, tiefer Verängstigung und der Sorge um die eigene Zukunft und die der Kinder, Verwandten und Freunde.

Den nichtjüdischen Nachbarn konnte das nicht verborgen bleiben: Ein Nachbar behauptete, Dr. Leven sei zwar immer höflich und freundlich, insgesamt aber eher still, fast scheu und zurückhaltend gewesen.[45] Ich konnte mir dagegen nach den Erzählungen seiner emigrierten Verwandten ein ganz anderes Bild von Karl Leven machen, der viel lachte, mit den Kindern alberte und gerne Sport trieb. Diese Erinnerung stammt allerdings aus einer Zeit, als die Unterdrückungs- und Verfolgungsmaßnahmen noch nicht so existenziell waren, wie nach der Pogromnacht. Auch wenn man berücksichtigen muss, dass Menschen sich innerhalb des vertrauten Familienkreises anders als in der Öffentlichkeit verhalten, so liegt es doch nahe, in Karl Levens vorsichtiger Zurückhaltung nach außen einen Anpassungsvorgang zu sehen, der in einer Zeit permanenter Gefährdung allgemein zu den strategischen Überlebensmechanismen gehörte. Zahlreiche Verordnungen wurden erlassen und „rücksichtslos", – damals, ebenso wie „fanatisch", ein von Hitler und den Nationalsozialisten positiv besetztes und stereotyp wiederholtes Wort – in die Tat umgesetzt. Während aus heutiger Sicht viele dieser „Maßnahmen" in ihrer zynischen Detailbesessenheit vielleicht nur fassungsloses Kopfschütteln hervorrufen, so waren sie für die im Lande verbliebene Judenheit und damit auch für die Lebenswelt von Karl Leven und seiner Familie bitterste Realität.

Anstatt, wie oft in einschlägigen Publikationen, alle administrativen Zwänge an dieser Stelle chronologisch und in distanzierter Behördensprache aufzulisten, soll ein unmittelbar Betroffener, der unermüdliche, präzise und unter Lebensgefahr tätige Tagebuchschreiber Victor Klemperer zu Wort kommen. Seine Erfahrungen in Dresden haben, mit verschiedenen Abwandlungen, auch Karl Leven und seine Familie und alle noch in Deutschland lebenden Juden machen müssen.

Victor Klemperer notierte am Dienstag, 2. Juni 1942:
… Der Würger wird immer enger angezogen, die Zermürbung mit immer neuen Schikanen betrieben. Was ist in diesen letzten Jahren alles an Großem und Kleinem zusammengekommen! Und der kleine Nadelstich ist manchmal quälender als der Keulenschlag. Ich stelle ein-

mal die Verordnungen zusammen: 1) Nach acht oder neun Uhr abends zu Hause sein. Kontrolle! 2) Aus dem eigenen Haus vertrieben. 3) Radioverbot, Telefonverbot. 4) Theater-, Kino-, Konzert-, Museumsverbot. 5) Verbot, Zeitschriften zu abonnieren oder zu kaufen. 6) Verbot zu fahren; (dreiphasig: a) Autobusse verboten, nur Vorderperron der Tram erlaubt, b) alles Fahren verboten, außer zur Arbeit, c) auch zur Arbeit zu Fuß, sofern man nicht 7 km entfernt wohnt oder krank ist (aber um ein Krankheitsattest wird schwer gekämpft). Natürlich auch Verbot der Autodroschke.) 7) Verbot, „Mangelware" zu kaufen. 8) Verbot, Zigarren zu kaufen oder irgendwelche Rauchstoffe. 9) Verbot, Blumen zu kaufen. 10) Entziehung der Milchkarte. 11) Verbot, zum Barbier zu gehen. 12) Jede Art Handwerker nur nach Antrag bei der Gemeinde bestellbar. 13) Zwangsablieferung von Schreibmaschinen, 14) von Pelzen und Wolldecken, 15) von Fahrrädern – zur Arbeit darf geradelt werden (Sonntagsausflug und Besuch zu Rad verboten), 16) von Liegestühlen, 17) von Hunden, Katzen, Vögeln. 18) Verbot, die Bannmeile Dresdens zu verlassen, 19) den Bahnhof zu betreten, 20) das Ministeriumsufer, die Parks zu betreten, 21) die Bürgerwiese und die Randstraßen des Großen Gartens (Park- und Lennéstraße, Karcherallee) zu benutzen. Diese letzte Verschärfung seit gestern erst. Auch das Betreten der Markthallen seit vorgestern verboten. 22) Seit dem 19. September [1941, d. Verf.] *der Judenstern. 23) Verbot, Vorräte an Eßwaren im Hause zu haben. 24)Verbot der Leihbibliotheken. 25) Durch den Stern sind uns alle Restaurants verschlossen. Und in den Restaurants bekommt man immer noch etwas zu essen, irgend einen „Stamm", wenn man zu Haus gar nichts mehr hat. Eva sagt, die Restaurants seien übervoll.* [Victor Klemperers Frau Eva hatte als Nichtjüdin Zutritt zu Restaurants. Verf.] *26) Keine Kleiderkarte. 27) Keine Fischkarte. 28) Keine Sonderzuteilung wie Kaffee, Schokolade, Obst, Kondensmilch. 29) Die Sondersteuern. 30) Die ständig verengte Freigrenze. Meine zuerst 600, dann 320, jetzt 185 Mark. 31) Einkaufsbeschränkung auf eine Stunde (drei bis vier, Sonnabend zwölf bis eins). Ich glaube, diese 31 Punkte sind alles. Sie sind aber alle zusammen gar nichts gegen die ständige Gefahr der Hausdurchsuchung, der Mißhandlung, des Gefängnisses, Konzentrationslagers und gewaltsamen Todes.*[46]

22
In Aachen. Eine Geburt.
„Man darf als Jude heute nicht krank sein."

Eines Nachts, nach einer anderen Beobachtung war es frühmorgens, musste Familie Leven ihre Wohnung in der Hohenzollernstraße verlassen. Nachbarn hatten Lärm auf der Straße gehört und beobachtet, wie Familie Leven auf einen Lastwagen getrieben wurde.[1] Die Kinder Hans Herrmann und Mirjam Charlotte hätten ihre Teddybären im Arm gehabt, Frau Leven sei schwanger gewesen. So hat es Frau Zilken, Ehefrau des Gastwirts Tilman Zilken und ehemalige Patientenmutter, gesehen und ihren Töchtern Resi und Cilli erzählt, die die Schilderung an mich weitergaben.[2]

Eine Zeitangabe für dieses Ereignis kann nicht gemacht werden. Die Erwähnung der Schwangerschaft gibt einen Zeitrahmen vor: Es muss sich etwa um Ende 1941 bis März 1942 gehandelt haben. In diesem Monat wurde Jona, das dritte Kind von Karl und Else Leven geboren.

So wie der Zeitpunkt ist auch das Ziel des Transportes unklar. Es kann nur eine Vermutung sein, dass Familie Leven mit diesem Transport nach Aachen oder zum Bahnhof Düren mit dem Ziel Aachen gebracht worden ist. Nachweislich hat Karl Leven mit seiner Familie dort zunächst am Grünen Weg 12, einem ehemaligen Obdachlosenheim, gelebt. Das geht aus einer Auflistung hervor, in der die Insassen des Aachener Ghettos Eupenerstraße 249 mit ihren Herkunftsorten aufgeführt sind. Bei Familie Leven wurde registriert, dass sie vom Grünen Weg 12 in Aachen „zugezogen" ist.[3]

Das an der Ecke Paßstrasse/Grüner Weg gelegene Barackenlager wird schon 1900 in einer Schrift über das Krankenhauswesen der Stadt Aachen als städtisches Isolierspital „Karlsburg" erwähnt.[4] Es war 1885 wegen einer Choleraepidemie dort mit zunächst vier Baracken provisorisch eröffnet worden. In den Jahren bis 1892 kamen noch vier weitere, nun massiv unterkellerte, eingeschossige Bauten in Fachwerkbauweise hinzu, die mit Asphaltpappe gedeckt waren. Später, ab 1919, wurden sie als Lager für französische Soldaten, noch später als Militärspital für belgische Besatzungstruppen, danach als Unterkunft für die Schutzpolizei, ab 1934 als Lager für den Reichsarbeitsdienst genutzt.[5] Am 9. Mai 1941 stand das inzwischen zum Obdachlosenheim gewordenen Lager am Grünen Weg auf der Tagesordnung einer Sitzung des Rates der Stadt Aachen: […] *Nachdem das Obdachlosenheim am Grünen Weg für die Unterbringung eines Teiles der in Aachen lebenden Juden zur Verfügung gestellt worden ist, muss für künftig obdachlos werdende Familien andere Unterkunft geschaffen werden* […][6]

Das „Judenlager" am Grünen Weg war berüchtigt. Die Zustände dort werden als „besonders unmenschlich" beschrieben[7]: *Die Juden lebten dort, regelrecht zusammengepfercht, auf engstem Raum; Möbel waren nur sehr spärlich vorhanden. Einzelne Familien hatten aus leeren Schachteln eine Zwischenwand gezogen, um wenigstens das Gefühl eines privaten Raums zu haben. Das Lager wurde bewacht. In den einzelnen Holzbaracken herrschte eine erdrückende Enge. Um das Lager war ein hoher Drahtzaun gezogen worden. Luftschutzräume gab es keine, sondern nur einen Schützengraben in Zackenlinie ohne Überdachung. Eine Baracke grenzte an ein Haus, in dem die Hitler-Jugend ihre Heimabende abhielt. Die Bewohner stellten abends Bretter vor die Fenster, da die Jugendlichen versuchten, die Fensterscheiben mit Steinen einzuwerfen. Laut grölend sang die HJ bei ihren Heimabenden „Judenlieder". Die jüdischen Bewohner litten bittere Not. „Ariern" war der Zutritt zum Lager verboten. Trotzdem gelang es einigen, in aller Frühe unbemerkt ins Lager zu kommen und einigen jüdischen Bekannten Lebensmittel zuzustecken. Sie mussten den ganzen Tag im Lager bleiben und konnten sich erst bei Dämmerung aus dem Lager schleichen. Die Lagerbewohner bekamen nur sehr wenige Lebensmittel, die zudem erst am Abend in einem besonderen Geschäft für Juden eingeholt werden durften. Das betreffende Geschäft lag weit vom Lager entfernt, fast in der Innenstadt. Trotzdem durften die Juden keine Straßenbahn benutzen. Die völlig eingeschüchterten Menschen gingen zum*

Einkauf in der Bordsteinrinne, da Juden den „Ariern" den Vortritt auf dem Bürgersteig lassen mussten.

Ich fahre am Grünen Weg entlang und suche an der Ecke Paßstrasse vergeblich nach Spuren des Barackenlagers. Das Gelände in einer leicht hügeligen Stadtrandregion Aachens ist heute ein typisches Gewerbegebiet, dicht mit Supermärkten und flachen Industrie- und Dienstleistungsgebäuden besiedelt. Nicht allzu weit entfernt verläuft die Autobahn, waldiges Gelände begrenzt dahinter die Sicht. Die Baracken sind längst abgerissen. Heute ist lediglich nachvollziehbar: Der Weg in die Innenstadt ist tatsächlich weit für einen Fußgänger.

Am 23. März 1942 wird Jona, das dritte Kind der Familie Leven, geboren. In der genannten Auflistung wird Köln-Ehrenfeld als Geburtsort angegeben.[8] Auch wenn sich in den wenigen noch vorhandenen Akten des Israelitischen Asyls für Kranke und Altersschwache im Kölner Stadtteil Ehrenfeld keine entsprechende Eintragung mehr finden lässt und eine standesamtliche Registrierung ebenfalls – bei schwieriger Aktenlage – nicht nachweisbar ist, so kann doch mit einiger Wahrscheinlichkeit angenommen werden, dass Jona Leven an der früheren Wirkungsstätte seines Vaters, der von Februar bis Oktober 1922 zunächst als Medizinalassistent und danach als „freiwilliger Arzt" dort tätig war, geboren wurde. Warum in Köln, während doch Familie Leven offenbar zu dieser Zeit in Aachen lebte, bedarf der Erklärung.

Am 22. Juni 1938 war durch einen Erlass des Innenministeriums verfügt worden, dass *die Unterbringung von Juden in Krankenanstalten ... so auszuführen [ist], dass die Gefahr von Rassenschande vermieden wird. Juden sind in besonderen Zimmern unterzubringen.*[9] Vom 18. März 1939 stammt eine Erklärung des Regierungspräsidenten in Arnsberg als Antwort auf ein Schreiben der Schutzpolizei Dortmund, die es als „untragbar" ansah, dass „ein Arzt oder ein Krankenhaus erste Hilfe ablehnte, lediglich weil der Verletzte fremdrassig ist". Der Regierungspräsident vertritt die Meinung, dass in Notfällen jeder deutsche Arzt gehalten ist, Juden zu behandeln, bis deren „anderweitige ärztliche Versorgung erfolgen kann". Auch für Krankenanstalten bestehe in „Fällen unmittelbarer Gefahr" die Pflicht, Juden aufzunehmen, sie jedoch abgesondert unterzubringen. *Sollten sich erneut Schwierigkeiten ergeben, so sehe ich weiterem in Verbindung mit dem Gesundheitsamt zu erstattendem Bericht entgegen. Im übrigen weise ich darauf hin, daß für Juden in Köln Gelegenheit besteht, sich im Israelitischen Asyl für Kranke und Altersschwache in Köln-Ehrenfeld, Ottostr. 85, behandeln zu lassen.* [...][10]

Die Gestapo in Dortmund erließ daraufhin Richtlinien, nach denen für die Aufnahme jüdischer Patienten in Krankenhäuser zunächst in der Nähe befindliche jüdische Anstalten in Anspruch zu nehmen sind. In den Fällen, in denen das nicht möglich sei, würde es sich nicht vermeiden lassen, auf *deutsche* [!] *Krankenhäuser zurückzugreifen, wobei jedoch nach Möglichkeit für eine gesonderte Unterbringung der jüdischen Patienten Sorge zu tragen ist. Dabei ist jedoch zu beachten, daß einzelne Krankenanstalten unter Berücksichtigung besonderer Traditionen oder besonderer Umstände, z.B. Benennung nach einem Parteiführer, wie im Falle des Rudolf-Heß-Krankenhauses [...] von der Pflicht zur Aufnahme von Juden ausdrücklich ausgenommen werden sollen.*[11]

Für die etwa 213 000 Juden, die 1939 noch in Deutschland lebten, wurde es immer schwerer, ein Bett in einem Krankenhaus zu erhalten. In vielen Orten wurde die stationäre Aufnahme abgelehnt. Es gab zu der Zeit in Deutschland noch 14 jüdische Krankenhäuser mit 1599 Betten.[12]

Welche Leiden mit der strikten Trennung von Juden und Nicht-Juden auch im Krankheitsfall verbunden waren, zeigt sich in einigen Krankengeschichten, die von Victor Klemperer in Dresden beschrieben worden sind. Am 4. März 1943 notiert er in seinem Tagebuch:

Ich erkundigte mich nach Jacobi. Er litt schon lange an einer Mittelohreiterung, in hiesigen Krankenhäusern war kein Platz für einen Juden, er sollte dieser Tage nach Berlin fahren und dort im jüdischen Krankenhaus operiert werden. Gestern erfuhr ich: Die Gestapo hatte die Reiseerlaubnis im letzten Augenblick verweigert, er war im Fried-

richstädter Krankenhaus operiert und sofort nach der Operation im Krankenwagen heimgeschafft worden. Es soll ihm gut gehen. Ich ließ ihn nur grüßen und werde ihn Sonnabend Vormittag aufsuchen. – […]

6. März nachmittags […] Bei Jacobi war ich nur wenige Minuten; er liegt noch sehr mitgenommen und sehr bandagiert. Es scheint, als habe nur die Energie seiner Frau ihm das Leben gerettet. Er musste operiert werden, es war höchste Zeit. Die Gestapo verweigerte ihm die Fahrerlaubnis nach Berlin. Hier hieß es: Ein Einzelzimmer im Krankenhaus ist nicht frei, in einem allgemeinen Saal darf kein Jude liegen – also wird die Operation abgelehnt. Da drang Frau Jacobi, die Arierin, zum Chefarzt des Friedrichstädter Krankenhauses vor und sagte ihm erbittert: Also lassen Sie meinen Mann sterben, weil er Jude ist. Das muß den Arzt ins Gewissen getroffen haben, er rang selber telefonisch mit der Gestapo. Ergebnis: Die Operation wurde erlaubt, doch musste Jacobi sofort danach im Krankenauto heimbefördert werden. Die Ärzte und Schwestern behandelten ihn sehr freundlich, vor der Operation hieß es: schwierig und im letzten, allerletzten Augenblick. Unmittelbar nach der Aufmeißelung des Schädels legte man ihn dann ins Krankenauto, einen alten rüttelnden Kasten, in dem die Bahre nicht federnd aufgehängt war – es galt schon als Gnade, daß überhaupt der Autotransport erlaubt wurde. Jetzt ist Jacobi außer Gefahr, die Nachbehandlung hat Dr. Katz. „Man darf als Jude heute nicht krank sein", sagte er mir. Ich hatte durchaus nicht den Eindruck, daß seine Erzählung – Frau Jacobi erzählte den Vorgang gleichartig – die Wahrheit entstellt und vergreult. Von den Ärzten sprach er, wie gesagt, mit großer Dankbarkeit. Nur eben, alle stehen unter dem Druck der allmächtigen Gestapo.[13]

Aus Klemperers Eintragung vom 16. Oktober 1943: *Die Grausamkeit im 3. Reich: Gestern fuhr Eisenmann sen. nach Berlin ins jüdische Krankenhaus. Die Nazis schädigen sich lieber, als daß sie auf Grausamkeiten verzichten. Eisenmann konnte sehr wohl hier* [in Dresden] *in x Krankenhäusern operiert werden. Nein – ein Jude muß ins jüdische Krankenhaus nach Berlin, muß die Bahn belasten. Einen Sitzplatz freilich bekommt er nicht. Er muß stehen oder sich auf seinen Koffer setzen. Er darf im allgemeinen auch nur Personenzüge* [statt Schnellzüge, Verf.] *benutzen. Hiervon wurde Eisenmann nach langem Hin und Her (Neumark – Gestapo) dispensiert.*

Vergleiche den Fall Jacobi; der Mann wurde hier operiert, aber gleich danach in bösem Zustand nach Hause geschickt.[…][14]

Victor Klemperer erfuhr von diesen Krankengeschichten in Unterhaltungen mit dem jüdischen Arzt Dr. Katz, den er, wie häufiger, auch am Sonntag, 24. Oktober 1943, aufsuchte. Hier findet sich ein Beispiel dafür, wie die Gestapo mit einem jüdischen Arzt umging. Klemperer berichtet: *Er* [Dr. Katz, Verf.] *redete viel von Misshelligkeiten. In der Tram beleidigt, hat er aufgetrumpft: „Wollen Sie einen ehemaligen Offizier kränken?" Die Sache war an die Gestapo gekommen. Der Kommissar sagte ihm: „Du weißt, du hast bei uns einen Stein im Brett; aber aufsässig darfst du nicht werden."*[15] Das Verhalten der Gestapo oder sonstiger NS-Organe Dr. Karl Leven gegenüber dürfte sich von dem rüden Vorgehen der Dresdener Gestapo nicht unterschieden haben.

Dass es Probleme geben konnte, wenn ein jüdischer Arzt von einem „Mischling" in Anspruch genommen werden sollte, geht aus einer Eintragung Klemperers vom 11. Dezember 1943 hervor: [Dr. Katz] *erzählte: Er entband eine Jüdin, der Vater des Kindes Arier. Acht Tage danach wurde er zu dem Säugling gerufen. Er fragte die Gestapo an. Verbot: Das Kind sei Mischling und dürfe also nicht von ihm behandelt werden.* Die Definitionsarithmetik der 1. Verordnung des Reichsbürgergesetzes vom 14. November 1935 wird an diesem Beispiel deutlich: Wer zwei jüdische Großeltern hatte, galt als Mischling, also nicht als Jude, er wurde aber zum Juden dadurch, dass er mit einem jüdischen Ehepartner verheiratet war oder zum Zeitpunkt der Veröffentlichung des Gesetzes der jüdischen Religion angehörte.[16] Mischlinge, wie das Neugeborene, gehörten also – zumindest nach Auffassung der Dresdener Gestapo – nicht in die Obhut eines jüdischen Arztes.

Nach dem Erlass des Reichsinnenministeriums und der Verlautbarung des Regierungspräsidenten in Arnsberg war die „Rechtslage" für die in der Familie Leven bevorstehende Geburt eindeutig: Da eine Geburt in der Regel keinen unmittelbaren Notfall darstellt, der eine unverzügliche Aufnahme in ein „arisches" Krankenhaus am Wohnort erforderlich macht, kann angenommen werden, dass Else Leven eigens zur Geburt von Aachen nach Köln zum Israelitischen Asyl für Kranke und Altersschwache gebracht worden ist. – Ob jemand, abgesehen vom Wachpersonal, Else Leven auf ihrem schweren Weg begleitet hat? Karl und Else Leven bekamen ihren zweiten Sohn und der fast neunjährige Hans Herrmann und die sechsjährige Mirjam Charlotte einen Bruder. (Mit welchen Gedanken wird der kleine Jona in einer Welt voller Unheil, Bedrohung und Verfolgung von seiner gezeichneten Familie empfangen worden sein? Welche Gefühle können Eltern für ihr neugeborenes Kind haben, wenn sie wissen, dass sie von der Deportation bedroht sind und die zumindest ahnen, dass ihnen weiteres Unheil bevorsteht?)

Nach einer unbekannten Zeit der Unterbringung am Grünen Weg in Aachen wird die nun fünfköpfige Familie Leven am 12. April 1942 von dem dortigen Barackenlager in das Aachener Ghetto Eupenerstraße 249 verlegt. Das Ghetto in der Eupener Straße hieß im Aachener Volksmund „das Lägerchen". Es gehörte zur Villa eines Aachener Tuchfabrikanten.[17] Dr. Leven wird dort als „jüdischer Krankenbehandler" registriert.[18] In einer Liste der Insassen des Ghettos finden sich außer Familie Leven weitere 44 Namen mit Geburtstag, Tag des „Zuzugs", Geburtsort, Staatsangehörigkeit (ausnahmslos: „Deutsches Reich"), Konfession, Familienstand, frühere Wohnung, Auszug, Neue Wohnung. Die älteste Bewohnerin war die 83-jährige Klara Hirsch, geb. Eckstein, aus Gressenich, Aachen-Land, die sich seit dem 26. März 1941 in der Eupenerstraße befand und die am 25. Juli 1942 nach Theresienstadt deportiert wurde. Sie hat das Lager nicht überlebt.[19] Die Durchsicht der Liste ergibt, dass am gleichen Tag wie Familie Leven weitere 14 Jüdinnen und Juden aus dem Lager am Grünen Weg in das Aachener Ghetto verlegt wurden. Über die Art des Transportes ist nichts bekannt. Der jüngste Bewohner in der Eupenerstraße 249 war der drei Wochen alte Jona. Nach dem Umzug in die Eupenerstraße wird Familie Leven dort noch zwei Monate leben.

II TODESSPUR

23
DEPORTATIONEN.

Für immer geprägt von seiner Leidenszeit im Konzentrationslager Buchenwald fragt der spanische Schriftsteller Jorge Semprun nach den „wahren Zeugen": *Aber weder den Historikern noch den Soziologen ist es bisher gelungen, folgenden Widerspruch aufzulösen: Wie sollen sie die wahren Zeugen, das heißt die Toten, zu ihren Kolloquien einladen? Wie sie zum Sprechen bringen?*[1]

Die Frage muss ohne Antwort bleiben und so lässt sich nur von dem Weg in die Konzentrationslager berichten. Es war der Weg in den Tod auch für die meisten der 71 Kinderärztinnen und Kinderärzten, die deportiert wurden. Von den wenigen, die die Lager überlebt haben, sind einige Zeugnisse erhalten.

Eine der Überlebenden des Internierungslagers Gurs in Frankreich war die Kinderärztin, Primarschullehrerin und Psychologin Elsa Liefmann. Sie wurde 1881 in Hamburg geboren und starb 1970 im Alter von 89 Jahren in Zürich. Im Oktober 1940 war sie deportiert und nach vier Monaten Lagerhaft durch Vermittlung einer Schweizer Hilfsorganisation wieder entlassen worden. Elsa Liefmann hat ihre Erinnerung an den Abtransport und die Zeit im Lager veröffentlicht.[2] Sie begründete ihre Aufzeichnungen: *… unsere junge Generation soll wissen, was Menschen in unserem Jahrhundert in einer „christlichen" Bevölkerung unter dem Druck einer teuflischen Übermacht sich zuschulden kommen ließen, da sie diese Übermacht nicht als böse erkannt haben. So wurden sie selbst unmenschlich. Es ist die Frage, ob dergleichen unter ähnlichen Verhältnissen vielleicht auch in anderen Ländern möglich gewesen wäre.*

Im September 2001 treffe ich in Freiburg am Rande der Jahrestagung der „Deutschen Gesellschaft für Kinderheilkunde und Jugendmedizin" den emeritierten Medizinhistoriker und Kinderarzt Professor Eduard Seidler. Er macht mich auf einen „Tatsachenbericht" der Kinderärztin Lucie Adelsberger aufmerksam. Sie war Mitglied der Deutschen Gesellschaft für Kinderheilkunde und wurde 1935 aus dem Mitgliederverzeichnis gestrichen, vermutlich schon bevor sie am 3. 12. 1935 ihren Austritt erklärte.[3]

Lucie Adelsberger hat in den ersten beiden Nachkriegsjahren ihre persönlichen Erfahrungen und ihren erschütternden Leidensweg als Häftling und Lagerärztin im KZ Auschwitz, wo sie im Zigeunerlager und im Frauenlager Birkenau eingesetzt wurde, mit großer Unmittelbarkeit und in schonungsloser Realitätsnähe festgehalten.[4] Mit Karl Leven hatte sie außer dem Beruf auch das Geburtsjahr, 1895, gemeinsam. Lucie Adelsberger starb 1971 in New York. Am Schluss ihres Textes findet sich „das Vermächtnis derer von Auschwitz": *Durch einen irregeleiteten Fanatismus sind aus Menschen Bestien geworden, die nicht nur getötet, sondern mit Lust und Freude gequält und gemordet haben. Ein bißchen Salonantisemitismus, etwas politische und religiöse Gegnerschaft, Ablehnung des politisch Andersdenkenden – an sich ein harmloses Gemengsel, bis ein Wahnsinniger kommt und daraus Dynamit fabriziert. Man muß diese Synthese begreifen, wenn Dinge, wie sie in Auschwitz geschehen sind, in Zukunft verhütet werden sollen. – Wenn Haß und Verleumdung leise keimen, dann, schon dann heißt es wach und bereit zu sein.*[5]

Derartigen Zeugnissen von Überlebenden lassen sich von den aus Düren stammenden Verwandten Karl Levens nach ihrer Deportation keine vergleichbaren Äußerungen gegenüber stellen. Niemand von ihnen hat überlebt.

Karl Levens Mutter war 73 Jahre alt, als sie deportiert wurde.[6] Sara Leven, geb. Heimann, war am 11. März 1869 in Gürzenich bei Düren geboren worden[7] und hatte 1894 den siebzehn Jahre älteren Hermann Leven geheiratet. Ihr Mann war 1929 in Düren gestorben.[8] Als Sara Levens Deportationsziel wird in einem „Gedenkbuch" fälschlich Minsk angegeben.[9] Am 21. März 1942 wurden die meisten der Internierten in den Dürener Sammellagern, also auch die in der Gerstenmühle, deportiert[10], aber entgegen früheren Annahmen gehörte Sara Leven nicht zu ihnen. An die Anschrift Sara Levens in der Gerstenmühle, war, wie erwähnt, die Enteignungsverfügung des Regierungspräsidenten vom 25. Juli 1942 gerichtet, durch die sie alle ihre Vermögenswerte an den deutschen Staat verlor. Das Datum dieser Verfügung ist identisch mit dem Datum eines Transportes (VII/2) von Düsseldorf nach Theresienstadt. In der Transportliste ist Sara Leven mit der Transportnummer 241 registriert. Zwei Monate später, am 21. September 1942, wurde Karl Levens Mutter von Theresienstadt zum Vernichtungslager Treblinka weiter transportiert. Der Zug trug die Bezeichnung „Bp" und Sara Leven hatte in dieser Transportliste die Nummer 1231.[11] Sara Leven wurde nach dem Krieg für tot erklärt.[12] Die für sie vorgesehene rechte Seite des Grabmals ihres Mannes auf dem jüdischen Friedhof in Düren war sieben Jahrzehnte lang unbeschriftet geblieben, bis, wie schon erwähnt, ihr Enkel Werner Lachs 2003 eine Inschrift zum Gedenken an seine Großmutter und an die in der Schoa ermordeten Familienmitglieder einmeißeln ließ.

Die jüngere Schwester Karl Levens war die am 19. Oktober 1899 in Düren geborene Berta. Berta Leven hatte am 31. Mai 1931 Max Moses geheiratet und 1935 in Dinslaken ihre Tochter Johanna geboren. Wie früher beschrieben, sitzt Berta bei Karl und Else Levens Hochzeitsfeier (1932) im Zentrum einer festlichen Gruppe, während ihr Mann Max mit seiner Schwiegermutter scherzhaft für das Foto posiert. Um sich der Verfolgung durch die NS-Behörden zu entziehen, flüchtete Familie Moses nach Venlo in Holland. 1941 wurde Berta Moses, geb. Leven mit ihrer Familie dort verhaftet, nach Auschwitz deportiert und ermordet.[13]

Karl Levens jüngerer Bruder, der am 18. September 1902 in Düren geborene Alfred Leven, wurde Handelsvertreter „in Herrenkonfektion"[14], nachdem er 1918/19 das Abschlusszeugnis der Realschule Düren erhalten hatte.[15] Wie erwähnt, wurde er in Düren zur Zwangsarbeit im Straßenbau herangezogen. Er heiratete die in Hamburg am 15. Februar 1921 geborene Inge Frensdorf. Ihre Tochter Tana, Karl Levens kleine Nichte, wurde am 25. September 1940 angeblich in Düren geboren.[16] Eine Registrierung im Dürener Standesamt ist jedoch nicht nachweisbar. Dreizehn Monate später, am 25. Oktober 1941, wurde Alfred Leven mit seiner Familie von Hamburg aus nach Lodz deportiert.[17] Mit diesem Deportationszug begannen die Transporte aus Hamburg. In ihm wurden 1034 Menschen aus Hamburg und Umgebung abtransportiert.[18] Das Ghetto in Lodz umfasste das ehemalige Armenviertel mit Holzhäusern ohne Wasser- und Kanalanschluss und mit begrenzter Gas- und Stromversorgung. 1940 standen den 164 000 jüdischen, meist polnischen, Bewohnern nur 48 000 Räume zur Verfügung. 1941/42 stieg die Zahl der Ghettobewohner durch die Deportationen aus Deutschland, Wien, Prag, Luxemburg und dem Wartheland auf etwa 205 000 Menschen an.[19] Am 3. Mai 1942 wurde Alfred Leven mit seiner Familie aus Lodz weiterdeportiert.[20] Von den 17 225 aus Westeuropa stammenden Juden im Ghetto Lodz wurden bei dieser und den folgenden Aktionen 10 915 abtransportiert. Die meisten Transporte gingen nach Chelmno (Kulmhof). Hierhin wurden zwischen dem 4. und 15. Mai 1942 die ein halbes Jahr zuvor aus dem Reichsgebiet deportierten Juden „umgesiedelt".[21] Seit Dezember 1941 ermordete die SS die Juden auf dem Gelände eines nahe gelegenen Gutshauses durch die Auspuffgase eines eigens konstruierten Gaswagens.[22] Von den 1941 im Ghetto Lodz befindlichen 160 000 Juden sollen nur etwa 12 000 überlebt haben.[23] Alfred, Inge und Tana Leven gelten als verschollen.[24]

Karl Levens Schwiegermutter, Selma Samuel, geborene Caspary, wurde 1942 nach Minsk deportiert.[25] Sie war am 4. August 1881 in Bernau geboren worden und zum Zeitpunkt der Deportation 61 Jahre alt. Es ist anzunehmen, dass sie am 20. Juli 1942 mit dem Sonderzug DA 219 von Köln nach Minsk verschleppt wurde. (Andere Deportationszüge aus Köln mit dem Ziel Minsk sind nicht nachgewiesen.)

In der alphabetischen Liste des Gedenkbuches der Kölner Opfer des Nationalsozialismus finde ich auf derselben Seite wie Selma Samuel unter weiteren vierzehn Trägern dieses Familiennamens den am 31. Oktober 1910 in Köln geborenen Ernst Samuel. Den gleichen Namen lese ich auf der Kopie des schon erwähnten Familienfotos, das zehn Jahre vorher, 1932, bei Karl Levens und Else Samuels Hochzeit entstanden ist. Werner Lachs, Karl Levens Neffe, hat dort mit der Bemerkung: „Else's Brother" einen Pfeil auf das halbverdeckte Profil gezeichnet, das gut zu einem Zweiundzwanzigjährigen gehören könnte. So erfuhr ich, dass Karl Leven einen in Köln lebenden Schwager hatte. Inzwischen wurde geklärt, dass der 31-jährige Ernst Samuel Else Levens Bruder war und dass er mit dem gleichen Zug wie seine Mutter nach Minsk deportiert worden ist.[26]

Der Zug nach Minsk fuhr am 20. Juli 1942 gegen 15 Uhr vom Bahnhof Deutz-Tief ab. Etwa 48 Stunden später, am Nachmittag des 22. Juli, erreichte er Wolkowysk. Hier mussten die Deportierten von Personenwagen in gedeckte Güterwagen umsteigen. Sechs Stunden später, gegen 23 Uhr, fuhr der Zug über Baranowitsche nach Kojdanow, wo er am Vormittag des 23. Juli eintraf. Nachdem er dort fast einen Tag lang abgestellt war, fuhr er in der Frühe des 24. Juli weiter und kam nach weiteren anderthalb Stunden um 6 Uhr 49 nach fast 90-stündiger Fahrt in Minsk an.[27] Wenn Ernst Samuel bei der Ankunft in Minsk nicht zur Zwangsarbeit selektiert worden ist, hatte er wie seine Mutter Selma Samuel den gleichen Weg in den gewaltsamen Tod vor sich.

Die nach Minsk Deportierten waren von Himmler von vornherein zur Ermordung bestimmt.[28] Von den zwischen Mai und Oktober 1942 in 16 Güterzügen aus dem Reichsgebiet deportierten 15 000 Juden sind mindestens 13 500 im Rahmen lokaler „Aktionen" unmittelbar nach ihrer Ankunft in Minsk getötet worden. Sie wurden auf dem Güterbahnhof Minsk aus dem Zug getrieben und mussten an einem nahe gelegenen Sammelplatz alles Geld und sonstige Wertsachen abgeben. Nach einer etwa 15 Kilometer langen Fahrt mit Lastwagen in die Nähe des südwestlich von Minsk gelegenen Gutes Trostinez wurden sie dort in einer Gruppe von je etwa 60 Menschen in luftdicht verschlossenen Lastwagen mit Gas ermordet. Mindestens 900 der am 24. Juli 1942 aus Köln Eingetroffenen erlitten diesen qualvollen Tod.[29] Die anderen Deportierten wurden, wenn sie nicht an Epidemien, anderen Krankheiten oder Hunger zugrunde gingen, durch Erschießungskommandos getötet. Viele werden Opfer der Judenmordkampagne zwischen dem 28. und 31. Juli 1942 geworden sein, als 10 000 jüdische Menschen, vorwiegend Alte, Frauen und Kinder, zu denen am 29. Juli 1942 3500 deutsche Juden aus dem „Sonderghetto 2" gehörten, getötet wurden.[30]

In der Liste des erwähnten „Gedenkbuches" findet sich für Ernst Samuel der Vermerk ‚für tot erklärt', während bei Selma Samuel, geborene Caspary „verschollen" zu lesen ist.

Karl Levens Onkel, Max Leven, wurde am 30. März 1854 als Sohn von Moses Leven und Bertha Leven, geborene Capell, in Düren geboren.[31] Er war der Bruder von Karl Levens Vater Hermann. In der Todesanzeige von Hermann Leven aus dem Jahr 1929[32] ist Unna als Wohnort eines Leidtragenden vermerkt, was sich Max Leven zuordnen ließ.[33] Karl Levens Onkel war 86 Jahre alt, als er am 30. Juli 1942 mit dem Transport X/1 und der Transportlistennummer 564 von Dortmund nach Theresienstadt deportiert wurde. Am 23 September 1942 wurde er mit dem Zug „Bq" und der Listennummer 1039 in das Vernichtungslager Trebblinka weiter transportiert.[34] Nach anderen, vermutlich weniger zuverlässigen Angaben soll Max Leven 1943 in Theresienstadt verstorben sein[35] oder auch nach Minsk deportiert worden und verschollen sein.[36] Max Leven hatte eine Tochter, mit der Werner Lachs, Karl Levens

Neffe, etwa Mitte der 80er Jahre in London zusammentraf. Sie war alleinstehend und starb kurze Zeit nach dem Treffen.[37]

Auch Berta Lachs, geborene Kaufmann, am 30. August 1870 in Schiefbahn geboren, wurde 1942 deportiert.[38] Sie war die Mutter von Karl Levens Schwager Richard Hermann Lachs, dem Ehemann von Karls Schwester Johanna. Berta Lachs hatte mit ihrem Mann Markus Lachs (genannt Max, geboren 25. Januar 1862, verstorben 1. Mai 1934) außer dem Sohn Richard Hermann weitere drei Kinder:

Friedrich Lachs, 1902 geboren, 1959 in der Emigration verstorben;[39]

(Irene) Karoline, geboren 1897, verh. Levy, nach England emigriert und dort 1946 verstorben. Ihre beiden in Köln-Kalk geborenen Töchter Hilde Levy, (geboren 1924 und verheiratet mit Horst Barrett,) und Lotti Levy, (geboren 1927, verheiratet mit Philip Phillips,) habe ich, wie berichtet, im April 2000 mit ihren Ehemännern in Prestwich getroffen. Karoline war geschieden. Ihr früherer Mann, Friedrich Levy, geboren 24. Februar 1894, wurde 1941 nach Lodz deportiert und ist ein weiteres Holocaustopfer der Familie geworden: er ist in Lodz 1943 verstorben (in den Registern wurde er am 30.3.1943 „abgemeldet");[40]

die am 19. Mai 1899 geboren Tochter Martha, verheiratete Haase, die mit ihrem Mann Walter, geboren am 8. April 1892, deportiert und „im Konzentrationslager umgekommen" ist. So steht es auf dem Grabstein ihres Vaters Max Lachs, der sich auf dem jüdischen Friedhof in Lüxheim befindet und der auch ein Gedenkstein für Bertha Lachs, geb. Kaufmann, Martha Haase, geb. Lachs, und Walter Haase ist.

Aus einem anderen Zweig der aus Hochkirchen stammenden Familie Lachs, die später in Düren, Friedensstraße 7, ansässig war, wurden deportiert: Clara Lachs, geb. Kiefer, geboren am 23. April 1870 in Osterath, mit ihren drei erwachsenen Kindern Else (geb. 19. April 1895), Paula, (geb.

18. Mai 1897) und Hermann, (geb. 28. Januar 1899[41]). Else Lachs wurde 1942 deportiert und am 12. Dezember in das Konzentrationslager Auschwitz „überstellt". Paula Lachs verstarb in Izbica. Hermann Lachs wurde 1942 aus Düren deportiert. Niemand aus dieser Familie hat überlebt.[42]

Dass die Verwandten vor ihrem Abtransport noch etwas voneinander erfuhren, ist nicht anzunehmen. Dass überhaupt noch Kommunikationsmöglichkeiten zwischen den in Sammellagern Internierten bestanden, besonders wenn sie sich in verschiedenen Städten befanden, ist wenig wahrscheinlich. Das Benutzen öffentlicher Telefone war Juden seit Dezember 1941 verboten. Schon vorher hatten sie alle privaten Telefone abgeben müssen. Allenfalls konnten sie über nichtjüdische, ihnen vertraute Bekannte Erkundigungen einziehen lassen. Hat Karl Leven noch etwas von den Deportationen seiner Geschwister Berta und Alfred und ihrer Familien erfahren? Vom Abtransport seiner Mutter und seiner Schwiegermutter zu hören, blieb ihm erspart: Beide wurden erst nach ihm deportiert

Nachdem die meisten jüdischen Bewohner des Kreises Düren im April 1941 in die Sammellager getrieben[43] und in den Judenhäusern interniert worden waren, blieb ihnen bis zu ihrer Deportation noch eine Frist von elf Monaten. Am 21. März 1942 wurden die „Juden, Männer, Frauen und Kinder nach dem Osten" abtransportiert. Das Ziel war Minsk.[44] In einer Deportationsliste des Polizeipräsidenten Aachen wurde für Aachen ein Transport am 22. März 1942 angegeben. Es ist anzunehmen, dass die Gestapo Düsseldorf, die u.a. für Koblenz, Aachen, Köln, Düsseldorf zuständig war, die in Düren internierten Jüdinnen und Juden ebenfalls mit dem Zug aus Aachen deportiert hat.[45] Die „ganz alten Personen" wurden erst später, möglicherweise am 20. Juli 1942, verschleppt.[46] Hunger und Durst und die unendlich langen Transportzeiten waren Ursachen für den Tod mancher der ohnehin schon durch die Mangelernährung geschwächten Menschen während der Transporte.[47] Bei manchen Deportierten schienen die Täuschungsmaßnahmen über das wahre Ziel der Deportation auch nach Ankunft in Minsk noch zu funktionieren. Oscar Hoffmann aus Köln schrieb unmittelbar vor seiner Ermordung in Trostinez: *Wie es heißt, sollen wir gleich samt unserem Gepäck den Bahnhof verlassen, um in unser Lager eingewiesen zu werden. Man vermutet, dass wir in der näheren Umgebung von Minsk in der Landwirtschaft eingesetzt werden. Wie ich gerade höre, besteht eine gewisse Möglichkeit, dass wir in den hiesigen Betrieben in unseren Berufen arbeiten können.*

Letztlich waren die Deportationen aus dem Kreise Düren und dem angrenzenden Kreis Jülich lückenlos, wodurch die „einst blühenden jüdischen Gemeinden entlang der Rur" endgültig vernichtet wurden.[48] Über die Anzahl und die Namen der Personen aus Stadt und Kreis Düren, die mit den verschiedenen Zügen transportiert wurden, gibt es keine Dokumente.

Bei einer „Gedenkfeier für die Opfer des Faschismus" des Kreises Düren am 25. August 1946 sprach der damalige Oberkreisdirektor Grube von 800 im Kreis lebenden Juden, von denen 500 „eingekerkert" wurden. 350 von ihnen seien in die Konzentrationslager deportiert worden – in der NS-Sprachregelung sprach man von „Evakuierung" –, von denen nur zwei zurückkamen.[49] Die abgerundeten Zahlen sprechen dafür, dass den Angaben keine genauen Erhebungen zugrunde lagen. Für den kleineren Stadtbereich Düren wurde später die Deportation von 230 jüdischen Menschen rekonstruiert, wobei die verarbeiteten Zeugenaussagen als spärlich bezeichnet wurden.[50]

Alle in den Lagern Internierten ahnten bald nach ihrer Internierung und erfuhren früher oder später mit quälender Gewissheit, dass ihre Deportation bevorstand. Während zu Beginn der planmäßigen Vernichtungsaktionen im Herbst 1941 viele zunächst noch an den „Arbeitseinsatz im Osten" glaubten, sickerte später trotz strengster Geheimhaltung immer öfter durch, dass die Transporte in den Tod führten.

Martha Haase, geborene Lachs, die Schwägerin von Karl Levens Schwester Johanna, war 1942 dreiundvierzig Jahre alt. Sie hat unmittelbar vor ihrer Deportation – vermutlich aus dem Dürener Lager Gerstenmühle – ihrer Freundin Gerti einen Abschiedsbrief geschrieben.[51] Der Zettel trägt kein Datum, wahrscheinlich war es der 21. März 1942, der Tag, an dem die meisten jüdischen Bewohner und Bewohnerinnen aus Düren deportiert wurden.

Liebe Gerti, wenn Du diesen Brief erhältst, dann sind wir weit weg u. niemals werden wir uns wiedersehen. Ach liebe Gerti, was ist das Leben grausam. Wären wir doch alle tot, dann wäre uns allen wohl. Wie es uns allen zu Mute ist, dafür gibt's keine Worte. Meine arme Mutter, die allein zurückbleibt. Soll es noch einen Herrgott geben? Ich glaube an nichts mehr. Das ist das Ende unseres Lebens. Ein Koffer, den wir vielleicht nie wiedersehen u. 1 Bettsack und eine Tasche Lebensmittel. Nun bitte ich Dich nochmals, wenn der Krieg zu Ende sein sollte, dann gib doch unsern Angehörigen Bescheid, wo wir geblieben sind. Wir sehen uns doch niemals wieder. Also bitte ich Dich dringend u. auf Grund unserer langen Freundschaft darum. Und dann bitte sieh doch schon mal nach meiner Mutter. Und gib ihr doch schon mal was. Sie hat auch allerhand für Dich und L. [getan]. *Aber Mutter wird wohl auch nicht lange mehr hier sein. Sie sollen, wie es heißt, nach Lendersdorf* [dort befand sich das Sammellager Thuirsmühle]. *Aber M. gibt Dir Bescheid, wann sie ihre Adresse ändern. Also nun l. Gerti, sage ich Euch, Dir, Deiner Mutter und Resi ein herzliches, trauriges Lebewohl. Ich wünsche Euch alles alles Gute. Vergesst uns nie! M."* [Darunter und am Rand schrieb Martha Haase offenbar in großer Eile]: *„Gib auch Kr. Walls und Ohr.* [nicht sicher lesbar] *unsere letzten Grüße. Wenn Du mal an Vaters Grab vorbeikommst, bringe ihm unsere Abschiedsgrüße Liebe liebe Gerti! Gleich geht's los. Steh meiner armen Mutter bei. Besuch sie diese Woche noch, da sie vielleicht nach dem 1. schon weg sein kann. Lebt alle wohl. Auf Nimmerwiedersehen. Für Resi einen Abschiedskuss.*

24
Sonderzug DA 22.

Der Sonderzug, mit dem Karl Leven mit seiner Frau und ihren drei Kindern am 15. Juni 1942 deportiert wurde, trug die Bezeichnung DA 22.[1] Mit diesem Zug wurden außer Familie Leven weitere 139 Juden aus Aachen in den Osten verschleppt.[2] Alle waren zuvor, vermutlich am Vortag, mit einem regulären Personenzug von Aachen nach Köln gebracht worden. Über die Vorbereitungen des Transportes sind einige Schriftstücke erhalten.[3]

Am 21. Mai 1942 war ein „geheimes Fernschreiben" des Reichsicherheitshauptamtes (RSHA) Berlin, das für alle Deportationen zuständig war, an alle Staatspolizeistellen gegangen. Es betraf die „Evakuierung" von Juden. Das Ziel wird unbestimmt mit „Osten" umschrieben: *Um die im Osten noch vorhandenen Aufnahmemöglichkeiten für eine weitere Evakuierung restlos ausnützen zu können, bitte ich, die Zahl jener im dortigen Dienststellenbereich bisher verbliebenen Juden anzugeben, die unter genauester Beachtung der Richtlinien noch evakuiert werden können. Termin: 27. 5. 42. […]*[4]

Die angeführten „Richtlinien" sahen vor, erst zu gegebener Zeit, also nicht mit diesem Transport, bestimmte Gruppierungen und einzelne, durch besondere Merkmale charakterisierte Juden in das „Altersghetto Theresienstadt (Protektorat Böhmen und Mähren)" zu *„verbringen"*. Dazu gehörten u.a. über 65 Jahre alte bzw. über 55 Jahre alte gebrechliche Juden; jüdische Ehegatten einer nicht mehr bestehenden deutsch-jüdischen Mischehe, die gemäß §3 Abs.2 der Polizeiverordnung über die Kennzeichnung der Juden vom 1.9.1941 vom Kennzeichnungszwang befreit waren; jüdische Mischlinge, die nach §5 (2) der 1. Verordnung zum Reichsbürgergesetz vom 14.11.1935 als Juden galten, sofern diese nicht noch mit einem Juden verheiratet sein sollten, und Juden, die schwerkriegsbeschädigt oder

Inhaber des Verwundetenabzeichens und hoher Tapferkeitsauszeichnungen waren.[5]

Termingerecht meldete am 27. Mai 1942 die Staatspolizeistelle Düsseldorf 154 *aus dem hiesigen Bereich nach dem Osten* Abzuschiebende an. (Außerdem nannte Düsseldorf für die erst später vorgesehenen Transporte nach Theresienstadt schon jetzt die Zahl von 1735 Juden[6].) Die Anzahl der aus den anderen Leitstellen zu Deportierenden lässt sich aus dem folgenden, von SS-Obersturmbannführer Adolf Eichmann unterzeichneten Telegramm schließen, das am 3. Juni 1942 an die Staatspolizeistellen Düsseldorf, Koblenz, Köln und Aachen ging und in dem nun auch der Zielort genannt wird:

Dringend, sofort vorzulegen. Geheim!
Betr. Evakuierung nach dem Osten.
[…]
Zur Abbeförderung der für die Evakuierung nach dem Osten noch in Betracht kommenden Juden wurde mit der Reichsbahn die Bereitstellung des Sonderzuges DA 22 am 15. 6. 42 ab Koblenz nach Izbica bei Lublin vereinbart. An diesem Transport sind beteiligt:
Stapostelle Koblenz mit 450 Juden einschließlich der Schwachsinnigen aus der Heil- und Pflegeanstalt Bendorf, Rhein.
Stapostelle Aachen mit 144 Juden
Stapostelle Köln mit 318 Juden
Stapoleitstelle Düsseldorf mit 154 Juden
*Der Transport kann ausnahmsweise mit über 1000 Juden belegt werden. Der Sonderzug DA 22 fährt am 15.6.42 um 2.08 Uhr ab Koblenz-Lützel und berührt unterwegs Köln um 3.50 und Düsseldorf Hauptbahnhof um 5.00 Uhr. Von Aachen sind die Juden im Einvernehmen mit der Reichsbahndirektion Köln unter Ausnützung von Regelzügen rechtzeitig zur Verladung nach Köln heranzubringen. Die Begleitmannschaft stellt die Stapostelle Köln, während die Abfahrtsmeldung für den gesamten Transport die Stapoleitstelle Düsseldorf übernimmt. Die erforderlichen Formblätter (Vermögenserklärungen usw.) werden noch über*sandt. (…)[7]

In einem „Geheimen Fernschreiben Nr. 2513" der Staatspolizeistelle Koblenz vom 11.6.42, gerichtet an die Stapostelle Düsseldorf, wird eine frühere Abfahrtszeit angegeben, nun heißt es: *(...) Der Transport DA 22 verkehrt am 15. 6. 42 ab Koblenz-Lützel um 0.00 Uhr und besteht aus 9 Personenwagen und 9 G-Wagen* [Gedeckter Güterwagen[8]]*, die am Schluss des Zuges angehängt sind. – Wegen der freizuhaltenden Personenwagen bitte ich, sich ebenfalls mit den Stapoleitstellen Aachen und Köln in Verbindung zu setzen. Dem Zug kann in Düsseldorf ein weiterer G-Wagen angehängt werden. Gez. I. A. Schubert.*[9]

Über die Kapazität des Zuges DA 22 gibt es einen undatierten fernschriftlichen Dialog zwischen dem Kriminalkommissar Schubert aus Koblenz und dem Gestapobeamten W. aus Düsseldorf, der zwischen den Telegrammen bzw. Fernschreiben Nr. 2513 und Nr. 2525 (s. unten), die beide vom 11. Juni stammen, geführt worden sein muss. Somit dürfte er ebenfalls auf den 11. Juni 1942 zu datieren sein. Der Blick auf die Logistik der Zugzusammenstellung ist makaber. 1066 Menschen, unter ihnen Familie Leven, sollten mit diesem Sonderzug in den Tod transportiert werden.

- *Heil Hitler!*
- *Hier Kriminalkommissar Schubert. Heil Hitler!*
- *Zu dem Fernschreiben vom 11. 6. bitte ich noch um Mitteilung, ob die 9 Personenwagen in Koblenz frei bleiben?*
- *Die Personenwagen bleiben in Koblenz frei.*
- *Sind sämtliche G-Wagen jetzt besetzt?*
- *Alle besetzt.*
- *Da müssten wir ca. 600 Juden mit Gepäck in diesen 9 Personenwagen unterbringen? Laut FS* [Fernschreiben, Verf.] *aus Berlin war diese Zahl für Düsseldorf nicht vorgesehen.*
- *Diese Zahl 600 bedeutet die Anzahl der Juden aus Ddorf, Köln und Aachen zusammen. Reichen denn 9 Personenwagen nicht aus?*
- *Wenn wir 70 Personen mit Gepäck in einem Wagen unterbringen sollen, dann reichen die Wagen nicht aus.*

- *Wieviel Personenwagen müssten denn noch angehängt werden?*
- *Mit schwerem Gepäck können höchstens 45 Personen in einem Wagen sein. Nach Mitteilung der RBD* [Reichsbahndirektion, Verf.] *Wuppertal sollte der Zug aus 20 Personenwagen bestehen. Sind denn in Koblenz 11 Wagen abgehängt worden?*
- *Es besteht die Möglichkeit, noch 11 Wagen anzuhängen. Genügt das?*
- *Jo,* [sic] *das genügt. Bitte von Koblenz aus die Verteilung der 616 Juden auf die einzelnen Stapostellen vorzunehmen und dies per FS den Einzelstellen mitzuteilen, ebenso ist auch anzugeben, welche Wagen für die einzelnen Stapostellen freigehalten werden.*
- *Wieviel Personenwagen benötigt Düsseldorf?*
- *Drei Wagen für hier.*
- *Ich werde das Weitere veranlassen*
- *Für uns sind dann die ersten drei Wagen freigehalten?*
- *Ja, gut.*
- *Gut, Danke sehr. Heil Hitler! W.*
- *Heil Hitler! KK Schuber*[10]

Das folgende Telegramm [Nr. 2525] der Staatspolizeistelle Koblenz an die Stapostellen Düsseldorf, Aachen und Köln ist erkennbar das Ergebnis des zitierten Schriftwechsels: *Der Transportzug DA 22 verkehrt ab Koblenz-Lützel am 15.6.42 nicht wie vorgesehen um 2.08 Uhr, sondern um 0.00 Uhr. Er setzt sich aus 15 Personenwagen und 9 G-Wagen zusammen. Die G-Wagen werden mit den Juden der Israelitischen Heil- und Pflegeanstalt in Bendorf-Sayn belegt. Die 3 vorderen Personenwagen sind für die Juden der Stapoleitstelle Düsseldorf, die nächsten 3 Personenwagen für die Juden der Stapostelle Aachen und die letzten 9 Personenwagen für die Juden der Stapostelle Köln bestimmt. Die Begleitmannschaft wird von der Stapostelle Koblenz gestellt. Nach obigem Erlass übernimmt die Stapoleitstelle Düsseldorf die Abfahrtsmeldung für den gesamten Transport. Stapo Koblenz – Roem. 2 B 3 – 4/42 g – i. A.*[11]

Die Personenwagen der Reichsbahn hatten jeweils sechs Abteile. Alle hatten eine Türe nach außen. Da in jedem

Abteil sechs Sitzplätze waren, betrug die reguläre Kapazität eines Personenwagens 36 Plätze.[12] Die 45 Personen, die mit ihrem Gepäck laut dem erwähnten Dialog in einem Personenwagen Platz finden sollten, müssen unter einer qualvollen Enge gelitten haben. Diese Not wird noch übertroffen von dem nicht vorstellbaren Elend der in den Güterwagen verschleppten psychiatrisch Kranken oder behinderten jüdischen Patienten aus Bendorf-Sayn.

Die Ehefrau des Anstaltsleiters hat die „Verladung" beobachtet und beschrieben: *Das „Verladen" – anders kann ich es nicht nennen – ging heute* [14. 6. 42, Verf.] *früh von etwa 7 Uhr an vor sich. Gegen halb 3 Uhr war dann endlich der Zug abfahrbereit. Alles kam in Güterwagen […] 60 oder gar 68 Menschen in einen Wagen, der fest verschlossen und verplombt wurde. Ich sah den Zug stehen, als ich morgens gegen 8 Uhr zur Post ging. Es schnitt mir ins Herz […]. Gegen 15 Uhr fuhr der Zug nach Koblenz und um Mitternacht – d. h. 9 Stunden warten! – von Lützel aus in Richtung Köln.*[13]

Bei der Vorbereitung des Transportes, besonders bei der Auswahl der zu Deportierenden und zu ihrer Information, bediente sich die Gestapo in infamer Weise der örtlichen jüdischen Gemeinden. Diese „Zwangsvertretungen der Juden"[14] hatten vielfältige Aufgaben bei der „Zusammenlegung" von Juden in den Judenhäusern und Lagern. Die schwierigste war, die Transporte zusammenzustellen. Dabei hatten sie detaillierte Richtlinien zu beachten, in denen die Zahl und das Alter – *möglichst gleichmäßige Altersgliederung*[15] – der zu Deportierenden sowie etliche Ausnahmebedingungen, wie im zitierten Schreiben des RSHA vom 21. 5. 42 bestimmt, vorgegeben waren. Durch den Zwang, unter ihren Gemeindemitgliedern auswählen zu müssen, waren die Mitarbeiter der Gemeindebüros einem großen emotionalen und sozialen Druck ausgesetzt, so dass die seelische Belastung für manche der damit beauftragten Gemeindemitglieder unerträglich wurde. Angesichts der unerbittlichen Konsequenz des von der Gestapo überwachten Verfahrens setzten etliche sich selbst auf die Liste.[16]

Am 4. Juni 1942, elf Tage vor der Abfahrt des Zuges, hatte das RSHA Berlin „Richtlinien" zur technischen Durchführung der Evakuierung von Juden nach dem Osten (Izbica bei Lublin) versandt. Auch sie waren von Eichmann unterzeichnet. In ihnen wurden die oben zitierten Gruppierungen und Einzelpersonen, die nicht für den aktuellen Transport vorzusehen waren, wiederholt. Für Dr. Leven und seine Familie waren einige Punkte des Abschnittes über die „Bestimmungen des zu evakuierenden Personenkreises" von Bedeutung: *(...) II, 6./ (...) jüdische Krankenbehandler (...) sind nur in einem entsprechenden Verhältnis zur Zahl der zunächst verbleibenden Juden zu erfassen. II, 7./ Ehetrennung sowie Trennung von Kindern bis zu 14 Jahren von den Eltern ist zu vermeiden.*[17]

„Jüdischer Krankenbehandler" stand als Berufsbezeichnung in der Liste der Bewohner des Aachener Ghettos Eupenerstraße 249 hinter Karl Levens Namen.[18] Es dürfte eine Ermessensfrage gewesen sein, ein nach Richtlinie II, 6 „entsprechendes Verhältnis" zwischen einem Krankenbehandler und der Zahl der noch in Aachen lebenden Juden, deren Mehrzahl erst nach Dr. Leven und seiner Familie deportiert wurde[19], festzustellen. In den Richtlinien heißt es an anderer Stelle (III): *Für die ordnungsgemäße Durchführung der Transporte ist jeweils eine jüdische Transportleitung zusammenzustellen, die von sich aus für jeden Waggon einen mit einer Armbinde gekennzeichneten Ordner zu bestimmen hat. (...) Der jüdischen Transportleitung, die im ersten Waggon untergebracht wird, ist ein jüdischer Arzt bzw. Sanitäter mit Sanitätsmaterial zuzuteilen.*[20] Die nach den Richtlinien mögliche Ausnahmeregel, dass nämlich das Zahlenverhältnis zwischen einem Krankenbehandler und den noch in Aachen verbleibenden Juden nicht mehr *entsprechend* war, wodurch ein Abtransport der Familie Leven hätte herausgeschoben werden können, ist offenbar nicht zu Gunsten Karl Levens und seiner Familie angewendet worden. Sie wären sonst nicht in der Deportationsliste aufgeführt worden. Somit könnte Dr. Leven als Krankenbehandler zur jüdischen Transportleitung gehört haben.

Bei einer unterstellten „Richtlinientreue" der Täter sollte der Abschnitt II, 7 Anwendung gefunden haben: danach wäre Familie Leven vor dem Transport nicht auseinander gerissen worden. Zumindest ist für alle fünf Familienmitglieder ein gemeinsames Datum, der 15. Juni 1942, für den Transport angegeben.[21] Ob Dr. Leven, wenn er denn zur jüdischen Transportleitung gehörte, durch diese Funktion während des Transportes von seiner Familie getrennt worden ist? Oder ob vielleicht sogar, um den Richtlinien gerecht zu werden, seine Familie mit ihm zusammen im ersten Waggon mitfahren durfte?

In der nach dem Krieg angelegten Liste mit den Bewohnern des Gettos Eupenerstraße 249 ist in der Spalte „Auszug" das Auswanderungs-, Verlegungs- oder Deportationsdatum aufgeführt. In der Rubrik „Neue Wohnung" steht bei Familie Leven: „unbekannt".[22] Damit wurde eine Anordnung befolgt, nach der der Zielort eines Transportes nicht angegeben werden durfte. In der Deportationsliste des Polizeipräsidiums Aachen, die die Namen der bis zum 25.7. 1942 in drei Transporten aus Aachen „nach Theresienstadt und Polen" deportierten Juden enthält, wird als „Ziel" des Transportes vom 15. Juni 1942 „Polen" genannt. (Diese Liste musste die jüdische Gemeinde auf Weisung der Gestapo erstellen. Sie wurde später durch die Deportationsdaten und –orte ergänzt.[23])

Die nach der NS-Zeit erstellten Listen sind nicht frei von Fehlern. So war das jüngste Kind der Familie Leven, Jona, im Gedenkbuch der „Opfer der Verfolgung des Nationalsozialismus unter der nationalsozialistischen Gewaltherrschaft 1933–1945" erst nach Durchsicht sieben großformatiger Seiten, getrennt von seinen Eltern und Geschwistern, zu finden: es trug den entstellten Nachnamen „Levin".[24] Das Geburtsdatum ist jedoch mit 23. März 1942 richtig angegeben, wie auch die Angabe „Verschollen" und „Osten" (als Deportationsziel) identisch mit den Angaben seiner Familie ist.[25] Der Nachnahme von Jona findet sich folgerichtig dann auch in der falschen Schreibweise in der Liste der „Aachener Juden, die von den Nationalsozialisten ermordet wurden", die nach den Angaben im „Gedenkbuch" nach dem Krieg zusammengestellt wurde. In der letztgenannten Liste wurde beim Abschreiben der Name von Dr. Karl Leven offenbar sogar vergessen[26], während er in der noch in der NS-Zeit erstellten Deportationsliste des Aachener Polizeipräsidiums und im „Gedenkbuch" aufgeführt ist. In der Datenbank der Gedenkstätte Yad Vashem sind keine Angaben über Karl Leven und seine Familie zu finden, die über die bekannten Daten hinausgingen.

Etwa eine Woche vor ihrer Deportation wird Familie Leven, wie alle anderen Familien und Einzelpersonen, die für den Transport am 15. Juni 1942 bestimmt worden waren, ein auf den 6. Juni 1942 datiertes Merkblatt erhalten haben. Es stammte von der Bezirksstelle Rheinland der Reichsvereinigung der Juden in Deutschland und betraf die zu beachtenden Modalitäten für den „Abwanderungstransport".

Herrn, Frau, Frl., Familie.......(.....Person/en)
Im Auftrag der Geheimen Staatspolizei, Staatspolizeistelle Köln, teilen wir Ihnen mit, daß Sie sich für einen Abwanderungstransport, der am 15. d. Mts. abgeht, ab 13. 6. 1942 zur Verfügung zu halten haben. Ort und Zeit der Gestellung wird Ihnen noch durch den zuständigen Herrn Landrat bekannt gegeben werden.
Von folgenden Richtlinien und Vorschriften ersuchen wir Sie, Kenntnis zu nehmen und sie im eigenen Interesse strikte zu befolgen.
1. Die anhängende/n Vermögenserklärung/en ist/sind für jede Person, auch für jedes Kind ohne Rücksicht darauf, ob Vermögen vorhanden ist oder nicht, sorgfältig auszufüllen und unterschrieben bis ... bei uns eintreffend zur Absendung zu bringen. Den Vermögenserklärungen sind Sparkassenbücher, Hypothekenbriefe sowie alle Wertpapiere beizufügen. (...) Die Absendung der Vermögenserklärungen, die an uns einzureichen sind, muß spätestens am ... Vormittag erfolgen, damit die Unterlagen rechtzeitig bei uns

eintreffen. Wir selbst müssen sie noch am ... der Geheimen Staatspolizei, Staatspolizeistelle Köln, einreichen.
Nicht in die Vermögenserklärung werden diejenigen Sachen aufgenommen, die zum Transport mitgenommen werden. (...)
2. An Gepäck dürfen mitgenommen werden: 1 Koffer oder Rucksack und 1 Bettsack in der Größe von ca. 70 cm Breite und 40 cm Höhe. Der Bettsack soll enthalten Betten und Bettwäsche. Der Koffer soll enthalten: Kleider, Wäsche und die persönlichen Gebrauchsgegenstände. Jedes Gepäckstück muß deutlich sichtbar mit Namen versehen sein. 1 Eßbesteck und 1 Eßnapf ist unbedingt mitzunehmen.
3. Jeder Transportteilnehmer hat RM. 50,- zum Gestellungsort mitzubringen. Wer diese RM. 50,- nicht besitzt oder nur teilweise den Betrag aufbringen kann, hat sich beim Vertrauensmann zu melden, der den fehlenden Betrag telegraphisch oder telefonisch bei uns anfordert. Es wird jedoch erwartet, daß diejenigen Glaubensgenossen, die besser situiert sind, den verarmten Glaubensgenossen die Beträge zur Verfügung stellen. Eine Mitnahme von Geld ist strengstens verboten. Wertsachen jeder Art, Gold, Silber, Platin mit Ausnahme der Eheringe sind zum Gestellungsort mitzubringen und in einem Briefumschlag verpackt zur Abgabe bereit zu halten. Ebenso sind die nicht verbrauchten Lebensmittelmarken und Wohnungsschlüssel in einem Briefumschlag mitzubringen. Die Briefumschläge haben die ausführliche Adresse des Abwandernden zu tragen.
4. Die gemeldeten Schreibmaschinen, Fahrräder und Ferngläser usw. sind bei dem zuständigen Büro oder an den Vertrauensmann abzugeben. Jeder Gegenstand ist mit genauer Adresse des Abgebenden zu versehen.
5. (...)
6. Lebensmittel sind nur für die Dauer von 3 Tagen als Marschverpflegung mitzunehmen. Ein Vorgriff auf die Lebensmittelkarten ist unter keinen Umständen gestattet.
7. Fehlende Kleidungsstücke können gegebenenfalls bei uns telegrafisch angefordert werden; soweit die Kleiderkammer dazu in der Lage ist, werden wir helfen (zurückbleibende Kleidungsstücke,

Spinnstoff und Schuhe, können an die Kleiderkammer der Reichsvereinigung der Juden abgeführt werden. In diesem Fall sind sie nicht in die Vermögensaufstellung einzusetzen.)

Es ist zwecklos, Rückstellungsanträge bei der Behörde einzureichen, da sie nicht berücksichtigt werden können. Nichtgestellung zum festgesetzten Termin hat staatspolizeiliche Maßnahmen zur Folge. Wir haben die Vertrauensleute angewiesen, den Transportteilnehmern nach jeder Richtung hin behilflich zu sein und sie zu unterstützen, wie auch wir unsererseits alles tun werden, was in unseren Kräften steht, um zu helfen.[27]

Am 15.6.42 um 01.30 Uhr, anderthalb Stunden nach der Abfahrt des Zuges aus Koblenz, meldete sich die dortige Staatspolizeistelle telegrafisch bei der Staatspolizeileitstelle Düsseldorf:

Geheim-Dringend. Sofort vorzulegen. Betrifft: Evakuierung von Juden. Vorgang: Bekannt.

Am 15. 6. 1942 um 00.00 Uhr hat der Transportzug Nr. 22 den Abgangsbahnhof Koblenz-Lützel in Richtung Düsseldorf mit insgesamt 384 Juden verlassen. – Der Transport ist begleitet durch Schutzpolizei in Stärke von 1 Offizier und 15 Mann. Transportführer ist Leutnant der Schutzpolizei KNOPP, dem die namentliche Transportliste in zweifacher Ausfertigung mitgegeben wurde. Mitgegebene Verpflegung: 38 kg gelbe Spalterbsen, 57 kg Graupen, 760 Roggenbrote, 76 kg Roggenmehl und 50 kg Steinsalz. – An Zahlungsmitteln werden vom Transportführer insgesamt RM 19200,00 in Reichskreditkassenscheinen mitgeführt.[28]

Wenn auch die Verschleierungstaktik der Täter zur Folge hatte, dass bei den Versuchen, das Deportationsgeschehen zu rekonstruieren bis heute viele Fragen offen sind, so gibt es doch aufschlussreiche Erkenntnisse. Sie stammen aus den späteren Kriegsverbrecherprozessen, aus Berichten von Überlebenden und – seltener – aus Beobachtungen Außenstehender, wie etwa denen des Schweizer Generalkonsuls von Weiß vom 24.6.1942.[29] Allerdings bleiben manche Unklarheiten der Zuordnung bestimmter Transporte zu ihren Abfahrtsdaten und Zielorten bestehen oder es ergeben sich sogar aus ihnen neue Fragen. So ist etwa der Bericht von v. Weis einem Transport „nach dem Osten" zugeordnet worden[30], auf den zwar die meisten Charakteristika für den Sonderzug DA 22 zutrafen – das Datum der Abfahrt (15. Juni 1942); der Abfahrtsort, (Koblenz), die Zahl aller Deportierten (1066); die Zahl der aus Köln Deportierten (318) – während andere Merkmale diesem Transport eben gerade nicht entsprachen. Dazu gehört, dass dieser Zug bestimmt gewesen sei für ältere Juden (über 65 Jahre), Gebrechliche über 55 Jahre, jüdische Ehepartner aus nicht mehr bestehenden „Mischehen" und „Geltungsjuden". In diesem Sinn äußerte sich auch von Weis, dessen Gewährsmann beobachtet haben will, dass bei diesem Transport 40 „ausschließlich Greisinnen und Greise bis zu 90 Jahren" in einen Güterwagen eingeschlossen worden seien. Diese Altersgruppe war aber, ebenso wie die „Geltungsjuden" und die aus geschiedenen Ehen stammenden Juden, gemäß dem Wortlaut der zitierten Dokumente nicht für diesen, sondern erst für einen Transport „zu gegebener Zeit" vorgesehen. Außerdem war die Ankunftszeit des aus Koblenz kommenden DA 22 in Köln auf 3.50 Uhr (und um 5.00 Uhr in Düsseldorf) angesetzt worden, wodurch die von v. Weis angegebene Abfahrtszeit – 21.15 Uhr – unerklärlich wird: es ist nicht anzunehmen, dass der Zug über 17 Stunden in Köln auf seine Weiterfahrt warten musste.

Die Widersprüchlichkeiten lassen sich vermutlich dadurch erklären, dass an demselben 15. Juni 1942 ein weiterer Deportationszug Köln verlassen hat. Es handelte sich um die vierte große Deportation aus Köln mit 963 Personen mit dem Zielort Theresienstadt.[31] Betroffen waren die Bewohner von Kölner Judenhäusern und Sammelunterkünften wie auch Juden aus dem Umland, das bis Bonn, Stolberg, Siegburg, Münstereifel, Bedburg und Bergisch-Gladbach reichte. Theresienstadt war als „Altersghetto" hinsichtlich der geschilderten Altersstruktur des Transportes auch der wahrscheinlichere Zielort als Izbica. Es dürfte nahe liegen, die Unvereinbarkeiten mit der Verwechslung einiger Charakteristika der am selben Tag aus Köln abgehenden Transporte zu erklären. Auf die Schwierigkeit, die beiden Transporte auseinander zu halten, ist bereits an anderer Stelle aufmerksam gemacht worden.[32]

Eindeutig dokumentiert ist dagegen eine weitere „Vollzugsmeldung" über den Sonderzug DA 22. Sie ging am 18. Juni 1942 von der Staatspolizeistelle Düsseldorf an das RSHA Berlin: *Der am 15.6.1942 von Koblenz-Lützel abgegangene Transportzug DA 22 traf um 8.37 Uhr mit 225 Minuten Verspätung in Düsseldorf-Hbf. ein und verließ Essen-Hbf. um 10.15 Uhr, nachdem 62 männliche und 80 weibliche Juden in Düsseldorf, Duisburg und Essen zugestiegen waren. Die altersgemäße Gliederung der 142* [Düsseldorfer, Verf.] *Juden ist folgende: 1-6 Jahre: 2 Juden, 6-14 Jahre: 2 Juden, 14-18 Jahre: 4 Juden, 18-50 Jahre: 43 Juden, über 50 Jahre: 91 Juden. Berufsgliederung: Angestellte: 14 Juden, Handwerker: 10 Juden, Hausangestellte: 3 Juden, Arbeiter: 33 Juden, landw. Arbeiter: 1 Jude, ohne Beruf: 81 Juden. Nach den z. Zt. hier vorliegenden Unterlagen wurden von den abgeschobenen Juden 13662,– Reichsmark für das Sonderkonto „W" der Reichsvereinigung der Juden in Deutschland abgetreten.* Es folgt die Namensnennung von zwei weiblichen und einem männlichen Juden, wohnhaft in Düsseldorf, Grupellostraße, die sich ihrer Verschleppung durch Selbstmord entzogen hatten.[33] Zu ihnen gehörte Auguste Sara Leven, die, wie berichtet, in der genannten Dokumentation über die Dürener Juden irrtümlich für Karl Levens Mutter gehalten worden war.[34]

Ich versuche, mir den Weg vorzustellen, den Familie Leven zurückzulegen hatte. Die 144 für den Sonderzug bestimmten Aachener Juden werden spätestens am 14. Juni 42 mit einem oder mehreren Regelzügen, wie vorgesehen, von Aachen nach Köln gebracht worden sein. Auf dem Weg nach Köln machte der Zug, wie alle aus Aachen nach Köln fahrenden Züge, auch in Düren Halt. Es war der letzte – kurze – Aufenthalt der Familie Leven in ihrer alten Heimatstadt.

Karl und Else Leven werden, so wie die anderen 139 Juden aus Aachen und die 318 Juden aus Köln, im Messelager Köln-Deutz vor ihrem Abtransport kaum geschlafen haben, vielleicht aber ihre Kinder, bis sie gegen zwei Uhr morgens in den Sonderzug DA 22 „verladen" wurden. Der Zug DA 22 hatte, wie erwähnt, Koblenz-Lützel um Mitternacht verlassen.[35]

Die weitere Zugroute lässt sich verfolgen.[36] Abgesehen von den Transporten nach Theresienstadt, die nach Südosten über Frankfurt/Main fuhren, gingen alle Deportationszüge aus Köln zunächst nach Nordosten über Düsseldorf, Essen, Münster, Hannover nach Berlin. Östlich von Berlin gabelte sich die Route der Deportationszüge in drei Richtungen: nördlich über Danzig und Königsberg nach Riga und östlich über Frankfurt/Oder und Posen nach Lodz; die Route des Sonderzuges mit der Familie Leven führte etwas nördlich davon über Bromberg und Thorn nach Warschau, von wo aus andere Deportationszüge nordöstlich nach Minsk fuhren. Der Sonderzug DA 22 fuhr von Warschau aus südöstlich nach Lublin. Von hier hatte der Zug weiter in südöstlicher Richtung noch etwa zwei Stunden – reine Fahrzeit – bis Izbica.

Jahreszeitlich gesehen waren die Außentemperaturen während der Fahrt niedrig, so dass die Deportierten von großer Hitze, die andere Transporte oft qualvoll machte, verschont blieben. Vielmehr werden die Deportierten, zumindest die Kinder, zunächst wohl unter der „Schafskälte", dem Mitte Juni häufigen Kälteeinbruch, gelitten und gefroren haben.[37]

Nach Unterlagen des Historikers Peter Witte, der Materialien über Deportationszüge und deren Routen gesammelt hat, ist anzunehmen, dass der Zug von Köln bis Lublin mit den kriegsbedingten Unterbrechungen – Militärzüge hatten stets Vorrang – etwa zwei Tage unterwegs war.[38] Familie Leven wird also am 17. oder 18. Juni in Lublin eingetroffen sein. In einem Randbezirk von Lublin, genauer am „Flugplatz" – diese Bezeichnung stammte aus der Zeit, als sich hier eine Flugzeugfabrik befand –, gab es ein Außenlager des nur knapp zwei Kilometer entfernten Konzentrationslagers Majdanek. Der Zug wurde angehalten und dieses Mal war es kein einfacher Zwischenhalt. Es kam zu einer Selektion arbeitsfähiger Männer aus dem Zug. SS-Männer aus Majdanek öffneten die Waggons und forderten alle männlichen Deportierten zwischen 15 und 45 Jahren auf, den Waggon mit ihrem Gepäck zu verlassen. Gleichzeitig wurden die Waggons mit den größeren Gepäckstücken und den Nahrungsmitteln abgekoppelt.

Danach hatten die aus dem Zug geholten und von ihren Angehörigen für immer getrennten Jugendlichen und Männer den Weg ins Lager Majdanek zu Fuß zurückzulegen. Eine kleinere Gruppe blieb im Lager „Flugplatz" zurück, wo die „Arbeitsjuden" damit beschäftigt wurden, das Eigentum der Deportierten aus den abgestellten Waggons zu holen und zu sortieren. Bei Transporten aus Warschau und Holland wurde ebenso verfahren.[39] Die in Majdanek Angekommenen waren vom ersten Augenblick an dem strengen Lagerregime unterworfen. Sie wurden in dem erst im Aufbau befindlichen riesigen Lagergelände zur Zwangsarbeit eingeteilt, hungerten und froren und wurden beim geringsten Regelverstoß Opfer der Willkür von SS-Lagerbesatzung und Kapos. Durch Folter, Krankheiten und Unterernährung war die Mortalität sehr hoch, die durchschnittliche Überlebenszeit lag bei etwa 3 Monaten.[40] Vierzig Prozent der in Majdanek Verstorbenen verloren in den Gaskammern ihr Leben.[41]

Im Gegensatz zu anderen mit demselben Zug Deportierten ist Dr. Karl Leven im Lagerarchiv von Majdanek nicht registriert. (Vielleicht sollte er als ärztlicher Zugbegleiter bis zur Zielankunft bei den Deportierten bleiben?)

Den Beleg für die Selektion arbeitsfähiger Männer aus dem Zug DA 22 in Lublin liefert eine Archivrecherche des Staatlichen Museums Majdanek, Lublin.[42] Die Selektierten aus diesem Zug erhielten die Aufnahmenummern 12428 bis 12512. Somit waren es 84 jüdische Männer, die in Lublin aus dem Zug geholt wurden. Außer dem Namen und der Registrierungsnummer wurden das Geburtsdatum, der Geburtsort und der Todestag in Majdanek vermerkt. Je drei Deportierte waren in Aachen, Köln und Düsseldorf und zwei in Essen geboren. Aus Düren stammte Max „Berliner" (richtig: Berlin), geboren am 12. Januar 1903. Er erhielt die Lagernummer 12471. Sein Todestag war der 6. August 1942. Er verstarb oder wurde ermordet im Alter von 39 Jahren, weniger als zwei Monate nach seiner Ankunft in Majdanek. Max Berlin war Kaufmann. Seiner Familie gehörte eine Getreidegroßhandlung in Düren, Alte Jülicher Straße 9. Es ist belegt, dass er zu den am 15. Juni 1942 „nach Izbica" Deportierten gehörte.[43]

Auch zwei aus der Israelitischen Heil- und Pflegeanstalt Bendorf-Sayn stammende und bereits in Koblenz-Lützel in den Zug gepferchte jüdische Patienten (oder Pfleger?) wurden in Lublin aus dem Zug geholt: der über 46 Jahre alte Gustav Kaufung, geboren am 1. 12. 1895 in Barmen, letzte Anschrift in Bendorf-Sayn, Hindenburgstr. 71/49, Todestag in Majdanek: 12. August 1942, und Leo Löwenberg, geboren 20. Mai 1908 in Kördorf, Todesdatum in Majdanek: 9. August 1942.[44]

Am 16. Juni 1942 um 21 Uhr, also wenige Tage vor dem Zug DA 22, war ein ebenfalls nach Izbica bestimmter Deportationszug in Lublin eingetroffen. Der Zug DA 38 war aus Wien gekommen. Mit ihm wurde in gleicher Weise verfahren wie mit dem Zug aus Deutschland. Über diesen Transport gibt es einen detaillierten Bericht des Transportführers Josef Frischmann. Der SS-Obersturmführer Pohl erwartete den Zug am Bahnhof von Lublin *und ließ 51 arbeitsfähige Juden zwischen 15 und 50 Jahren auswaggonieren und in ein Arbeitslager bringen. Zugleich gab er den Auftrag, die übrigen 949 Juden in das Arbeitslager nach Sobibor zu bringen.*[45] Nach diesem Dokument hat der Zug DA 38 den ursprünglichen

Bestimmungsort Izbica nicht erreicht. Er berührte nach der Weiterfahrt die Bahnstation Cholm (Chelm) und traf am Morgen des 17. Juni um 8.15 Uhr in Sobibor ein. Eine Stunde später war er „auswaggoniert".[46]

Sobibor als „Arbeitslager" zu bezeichnen entsprach der offiziellen Sprachregelung. (Die Termini „Vernichtungslager", „Todeslager" gab es erst nach dem Ende des NS-Staates.) Dass die Deportierten des Zuges DA 22 in den Tod fuhren, muss man in den aktiv beteiligten NS-Dienststellen gewusst haben. Hat Karl Leven es geahnt, hat er es gewusst?

25
Izbica. Sobibor.

An einem trüben, nasskalten Mittag im November 2002 komme ich in Izbica an. Ab Lublin hatte die Busfahrt durch die leicht verschneite Landschaft eine gute Stunde gedauert. Fast gegenüber der Bushaltestelle liegt das alte Bahnwärterhäuschen, dahinter die noch benutzten Schienenstränge, gleich daneben die nicht mehr benutzten Gleise. Auf der rückwärtigen Hausseite hat jemand rote Hakenkreuze auf die verputzten Wände gesprüht. Ich gehe auf dem von trockenem Gras überwucherten und von einer dünnen Schneedecke bedeckten Gleis. Die Schienen haben Rost angesetzt. Ein Prellbock mit einem schwarzen quadratischen Brett mit kreisrundem weißen Untergrund und schwarzem Querbalken zeigt an, dass die Fahrt hier zu Ende war. Einige Meter vom Gleis entfernt stehen auf einem großen rechteckigen, asphaltierten Platz, auf dem noch Reste von weißen Markierungslinien erkennbar sind, in jeweils dreißig Schritt Abstand vier alte Bogenlampen: die Rampe von Izbica.

Von hier aus geht der Blick über die Hügelkette, die Izbica in einem großen Bogen umschließt, und über die angren-

Izbica (Polen), oben: Transitlager 1941; unten „Rampe" 2000

Izbica, Gleisende, 2002

zenden, von spärlichem Schilfrohr umrandeten Wiesen. Vor sechzig Jahren, am 15. Oktober 1942, ist es an dem jetzt so friedlichen Ort zu einem Blutbad gekommen. An diesem „schwarzen Tag von Izbica" hatten sich entsetzliche Szenen abgespielt, als etwa 10 000 Juden abtransportiert werden sollten. Nachdem die noch auf der Rampe Stehenden mit brutaler Gewalt in die schon überfüllten Waggons hineingepresst worden waren, blieben noch viele auf dem Sammelplatz vor dem Geleise und auf der Wiese zurück. Juden, die sich sträubten oder zu fliehen versuchten, wurden auf der Stelle erschossen. Der 1949 vor dem Schwurgericht Kassel verurteilte stellvertretende Leiter der Kreishauptmannschaft Krasnystaw und Leiter des „Amtes für Bevölkerungswesen und Fürsorge", R., hat, so die Aussage eines Zeugen, „bei den tumultartigen Auftritten während des Verladens […] in die Menge der Juden hineingeschossen"[1].

Izbica ist eine am Fluss Wieprz gelegene Kleinstadt im Kreis Krasnystaw, Bezirk Lublin. Vor dem Krieg sollen hier 3600 Juden und 200 Christen gelebt haben. Izbica liegt etwa auf der Hälfte der Bahnstrecke zwischen Lublin und Belzec, etwa 70 km südöstlich von Lublin. Belzec war das erste der drei Vernichtungslager der „Aktion Reinhardt"; Sobibor und Treblinka waren die anderen Todeslager. Den Decknamen „Aktion Reinhardt" gab die SS der Planung und Konkretisierung der Judenvernichtung im Generalgouvernement und in Byalistok. Im Rahmen der „Endlösung" sollten, laut Protokoll der Wannseekonferenz vom Januar 1942, die Juden in den von Deutschland besetzten, aber nicht unmittelbar dem Deutschen Reich einverleibten Teilen Polens getötet werden.[2] Es ging um 2 284 000 Menschen. Das Verwaltungs- und Organisationszentrum der Aktion Reinhardt war Lublin. Die Stadt hatte zu Beginn des Zweiten Weltkrieges 112 000 Einwohner, von denen 40 000 Juden waren.

Beim Gehen über das alte Gleis wandern die Gedanken zur Familie Leven. Aber der Versuch, sich vorzustellen, wie sie und die Tausend anderen Frauen, Kinder und Männer nach tagelanger Fahrt hier aus den Waggons getrieben wurden, wie sie zum ersten Mal wieder Boden unter den Füßen hatten, wie Familien und Paare versuchten, beieinander zu bleiben, wie die Wachmannschaften und das „Bahnhofskommando" mit den Menschen aus Koblenz, Aachen, Düren, Köln, Düsseldorf, Duisburg, Essen umgingen – dieser Versuch misslingt, er läuft ins Leere. Auch kann nur vermutet werden, wie lange Karl Leven mit seiner Familie von Aachen nach Izbica unterwegs gewesen ist. Wenn der Transport, wie erwähnt, am 17. oder 18. Juni Lublin erreicht hat, wäre er nach dem Zwischenhalt mit der Selektion arbeitsfähiger Männer am „Flugplatz" in Lublin noch am selben oder spätestens am nächsten Tag hier eingetroffen.

Aber die Quellenlage ist unsicher. Es ist sogar nicht einmal wahrscheinlich, dass der Zug DA 22 überhaupt in Izbica angekommen ist.

Ich mache einige Fotos und gehe langsam in den Ort. Weil ich nicht polnisch spreche und mich nicht nach den örtlichen Gegebenheiten erkundigen kann, bin ich auf die Skizze angewiesen, die Robert Kuwalek, Historiker an der Gedenkstätte des Konzentrationslagers Majdanek, am Vortag in meine Kladde gezeichnet hat. Er hat sich mit den Transit-Ghettos im Distrikt Lublin, zu denen Izbica, Piaski, Rejowiec und Trawniki gehörten, beschäftigt und kennt diese Orte, in denen er eine Reihe von Zeitzeugen befragt hat, sehr genau.

Wir hatten uns kennen gelernt bei der Internationalen Konferenz *Aktion Reinhardt – Vernichtung der Juden im Generalgouvernement*, die aus Anlass des sechzigsten Jahrestages der Aktion Reinhardt vom 7. bis 9. November 2002 in Lublin unter der Schirmherrschaft der Präsidenten Aleksander Kwasniewski und Johannes Rau stattfand. Durch das freundliche Entgegenkommen des Deutschen Historischen Instituts in Warschau war es mir möglich, als Gast an der dreitägigen Konferenz mit Holocaustforschern aus Israel, Polen, Deutschland und USA teilzunehmen.

Es ist einfach, von der Rampe zum Marktplatz von Izbica zu kommen, dem Ort, auf dem sich bei den „Aktionen" die zum Abtransport in die Todeslager bestimmten Juden versammeln mussten, um danach zum Bahnhof getrieben zu werden. Hier ist es zu erschütternden Szenen gekommen, wenn Kinder von ihren Eltern und alte Menschen von ihren Familien getrennt wurden.[3] Heute steht dort, bekränzt und beflaggt, ein heroisierendes polnisches Kriegerdenkmal. Nichts erinnert an die Zehntausende von Juden, die vor sechs Jahrzehnten von hier aus in den Tod transportiert wurden.

Schwieriger ist der oberhalb der Straße gelegene Judenfriedhof zu finden. Nur ein schmaler und ziemlich steiler, jetzt schneeglatter Trampelpfad führt dort hinauf. Oben stoße ich am Rande einer dichten Bewaldung links vom Weg auf zwei Gedenksteine mit polnischen und hebräischen Inschriften und auf eine kleine Bodenplatte, neben der ein Gebinde aus künstlichen Blumen aus dem Schnee ragt. Ich entferne den nassen Schnee von der schwarzen Tafel, die offenbar durch einen Schlag mit einem schweren Gegenstand beschädigt worden ist. Sonst finde ich keine Zeichen, die auf einen Friedhof hindeuten könnten. Linker Hand ist eine tiefe natürliche Senke. Hier wurden, wie Robert Kuwalek von Zeitzeugen weiß, beginnend im November 1942 von der SS etwa 2000 Juden erschossen, die sich versteckt hatten und aufgespürt worden waren.[4] Zwei betrunkene Polen, die etwas entfernt laut redend durch den stillen Wald gehen, rufen mir grölend etwas zu, das nicht freundlich klingt. Von hier oben geben die winterkahlen Bäume den Blick frei auf die jetzt breite und lebhaft befahrene Straße, die auch damals schon zum Bahnhof verlief.

Einige Farbfotos, kopiert von Dias, die Max Kirnberger, Leutnant einer deutschen Fernmeldekompanie, zwischen Februar 1940 und Juni 1941 aufgenommen hat, zeigen den Judenbezirk von Izbica, der den größten Teil des Ortes bildete, als ein ärmliches Dorf mit windschiefen, zum Teil baufälligen kleinen Holzhäusern und unbefestigten, streckenweise aufgerissenen Straßen. Bärtige Männer tragen lange, verschlissene, graue oder schwarze Mäntel und blicken den fotografierenden deutschen Uniformträger skeptisch an.[5]

Der jüdische Anteil der über 4000 Menschen zählenden Bevölkerung von Izbica lag bei Ausbruch des Zweiten Weltkrieges bei 85 bis 90 Prozent.[6] Es waren überwiegend orthodoxe Juden, die durch Kaftan, Bart, Schläfenlocken und Gebetskäppchen auffielen, wenn auch liberale Ideen und westliche Kleidung sich allmählich durchzusetzen begannen.[7] Das Interesse des Fotografen wurde augenscheinlich von dem fremdartigen Aussehen der Orthodoxen besonders gefesselt. Die Aufnahmen des Straßenbildes, in dem die alten Männer und die Frauen einen weißen Stoffstreifen mit dem Davidstern am Ärmel tragen – die Kinder sind nicht gekennzeichnet – machen den Schtetl-Charakter des Ortes augenfällig.

Nach Izbica wurden erstmalig im März 1941 polnische Juden umgesiedelt. Sie kamen aus den Orten Kolo, Konin und Rzgow. In dem dicht bevölkerten Ort hatten sie kaum Platz. So musste ein Notquartier für 400 Menschen in der Synagoge eingerichtet werden.[8] Am 24. März 1942 kam es zu einer ersten Deportationsaktion durch die SS: von 5000 polnischen Juden wurden 2200 von Izbica nach Belzec und 300 bis 400 nach Krasniczyn gebracht. Danach, zwischen März und Juni/Juli 1942, kamen 17 000 Juden aus dem Ausland nach Izbica.[9] Wenn man die anderen, meist kleineren Transitghettos des Distriktes Lublin dazurechnet, waren es mindestens 50 000 Juden, überwiegend alte Menschen, Frauen und Kinder aus Deutschland, Österreich und der Tschechei, die in die bald völlig überfüllten Orte verlegt wurden. Um für sie Raum zu schaffen, wurden die ansässigen und die schon einmal umgesiedelten polnischen Juden in die Lager in Richtung der alten russischen Grenze abgeschoben. Zu Beginn der Tötungsaktionen war das südlich von Lublin gelegene und zuerst fertig gestellte Vernichtungslager Belzec das Ziel.[10]

Bei den späteren Transporten aus dem Ausland waren arbeitsfähige Männer, wie der genannte Max Berlin aus Düren beispielhaft zeigt, oft schon in Lublin aus den Zügen selektiert worden, um im nahe gelegenen Konzentrationslager Majdanek Zwangsarbeit zu leisten. Dort betrug die Überlebenszeit, wie erwähnt, im Durchschnitt nur wenige Monate.[11]

Zu Beginn des Vernichtungsprozesses, zu dessen Opfern auch die von Kirnberger fotografierten Kinder, Frauen und Alten gehört haben dürften, schrieb Reichspropagandaminister Joseph Goebbels am 27. März 1942 in sein Tagebuch: *Aus dem Generalgouvernement werden jetzt, bei Lublin beginnend, die Juden nach dem Osten abgeschoben. Es wird hier ein ziemlich barbarisches und nicht näher zu beschreibendes Verfahren angewandt, und von den Juden selbst bleibt nicht mehr viel übrig. Im großen und ganzen kann man wohl feststellen, daß 60 Prozent davon liquidiert werden müssen, während nur 40 Prozent bei der Arbeit eingesetzt werden können. Der ehemalige Gauleiter von Wien (Globocnik), der diese Aktion durchführt, tut das mit ziemlicher Umsicht und auch mit einem Verfahren, das nicht allzu auffällig wirkt… Die in den Städten des Generalgouvernements freiwerdenden Ghettos werden jetzt mit den aus dem Reich abgeschobenen Juden gefüllt, und hier soll sich dann nach einer gewissen Zeit der Prozeß erneuern.*[12]

Die ersten vier Transporte mit insgesamt 4000 nichtpolnischen Juden aus Theresienstadt, Nürnberg und Koblenz kamen im März 1942 in Izbica an.[13] Der Ort war in kurzer Zeit überfüllt, eine Typhusepidemie brach aus. Am 24. März 1942, vermutlich kurz bevor ein Transport mit 1000 Juden aus Nürnberg eintraf, kam es zu einer ersten großen „Judenaktion" in Izbica. Über 2200 Menschen, meist polnische Juden, wurden auf dem Marktplatz brutal zusammengetrieben, zum Bahnhof gebracht und in einen Zug mit Viehwaggons nach Belzec verfrachtet. Am 7. April wird in einem amtlichen Schreiben festgestellt, dass man 2200 Juden „herausgesiedelt" habe, während 4000 „Reichsjuden" hereingekommen seien.[14]

Bis zum 15. Juni 1942, dem Deportationsdatum der Familie Leven, sind 25 Transporte in den Distrikt Lublin belegt. Vier davon, mit insgesamt 4000 Juden aus Deutschland, wurden zunächst nach Piaski geleitet.[15] Diese Deportierten wurden am 22. Juni und am 6. November 1942 in Sobibor ermordet. 7000 Deportierte aus zehn Transporten, die nach Izbica und der benachbarten Kreisstadt Krasnistaw kamen, wurden nach Sobibor weitertransportiert.[16] Eine umfassende Übersicht, die die Transporte nach und von Izbica belegt, liegt bis heute nicht vor.

Das „Schtetl" Izbica war als Ort insgesamt zu einem Ghetto geworden. Die für ein Lager typische Infrastruktur, wie Baracken, Zäune und Wachtürme, fehlte. Es gab auch keine Mauer, die das Ghetto umzog. Der Ort liegt in einem von Hügeln umgebenen Talkessel. Nur im Ortskern gab es einige zweigeschossige Häuser. In den ärmlichen Nebenstraßen herrschten niedrige Holzbauten vor, so dass Izbica von den umgebenden Hängen gut einsehbar war. Die Kessellage und die als „feindlich" beschriebene Umgebung waren, zusammen mit den Ausgangssperren, offenbar ausreichend, um Fluchtversuche zu verhindern. Lediglich bei den mit großer Brutalität durchgeführten Razzien und „Aktionen" zogen ukrainische Postenketten auf.[17]

Die Lebensbedingungen in der kleinen polnischen Provinzstadt waren äußerst primitiv. Es fehlte an Wasser und Nahrung. Die Straßen waren oft tief verschlammt, die Holzhäuser der ortsansässigen Juden waren nach deren Deportation oft von der nichtjüdischen Bevölkerung ausgeräumt oder zerstört worden. Zumeist mussten sich zehn bis zwanzig Deportierte in einen Raum teilen.[18] Es war nicht übertrieben, die „verdreckten und verlausten" Unterkünfte als „höhlenähnliche Löcher"[19] zu bezeichnen.

Das Kommando in Izbica hatten zwei junge „Herren über Leben und Tod", die SS-Männer Kurt Engel und

Ludwig Klem, beide noch nicht mit Offiziersrang. Sie wurden von einigen Hundert Ukrainern unterstützt.[20] Diese Beschreibung stammt von dem in Izbica geborenen Thomas Toivi Blatt, der als 15-jähriger in das Vernichtungslager Sobibor verschleppt worden war und sich am 14. Oktober 1943 aktiv am Aufstand beteiligt hatte. Seine abenteuerliche Flucht war erfolgreich. Er überlebte auch nach dem Aufstand und der gelungenen Flucht aus dem Lager noch mehrere lebensgefährliche Situationen, als er von polnischen Kollaborateuren bedroht wurde. Seinen Fernsehbericht über seine Heimatstadt Izbica, über seine Familie, die das Todeslager Sobibor nicht überlebt hat, über seine Zeit im Lager und über seine Flucht, habe ich kurz vor meiner Abreise nach Polen gesehen. Abschnitte des Films waren ein Jahr vor meiner Reise, im November 2001, in Izbica und Sobibor gedreht worden. Der eindrucksvolle Film lässt die Topografie von Izbica gut erkennen. Er gibt auch einen Einblick in das bei der Tagung in Lublin lediglich angesprochene und noch heute heikle Thema des verbreiteten polnischen Antisemitismus, der andererseits viele Polen nicht daran gehindert hatte, bedrohte oder entflohene Juden zu verstecken, mit Nahrung zu versorgen und unter eigener Lebensgefahr zu beschützen. Thomas Toivi Blatt, der seit langem in Seattle/USA lebt und fast jährlich in seine Heimat zurück kehrt, hätte ohne dies selbstlose Hilfe nicht überlebt.[21]

Von einem weiteren Zeitzeugen, Jan Karski, stammt eine von Blatt abweichende Schilderung, die sich nach Ansicht seiner Biographen ebenfalls auf Izbica beziehen soll.[22] Die Beschreibung einzelner Baracken und einer Stacheldrahtumzäunung ist jedoch für die Verhältnisse von Izbica nicht zutreffend.

Die Transitghettos im Bezirk Lublin, die alle an Bahnstrecken gelegen waren, hatten auch eine verschleiernde Funktion: sie waren Transportziele, die den Todeslagern Belzec und Sobibor vorgeschaltet waren. In Deutschland, vor den Deportationen, lautete das offizielle Ziel unbestimmt „In den Osten". Bei Ankunft im Transitlager hieß es, dass die Deportierten von hier aus in Arbeitslager gebracht würden, um dort „ein neues Leben zu beginnen". Diese Strategie hatte zumindest zu Beginn der Massenmorde den beabsichtigten Erfolg, dass von den Deportierten fast niemand etwas von den Vernichtungslagern ahnte und sich daher auch nicht dagegen wehrte, wenn er weiter transportiert werden sollte.[23] Das Lügengespinst wurde jedoch schon nach kurzer Zeit durchlässig. Dennoch gelang nur ganz wenigen die Flucht.

Der Weitertransport aus Izbica erfolgte meist innerhalb weniger Tage, manchmal schon einen Tag nach der Ankunft[24], seltener erst nach einigen Wochen. Zu Beginn der Vernichtungsaktionen gingen die meisten Züge nach Belzec, in dem als erstem der drei Todeslager der „Aktion Reinhardt" Gaskammern installiert worden waren. Hier wurden von Mitte März bis Mitte April 1942 etwa 35 000 Juden aus Ghettos im Distrikt Lublin, Ostgalizien und Deutschland, weitere 30 000 Juden aus dem Ghetto der Stadt Lublin und noch einmal 15 000 aus Lwow (Lemberg) ermordet.

Von dem unmittelbaren Abtransport aus Izbica gab es Ausnahmen. So lebte Ernst Krombach aus Essen vom 24. April bis 22. Oktober 1942, vielleicht sogar noch etwas länger, in Izbica. Von diesem 21-jährigen, in Essen geborenen jungen Mann stammt die bisher genaueste Schilderung der örtlichen Verhältnisse in dieser Zeit.[25] (Er wäre übrigens gerne, wie Dr. Leven, Kinderarzt geworden.[26]) Die Beobachtungen, die er am 22. und 23. August 1942 in einem 18-seitigen, illegal aus Izbica herausgebrachten Brief seiner noch in Essen lebenden jüdischen Freundin Marianne Strauß mitteilt, sind von schonungsloser Genauigkeit.[27] Der „Briefträger" war erstaunlicherweise ein Offizier der Wehrmacht. Christian Arras, der ebenfalls aus Essen stammte und mit der Familie der Adressatin eine eher oberflächliche Bekanntschaft hatte, sorgte bei erheblichem eigenen Risiko auch für den Transport zahlreicher Koffer und Pakete mit Nahrungsmitteln und Kleidung für Ernst Krombach und seine Familie in Izbica.

Ernst Krombach berichtet über die von der SS unter Zwang eingeführte Selbstverwaltung der jüdischen Deportierten und erwähnt den schweren Stand, den die erst später nach Izbica gekommenen deutschen Vertreter des Judenrates gegenüber den früher eingetroffenen tschechischen und polnischen Vertretern hatten. Regelverstöße wurden schnell geahndet:

[…] Das Strafgesetzbuch ist schnell zu erzählen: Todesstrafe. Henkersleute, die die Armen herausschleppen und zum Teil auch ausfindig machen, sind Juden. Verboten ist hier alles und die Strafe, wie oben erwähnt: Verlassen des vorgeschriebenen Quartiers vor 7 oder nach 19 Uhr. Handeln und Einkauf oder Verkauf oder Sprechen mit polnischen Ariern. Backen von Brot. Einkauf kriegsbewirtschafteter Lebensmittel, wie Butter, Eier, Brot, Kartoffel usw. usw. Absendung von Briefen oder sonstigen Nachrichten. Verlassen der Stadtgrenze. Besitz von Gold, deutschem Geld oder überhaupt Geld, Schmuckstücken, Silber usw. usw. Leider sind dieser Vergehen (oder auch nicht) wegen schon viele zum Opfer geworden. Bei der Ankunft werden zunächst einmal die letzten Habseligkeiten wie doppelte Wäsche, Anzüge, Mäntel, Schuhe, Ledersachen, Schmuck, Eheringe usw. einkassiert. Zum Exempel werden vorher dann welche erschossen.

[…] In der Zwischenzeit sind nun schon viele Transporte hier abgegangen. Von ca. 14 000 hier angekommenen Juden sind heute nur noch ca. 2–3000 da. Diese Leute gehen mit noch weniger in Viehwagen und schärfster Behandlung hier los, d. h. mit dem, was sie am Leibe tragen. Das wäre also noch eine Stufe tiefer. Gehört hat man von diesen Leuten nie mehr etwas […] Beim letzten Transport sind leider manche Männer von der auswärtigen Arbeit zurückgekommen und haben weder Frauen, noch Kinder, noch Sachen vorgefunden. (Einiges Glück haben wir sowieso gehabt, da die späteren Transporte schon ohne Männer ankamen.)

[…] Ich kam aber nicht umhin, eine Evakuierung von poln. Juden mitzumachen. Schauderhaft. Man muß jedes menschliche Gefühl

unterdrücken und mit Peitsche unter Aufsicht von S.S. die Leute heraustreiben, so wie sie sind: barfuß, mit Säugling auf dem Arm. Szenen, die ich nicht wiedergeben kann und möchte, spielen sich dabei ab, die ich so schnell wohl nicht vergessen werde.

[…] An Schüsse hat sich das Ohr schon gewöhnt. […] vergeht keine Woche, in der nicht etwas vorkommt: Evakuierung, Einfaches Aufladen von der Straße weg zur Arbeit in der Umgebung, Besuch von fremden S.S., Haussuchungen, Ablieferung von bestimmten Gegenständen usw. usw. Letzthin sind an einem Morgen allein 20 poln. Juden erschossen worden, die Brot gebacken haben… Unsicherheit ist unser Leben. Es kann morgen wieder eine Evakuierung geben, wenn es auch von zuständiger Stelle als nicht gegeben erklärt wird. Ein Verstecken ist bei der augenblicklich geringen Anzahl von Menschen immer schwieriger – besonders, da immer eine bestimmte Anzahl gefordert wird.

[…] Es gibt aber so viel Elend, das sich gar nicht in Worte kleiden läßt. Ein Bild des Herrn Simon, Vater von Eugen aus der Maschinenstraße, würde wohl mehr sprechen als 3 Bände: Halb irr vor Verzweiflung, unterernährt, blau geprügelt kommt er von der auswärtigen Arbeit am Wochenende zurück und findet nichts mehr vor: Frau, Kind und Schwester abtransportiert, sein Gepäck verschwunden … besonderes Pech, aber ein alltägliches Bild.[28]

Das organisierte Morden in Belzec wurde zweimal zur Erweiterung der Kapazität der Gaskammern unterbrochen: von Mitte April bis Mai und von Mitte Juni bis in die zweite Juliwoche 1942.[29] Die Ankunft des Zuges DA 22 im Distrikt Lublin am 17. oder 18. Juni wäre in die Zeit der zweiten Umbauphase gefallen. Inzwischen waren die Gaskammern des Lagers Sobibor fertig gestellt. Hier hatte ab Anfang Mai 1942 die SS mit der Ermordung von 90 000 bis 100 000 Juden begonnen, zu denen auch 10 000 Deportierte aus Deutschland und Österreich gehörten. Diese erste Phase des Tötens in Sobibor dauerte bis Ende Juli 1942.[30]

Diese zeitlichen Zusammenhänge gehören zu einer Reihe von Hinweisen, die dafür sprechen, dass, wie schon angedeutet, der Zug DA 22 mit der Familie Leven das angegebene Ziel Izbica nicht erreicht hat, sondern direkt nach Sobibor geleitet wurde. Eine gesicherte Quelle für die Ankunft in Izbica ist ebenso wenig bekannt, wie für die in Sobibor. Nach der noch dokumentierten Selektion am „Flugplatz" Lublin verliert sich der Weg des Zuges.

• Ein Hinweis für den direkten Transport nach Sobibor lässt sich auch aus der Belegung des Zuges mit den 342 pflegebedürftigen, vermutlich oft nicht gehfähigen, behinderten und psychiatrischen Patienten und Pflegern der Israelitischen Heil- und Pflegeanstalt in Bendorf-Sayn[31] ableiten. Ein Zwischenaufenthalt in einem Transitghetto vor dem Weg in ein Todeslager hätte außerhalb der Vernichtungslogik der SS gelegen, da die NS-Ideologie Geisteskranken ohnehin ihr Menschsein absprach. Für jüdische Geisteskranke galt das ohne Ausnahme. Entscheidend für die Wahl des kürzesten Wegs in die Gaskammer dürften außerdem die erheblichen organisatorischen Probleme gewesen sein: Die Verantwortlichen in den Zwischenlagern hätten nicht gewusst, was sie mit den vielen Behinderten und Geisteskranken anfangen sollten.

• Es gibt einen weiteren Anhalt dafür, dass der Zug DA 22 direkt in Sobibor ankam, auch wenn er keine wirkliche Beweiskraft dafür besitzt, dass Izbica nicht doch erreicht worden sein könnte. Beim Prozess gegen elf im Lager Sobibor eingesetzte SS-Männer, der vom 6. September 1965 bis 20. Dezember 1966 in Hagen stattfand, sagte Abraham Margulies, einer der 53 Überlebenden des Sobibor-Aufstandes[32], als Zeuge aus. Er gehörte zum „Bahnhofskommando" und erinnerte sich, dass eines Tages ein Transport mit jüdischen Geisteskranken in Sobibor eintraf. Anwesende SS-Leute hätten die Patienten verhöhnt, indem sie sich über sie lustig machten und sie antreten und exerzieren ließen.[33] Die Israelitische Heil- und Pflegeanstalt in Bendorf-Sayn war die zentrale Sammelstelle Deutschlands für die jüdischen Geisteskranken, die der Euthanasie nicht zum Opfer gefallen waren.[34] Da dieser Transport somit vermut-

lich überhaupt der einzige Deportationszug mit einer großen Gruppe jüdischer geisteskranker Patienten nach Polen war, ist das von Abraham Margulies beobachtete Geschehen mit aller Wahrscheinlichkeit dem Zug DA 22 zuzuordnen.
- Mit diesen Überlegungen hängt ein geografischer Grund zusammen: Um das Vernichtungslager Sobibor, das nordöstlich von Lublin lag, auf dem kürzesten Wege zu erreichen, wäre die Strecke über das südöstlich gelegene Izbica ein Umweg gewesen.[35]
- Dem in der Gedenkstätte Majdanek tätigen Historiker Robert Kuwalek ist bekannt, dass es keinerlei Briefe oder Postkarten von Zuginsassen des DA 22 aus Izbica gibt. Offiziell waren zwar ab Mai 1942 durch das RSHA sämtliche Postsendungen aus dem Distrikt Lublin verboten, es gibt aber in Archiven Postsendungen, die von SS oder Gestapo abgefangen und festgehalten wurden. Auch wurden aus Gründen der Tarnung die Deportierten bei Zugankunft in einem Lager oder Transitghetto oft aufgefordert, ihren noch in Deutschland verbliebenen Verwandten und Freunden mitzuteilen, dass sie gut angekommen und gesund seien. Schriftliche Zeugnisse dieser Art gibt es von Deportierten des Zuges, mit dem die Familie Leven transportiert wurde, nicht, was die Deutung zulässt, dass die Deportierten unmittelbar nach ihrer Ankunft getötet worden sind.[38]
- Ein weiteres Indiz für den direkten Transport in ein Todeslager, das zu dieser Zeit im Distrikt Lublin wegen der genannten Umbauarbeiten in Belzec nur Sobibor sein konnte, lässt sich dem zitierten Bericht des Schweizerischen Generalkonsuls von Weiß entnehmen, den er am 24. Juni 1942 nach Bern schickte. Von einem „Gewährsmann" hatte er gehört, dass dieser annehme, dass der neun Tage vorher aus Köln abgegangene Transport „inzwischen vergast worden ist".[39]
- Es war offenbar keine Ausnahme, dass ein Deportationsziel während des Transportes geändert wurde. Kurz vor dem Zug DA 22 war, wie schon erwähnt, der aus Wien

kommende, ebenfalls für Izbica bestimmte Zug DA 38 in Lublin direkt nach Sobibor umgeleitet worden.[40]

In der Gedenkstätte in Sobibor gibt es bis heute keine Dokumentation der aus Deutschland eingetroffenen Deportationszüge. Die Gründe dafür sind, dass keiner dieser Deportierten überlebte und dass die Transporte aus Deutschland auch nicht durch Überlebende aus anderen europäischen Ländern dokumentiert worden sind. Lediglich die aus Polen eintreffenden Züge mit polnischen Juden sind auf zwei Wandtafeln mit ihren Ankunftsdaten aufgelistet. In der Gedenkstätte in Majdanek ist man jedoch davon überzeugt, dass im Juni 1942 die aus Deutschland kommenden Züge direkt nach Sobibor weitergeleitet wurden, nachdem man in Lublin die arbeitsfähigen Männer selektiert hat.[41]

„Raus, raus, ihr verfluchten Juden, ihr faulen Säcke", so empfing der SS- Oberscharführer Karl August Wilhelm Frenzel die in Sobibor angekommenen polnischen Juden, die mit Peitschen, Stöcken und Gewehrkolben aus den Waggons getrieben wurden. Die Gehfähigen wurden unter ständigem Gebrüll „Schnell, schnell, weitergehen, dalli, dalli!" angetrieben, in das Lager zu laufen.[42]

Am 10. November 2002, dem 64. Jahrestag der Pogromnacht in Deutschland und 59 Jahre nach dem – anzunehmenden – Eintreffen des Zuges DA 22, steht an einem nasskalten Sonntagmorgen eine kleine Gruppe von Teilnehmern der Lubliner Konferenz fröstelnd im Schneeregen vor dem kleinen Museum der Gedenkstätte in Sobibor.

Während ich mit halbem Ohr auf die englisch gegebenen Informationen höre, muss ich an meinen Kinderarztkollegen aus Düren denken. Er stammte aus derselben Generation wie mein Vater, die auch die Generation der Herren von Sobibor und der anderen Lager war. Ich hatte gelesen, dass hier etwa 250 000 jüdische Menschen ermordet worden sind[43], und sah nun mit eigenen Augen den Ort, wo das geschehen ist. Jemand aus der Runde erwähnt das zynische, Stalin zugeschriebene Zitat: „Wenn du einen Menschen umbringst, dann ist es Mord, wenn du Millionen töten lässt, ist es Statistik". Die fachwissenschaftlichen Vorträge der vergangenen Konferenztage hatten bei mir keinen historisierenden Abstand zu Dr. Leven und seiner Familie entstehen lassen. Von meinen Gesprächspartnern gefragt, hatte ich erklärt, warum ich dabei war – bei den Vorträgen und Diskussionen und dem Rundgang in Lublin, dem Besuch in Majdanek und nun in Sobibor. So ist Karl Leven aus Düren mit seiner Familie in den Gesprächen immer wieder genannt worden.

Der brutale Empfang der in Sobibor Angekommenen ist ein Beispiel dafür, wie zu Anfang der Vernichtungsaktion im Mai 1942 zunächst polnische Juden „begrüßt" wurden. Bei den späteren Transporten aus Deutschland, Holland, Österreich und der Tschechoslowakei wird man sich aus Gründen der Täuschung über den wahren Zweck ihrer Fahrt hierher vielleicht nicht genauso aggressiv verhalten haben, auch wenn in den meisten Berichten von Prügeln, Gewehrkolbenstößen und Peitschenschlägen zu lesen ist. Andererseits haben die Ankommenden, die möglichst lange über ihren unmittelbar bevorstehenden Tod im Unklaren bleiben sollten, nach dem Verlassen des Zuges einen Blick auf das „Vorlager" werfen können, in dem sich die Baracken der bei den Tötungen eingesetzten Deutschen und Ukrainer befanden. Hier bekamen sie zunächst ein fast friedliches dörfliches Bild mit freundlichen Vorgärtchen mit blühenden Geranien und gepflegten Wegen zu sehen. Die Baracken hatten hübsche Gardinen. Sie erinnerten an Tiroler Häuschen und trugen Namen wie „Gottes Heimat", „Schwalbennest" oder „Lustiger Floh".[44]

Eine namentliche Registrierung der Deportierten fand in Sobibor, anders als etwa in Majdanek und Auschwitz, nicht statt. Da ohnehin alle nur hierher gebracht wurden, um getötet zu werden, war nur noch ihre Zahl in den Transportlisten von Interesse, so dass ein zusätzlicher Verwaltungsaufwand „entbehrlich" war. Auch die zur Arbeit im

Lager herangezogenen Juden, von denen es zum Schluss etwa 600 gab, waren nicht davon ausgenommen, später getötet zu werden. Das galt besonders für die im „Lager 3" eingesetzten Juden, die regelmäßig ausgewechselt wurden.

Zu der Zeit, als der Zug DA 22 vermutlich eintraf, gab es in Sobibor bereits eine kleine „schmalspurige Feldbahn" mit Gepäckwagen und Kipploren, deren Schienenanschluss nur zwanzig Meter von der Ausladerampe der Bahnstation entfernt war. Der Weg zum „Lager 3", in dem sich die Gaskammern befanden, war etwa 300 bis 400 Meter lang. Bevor es eine Zugmaschine gab, wurden die Loren von den Arbeitsjuden des Bahnhofskommandos bis zum „Lager 3" geschoben, wo sie von den im Todeslager tätigen Juden übernommen wurden. Hans Hermann Bauer, der zur Lagermannschaft gehörte, sagte als einer der Angeklagten beim Hagener Sobibor-Prozess aus: *Die Bahn [...] führte in das Lager 3 und dort in die ausgehobenen Gruben herunter. Außerdem führte ein Gleis von den Gaskammern in die Gruben. [...] Wie ich bereits erklärt habe, war die Lorenbahn angelegt worden, um bei den ankommenden Judentransporten kranke und gebrechliche Juden sowie Kinder in das Lager 3 zu transportieren. Mir ist bekannt, daß diese Leute, also die gebrechlichen und kranken Juden nebst Kindern – insbesondere Säuglinge – in das sogenannte „Lazarett" kamen und dort von den im Lager 3 Tätigen erschossen wurden. [...] Es war allgemein bekannt, daß die Kranken im Lager 3 „umgelegt" wurden. [...] Es waren Ukrainer, die hatten dazu den speziellen Auftrag. Sie hatten automatische Waffen und ein Magazin mit 12 Schuß. Sie wurden nicht von einem bestimmten Deutschen befehligt, es war ein eingespieltes Kommando, das die Leute, die mit der Lorenbahn transportiert wurden, erschoß.*[45] Erst am Rande der „Lazarett" genannten Grube, in der schon Hunderte von Leichen lagen, begriffen die Deportierten, zu denen auch die nicht gehfähigen, wenn nicht alle Patienten aus Bendorf-Sayn gerechnet werden müssen, warum sie hierher gebracht worden waren. Sie mussten sich ausziehen und wurden der Reihe nach am Grubenrand mit einem Genickschuss exekutiert.[46]

Der Aussage, dass Kinder und Säuglinge von ihren Müttern getrennt wurden und mit den Loren zur Exekution gebracht wurden, stehen Zeugenaussagen Überlebender und Vernehmungen Mitschuldiger entgegen, dass Kinder bis zu sechs Jahren bei ihren Müttern blieben und dass die Kinder, die ohne Eltern angekommen waren, anderen Frauen übergeben wurden.

Das aus SS-Männern und ukrainischen Bewachern und etwa zwanzig jüdischen Häftlingen bestehende „Bahnhofskommando", das die Waggons zügig zu räumen hatte, machte von den ledernen Peitschen Gebrauch, wenn den SS-Bewachern das „Entladen" nicht schnell genug ging. Wenn das Verlassen der Wagen zu lange dauerte, wurde an der Rampe von der SS auch gelegentlich geschossen. Um nicht unnötig Angst aufkommen zu lassen, geschah das nicht allzu häufig.

Trügerische Hoffnung gab dann die kurze Ansprache eines SS-Mannes, der die Deportierten in mal salbungsvollen, mal knappen Worten darüber informierte, dass hier ein Übergangslager sei und der Zug in ein Arbeitslager in der Ukraine schon bereit stehe. Vorher müssten sie aber ihre Kleider zur Desinfektion abgeben und aus hygienischen Gründen duschen. Dann wurden die Männer von den Frauen und Kindern, die bei ihren Müttern bleiben konnten, getrennt. Männer und Frauen wurden zu verschiedenen Auskleideplätzen geführt. Alle mussten ihre Wertsachen abgeben und sich entkleiden. Wer etwas zu verstecken versuchte, wurde erschossen. Alles musste in großer Eile unter ständigem Antreiben mit scharfen Kommandos und Schlägen geschehen. Den Frauen wurden noch mit wenigen Schnitten das Kopfhaar genommen.

Danach wurden alle durch den „Schlauch" genannten, 150 Meter langen und 3 bis 4 Meter breiten Weg zu den als Duschräume getarnten Gaskammern getrieben. Im Juni 1942 war jede der quadratischen Kammern 16 Quadratmeter groß. Über die Zahl der Menschen, die, wenn sie sich nicht freiwillig in den „Duschraum" begaben, mit Schlägen hineingepresst wurden, gibt es Angaben, die von 160 bis 250 gehen. Nachdem die Türen luftdicht verschlossen waren, wurden Abgase aus Benzinmotoren[47] hineingeleitet. Das qualvolle Sterben dauerte 20 bis 30 Minuten.[48]

Bis Ende 1942 wurden die Toten in eine der etwa 60 mal 20 Meter großen und sechs bis sieben Meter tiefen Gruben geworfen.[49] Sie wurden später in einer mehrere Monate dauernden „Enterdungsaktion" von Häftlingen exhumiert. Die Mitglieder dieser „Spezialkommandos", die unter der Leitung des SS-Standartenführers Paul Blobel standen, wurden später exekutiert. Über 100 000 Leichen wurden auf einem riesigen Scheiterhaufen verbrannt. Ein Teil der Asche wurde in Fässer gefüllt und als Dünger für die Gärtnerei von Sobibor und verwendet. Nach 1942 wurden die aus den Gaskammern gezerrten Körper direkt verbrannt. Größere Knochen, die nicht ganz verbrannt waren, wurden in einer von Himmler in Auftrag gegebenen Knochenmühle zerkleinert und mit einer Egge in Gärten und auf Feldern verteilt. In der Holocaust-Ausstellung des British War Museum in London stehe ich vor einer solchen Egge und vor dem Foto einer Knochenmühle.[50]

Von den Juden, die aus Deutschland und Österreich in den Distrikt Lublin deportiert wurden, fanden fast alle in Sobibor oder Belzec den Tod. Aus Deutschland kamen, nach Abzug der Arbeitskräfte für Majdanek und die umgebenden Lager, etwa 17 500 Juden nach Sobibor. Sie wurden alle in den Gaskammern ermordet.[51]

Himmler ordnete am 5. Juli 1943 an, Sobibor als Vernichtungslager zu schließen und es in ein Arbeitslager umzuwandeln. Dazu kam es nicht mehr. Am 14. Oktober 1943 brach ein Aufstand aus – der einzige derartige Aufstand in einem Konzentrationslager –, den eine Gruppe von Häftlingen organisiert hatte und in dessen Verlauf elf SS-Männer und mehrere Ukrainer getötet wurden. Von den 300 geflohenen Häftlingen wurden die meisten gefangen genommen

Sobibor, Mausoleum 2002

und getötet. Etwa 50 Geflohene überlebten den Krieg. Das Lager wurde nach der Niederschlagung des Aufstandes aufgelöst. Ende 1943 waren alle Spuren beseitigt.[52]

An dem nasskalten Vormittag in Sobibor suche ich in meinem hilflosen Gedenken nach Karl Leven und seiner Frau Else, nach Hans Hermann, genannt Hänschen, der zwei Wochen vor dem Transport neun Jahre alt geworden war – er wäre jetzt so alt wie ich –, nach der sechseinhalbjährigen Mirjam Charlotte und nach Jona, dem elf Wochen alten Säugling. Aber wir stehen hier in einem noch jungen

Wald auf einer breiten Schneise, die vielleicht einmal die Lagerstraße gewesen ist. Wir sehen nichts mehr von den Baracken, von den Wachttürmen – nur ein neuer Feuerschutzturm steht da – nichts mehr vom Lagerzaun, von den Gaskammern, den Leichengruben, dem riesigen Leichenverbrennungsplatz. Der Rauch ist verweht, das Schreien und die Schüsse sind seit sechs Jahrzehnten verhallt. Da ist nur ein großer steinerner Kubus als Zeichen des Gedenkens und eine hoch aufragende Skulptur aus rotem Stein, die eine Mutter mit ihrem Kind darstellt. Etwas weiter entfernt liegt das Mausoleum. Es ist ein flacher, runder von einer niedrigen Mauer eingefasster Hügel, er besteht aus Erde und Asche.

III HINTERGRÜNDE

26
Kinderheilkunde – ein spezieller Blick zurück.

Karl Levens Berufswahl macht es sinnvoll, einen Blick auf die Entwicklung der Kinderheilkunde zu werfen. Er wird zeigen, dass jüdische Ärzte einen großen Anteil daran hatten, dass sich eine eigenständige Pädiatrie als neues medizinisches Fachgebiet etablieren konnte.[1]

Das öffentliche Bild des Kinderarztes war lange Zeit zu Unrecht eine Miniatur. Man sah in ihm kaum mehr als den Spezialisten für eine Gruppe von Infektionskrankheiten mit hohem Ansteckungsrisiko, den „Kinderkrankheiten". Allenfalls dachte man noch an den Arzt für Säuglinge und für Impfungen. Dieses Bild entsprach schon früher nicht der Realität. Längst wird anerkannt, dass das Kind bis zum Jugendlichenalter mit dem gesamten Spektrum von akuten und chronischen Erkrankungen, mit seinen psychosozialen Problemen, mit Entwicklungsstörungen und Behinderungen das kinderärztliche Forschen und Handeln schon immer bestimmt hat.

Weniger bekannt ist dagegen, dass die Entwicklung der Kinderheilkunde zu einer klinischen Fachdisziplin ganz wesentlich durch soziale und pädagogische und weniger durch primär medizinische Intentionen bestimmt war. Die Wurzel, aus denen die Kinder- und Jugendmedizin von heute stammt, lag am Ende des 18. Jahrhunderts.[2] Die natürlichen und sozialen Bedürfnisse des Kindes in seinen verschiedenen Altersstufen gerieten in das Blickfeld der Aufklärungsphilosophie, der Pädagogik und der Medizin, die im 18. Jahrhundert noch einen gemeinsamen Diskurs bildeten. Rousseaus „Émile ou de l'éducation" (1762) kommt hier als zentralem Text eine besondere Bedeutung zu. Zu den Klassikern aufklärerischer Pädagogik lassen sich Namen wie Basedow, Campe, Salzmann, Rochow, Pestalozzi und auch

Herder zählen. Die Eigenheit des Kindesalters wurde als solche erkannt und anerkannt, Kinder wurden spätestens seit Rousseau nicht mehr als kleine Erwachsene angesehen. Indem sich die Aufklärungspädagogik um verbesserte Lebens- und Lernbedingungen von Kindern sorgte, ergaben sich auch erste disziplinübergreifende Ansätze einer „Sozialen Pädiatrie". In ihr war das Kind noch nicht Gegenstand wissenschaftlichen Interesses, es wurde vielmehr in allen seinen Wechselbeziehungen mit seiner sozialen Umwelt gesehen. Bedingt durch die Gefährdung von Kindern durch die zunehmende Industrialisierung, begann die Kinderheilkunde sich im 19. Jahrhundert allmählich von der allgemeinen Medizin abzugrenzen. (Erst viel später wird sich eine eigenständige „Sozialpädiatrie" entwickeln, die als interdisziplinäres Arbeitsfeld neben der Kinderheilkunde im engeren Sinne Fächer wie Entwicklungspsychologie und Psychotherapie, Sozial- und Heilpädagogik, Physiotherapie und andere Spezialisierungen umfasst.[3])

Zur eigentlichen Entfaltung der Kinderheilkunde führten dann neue Erkenntnisse in den Naturwissenschaften und in der Medizin.[4] Ihre weitere Entwicklung wurde begünstigt durch ein im 19. und 20. Jahrhundert zunehmendes staatliches, wirtschaftliches und sogar militärisches Interesse an gesunden und kräftigen Kindern. Sie wurde in den 30er und 40er Jahren des 20. Jahrhunderts zu einem Fach, das im Gesundheitswesen des NS-Staates in vielfältiger Weise verankert war und im „Dritten Reich" entsprechend gefördert wurde.

Als der 29-jährige Karl Leven sich ab 1924 der Kinderheilkunde verschrieb, begann seine Ausbildung in einem Fachgebiet, das nur wenig älter war als er selbst und das von Anfang an sein „berufliches Selbstverständnis an das Gedeihen des Staates gebunden hatte"[5]. Bereits die ersten Vertreter des Faches hatten betont, dass die Aufgabe der Kinderheilkunde weit über die „Medizin als solche" hinausgehe und „vordringlich im Staatsinteresse" liege.

Diese und die folgenden Feststellungen und Zitate beruhen, soweit nicht anders angegeben, auf den Maßstab setzenden Untersuchungen des Freiburger Medizinhistorikers und Kinderarztes Eduard Seidler.

Schon 1805 war von A. F. Hecker, Professor für Pathologie und Semiotik (Lehre von den Krankheitssymptomen) in Berlin ein Buch erschienen mit dem Titel *Die Kunst, unsere Kinder zu gesunden Staatsbürgern zu erziehen und ihre gewöhnlichen Krankheiten zu heilen.* Im 19. Jahrhundert war die rasante Industrialisierung die Ursache für die Zunahme der aus heutiger Sicht unvorstellbar hohen Säuglingssterblichkeit. Bezogen auf das Gebiet des Kaiserreiches von 1871 stieg sie von knapp 17 Prozent im Jahr 1811 auf über 23 Prozent im Jahr 1880. Wenn Ärzte auch immer ein auf das einzelne kranke Kind gerichtetes hohes individuelles Handlungsmotiv hatten, so verdankt die Kinderheilkunde ihre Existenz unter diesen Bedingungen dem gesundheitspolitischen Ziel, *nicht nur für physisch gesunde sondern auch für staatsbürgerlich wertvolle Kinder [zu] sorgen.*[6] Es war Adalbert Czerny, der als einflussreicher akademischer Lehrer bereits im Jahr 1908 so dachte. Schüler von Czerny war auch Arthur Keller, der erste klinische Pädiater in Magdeburg, Karl Levens späterer Wirkungsstätte. Czerny führte damit einen Gedanken weiter, den lange vor ihm Abraham Jacobi im ersten deutschsprachigen Lehrbuch der Kinderheilkunde 1877 formuliert hatte. Danach lehre *eine gesunde Nationalökonomie, dass auf die Entwicklung und die erste Pflege und Erziehung ein Kapital verwandt wird, welches mit dem etwaigen Tode des Kindes ein absoluter Verlust ist.* Weiter wird von Jacobi *der Kampf um die Weltgeltung des Deutschen Reiches angeführt, in dem es dringend einer zahlreichen, gesunden, wehr- und waffentüchtigen Bevölkerung* bedarf.

Es waren besonders auch jüdische Wissenschaftler und Ärzte wie Jacobi, die einer Medizin den Weg bereiteten, in der sich die Sorge um das kranke Kind mit einem öffentlichen Interesse verband. Überhaupt war ein soziales Engagement nicht nur bei den Pädiatern, sondern auch bei vielen jüdischen Ärzten anderer Fachgebiete häufig anzutreffen. Die Pflicht, Hilfsbedürftigen zu helfen, war von jeher ein zentrales Gebot der jüdischen Religion. Durch den im ausgehenden 18. Jahrhundert einsetzenden Prozess der Emanzipation und Akkulturation der jüdischen Bevölkerungsteile wurde ein über die „innerjüdischen Interessen hinausgreifendes Eintreten" für sozialpolitische Ziele erst möglich. Dabei blieb „der im Judentum traditionell starke soziale Imperativ nicht mehr auf die individuelle Wohltätigkeit" beschränkt. Er wurde „über die jüdischen Gemeinden hinaus auch in die außerjüdische Umwelt hineingetragen". Es ist vermutet worden, dass die jahrhundertealten Erfahrungen von Zurücksetzung und Benachteiligung bei letztlich unvollständigen Gleichstellungsbestrebungen ein weiteres Motiv dafür war, sich sozialpolitisch zu engagieren. Wie auch immer, in der „außerjüdischen Umwelt" setzten so manche jüdische Mediziner durch ihre sozialmedizinischen Bestrebungen „charakteristische Akzente".[7]

Das Augenmerk vieler jüdischer Kinderärztinnen und Kinderärzte richtete sich dementsprechend auf Fragen der medizinischen und sozialen Vorsorge wie der Säuglingspflege und -ernährung, der Hygiene, der Gesundheitserziehung, der Mütterberatung, der Betreuung von Kindergärten und -heimen, der Einrichtung von Milchküchen und Frauenmilchsammelstellen, der Tuberkulosebekämpfung, des Schutzes durch Impfungen, der Ausbildung von Fürsorgerinnen und Hebammen.[8]

Für diese und viele andere Aktivitäten stehen, um nur einige Namen zu nennen: Adolf Baginsky (1843–1918), Hugo Neumann (1858–1912), Heinrich Finkelstein (1865–1942), Walter Freund (1874–1952), Leopold Langstein (1876–1933), Stefan Engel (1878–1968), Ludwig Ferdinand Meyer (1879–1954), Franz Lust (1880–1939).[9] Beispielhaft sei Arthur Schlossmann (1867–1932), seit 1906 Direktor der Kinderabteilung an den Städtischen Krankenanstalten Düsseldorf, genannt. Er regelte dort zwischen 1906 und 1917 die Ausbildung von Fürsorgerinnen und Hebammen und die Säuglingsfürsorge, gründete die Sozialhygienische Akademie für Amtsärzte und die Niederrheinische Frauenakademie, förderte die „öffentliche Krüppelfürsorge", konzipierte und organisierte 1926 die große Ausstellung „Gesundheit, Soziale Fürsorge und Leibesübungen" und publizierte zahlreiche Beiträge zur Sozialen Pädiatrie.[10] Erinnert sei auch an die Aktivitäten zur Säuglingsernährung und -fürsorge an Karl Levens Ausbildungsstätte, der Magdeburger Kinderklinik, unter der Leitung von Alfred Uffenheimer. Die schon zitierten Äußerungen ehemaliger Patienten, dass Dr. Leven sehr „sozial eingestellt" gewesen sei, lassen sich aus dieser Tradition begründen.

Alle leitenden, der Sozialen Pädiatrie verpflichteten jüdischen Kinderärzte hatten Assistenten, die sich ihrerseits wieder in Kliniken und Praxen organisatorisch und aktiv für die Sozialfürsorge von Familien und Kindern einsetzten. So musste „die eindeutig von jüdischen Ärztinnen und Ärzten dominierte Sozialpädiatrie der Zwanziger Jahre ein ‚Dorn im Auge' des aufkommenden Nationalsozialismus"[11] sein, der die „Volksgesundheit" schon früh auf seine Fahnen geschrieben hatte. Zum programmatischen Antisemitismus der NSDAP kam der aggressive Kampf gegen die politische Ausrichtung mancher sozialfürsorgerisch engagierter, meist junger jüdischer Ärzte, die oft besonders in Berlin, sozialdemokratischen oder sozialistischen Arbeitskreisen, wie etwa dem Verein Sozialistischer Ärzte, angehörten.[12]

Karl Levens frühere Kollegin aus der gemeinsamen Zeit im Israelitischen Asyl für Kranke und Alterschwache in Köln-Ehrenfeld, die junge jüdische Ärztin Lilli Schlüchterer, die als Praxisvertreterin in Kölner Arbeiterstadtteilen frühe Berufserfahrungen sammelte, bemerkte bei sich selbst, dass sie im Laufe ihrer Tätigkeit politisch immer weiter nach links rückte: *Als ich am Sonntag plötzlich in ein Haus mit mehr als 30!!! Familien kam, verstand ich besser als je, dass man Kommunist werden kann.*[13]

Nach 1933 wurde das „individuell aufgebaute Netz der Betreuung kranker, gefährdeter und hilfloser Kinder […] zerschlagen und von der ‚Hauptabteilung 2' der ‚Abteilung Volksgesundheit' des Reichs-Innenministeriums: ‚Allgemeine Gesundheitspflege, Volksernährung, Bekämpfung der Volkskrankheiten u. -schäden' übernommen."[14]

Von nun an kam im Vergleich mit den Jahren der Weimarer Republik der bis dahin kontinuierliche Rückgang der Sterblichkeit von Kindern im Alter von 1 bis 5 Jahren zu einem Stillstand. Das zeigen aktuelle Studien für den Fünfjahreszeitraum von1933 bis 1938. Gleichzeitig stagnierte die Akzeleration der Körpergröße. Beide Kriterien, Kindersterblichkeit und Körperwachstum, werden als unbestechliche Indikatoren für das Gesundheitswesen und die Nahrungsmittelversorgung einer Nation angesehen. Bisher hat die Debatte über die biologische Lebensqualität in der Vorkriegsphase hinter der Betrachtung der ökonomischen Leistung, wie der Senkung der Arbeitslosigkeit, zurückgestanden. Dass trotz eines positiven Bruttosozialprodukts die gesundheitliche Entwicklung der Kinder und Jugendlichen in Deutschland insgesamt negativ war, wurde erst kürzlich auf die Wirtschaftspolitik des NS-Regimes mit ihrer Fokussierung auf die Rüstung zurückgeführt.[15] Es ist vielleicht eine Überlegung wert, die Suche nach Gründen auszuweiten: Könnte es nicht sein, dass die gleichzeitige Vertreibung von Hunderten von sozialpädiatrisch engagierten jüdischen Kinderärzten aus dem Gesundheitswesen eine zusätzliche Ursache für diese Negativentwicklung in Deutschland war?

Dass nach der „Machtübernahme" durch Hitler 1933 einflussreiche, nichtjüdische Funktionsträger der Kinderheilkunde zur Etablierung einer rassenhygienisch und eugenisch orientierten, dem „Volkskörper" mehr als dem kranken Menschen verpflichteten NS-Medizin beigetragen haben, ergibt sich aus zahlreichen überlieferten Dokumenten. Es handelt sich um Denkschriften und Briefe an Hitler, an das Reichsinnenministerium und den Reichsärzteführer, um Beiträge auf Fachkongressen, in Zeitschriften und in Büchern, seltener auch, nach dem Ende der NS-Zeit, um Aussagen vor Gericht. Sie stammen von Ordinarien und Vorsitzenden der Deutschen Gesellschaft für Kinderheilkunde, von Klinikdirektoren und HJ-Ärzten, von Professoren und Dozenten und sollen in einem späteren Kapitel ebenso thematisiert werden wie die Beteiligung von nichtjüdischen Pädiatern an der Kindereuthanasie.[16]

Jüdische Kinderärztinnen und -ärzte stellten zu Beginn des NS-Regimes mehr als die Hälfte der etwa 1400 deutschen Pädiater in Deutschland, Wien und – stichprobenartig erfasst – in Prag. In den Großstädten lag der Prozentsatz sogar weit über 50 Prozent.[17] Auf alle Fachdisziplinen bezogen lag Anfang 1933 der Anteil jüdischer Ärztinnen und Ärzte bei 15 bis 17 Prozent aller in Deutschland tätigen Ärzte. Der jüdische Bevölkerungsanteil an der Gesamtbevölkerung betrug zu diesem Zeitpunkt weniger als 1 Prozent.

In keinem anderen medizinischen Fachgebiet waren jüdische Ärzte auch nur annähernd so stark vertreten wie in der Kinderheilkunde. Die große Anziehungskraft dieses Faches mochte darin liegen, dass es eine Nische bot, die ein ungestörtes, geschütztes Arbeiten ermöglichte. Der Grund dafür liegt vermutlich in dem zeitlichen Zusammentreffen der dynamischen Entwicklungsphase der Pädiatrie mit dem zunehmenden Selbstbewusstsein des aufstrebenden jüdischen Bürgertums in den ersten Jahrzehnten des 20. Jahrhunderts. Begabte junge Mediziner werden in der Kinderheilkunde ein neues und zukunftsträchtiges Gebiet gesehen haben, das ihnen leichter zugänglich war als schon lange etablierte Fächer wie Chirurgie und Innere Medizin. Die akademische Karriere junger jüdischer Forscher ging allerdings fast nie über den Dozentenstatus oder das Extraordinariat hinaus. Ein weiteres Fortkommen war jüdischen Wissenschaftlern durch die antisemitischen Tendenzen an den Universitäten zumeist verwehrt.[18] So wurden viele der nicht universitären pädiatrischen Institutionen von profilierten jüdischen Pädiatern geleitet, deren oft ebenfalls jüdische Assistenten erwarten konnten, hier antisemitischen Tendenzen weniger ausgesetzt zu sein als andernorts. Meistens waren es Einrichtungen wie die in kommunaler, manchmal sogar in kirchlicher Trägerschaft befindlichen Kinderkliniken und -abteilungen oder der öffentliche Gesundheitsdienst mit seinen vielfältigen Beratungsstellen, in denen jüdische Ärztinnen und Ärzte ihre Arbeit leisteten.

Wie raumgreifend sich die Pädiatrie zu Beginn des 20. Jahrhunderts als Hochschulfach entwickelte, zeigt sich darin, dass in den drei Jahren von 1919 bis 1921 an den medizinischen Fakultäten von 14 der 19 deutschen Universitäten Lehrstühle für Kinderheilkunde eingerichtet wurden.[19] Das Interesse der Berufungsgremien war, wie erwähnt, allerdings nur selten auf jüdische Wissenschaftler gerichtet.[20] So gab es nur zwei jüdische Pädiater als Ordinarien: der schon erwähnte Arthur Schloßmann, der 1906 nach Düsseldorf gewählt wurde, und Hugo Falkenheim, der 1921 den Lehrstuhl in Königsberg übernahm, nachdem er dort schon seit 1888 die Pädiatrie vertreten hatte.

Deutschnational eingestellt, wie nicht wenige Juden in dieser Zeit, blieb Schloßmann in der Tradition der Vorstellungen von Hecker, Jacobi und Czerny, als er im Kriegsjahr 1917 auf einer Tagung der Deutschen Gesellschaft für Kinderheilkunde forderte, dass von der Pädiatrie *die Wiederaufforstung des deutschen Volksbestandes beeinflußt werden* [solle], *damit wir über die schweren Wunden hinwegkommen, die der Krieg uns schlägt.*[21] Zusammen mit den verheerenden Kriegsfolgen waren es die seit dem 19. Jahrhundert immer wieder genannten gesundheits- und bevölkerungspolitischen Argumente, die – trotz einiger Widerstände der etablierten Fachgebiete wie etwa der Inneren Medizin – zu der erheblichen Aufstockung der pädiatrischen Lehrstühle, aber auch zur Einrichtung vieler Kinderkliniken und Kinderabteilungen in Krankenhäusern führten.

Karl Leven gehörte zu den jüdischen Pädiatern, die, in welcher Position auch immer, ihren Anteil daran hatten, dass, „die Zeit bis zum ersten Weltkrieg als Periode der wissenschaftlichen Konsolidierung der deutschen Kinderheilkunde und die Zeit bis 1933 als Epoche der öffentlichen Anerkennung des Faches bezeichnet werden kann"[22]. Die Rolle der „offiziellen" Kinderheilkunde für die NS-Medizin sollte hier nur angedeutet werden. In einem späteren Kapitel wird sie mit Beispielen belegt.

27
NS-Ideologie und Medizin.

Dieses und das folgende Kapitel sollen zeigen, welche Folgen die zur Staatsdoktrin gewordene „Weltanschauung" Hitlers und die nationalsozialistischen Denkmuster für Karl Levens Berufswelt hatten. Prominente Ärzte und Kinderärzte, die dem Nationalsozialismus ideologisch und politisch verbunden waren, werteten den „Individualarzt", also den Arzt für den Kranken, ab und propagierten dagegen den „Arzt für das Volk". In pseudowissenschaftlicher Konsequenz wurde in der von Ärzten zu verantwortenden „Erbpflege" der Antisemitismus zu einem Gegenstand auch des medizinischen Interesses: Antisemitische Vorstellungen wurden eng mit eugenischem Denken verknüpft, das zu einem zwingenden Postulat des biologistisch fixierten NS-Staates geworden war. Ärzte und nicht zuletzt auch Kinderärzte fanden in der Eugenik – im Interesse und mit Unterstützung des Staates – ein breites Betätigungsfeld.

Die tiefgreifenden Veränderungen im ärztlichen Denken und Handeln der NS-Zeit werden oft etwas kurzsichtig auf die bekannten Verbrechen wie Zwangssterilisation, Euthanasie und Menschenversuche in den Konzentrationslagern reduziert. Sie erfassten aber auch, wie noch gezeigt wird, den ärztlichen Alltag. Mittelbar stehen sie im Zusammenhang mit der Vernichtungspolitik am europäischen Judentum: Ohne die vorangegangenen Euthanasiemorde, die mit dem Überschreiten einer moralisch-ethischen Hemmschwelle das Experimentieren mit Massentötungsverfahren mit sich brachten, wären die millionenfachen Morde im Holocaust kaum denkbar gewesen.

Schon 1920 war die „Hebung der Volksgesundheit" von der NSDAP in ihr 25-Punkte-Programm aufgenommen und als Aufgabe des Staates bezeichnet worden.[1] Im gleichen Jahr erschien eine Schrift des Strafrechtlers Binding und des Psychiaters Hoche: „Die Freigabe der Vernichtung lebensunwerten Lebens", die vielfach und kontrovers öffentlich diskutiert wurde. Mit Blick auf behinderte Menschen tauchten hier Begriffe wie „Ballastexistenzen", „leere Menschenhülsen" und „geistig Tote" auf, die später von den NS-Eugenikern übernommen wurden. Angesichts der wirtschaftlichen Notzeit nach dem verlorenen Krieg begann man darüber nachzudenken, ob man es sich leisten könne, „Lebensunwerte" durchzufüttern. Derlei Gedankengänge wurden über Deutschland hinaus in vielen Ländern Europas und in Nordamerika ebenso diskutiert wie Maßnahmen zur Verhütung „erbkranken Nachwuchses".

Wie sehr in den Jahren nach dem Ersten Weltkrieg dieses Denken von der Bevölkerung und sogar von den Betroffenen selbst verinnerlicht worden war, soll nicht verschwiegen werden. Das geht aus einer ebenfalls 1920 vorgenommenen Umfrage hervor: In 200 Fragebögen, gerichtet an die Eltern von „pflegebefohlenen ‚idiotischen' Kindern" der sächsischen Landespflegeanstalt Großhennersdorf, wurde gefragt, wie sie „zur schmerzlosen Lebensabkürzung" ihres Kindes stünden. Von den 162 Eltern, die antworteten, waren nur 19 ganz eindeutig dagegen. Der Klinikleiter, der diese Befragung veranlasst hatte, hatte eigentlich ein Ergebnis erwartet, das – aus Sicht der Betroffenen – geeignet gewesen wäre, die Thesen von Binding und Hoche in Frage zu stellen.[2]

Dass auch zumindest ein Teil der Ärzteschaft solchen Gedanken positiv gegenüberstand, geht aus Diskussionen in der Standespresse hervor. Allerdings fand auf dem 42. Deutschen Ärztetag 1921 eine entsprechende Resolution keine Mehrheit, wie überhaupt eine deutliche Befürwortung eugenischer Maßnahmen von Seiten der Ärzteverbände vor 1933 nicht nachweisbar ist.[3] Aber im Mai 1932 sah das „Deutsche Ärzteblatt" unter dem Eindruck der Weltwirtschaftskrise und der Massenarbeitslosigkeit den Zeitpunkt gekommen, an dem *die Sorge um die Erhaltung der Minderwertigen anfängt, den Bestand der Lebenstüchtigen zu gefährden.* Die Thesen über die *Bedrohung des Volkskörpers durch Erbkranke, Minderwertige und Gemeinschaftsunfähige* führten zu dem am 14. Juli 1933 erlassenen Gesetz zur Verhütung erbkranken Nachwuchses, das auf dem Sterilisationsgesetz aus dem Jahr 1932 aufbaute. Weitere Gesetze, wie das Gesetz zur Vereinheitlichung des Gesundheitswesens 1934 und das Ehegesundheitsgesetz vom 18. Oktober 1935 folgten. Das letztere steht in enger Verbindung zu den Nürnberger Gesetzen vom 15. September 1935, in denen es hieß: *Nur die erbgesunde Familie kann die Garantin der Erbgesundheit des Volkes sein.*[4] Acht Jahre später, 1940, hatte sich der Tonfall im „Deutschen Ärzteblatt" verschärft: *Auf die Dauer gesehen hilft gegen Untermenschentum nur die Ausmerze.*[5]

Tendenziell hatte die Zeit der Weimarer Republik bereits mit der zunehmenden Akzeptanz eugenischer Diskussionen und rassenhygienischer Postulate der nationalsozialistischen Gesundheitspolitik den Weg bereitet. Nach 1933 ergab sich ein qualitativ verändertes, ideologisiertes Bild von „Volksgesundheit". Gesundheit galt als „Volksgut", sie war „keine Privatsache sondern Pflicht" jedes Deutschen. Krankheit wurde als persönliches Versagen gewertet: *Jeder Schaden an Leben und Gesundheit, den du erleidest oder anrichtest, ist ein Schaden für Deutschland.*[6] Für die offizielle Medizin stand das Wohl des „Volkskörpers" im Mittelpunkt, die Gesundheit des Einzelnen war nachrangig. Kämpferische Vorsorge statt karitative Fürsorge war die Devise, die 1939 von dem Arzt und Naturheilkundler Karl Kötschau in Nürnberg ausgegeben wurde.[7] Schon vier Jahre vorher hatte er geschrieben: *Schonung und Fürsorge sind keine Kennzeichen biologischen Denkens.[...] Der Staat braucht nicht einen Schonungsbedürftigen, sondern den kampffreudigen, den heroischen Menschen.*[8]

Diese neue Rangordnung eröffnete dem Ärztestand neue und weit reichende Möglichkeiten gesundheitspolitischen Handelns und stieß bei Funktionären, Klinikern und Praktikern auf breite Zustimmung. Dr. Levens Fachgebiet, die akademische Kinderheilkunde, stand dabei vorne an. In Denkschriften, Leitsätzen und Vorträgen sahen prominente Kinderärzte *die gesundheitliche Betreuung der Kinder, ihre biologisch richtige Aufzucht* [als] *Voraussetzung für ein ewiges Deutschland. Das ewige Deutschland ist aber nichts Geographisches, sondern etwas Biologisches. [...] Die Gesundheitsführung soll von Ärzten geleitet und geleistet werden.* So äußerte sich 1940 der Präsident der Deutschen Gesellschaft für Kinderheilkunde und Wiener Ordinarius Franz Hamburger.[9]

Eine fünfköpfige Pädiatergruppe rheinischer Ordinarien, Assistenzärzte und niedergelassener Kinderärzte um den Kölner Ordinarius Hans Kleinschmidt bot am 5. Oktober 1933 in einem Schreiben an Hitler an, den Aufbau der Hitlerjugend (HJ) mitzutragen: *Die Erziehung zur Volksgemeinschaft des nationalsozialistischen Staates und die Entwicklung der Kräfte jedes Einzelnen für den Dienst an der Gesamtheit beginnt in frühester Jugend. Sie wird durch die Regierung geleitet. Diese hierin zu unterstützen ist Pflicht der Kinderärzte, da sie über die Gesundheit der Jugend zu wachen haben. [...] Wir Kinderärzte wollen helfen, Schäden zu überwinden, an denen die vergangene Zeit krankte, damit ein gesundes, lebensmutiges und opferwilliges, der nationalsozialistischen Idee entsprechendes Geschlecht heranwächst.*[10]

Der Kinderarzt Gerhard Joppich, Oberbannführer der HJ und Abteilungsleiter im Amt für Gesundheit der Reichsjugendführung[11], nach 1945 Ordinarius in Berlin und Göttingen, vertrat den Standpunkt, dass *nur gesund ist, wer aus guter*

Sippe stammt. Er schrieb 1939: *Dem H.J.- Arzt stehen einzigartige Möglichkeiten offen, die ihm angesichts der Wichtigkeit dieser Fragen für die Zukunft unseres Volkes eine beinahe drückende Verantwortung auferlegen.* Joppich war überzeugt, dass der Pädiater als „Arzt der Hitlerjugend" zum „Gesundheitsführer nicht des Einzelnen, sondern des ganzen Volkes" berufen sei.[12]

Werner Catel (1894–1981) hatte schon 1922 das „Problem der Idiotie und der Euthanasie" als seine „Lebensaufgabe" entdeckt.[13] Indem er sich dem Gedanken der „Ausmerze" und des „Gnadentodes" verschrieb, den er später sogar religiös untermauerte, gehörte er zu denen, die – um eine Formulierung des Historikers Ian Kershaw aufzugreifen – „Hitler zuarbeiteten". Ab 1939 war Catel zunächst als Berater und später, wie noch ausgeführt wird, als Gutachter für die Planung und Durchführung der Kindereuthanasie ein wichtiger Funktionsträger.[14] Kurz darauf wurde er Ordinarius für Kinderheilkunde in Leipzig (1940–1944) und neun Jahre nach dem Ende des NS-Systems übernahm er den Lehrstuhl in Kiel (1954–1960). Er schrieb 1939 ein auch nach der NS-Zeit mehrfach neu aufgelegtes Lehrbuch für Kinderkrankenschwestern und nach 1945 ein viel benutztes mehrbändiges Werk über pädiatrische Differentialdiagnose. Vor Gericht sagte Catel nach dem Krieg: *Vollidiotische Wesen sind auch religiös betrachtet keine Menschen, da sie eben über keine Personalität verfügen. Die Auslöschung dieser Wesen bedeutet also weder Mord noch Tötung, sondern etwas Drittes, das bisher in der Rechtsprechung nicht berücksichtigt wurde. Ich gebrauche vorläufig dafür den Ausdruck ‚Auslöschung'.*[15]

1936 versprach Hans Rietschel, Ordinarius für Kinderheilkunde in Würzburg, *dankbar und voller Verehrung ... dem Mann, der als Führer an der Spitze des Deutschen Reiches steht,* [daß] *besonders wir Kinderärzte immer unser Bestes geben werden, unseren Beruf im Dienste des Vaterlandes heilig zu erfüllen.*[16]

Eine „Denkschrift" vom 16. Juni 1937, die der Kinderarzt und Direktor des Kaiserin-Auguste-Viktoria-Hauses in Berlin, Kurt Hofmeier, eigenmächtig an den Reichsärzteführer

Wagner gerichtet hatte, brachte ihm zwar die Kritik des hoch geachteten und einflussreichen Adalbert Czerny ein, der das Ansehen der deutschen Kinderheilkunde dadurch herabgesetzt sah. Der amtierende Vorstand der Deutschen Gesellschaft für Kinderheilkunde bekannte sich jedoch uneingeschränkt dazu, dass, wie Hofmeier schreibt, der Grund für *die Fehlentwicklung des Kinderarztes zum ‚Arzt des einzigen Kindes'* in dem *vielfachen Versagen der Elternschaft und in der starken Verjudung unseres Faches* liege. Die wichtigste Aufgabe der Ärzte im nationalsozialistischen Staat sei nunmehr die *Erziehung eines harten und lebenstüchtigen Geschlechts.*[17]

Bei dieser pädiatrischen Zitatensammlung, die sich fortsetzen ließe, mag den Leser – zumal einen mit der Kinderheilkunde verbundenen Leser oder Leserin – ein Gefühl der Beklemmung überkommen, ausgelöst durch die Identifizierung herausragender Pädiater mit dem Nationalsozialismus. Für den Autor gibt es einen weiteren Grund, beklommen zu sein. In einem Werkstattbericht wie diesem sei die folgende, nur scheinbare Abschweifung erlaubt.

Fast stockend schreibe ich die Namen renommierter Kinderkliniker, deren Kongressbeiträge ich zum Teil noch gehört (Joppich) und aus deren Büchern ich noch gelernt habe (Catel). Auf „Station Rietschel" habe ich des Längeren gearbeitet, (die Freiburger Kinderklinik gibt ihren Stationen die Namen von Pädiatern, die sich um die Kinderheilkunde verdient gemacht haben). Meine Eltern wollten Professor Ibrahim in Jena, von dem noch die Rede sein soll, konsultieren, als ich nach Kriegsende einmal in einen kritischen Krankheitszustand geraten war. Es ist dann nicht dazu gekommen.

Die unzweifelhaften wissenschaftlichen und klinischen Verdienste dieser Kinderärzte werden hier bewusst außer Acht gelassen, dagegen wird ihre Teilhabe am Nationalsozialismus hervorgehoben. Dabei geht es nicht darum, die ärztliche Lebensleistung dieser dem Nationalsozialismus verpflichteten Pädiater insgesamt moralisch in Frage zu stellen. Es ist aber legitim, in diesem Werkstattbericht ihr kinderärztliches Handeln, Reden und Lehren in den Kontext mit der Berufswelt eines deutschen jüdischen Kinderarztes zu stellen. Die schon genannten und die noch folgenden Zitate verdeutlichen, in welchen wissenschaftlichen und ideologischen Zusammenhängen Dr. Levens nichtjüdische akademische Kinderarztkollegen arbeiteten und wie sich die Kinderheilkunde in der Öffentlichkeit darstellte. Da gesicherte Dokumente fast ausschließlich von einflussreichen Pädiatern in herausgehobenen Positionen stammen, muss also zur Sprache kommen, wie gerade sie sich mit dem Nationalsozialismus, seiner biologistischen und rassistischen Ideologie und seinem Gesundheitswesen identifizierten.

Von „Verstrickung" – zu diesem Terminus wird in apologetischer Absicht gerne gegriffen – soll hier nicht die Rede sein: Verstrickung suggeriert ein schicksalhaftes oder passives Einbezogenwerden und würde der „unverhohlenen Akzeptanz" nicht gerecht, mit der sich führende Pädiater dem NS-System zur Verfügung stellten. Andere mögen versucht haben, sich durch Konzentration auf wissenschaftliche, klinische und praktische Arbeit „wegzuducken", „ohne darüber nachzudenken, wie viel konforme Kollaboration mit dem System gerade damit verbunden war".[18] (Der 1933 geborene Autor wird gelegentlich gefragt, ob es nicht selbstgerecht und moralisierend sei, mit dem Finger auf die zu zeigen, die in der NS-Zeit Verantwortung übernommen hätten. Er gesteht dann meist zu, dass er selbst sich eher bei den angepassten Mitläufern vermutet. Aber die Antwort ist ebenso wohlfeil wie die Anfrage, beides verschwimmt im Nebel des Spekulativen.)

Wenn auch das neue Rollenverständnis der Ärzteschaft im NS-Gesundheitssystem von Werten und Zielsetzungen geprägt war, die oft bereits bekannt waren und Einstellungen erkennbar werden, die schon vor der „Machtübernahme" zum antidemokratischen Denkmuster ärztlicher Funktionäre gehörten[19], so haben sie sich doch erst im NS-

Gesundheitswesen als standespolitische Doktrin etabliert. Der folgende Katalog von Funktionen und Aufgaben, die Parteigrößen und Ärztefunktionäre dem Ärztestand abverlangten, ist ein konkretes Abbild nationalsozialistischer Ideologie.

Nach Reichsärzteführer Wagner soll der Arzt in erster Linie *Volksführer* und *Gesundheitsführer der Nation* sein, er soll, entsprechend seinem Stand, *wie in der vergangenen Zeit [...] wieder Priester werden, Priesterarzt sein.*[20] Weniger pathetisch überhöht, aber mit der gleichen Zielrichtung forderte Wagners Amtsnachfolger Leonardo Conti (1900–1945): *Vom Arzt des Individuums zum Arzt der Nation!* Karl Kötschau (1892-1982) initiierte eine „Neue Deutsche Heilkunde" mit naturheilkundlichem Hintergrund. Er sah den Arzt ebenfalls als Volkserzieher und stellte für das berufliche Selbstverständnis eine neue Hierarchie auf. Danach sei der Arzt *in erster Linie Nationalsozialist* dann *politischer Soldat des Führers* und erst an dritter Stelle Arzt *im rein beruflichen Sinne.* Unter dem Schlagwort „Leistungsmedizin" sollten angesichts des seit 1936 herrschenden Arbeitskräftemangels alle Betriebsärzte und alle Ärzte des Volksgesundheitsamtes auch *einmal gegen ihr medizinisches Gewissen* deutsche Arbeiter davon überzeugen, dass sie stark genug seien, zu arbeiten, wobei auch *Opfer an Toten* in Kauf genommen werden müssten. (Die Menschen dürften aber *ihr Opfer nicht fühlen*)[21]. Laut NSDÄB habe sich der Arzt angesichts seiner *eugenischen Aufgabe vom Individualarzt zum Sozialarzt* zu wandeln.[22] Von Hausärzten wurde erwartet, *Hüter am Erbstrom der Deutschen* zu sein[23], *Erbarzt, Bevölkerungspolitiker, Pfleger der Gene, Ärzte am Volk, biologische Soldaten, Prediger dieser Gesetze.* Alles das formulierte der Berliner Professor Rudolf Ramm als Anforderung an die Ärzte in seinem einflussreichen Lehrbuch über Ärztliche Rechts- und Standeskunde.[24]

1939 sagte der schon erwähnte Pädiater Franz Hamburger als Vorsitzender der Deutschen Gesellschaft für Kinderheilkunde in einer Festansprache zum Thema „Nationalsozialismus und Medizin": *Die Heilkunde ist über ihre bisherigen Grenzen, also gleichsam über sich selbst hinausgelenkt worden durch die Gedanken und Taten des Führers [...] Mit bewundernswerter Klarheit und Folgerichtigkeit zeigt uns der Führer auch auf diesem Gebiete den Weg und macht uns Ärzte zu Führern des Volkes in dem Wichtigsten, was es für Menschen gibt, der Gesundheit und Leistungsfähigkeit.*[25]

Die ideologischen Wurzeln dieser „Gedanken und Taten des Führers" lassen sich bis in die Mitte des 19. Jahrhunderts zurückführen, als zwischen 1853 und 1856 in Frankreich das vierbändige Werk des Joseph Arthur Comte de Gobineau (1816–1882) mit dem Titel *Versuch über die Ungleichheit der Menschenrassen* erschien. Wenig später, 1859, veröffentlichte dann Charles Darwin sein berühmtes und folgenreiches Werk *Über die Entstehung der Arten durch natürliche Zuchtwahl oder die Erhaltung der begünstigten Rassen im Kampf ums Dasein.* Auf dieser Basis waren es die Rassenhygieniker und Sozialdarwinisten des 19. und frühen 20. Jahrhunderts, besonders aber das 1923 in der 2. Auflage erschienene grundlegende Werk *Grundriß der menschlichen Erblichkeitslehre und Rassenhygiene*[26], die Hitler zu den pseudowissenschaftlichen, vulgärdarwinistischen Grundeinstellungen seiner „Weltanschauung" bewegt hatten: dass es höhere und niedere Rassen gebe, dass eine Vermischung dieser Rassen zu einer *Bastardisierung* der höheren Rasse und damit zur Entartung und Degeneration der Nachkommenschaft führe und dass nur der Tüchtigste im Kampf ums Dasein überlebe. Bei der Abfassung von „Mein Kampf" in der Zeit seiner Festungshaft übernahm Hitler die hochspekulative Konstruktion einer *„Aufartung"* des Volkes.[27] Die *Reinigung des Volkskörpers* war, aus seiner Sicht, eine notwendige Konsequenz. Damit folgte der spätere Reichskanzler dem Trend der öffentlichen Diskussion. Der zur gleichen Zeit populäre Sozialdarwinismus mit seiner These vom Überleben des (sozial) Tüchtigsten war „unangefochtene Ideologie des konservativen Bürgertums".[28] Bereitwillig und nationalistisch stimuliert nahm es zur Kenntnis, was Hitler schon 1926 formuliert hatte: *Ein Staat, der im Zeitalter der Rassenvergiftung sich der Pflege seiner besten rassischen Elemente widmet, muß eines Tages zum Herren der Erde werden.*[29] So war es nur folgerichtig, wenn Hitlers Stellvertreter Rudolf Hess auf einer Kundgebung 1934 betonte: *Nationalsozialismus ist nichts anderes als angewandte Biologie.*[30] Wie ernst es Hitler damit war, sollte sich erweisen.

Auf kinderärztliche Funktionsträger muss es als verführerischer Appell gewirkt haben, wenn sie in „Mein Kampf" von dem hohen Stellenwert erfuhren, den Hitler in einem „völkischen Staat" dem Kind zuwies: *Er* [der völkische Staat] *hat die Rasse in den Mittelpunkt des allgemeinen Lebens zu setzen. Er hat für die Reinhaltung zu sorgen. Er hat das Kind zum kostbarsten Gut eines Volkes zu erklären. Er muss dafür Sorge tragen, daß nur, wer gesund ist, Kinder zeugt; daß es nur eine Schande gibt: bei eigener Krankheit und eigenen Mängeln dennoch Kinder in die Welt zu setzen, doch eine höchste Ehre: darauf zu verzichten. Umgekehrt muss es als verwerflich gelten: gesunde Kinder der Nation vorzuenthalten.*[31]

Für Hitler waren das *Ausmerzen der Schwachen* und die *Auslese der Hochwertigen* die Voraussetzungen für die Stärke des Volkes, dessen Stellenwert mythisch überhöht wurde. *Heute ist das Volk für uns heilig*, schrieb 1939 Professor Dr. Joachim Mrugowski, der Oberste Hygieniker und Chef des Hygiene-Instituts der Waffen-SS, in der Einleitung eines Buches über das ärztliche Ethos.[32] (Mrugowski war zwei Jahre später für die Versorgung des Konzentrationslagers Auschwitz mit Zyklon B verantwortlich.)

Ebenfalls 1939 verstieg Hitler sich auf dem Reichsparteitag der NSDAP in Nürnberg zu der Aussage: *Würde Deutschland jährlich eine Million Kinder bekommen und 700 000 bis 800 000 der schwächsten beseitigen, dann würde das Ergebnis eine Kräftesteigerung sein.*[33] Was mag in Ärzten, die sich noch dem Eid des Hippokrates verpflichtet fühlten, vorgegangen sein, wenn ihr Reichskanzler ihnen Glaubenssätze vorhielt, die in denkbar größtem Widerspruch zu ihrem ärztlichen Gewissen stehen mussten? Wie auch immer die Ärzteschaft es mit der biologistischen NS-Ideologie gehalten haben mag, aus der Verbindung von Biologie und Politik war ein „hochexplosives Gemisch"[34] entstanden.

28
Die Folgen. Alltagspraxis?

Zu den Folgen des hochexplosiven Gemisches aus Biologie und Politik, wie Zwangssterilisationen und Euthanasie an Kindern und Erwachsenen, gibt es zahlreiche und gut dokumentierte Veröffentlichungen. Sie sollen daher in diesem Kapitel nur gestreift werden, soweit Ärzte und gerade auch Kinderärzte an ihnen beteiligt waren. Auch auf die aus Dr. Levens näherer Umgebung in Düren bekannt gewordenen Fakten wird nur kurz eingegangen. Von Bedeutung waren für mich in diesem Zusammenhang die Rechtfertigungsversuche der ärztlichen Standesorganisationen und Ärztetage nach dem Ende der NS-Zeit. Ihnen wird in einem – nur scheinbar – fiktiven Dialog ebenso nachgegangen, wie der Frage, ob es zwischen 1933 und 1945 den „normalen" ärztlichen Alltag geben konnte. Einige Zeugnisse für die historische Verantwortung, der sich die deutsche Ärzteschaft in den letzten Jahren gestellt hat, schließen das Kapitel ab.

Für Dr. Leven – als Arzt und als Privatperson – und für die gesamte jüdische Bevölkerung spielte, neben dem alles dominierenden antisemitischen Rassismus, auch das dogmatisierte Konstrukt „Volksgesundheit" eine katastrophale Rolle. Schon früh hatte Hitler behauptet, dass die Juden eine „zutiefst minderwertige Rasse" seien und dass sie die „Gesundung" des deutschen „Volkskörpers" und die „Pflege seiner besten rassischen Elemente" bewusst und systematisch hintertrieben.[1]

1939 ist in einem Kommentar zu den „Nürnberger Gesetzen" zu lesen: „Erbgesundheit und Rassereinheit lassen sich nicht voneinander trennen. Während die rassenpolitischen Maßnahmen die Geschlossenheit und die Wesensechtheit der deutschen Persönlichkeit und dadurch die Harmonie des Volkskörpers gewährleisten sollen, sollen die rassenhygienischen und erbpflegerischen Maßnahmen die körperliche, geistige und seelische Gesundung und Gesundheit der lebenden und kommenden Geschlechter verbürgen. In ihrem Zusammenhang sichern sie den biologischen Bestand des Volkes".[2]

Am 1. Januar 1934 trat das am 14. Juli 1933 verabschiedete „Gesetz zur Verhütung erbkranken Nachwuchses" in Kraft. Die Folge: In Deutschland wurden ganz legal bis zum Ende der NS-Zeit nach Maßgabe der Erbgesundheitsgerichte die Zwangssterilisation nach verschiedenen Schätzungen an 200 000 – 350 000 „erbkranken" Männern und Frauen, „schwere Alkoholiker" eingeschlossen, durchgeführt. Für „gefährliche Gewohnheitsverbrecher" und „Triebtäter" wurden aus kriminologischen Gründen landesweit 27 „Zentren für Entmannung" eingerichtet.[3] Ein offizieller Erlass vom 1. September 1939, durch den die Sterilisationsmaßnahme zu beenden war, wurde weithin nicht beachtet. In Karl Levens Heimatstadt Düren wurden zwischen dem 1. April 1935 und dem 28. Februar 1937 192 Männer und 190 Frauen, somit fast jeder zehnte der 4077 Patienten der Provincial-Heil- und Pflegeanstalt (PHP), zwangsweise unfruchtbar gemacht.[4]

Unmittelbar nach Kriegsbeginn bekamen die durch die biologistisch-rassistische Ideologie determinierten Untaten eine neue Dimension. Ab Oktober 1939 kam es zu den mit „Euthanasie" (wörtlich: „guter Tod") euphemistisch umschriebenen Tötungen von Tausenden von behinderten und chronisch kranken Kindern. Wenig später erreichte in der sogenannten T-4-Aktion das institutionalisierte Morden in weit größerem Ausmaß auch die Erwachsenen. Der Boden dazu war, wie gezeigt, seit langem vorbereitet worden. Hellsichtig hatte der Münchener Kardinal Faulhaber das schon früh erkannt. Schon 1934, fünf Jahre vor den ersten Tötungen, schrieb er in einem Fastenbrief: *Ein furchtbares Wort ist gefallen. „Gut ist, was dem Volke dient." … Könnte nicht ein Fanatiker auf den Wahn kommen, Mord und Meineid dienten dem Wohl des Volkes und seien daher „gut"? Könnte nicht ein Arzt auf den Gedanken kommen, die Tötung von Geisteskranken, die sogenannte Euthanasie, erspare dem Staat große Fürsorgelasten, sie diene dem Volk und sei daher „gut"?*[5]

Reichsärzteführer Wagner hatte bereits 1935 bei Hitler auf Maßnahmen zur Vernichtung „lebensunwerten Lebens" gedrängt. Hitler hat ihm im gleichen Jahr versichert, *daß, wenn ein Krieg sein soll, er diese Euthanasiefrage aufgreifen und durchführen werde, weil er der Meinung war, daß ein solches Problem im Krieg zunächst glatter und leichter durchzuführen ist, da offenbar Widerstände, die von kirchlicher Seite zu erwarten waren, in dem allgemeinen Kriegsgeschehen nicht diese Rolle spielen würden, wie sonst…*[6] Wegen der zu erwartenden Widerstände aus der Öffentlichkeit und aus kirchlichen Kreisen, zu denen es später allerdings nur punktuell kam, hat es nie eine gesetzliche Grundlage für die Kindereuthanasie und für die T-4-Aktion bei Erwachsenen gegeben. Die NS-Führung hielt die Deutschen für ein Sterbehilfegesetz noch nicht „reif". Stattdessen wurde Ende Oktober 1939 von Hitler in einem formlosen „Ermächtigungsschreiben", das wegen der „Sachzwänge des Krieges" auf den 1. September 1939 zurückdatiert wurde, verfügt, *[…] daß nach menschlichem Ermessen unheilbar Kranken bei kritischster Beurteilung ihres Krankheitszustandes der Gnadentod gewährt werden kann.*[7]

Zu dem fünfköpfigen Beraterstab, der die vorbereitenden Arbeiten für die Kindereuthanasie schon im Mai 1939 abgeschlossen hatte, gehörten zwei Kinderärzte, der bereits erwähnte Leipziger Ordinarius Professor Werner Catel und Dr. Ernst Wentzler aus Berlin.[8] Das Gremium erarbeitete eine „Meldepflicht über missgestaltete usw. Neugeborene", die am 18. August 1939 in einem streng vertraulichen Rundschreiben des Reichsinnenministers für alle außerpreußischen Landesregierungen verbindlich gemacht wurde. Die Meldungen sollten rückwirkend auch Kinder bis zu drei Jahren erfassen und an den „Reichsausschuss zur wissenschaftlichen Erfassung von erb- und anlagebedingten schweren Leiden" erfolgen. Später wurde der „Reichsausschuss" für alle Kinder und für Jugendliche bis zu 16 Jahren zuständig, die bis dahin der Erwachseneneuthanasie zugeführt werden sollten.[9]

Als Hauptgutachter, die im dreiköpfigen „Reichsausschuss" über Leben und Tod von Tausenden von Kindern zu entscheiden hatten, fungierten die beiden genannten Kinderärzte und der Jugendpsychiater Dr. Hans Heinze, der auch schon im Beraterstab tätig gewesen war.[10] Catel selbst hat die Zahl der von ihm erstatteten Gutachten auf 1000 pro Jahr geschätzt.[11] Die Kinder hat er dabei im Allgemeinen nicht gesehen, sondern, wie die anderen Gutachter auch, lediglich die Meldebogen zur Grundlage seiner Entscheidungen gemacht. Für die Tötungen wurden über Deutschland verteilt etwa 38 „Kinderfachabteilungen" eingerichtet. Das Ausfüllen der Meldeformulare führte bei den dafür Verantwortlichen oft zu Gewissenskonflikten, da vielen Beteiligten das Ziel der Erfassung trotz strenger Geheimhaltung klar war. Offenbar gab es viele Verhaltensvarianten zwischen bedingungsloser Bereitschaft, bei der „Ausmerze" mitzuwirken, bis zu stillem oder auch offenem Widerstand. Die Beteiligung der Kinderheilkunde an der Kindereuthanasie wird als „dunkles Kapitel" angesehen, das „wohl nie mehr ganz aufgeklärt werden kann".[12]

Allerdings können immer noch unbekannte Fakten zu Tage treten, die zu neuen Erkenntnissen führen, wie die Diskussion über den hoch angesehenen und vielfach geehrten Jenaer Professor für Kinderheilkunde Jussuf Ibrahim (1877–1953) zeigt. Im April 2000 kommt eine Untersuchungskommission der Friedrich-Schiller-Universität Jena nach aufwändigen Recherchen zu der Feststellung: *Es besteht die begründete Annahme, dass Ibrahim [...] die Tötung schwerstgeschädigter Kinder nicht nur befürwortet, sondern unmittelbar dazu beigetragen hat.*[13] Aus ihrem jeweils unterschiedlichen Blickwinkel diskutieren bis heute Historiker und Zeitzeugen, zu denen auch ehemalige Mitarbeiterinnen gehören, die neu aufgefundenen Fakten und deren Wertung. Nach einer vor zwei Jahrzehnten publizierten, jeglicher Apologetik unverdächtigen Einschätzung war Jussuf Ibrahim noch in die Reihe der wenigen Pädiater (wie Rudolf Degkwitz und Josef Ströder) gestellt worden, die „unter Einsatz ihrer Existenz diese Aktionen unterliefen oder aktiv in den Widerstand gingen".[14]

Die Schaffung von Tarnorganisationen, wie die „Reichsarbeitsgemeinschaft der Heil- und Pflegeanstalten" und die „Gemeinnützige Krankentransportgesellschaft" („Gekrat") sowie das Annehmen falscher Namen bei einigen an der T-4-Aktion Beteiligten machen deutlich, wie sehr man öffentliches Aufsehen vermeiden wollte. Das Regime hatte die „Schwelle zur offenen Kriminalität überschritten".[15]

In den Kinderfachabteilungen verloren, unter Mitwirkung von Ärzten verschiedener Fachrichtungen wie Psychiatern, Kinderärzten, Orthopäden und von Pflegepersonen, vorsichtig geschätzt[16] 5000 bis 8000 Kinder meist wenige Tage nach ihrer Einlieferung ihr Leben, vergiftet durch hohe Dosen von Morphin, Luminal oder Chloralhydrat, verbunden mit Nahrungsentzug, der zynisch „E-Kost" (Entzugskost) genannt wurde. Oft waren es auch schwere Infektionen, die das Leben der geschwächten Kinder beendeten.[17]

Die Kindereuthanasie begann mit Kriegsausbruch im September/Oktober 1939. Mit der Tötung Erwachsener wurde im Januar 1940 begonnen. Den Euthanasiemaßnahmen bei erwachsenen Patienten fielen, nach einer Schätzung bei den Nürnberger Prozessen, 275 000 Menschen zum Opfer.[18] Nach einer anderen Quelle wurden „zwischen

Januar 1940 und August 1941 […] exakt 70 273 Personen in insgesamt sechs Vergasungs-Anstalten ermordet".[19] An wieder anderer Stelle wird vom Massenmord an „etwa 120 000 Geisteskranken und Behinderten" gesprochen.[20]

Dass die nicht weit von Dr. Levens Praxis gelegene Provincial-Heil- und Pflegeanstalt (PHP) Düren am Euthanasieprogramm beteiligt war, konnte im September 1941 einem anonymen Flugblatt entnommen werden, das in Düsseldorf zirkulierte und mit „Ärzte und Beamte der Provinzialanstalten" unterzeichnet war.[21] Gesichert ist, dass von Anfang 1941 bis Ende 1944 1252 Männer und 659 Frauen, also 1911 Patienten, in 22 Transporten von der PHP Düren in andere Anstalten transportiert wurden: Andernach, Buchenwald, Düsseldorf-Grafenberg, Ebernach b. Kochem, Galkhausen, Kloster Hoven b. Zülpich, Meseritz/Obrawalde, Pfafferode/Thüringen, Plagwitz/Schlesien, Süchteln, Waldheim/Sachsen, Wiesengrund, Sudetengau, „unbekannte östliche Anstalt".[22] Einige dieser Orte sind als Tötungsanstalten bekannt (Galkhausen, Meseritz), andere dienten als Zwischenstationen vor einem Weitertransport.[23] So sind viele Patienten aus Andernach weiter in die Tötungsanstalt Hadamar gebracht worden.[24] Bei 847 der aus Düren verlegten Patienten war die erwähnte „Gekrat" beteiligt. Die von dieser Tarnorganisation durchgeführten „Krankentransporte" führten mit Sicherheit in den Tod, so dass für Düren „eine ‚Euthanasie'-Opferzahl von weit über Tausend angenommen werden muss" .

Zu den Patienten aus dem PHP Düren gehörten auch 17 jüdische Insassen. 15 von ihnen waren bei den ersten Euthanasieopfern. (Eine Patientin war vor dem Transport verstorben, ein weiterer wurde in ein jüdisches Altersheim in Köln entlassen.) Sie wurden in die Anstalt Düsseldorf-Grafenberg gebracht, wo die „einzuliefernden geisteskranken Juden" auf Anweisung des Reichsinnenministeriums vom 30. August 1940 „die Pflege und Wartung bis zu ihrem Abtransport" erhalten sollten. Die „Gekrat" holte am 14. und 15. Februar 1941 genau 91 jüdische Kranke aus Grafenberg ab. Ihr weiteres Schicksal ist unklar. Vermutlich wurden sie in Hadamar ermordet, wenn es auch offiziell hieß, dass sie in eine Anstalt im Generalgouvernement im besetzten Polen gebracht worden waren.[26]

Der Anteil jüdischer Anstaltspatienten war vor 1939 mit etwa 2500 bis 5000 bei insgesamt 340 000 Patienten in Deutschland nur gering. Sie gehörten fast ausnahmslos zu den ersten Opfern der systematisierten Judenvernichtung. Ihre Ermordung war gleichzeitig die Phase der Erprobung von Tötungsmechanismen, die später in den Vernichtungslagern in Polen eingesetzt wurden.

Zahlreiche Anstaltspatienten in Düren (und anderswo) wurden auch ohne akute äußere Gewaltmaßnahmen zu Opfern des NS-Gesundheitswesens, allein durch den auf hochgradige Mangelernährung beruhendem Gesundheitsverfall. Die Zahl der Todesopfer nahm drastisch zu, zurückzuführen auf einen unzureichenden Kostensatz für die Patienten der Rheinischen Provinzialanstalten. Er lag mit 65 Pfennig pro Patient und Tag noch 5 Pfennige unter dem in den Konzentrationslagern üblichen Verpflegungssatz.[27]

Im Februar 1940 wurden in verschiedenen Regionen Deutschlands Proteste aus der Bevölkerung hörbar, zu aktivem Widerstand gegen die Tötungen kam es jedoch nicht.[28] Allerdings verweigerten zumindest zeitweise verschiedene Ärzte und Klinikleiter, mehr verdeckt als offen, die Zusammenarbeit mit den NS-Organisatoren oder protestierten gegen das Meldewesen und die Abtransporte. Nur beispielhaft seien hier genannt: in Hoffnungsthal und Bethel die Pastoren Paul Gerhard Braune und Fritz von Bodelschwingh, (der ursprünglich ein eifriger Verfechter eugenischer Theorien gewesen war[29]), in Neuendettelsau Dr. Rudolf Boeckh.[30] In Halle legte der Leiter der Kinderklinik Prof. Alfred Nitschke die Meldebogen unbearbeitet zur Seite und wurde daraufhin von der Gestapo aufgesucht, ohne dass die befürchteten Folgen eintraten.[31] Im Juli 1940 protestierten einzelne evangelische Bischöfe. Die Bekennende Kirche veranlasste ein Gutachten zur Rechtmäßigkeit der Euthanasie. Aufsehen erregten die mutigen und empörten Predigten des Münsteraner Bischofs Clemens August Graf von Galen, der seiner Gemeinde am 3. August 1941 in der St. Lambertikirche zu Münster mitteilte, dass er Anzeige wegen Verstoßes gegen §211 des Reichsstrafgesetzbuches, in dem es um Mord geht, erstattet habe.[32]

Einen offiziellen Protest der kinderärztlichen Fachgesellschaften gegen die Euthanasieaktionen hat es nicht gegeben. In den Archiven gibt es darüber keine Dokumente.[33]

Noch in der Nachkriegszeit gab es Belege über „erschreckende, empörende Verneinungen des Furchtbaren". Ein Kommuniqué, das Ärzte betraf, die an der Ermordung behinderter Kinder teilgenommen hatten, besagte: *Bei der am 10. Januar 1961 nach stundenlanger und sorgfältiger Beratung erfolgten Prüfung ist der Vorstand der Ärztekammer Hamburg zu der Auffassung gekommen, daß die Handlungen der beschuldigten Ärztinnen und Ärzte aus den Jahren 1941 bis 1943 keine schweren sittlichen Verfehlungen im Sinne des § 5, Abs. 1, Ziffer 3 der Reichsärzteordnung darstellten.*[34]

Die Beunruhigung in der – wenn auch nur begrenzten – Öffentlichkeit hatte zur Folge, dass die Tötungsaktionen am 24. August 1941 durch mündliche Weisung Hitlers[35] so heimlich, wie sie begonnen hatten, eingestellt wurden. Das Fehlen einer gesetzlichen Basis, das den Reichsjustizminister hätte in Zugzwang und den Reichsinnenminister in Verlegenheit bringen können, mag bei dieser Weisung eine Rolle gespielt haben. „Wilde" Euthanasie wurde allerdings in verschiedenen Tötungsanstalten auch danach noch, vermutlich bis zum Kriegsende, weiter betrieben.[36] Von den für die PHP Düren dokumentierten 22 Patiententransporten fallen 12 in die Zeit nach dem Euthanasiestopp, nämlich vom 23. Juni 1942 bis „Ende November" 1944.[37] Die diesem Stop folgende Aktion 13 f 14, auch „Invalidenaktion" genannt[38], ging nahezu lückenlos in die Massentötungen in den Konzentrationslagern über, die im Oktober 1941 begannen. Durch die Übernahme von etwa 100 Euthanasiespezialisten in die Konzentrationslager der „Aktion Reinhard" im Generalgouvernement, ergab sich, wie kürzlich detailliert dargestellt wurde, eine unheilvolle Kontinuität im massenhaften Töten durch Gas. Daran waren an erster Stelle Ärzte als Experten für das Morden durch Gas beteiligt, aber auch Hilfspersonal mit Erfahrungen bei der Leichenverbrennung.[39]

Dass in den Konzentrationslagern Experimente an Menschen durch Ärzte durchgeführt wurden, ist seit den Nürnberger Ärzteprozessen (1946/47) bekannt und in vielen Publikationen von kompetenter Seite dargelegt worden. In Nürnberg standen 23 Ärzte und deren Helfer vor Gericht. Sieben wurden wegen Verbrechen gegen die Menschlichkeit und wegen Kriegsverbrechen zum Tode verurteilt, neun erhielten Gefängnisstrafen, die übrigen wurden freigesprochen. Trotz anderer – späterer – Forschungsergebnisse wird in diesem Zusammenhang immer wieder jene Zahl von zumindest 350 Ärzten genannt, die sich medizinischer Verbrechen bei mindestens 300 Menschenversuchen schuldig gemacht haben. Die Zahl der daran beteiligten Ärzte wurde zu einer zwar beschämenden aber rein rechnerisch fast verschwindenden Minderheit, indem sie notorisch auf die Gesamtzahl der deutschen Ärzte – 90 000 – bezogen wurde.[40] Eine verlässliche zahlenmäßige Erhebung der durch Ärzte an KZ-Häftlingen begangenen Verbrechen, zu denen die hunderttausendfach von SS-Ärzten getroffenen Selektionen bei den gerade angekommenen Deportierten gerechnet werden müssen, liegt nicht vor.

Wenig bekannt ist, wie die Ärzteschaft mit dem Bericht umging, den Alexander Mitscherlich im Auftrag der „Arbeitsgemeinschaft der Westdeutschen Ärztekammern" – der Vorläuferin der Bundesärztekammer – als Beobachter der Nürnberger Ärzteprozesse, verfasst hatte. In „Das Diktat der Menschenverachtung" hatte Mitscherlich in zugespitzter Formulierung notiert: *Der Arzt konnte erst in der Kreuzung zweier Entwicklungen zum konzessionierten Mörder und zum öffentlich bestellten Folterknecht werden: dort, wo sich die Aggressivität seiner Wahrheitssuche mit der Ideologie der Diktatur traf. Es ist dasselbe, ob man den Menschen als „Fall" sieht oder als Nummer, die man ihm auf den Arm tätowiert – doppelte Antlitzlosigkeit einer unbarmherzigen Epoche!*[41] Mitscherlichs Buch war im April 1947 in einer Auflage von 25 000 Exemplaren erschienen und war bereits vier Monate später, im August 1947 vergriffen. Die Ärztekammern hatten große Bestände des unliebsamen Buches aufgekauft, die nie wieder auftauchten.[42]

An dieser Stelle unterbreche ich die Darstellung historischer Abläufe und lade nichtärztliche und ärztliche Leser ein, einem nicht ganz fiktiven Dialog über die Versuche zur „Vergangenheitsbewältigung" durch die Ärzteschaft zu folgen.

Reale Gespräche mit ärztlichen Kollegen während meiner Recherchen über Dr. Leven und über die Judenpolitik der deutschen Ärzteschaft der NS-Zeit sowie nachlesbare apologetische Leseräußerungen im Deutschen Ärzteblatt veranlassen mich, mir einen kritischen Leser als Gesprächspartner vorzustellen. Dieser würde behaupten, ich hätte eine einseitige und tendenziöse Auswahl an medizin- und zeitgeschichtlichen Quellen getroffen. Der imaginierte Leser wirft mir vor, man dürfe den Berufsstand der Ärzte in der NS-Zeit nicht insgesamt diffamieren, so als ob es nicht auch den ganz normalen ärztlichen Alltag gegeben hätte, in dem *sich im Dritten Reich die große Mehrheit der Ärzte selbstlos für eine auch unter schwierigsten Bedingungen möglichst gute Versorgung der Patienten eingesetzt hat, oft unter Gefahr für das eigene Leben.* Schließlich habe die *weit überwiegende Zahl der Ärzte Massentötungen und andere Gräueltaten niemals gebilligt oder gar unterstützt. Als nach dem Zusammenbruch 1945 das unfassbare Ausmaß des grausamen Geschehens allgemein bekannt wurde, habe sich die Ärzteschaft voller Entsetzen und Scham von den dafür Verant-*

wortlichen distanziert.[43] Im Übrigen stehe die allgemeine Erörterung ideologischer Aspekte der NS-Medizin in keinem Sachzusammenhang mit der Schilderung des Lebensschicksals eines einzelnen jüdischen Kinderarztes, so sehr man dessen Schicksal auch bedauere.

Diesen Vorwürfen würde ich entgegenhalten, dass sie sich im Kontext dieses Berichtes über Dr. Karl Leven behaupten müssten: Wenn etwa „die Ärzteschaft" vor einer verallgemeinernden Herabsetzung in Schutz genommen werden solle, so sei daran zu erinnern, dass auch Dr. Leven als deutscher Kinderarzt eben dieser Ärzteschaft angehörte, die allerdings ihrerseits ihrem Kollegen Leven und weiteren acht- bis neuntausend jüdischen Ärzten nicht nur keinen Schutz gewährt, sondern im Gegenteil in ihrem eigenen Interesse alles darangesetzt habe, ihre berufliche Existenz zu vernichten. Mein Gesprächspartner müsste sich auch fragen lassen, wen alles er denn zu dem Kreis der *Verantwortlichen* zähle, von denen sich die *Ärzteschaft voller Entsetzen und Scham* distanziert habe. Ich müsste weiter zu fragen, ob die Verantwortlichen ihre Ermessens- und Handlungsspielräume zu Gunsten ihrer jüdischen Kollegen ausgenutzt hätten.

Die meinem fiktiven Gesprächspartner in den Mund gelegten Vorwürfe sind real: Die kursiv gesetzten Zitate entstammen einem Bericht über den Ärztetag 1987, 45 Jahre nach der Deportation Dr. Levens und seiner Familie.[44]

Neuere Quellen lassen Skepsis an Formulierungen aufkommen, mit denen etwa im Oktober 1948 der erste Deutsche Ärztetag nach dem Krieg zur NS-Vergangenheit der Ärzteschaft Stellung bezogen hat: *Der Nationalsozialismus duldete die freie Meinungs- und Willensbildung und das Weiterbestehen eines freigewählten deutschen Ärzteparlamentes nicht; er ersetzte die Selbstverwaltung des Berufes durch eine Standesdiktatur von Führern und Unterführern, die von der ebenso diktatorischen Staatsobrigkeit ohne Mitwirkung und Anhörung der Ärzteschaft eingesetzt wurde.*[45] Es war eben nicht ein abstrahierbares System

„Nationalsozialismus", sondern eine Anzahl tatkräftiger Ärztefunktionäre, die vom NS-System überzeugt waren und die, gemeinsam mit einer still sympathisierenden, zumindest aber passiv schweigenden Mehrheit, die rasche Selbstanpassung der Ärzteschaft zu verantworten hatten.

So liest es sich denn auch in der vom Deutschen Ärzteverlag 1997 herausgegebenen „Geschichte der deutschen Ärzteschaft", in der der *unspektakuläre Ablauf* einer erstaunlichen Anpassung nach dem 30. Januar 1933 hervorgehoben wird: *...rasche (Selbst)-Gleichschaltung, aktive Teilnahme am Ausschluss jüdischer und politisch missliebiger Kollegen sowie massenhafte Beitritte zur NSDAP* waren zu beobachten.[46] Mit dem schützenden Zeitpuffer eines halben Jahrhunderts ist von einer fehlenden *Mitwirkung* oder *Anhörung* der Ärzteschaft nun nicht mehr die Rede. Heute scheint es somit auch weniger belastend zu sein, der erwähnten Frage nach dem normalen ärztlichen Alltag, dessen Geschichte „bis heute nicht geschrieben worden ist"[47], nachzugehen.

Alles in allem scheint es so, als wäre in den Arztpraxen nach 1933 alles „weitgehend unverändert" geblieben.[48] Der Einfluss bestimmter nationalsozialistischer Medikalisierungsstrategien war eher gering. So hatte die erwähnte „Neue Deutsche Heilkunde" – eine so genannte Reichsarbeitsgemeinschaft wurde 1935 unter Leitung des Reichsärzteführers gegründet und von dem Internisten Karl Kötschau geleitet – nach 1937 keine besondere Bedeutung mehr.[49] Aber ab 1939 haben die Kriegsbedingungen dann auch den ärztlichen Alltag spürbar verändert.

Wer über die ärztliche Normaltätigkeit im Dritten Reich nachdenkt, muss gleichzeitig bedenken, dass es für Hunderttausende, zu denen Karl Leven und seine Familie gehörten, „keine normale Medizin mehr gab".[50] So lange der Krieg nicht zu erheblichen Einschränkungen der ärztlichen Versorgung führte, konnten offenbar alle arbeitsfähigen und kräftigen Durchschnittsdeutschen, die „rassisch", mental, sozial und politisch unauffällig waren, eine reguläre ärztliche

Versorgung erwarten. Darüber hinaus werden sich aber viele, vermutlich die meisten Ärztinnen und Ärzte gewissenhaft und mitfühlend um ihre chronisch kranken, alten und nicht mehr arbeitsfähigen Patienten gekümmert haben, soweit sie sich nicht der politisch gewollten Auffassung von Krankheit als Schädigung am Volksganzen verpflichtet fühlten. Dennoch, die „Pflicht zur Gesundheit" und die immer brutaleren Übergriffe auf „Minderwertige"; die Verfolgung jüdischer Kolleginnen und Kollegen; die Ausgrenzung und Inhaftierung von politisch Geächteten wie Kommunisten und Sozialdemokraten; die Unterdrückung und Deportation von Sinti und Roma, von Homosexuellen, von „Ernsten Bibelforschern" und Freimaurern; das Primat der Medizin für den „Volkskörper" vor der Individualmedizin; die Pflichtvorlesungen über Rassenkunde für angehende Ärzte; das Ausstellen von Arbeitsunfähigkeitsattesten unter dem Druck der „Leistungsmedizin" – alle diese Ausgrenzungen und Zwänge als Ausdruck einer „bösartigen biomedizinischen Vision"[51] können nicht ohne Auswirkung auf die tägliche Alltagspraxis geblieben sein: „Eine Medizin, die derartige Forderungen unterstützt, musste unbarmherzig und unter den entsprechenden politischen Voraussetzungen unmenschlich und barbarisch werden".[52]

Es ist gut möglich und es gibt einzelne Hinweise darauf, dass zahlreiche Ärzte aus den verschiedensten Gründen wenig Sympathie für die NS-Medizin hatten, besonders als sich abzeichnete, dass der Krieg nicht gewonnen werden konnte. Vielleicht leisteten sogar auch einige Ärzte heimlich Widerstand. Darüber gibt es wenig Dokumente. Dagegen wurde vielfach belegt, dass sich – wie beschrieben – die Ärzteschaft als Berufsgruppe mit ihren Funktionsträgern an der Spitze, dem NS-Regime zur Verfügung stellte. Damit tat sie zwar nichts anderes als die meisten anderen Berufsgruppen auch, „bei den Ärzten bedeutete dies aber, dass sie ihre intellektuelle Autorität dazu missbrauchten, das medikalisierte Töten zu rechtfertigen und auszuführen".[53]

Die deutsche Ärzteschaft hat sich in den letzten beiden Jahrzehnten des vergangenen Jahrhunderts, zunehmend seit den Deutschen Ärztetagen 1987 und 1989, in einem schmerzhaften Prozess ihrer historischen Verantwortung gestellt. Allerdings beweist so manche ärztliche Leserzuschrift im „Deutschen Ärzteblatt", dass der vorbehaltlose Umgang mit der nationalsozialistischen Vergangenheit für manche bis heute noch nicht möglich ist. Insgesamt hat man aber erkannt, dass es eine relativ große Verspätung der Medizingeschichte gegenüber der allgemeinen Historiographie gibt: Die eigentliche Wissenschafts- und Medizingeschichte bekennt sich heute selbst dazu, bis zum Ende der siebziger Jahre die NS-Zeit weitgehend tabuisiert zu haben. Nach Alexander Mitscherlich bedarf es einer *mutigen Bereitschaft, das Grauenvolle auch im Nachdenken zu ertragen*[54]. Aber auch die Zeitgeschichtsforschung im weiteren Sinne war lange Zeit immer noch auf die rein politische Geschichte fixiert und hat, unsicher auf dem fremden Terrain, das Feld der Medizin lange ausgeblendet.[55]

Inzwischen ist vielen Ärztinnen und Ärzten der „Balken im eigenen Auge" bewusst geworden. Richtiger wäre es allerdings, vom Balken im Auge der Väter- und Großvätergeneration zu sprechen, über die der Medizinhistoriker Richard Toellner sagt: „Eine Ärzteschaft aber, die Massenmord an Kranken als Normalität akzeptiert, ja in großen Teilen ausdrücklich als richtig, notwendig und gemeinschaftsdienlich bejaht, hat ihren Auftrag verraten, hat versagt, macht sich moralisch insgesamt schuldig, unabhängig davon, wie viele ihrer Mitglieder an diesem Krankenmord konkret, mittelbar oder unmittelbar in juristisch zurechenbarer Weise schuldig waren."[56]

Zu einer skeptischen Einschätzung der Möglichkeiten ärztlichen Handelns im NS-Staat kommt auch der Medizingeschichtler Alfons Labisch, der festgestellt hat, dass auch Ärzte, die sich nicht an konkret nachgewiesenen Verbrechen beteiligt haben, unausweichlich in das Funktionieren der nationalsozialistischen Medizin eingebunden waren. Dazu gehörten eben nicht nur die in Nürnberg abgeurteilten oder an den Selektionen in den Konzentrationslagern beteiligten Mediziner, sondern auch die in der formalrechtlichen Selektionsmaschinerie aktiven Ärzte des öffentlichen Gesundheitsdienstes: „Selbst diejenigen Ärzte, die ihrer selektierenden Pflicht nicht nachkamen, konnten den Bedingungen nationalsozialistischer Medizin nicht entrinnen: Unter legalistischen Prinzipien konnte ihre Arbeit nur der arisch-deutschblütigen Bevölkerung gelten. Damit sind bereits grundlegende klassische, teils moderne Prinzipien ärztlichen Handelns grundsätzlich ausgeschlossen: Die Pflicht, Leben zu erhalten, und die universalistische Orientierung auf alle hilfsbedürftigen Menschen".[57]

ANHANG

Zeittafel

7. 6. 1895	Geburt in Düren
1901–1905	Israelitische Volksschule in Düren
1905–1914	Königliches Realgymnasium zu Düren, Notreifeprüfung
1914/1915	Medizinstudium in Bonn und München
22. 7. 1915	Eintritt in den Heeresdienst
1919/1920	Medizinstudium in München, Ärztliche Vorprüfung
1920/1921	Studium in München und Köln
Dezember 1921	Ärztliches Staatsexamen
1. 2.1922– 1. 8 1922	Medizinalpraktikant am Israelitischen Asyl für Kranke und Altersschwache in Köln-Ehrenfeld
1. 8. 1922	Ärztliche Approbation
1.8. – 1. 10. 1922	Freiwilliger Arzt am Israelitischen Asyl Köln-Ehrenfeld
1.11.1922 – 1.10.1923	Freiwilliger Arzt am Augusta-Hospital in Köln, Dissertation
16. 6. 1924 – ?	Freiwilliger Arzt an der Universitätskinderklinik Köln
? – ?	Facharztausbildung an der Städt. Kinderklinik Magdeburg
1. 2. 1931	Facharztanerkennung für Kinderheilkunde
1931	Publikation über die plazentare Übertragung einer Impfmalaria… (Monatsschrift f. Kinderheilkunde)
14. 2. 1931	Eröffnung der Kinderarztpraxis in Düren, zunächst als Privatpraxis
Dezember 1931	Verlobung mit Else Samuel
5. 6. 1932	Hochzeit mit Else Samuel
29. 10. 1932	Zulassung zur kassenärztlichen Versorgung
1. 4. 1933	Boykott der Arztpraxis
3. 4. 1933	Überfall durch SA in der Wohnung
7. 4. 1933	Gesetz zur Wiederherstellung des Berufsbeamtentums

22. 4. 1933	Entzug der Kassenzulassung für „nichtarische" Ärzte, (auf Antrag werden Kriegsteilnehmer ausgenommen)
30 5. 1933	Geburt des Sohnes Hans Hermann
Mai 1933	Private Krankenversicherungen erkennen Rechnungen nur noch bei jüdischen Versicherten an
23. 6. 1933	„Nichtarische" Ärzte dürfen nicht mehr als Vertrauens- und Durchgangsärzte gewählt werden
29. 7. 1933	Verbot der gegenseitigen Vertretung deutschstämmiger und „fremdrassiger" Ärzte, Verbot der Annahme und Ausstellung von Überweisungen von/für nichtarische(n) Ärzte(n)
20. 11. 1933	Ab Ende 1933 werden in Städten mit über 100000 Einwohnern nichtarische Ärzte sowie Ärzte, deren Ehepartner nichtarischer Abstammung sind, nicht mehr zu den Krankenkassen zugelassen.
11. 1. 1934	Die Erlangung der Doktorwürde ist für Nichtarier nur noch in Ausnahmefällen möglich.
17. 5. 1934	Die Ausnahmeregelung der Verordnung vom 22. 4. 1933 wird aufgehoben. Endgültiger Verlust der Kassenzulassung.
5. 2. 1935	Nichtarische Kandidaten der Medizin/Zahnmedizin werden nicht mehr zu Prüfungen zugelassen. Das Erteilen der Approbation ist vom Ariernachweis abhängig.
15. 9. 1935	Nürnberger Gesetze, Aberkennung der „Reichsbürgerrechte"
8. 12. 1935	Geburt der Tochter Mirjam Charlotte
13. 4. 1937	In den Kassenarztverzeichnissen werden jüdische Ärzte besonders gekennzeichnet.
30. 9. 1938	Entzug der Approbation

1. 1. 1938	Beendigung der Zulassung zu den Ersatzkassen für jüdische Ärzte.
1. 9. 1938	Entzug der Approbation für jüdische Ärzte bis auf 709 jüdische „Krankenbehandler", zu denen Dr. Leven (später) gehörte.
6. 10. 1938	Mit Genehmigung der Kassenärztlichen Vereinigung dürfen „Krankenbehandler" jüdische Versicherte behandeln.
9. 11. 1938	Pogromnacht. Vernichtung des Praxisinventars
10. 1. 1939	„Arisierung": Enteignung des Elternhauses durch „Sicherungsanordnung"
30. 4. 1939	Gesetz über Mietverhältnisse mit Juden, das Elternhaus wird ein „Judenhaus"
Okt. 1941	Verbot der Auswanderung
?	Transport nach Aachen, Barackenlager Grüner Weg 12
23. 3. 1942	Geburt des Sohnes Jona in Köln
12. 4. 1942	Verlegung innerhalb Aachens vom Grünen Weg 12 in das Ghetto Eupener Str. 249; Dr. Leven ist „Jüdischer Krankenbehandler".
15. 6. 1942	Deportation Karl Levens und seiner Familie mit dem Sonderzug DA 22 aus Aachen nach Izbica/Polen(?), vermutlich direkt nach Sobibor.
25. 6. 1942	Das Vermögen von Sara Leven fällt an das Deutsche Reich
27. 7. 1942	Deportation von Dr. Levens Mutter, Sara Leven, geb. Heymann, nach Theresienstadt
13. 5. 1997	Laut Internationalem Roten Kreuz gilt Familie Leven als verschollen

Übersichten Familien Leven und Lachs

Quellenangaben

Die Übersichten der Familien Lachs und Leven wurden erstellt nach mündlichen und schriftlichen Angaben von Werner Lachs, Prestwich/England, Archivrecherchen Kurt Baltus, Düren, des Standesamtes Düren und nach folgenden Publikationen:

Müller, Regina, Um Heimat und Leben gebracht. Zur Geschichte der Juden im alten Landkreis Düren 1830-1945, Düren: Hahne und Schloemer, 1989.

Naor, Neomi, Nika Robrock, Erinnerung. Eine Dokumentation über die Jüdinnen und Juden in Düren von 1933 bis 1945, Düren: Hahne und Schloemer Verlag, 1994.

Gedenkbuch, Hamburger jüdische Opfer des Nationalsozialismus. Hamburg: Staatsarchiv Hamburg, 1995.

Die jüdischen Opfer des Nationalsozialismus aus Köln. Gedenkbuch. Mitteilungen aus dem Stadtarchiv von Köln. Köln Weimar Wien: Böhlau Verlag, 1995.

Gedenkbuch, Opfer der Verfolgung der Juden unter der nationalsozialistischen Gewaltherrschaft in Deutschland 1933-1945, Koblenz 1986.

Datenbank der Gedenkstätte Yad Vashem. Jerusalem

Karl Leven mit seinen Eltern, Großeltern und Urgroßeltern

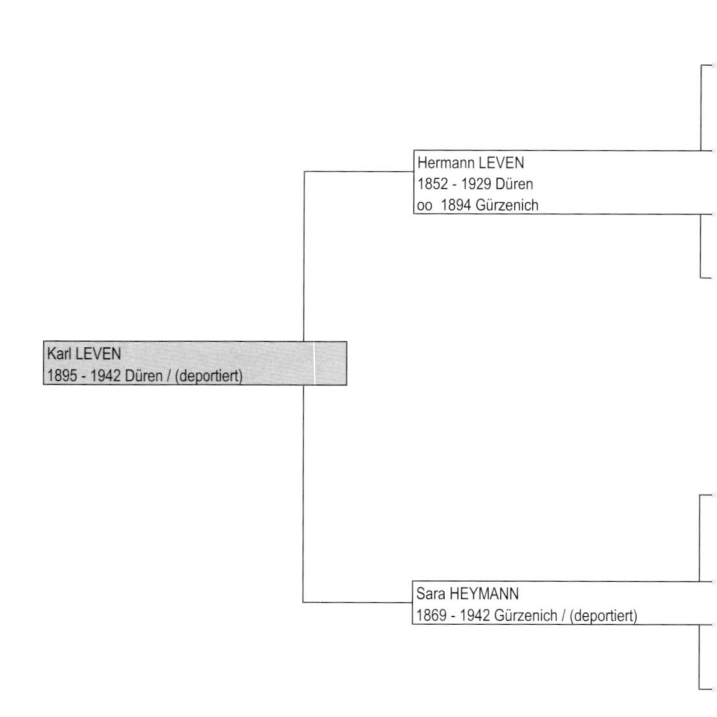

Hermann LEVEN
1852 - 1929 Düren
oo 1894 Gürzenich

Karl LEVEN
1895 - 1942 Düren / (deportiert)

Sara HEYMANN
1869 - 1942 Gürzenich / (deportiert)

```
                                    ┌─────────────────────────────────────────────────────┐
                                    │ Cosman LEVEN                                        │
                          ┌─────────┤ 1796 - nach 1860 Frimmersdorf / Jackerath (?)       │
                          │         │ oo  1819 Frimmersdorf                               │
ses LEVEN                 │         └─────────────────────────────────────────────────────┘
0 - 1903 Frimmersdorf / Düren
1849 Düren                │         ┌─────────────────────────────────────────────────────┐
                          │         │ Esther JACOBS                                       │
                          └─────────┤ 1799 - nach 1849 Tetz / Jackerath (?)               │
                                    └─────────────────────────────────────────────────────┘

                                    ┌─────────────────────────────────────────────────────┐
                                    │ Moises CAPELL                                       │
                          ┌─────────┤ 1771 - 1854 Jülich / Düren                          │
                          │         │ oo  1816 Düren                                      │
tha CAPELL / CAPPEL       │         └─────────────────────────────────────────────────────┘
7 - 1876 Düren            │
                          │         ┌─────────────────────────────────────────────────────┐
                          │         │ Amalia Levy / LEVI                                  │
                          └─────────┤ ca. 1795 - 1854 Düren                               │
                                    └─────────────────────────────────────────────────────┘

                                    ┌─────────────────────────────────────────────────────┐
                                    │ Moses HEYMANN                                       │
                          ┌─────────┤ 1810 - 1871 Kerpen                                  │
                          │         │ oo  1837 Birgel                                     │
aham HEYMANN              │         └─────────────────────────────────────────────────────┘
1 - 1902 Kerpen / Birgel
1866 Birgel               │         ┌─────────────────────────────────────────────────────┐
                          │         │ Sibilla FROMM                                       │
                          └─────────┤ 1814 - 1895 Gürzenich                               │
                                    └─────────────────────────────────────────────────────┘

                                    ┌─────────────────────────────────────────────────────┐
                                    │ Mendel LEVY // Emanuel GORDON                       │
                          ┌─────────┤ ca. 1774 - 1842 Bergheim / Gürzenich                │
                          │         │ oo  1829 Birgel                                     │
anna GORDON               │         └─────────────────────────────────────────────────────┘
0 - 1893 Gürzenich        │
                          │         ┌─────────────────────────────────────────────────────┐
                          │         │ Scharlotte ERLANGERIN                               │
                          └─────────┤ 1801 - 1876 Ansbach (Bayern) / Gürzenich            │
                                    └─────────────────────────────────────────────────────┘
```

Verwandte von Karl Leven

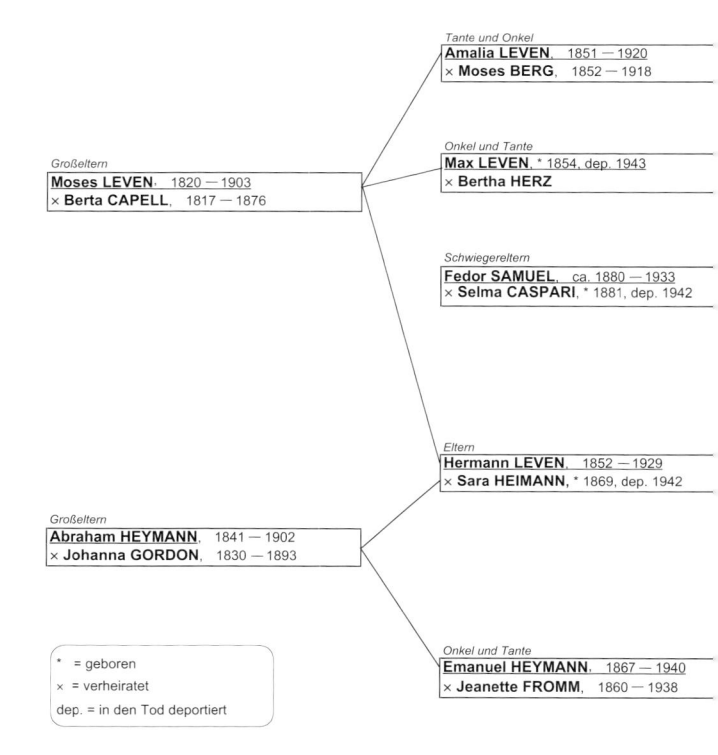

Großeltern
Moses LEVEN, 1820 — 1903
× **Berta CAPELL**, 1817 — 1876

Tante und Onkel
Amalia LEVEN, 1851 — 1920
× **Moses BERG**, 1852 — 1918

Onkel und Tante
Max LEVEN, * 1854, dep. 1943
× **Bertha HERZ**

Schwiegereltern
Fedor SAMUEL, ca. 1880 — 1933
× **Selma CASPARI**, * 1881, dep. 1942

Eltern
Hermann LEVEN, 1852 — 1929
× **Sara HEIMANN**, * 1869, dep. 1942

Großeltern
Abraham HEYMANN, 1841 — 1902
× **Johanna GORDON**, 1830 — 1893

Onkel und Tante
Emanuel HEYMANN, 1867 — 1940
× **Jeanette FROMM**, 1860 — 1938

* = geboren
× = verheiratet
dep. = in den Tod deportiert

ine
tha BERG, 1881 — 1894

ine und deren Mann
hilde BERG, * 1883, dep. 1942
ally WERTHEIM, * 1878, dep. 1942

- Alice WERTHEIM, * 1914
- Ernst Simon WERTHEIM, 1910 — 1987
  × Anne MEYER, * 1912
  Kind: Hilde WERTHEIM
  1937 nach Palästina ausgewandert

in und dessen Frau
no BERG, 1885 — 1918
ora BENDIX, 1880 — 1964
1937 nach Palästina ausgewandert

- Edith BERG, 1910 — 1987
  1937 nach Palästina ausgewandert
- Adda BERG, * 1913
  1937 nach Palästina ausgewandert

ager und dessen Frau
st SAMUEL, * 1910, dep. 1942
dith HERZ, * 1920, dep. 1942

LEVEN, * 1895, dep. 1942
se SAMUEL, * 1908, dep. 1942

Sohn
- Hans Hermann LEVEN, * 1933, dep. 1942

Tochter
- Mirjam Charlotte LEVEN, * 1935, dep. 1942

Sohn
- Jona LEVEN, * 1942, dep. 1942

ester und Schwager
anna LEVEN, 1896 — 1944
ch. Herm. LACHS, 1897 — 1975
nach England ausgewandert

Nichte
- Ruth LACHS, 1923 — 2002
  1939 nach England ausgewandert

Neffe
- Werner LACHS, * 1926
  1939 nach England ausgewandert

ester und Schwager
tha LEVEN, * 1899, dep. 1941
ax MOSES, * 1890, dep. 1941

Nichte
- Johanna MOSES, * 1935, dep. 1941

er und Schwägerin
ed LEVEN, * 1902, dep. 1942
ge FRENSDORF, * 1921, dep. 1942

Nichte
- Tana LEVEN, * 1940, dep. 1942

in und dessen Frau
HEIMANN, * 1897
orothea PRINZ
nach USA ausgewandert

- Helmuth HEIMANN, * 1934
  1937 nach USA ausgewandert

sin
mann HEIMANN, * 1898

Familie LACHS

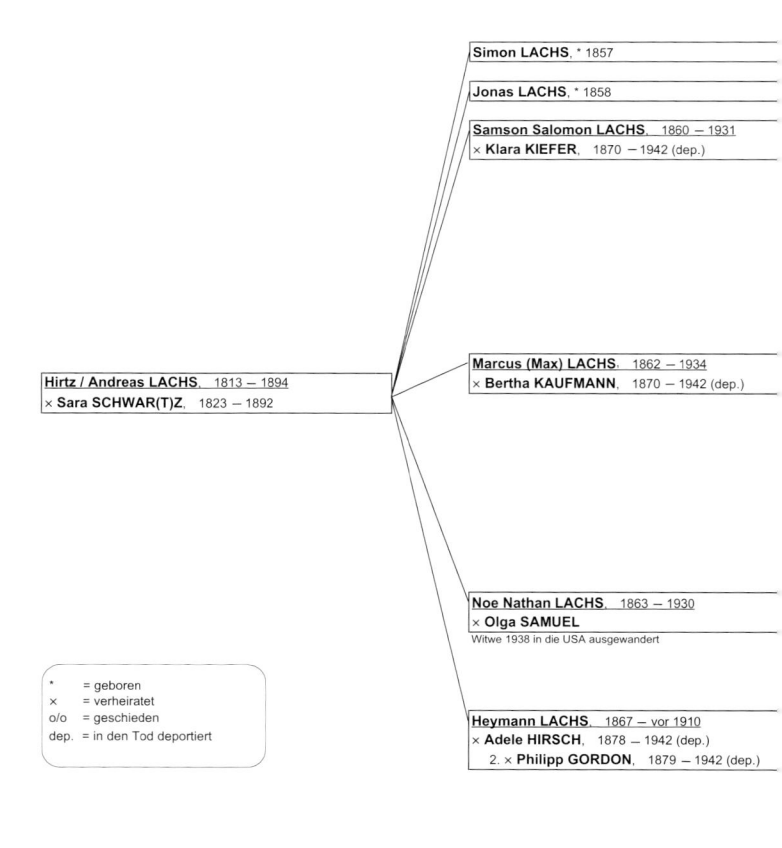

Hirtz / Andreas LACHS, 1813 — 1894
× **Sara SCHWAR(T)Z**, 1823 — 1892

- **Simon LACHS**, * 1857

- **Jonas LACHS**, * 1858

- **Samson Salomon LACHS**, 1860 — 1931
  × **Klara KIEFER**, 1870 — 1942 (dep.)

- **Marcus (Max) LACHS**, 1862 — 1934
  × **Bertha KAUFMANN**, 1870 — 1942 (dep.)

- **Noe Nathan LACHS**, 1863 — 1930
  × **Olga SAMUEL**
  Witwe 1938 in die USA ausgewandert

- **Heymann LACHS**, 1867 — vor 1910
  × **Adele HIRSCH**, 1878 — 1942 (dep.)
  2. × **Philipp GORDON**, 1879 — 1942 (dep.)

```
*     = geboren
×     = verheiratet
o/o   = geschieden
dep.  = in den Tod deportiert
```

e LACHS, 1895 – 1944 (dep.)
ulius NATHAN, 1882 – 1944 (dep.)

ula LACHS, 1897 – 1942 (dep.)

rmann LACHS, 1899 – 1942 (dep.)

hard Hermann LACHS, 1895 – 1975
ohanna LEVEN, 1896 – 1944
9 mit Kindern nach England ausgewandert

ne Karoline LACHS, 1897 – 1946
/o Friedrich LEVY, 1894 – 1943 (dep.)
oline LEVY mit Töchtern nach England ausgewandert

rtha LACHS, 1899 – 1942 (dep.)
Valter HAASE, 1892 – 1942 (dep.)

edrich LACHS, 1902 – 1958
rna HOCHSTAEDTER
9 nach England ausgewandert

iil Herm. LACHS, 1899 – 1943 (dep.)

degard LACHS, 1905 – 1942 (dep.)
HANGJAS

o (Hermann) LACHS, * 1901

roline GORDON, * 1911

Ruth LACHS, 1923 – 2002
× Harold SHIERS, * 1921
Kind: Valerie SHIERS, * 1957

Werner LACHS, * 1926
1. × Claire SHACTER, 1930 – 1957
   Kind: Joanne LACHS, * 1955
2. × Ruth GANS, * 1936
   Kind: Sharon LACHS, * 1963
   Kind: Martin LACHS, * 1966

Hilde LEVY, * 1924
× Horst BARRETT, * 1920
Kind: Corinne BARRETT, * 1957

Lotte LEVY, * 1927
× Philip PHILLIPS, 1919 – 2002
Kind: Michael PHILLIPS, * 1948
Kind: Caroline PHILLIPS, * 1951

Anmerkungen und Zitatnachweise

1 Lebensspuren

1   Eine Frage. Antworten und ein Schreibtisch.

1   Naor, Neomi, Nika Robrock, Erinnerung. Eine Dokumentation über die Jüdinnen und Juden in Düren von 1933 bis 1945, Düren: Hahne und Schloemer Verlag, 1994.
2   Den Hinweis verdanke ich Frau Hildegard Schernus, Düren.
3   Jorge Semprun, Schreiben oder Leben, Frankfurt, 1995, S. 362 f.
4   Seidler, Eduard, Kinderärzte 1933-1945, entrechtet – geflohen – ermordet. Bonn: Bouvier-Verlag 2000
5   Norbert Frei, Vom Alter der jüngsten Vergangenheit, Siebzig Jahre „Machtergreifung" des Nationalsozialismus: Was bedeutet die Zäsur des Jahres 1933 für das Gedächtnis und die politische Gegenwart der Deutschen?, Süddeutsche Zeitung, 30. 01. 2003.
6   Lebenserinnerungen von Peter Johannsen, Vater des Verfassers, S. 77, Privatarchiv.
7   Joseph Koch gemeinsam mit E. Koch und Martin Schmidt, Unser Führer, in: Rhein-Ruhr-Fibel, S. 84 – 92, L. Schwann-Verlag, Düsseldorf (ohne Jahreszahl).
8   Vgl. u. a. die Materialsammlungen („Logbücher") von Walter Kempowski.

2   Eine Todesanzeige als Lebensspur.

1   StAD, Dürener Zeitung, Jg. 58, Nr. 208, 6. 9. 1929
2   Naor, Neomi, Nika Robrock, Erinnerung, Eine Dokumentation über die Jüdinnen und Juden in Düren von 1933 bis 1945, Düren, Hahne und Schloemer Verlag, 1994, S. 201.
3   Müller, Regina, Um Heimat und Leben gebracht. Zur Geschichte der Juden im alten Landkreis Düren 1830-1945, Düren, Hahne und Schloemer Verlag, 1989, S. 26.
4   Müller, Regina, S. 24
5   Ebd.

6 StAD, Dürener Zeitung, Jg. 60, Nr. 38, 14. 02. 1931.
7 Mitteilung vom 05. 11. 2002, Standesamtsregister Düren
8 Müller, Regina, S. 123
9 NS-Dokumentationszentrum der Stadt Köln, Die jüdischen Opfer des Nationalsozialismus aus Köln, Gedenkbuch, Köln, Böhlau Verlag Köln- Weimar- Wien, 1995.
10 Gedenkbuch. Opfer der Verfolgung der Juden unter der nationalsozialistischen Gewaltherrschaft in Deutschland 1933-1945, Bundesarchiv Koblenz 1986.
11 Vgl. Anm. 3.

3 Der 7. Juni 1895.

1 Stadtarchiv Düren, (künftig: StAD) Rurzeitung, 22. Jg., Nr. 125, 7. 6. 1895.
2 Ebd.
3 Rurzeitung, 22. Jg. Nr. 131, 14. 6. 1895
4 Deutscher Reichstag, 9. Legislaturperiode, 3. Session 1894–1895, Stenographische Berichte, 53. Sitzung, 06. März 1895, Bd. 160, S. 1296 ff. Der Hinweis auf die Reichstagsdebatte findet sich bei Sven Eppinger, Das Schicksal der jüdischen Dermatologen Deutschlands in der Zeit des Nationalsozialismus, Frankfurt am Main 2001, S. 288f.
5 Peter Longerich, (Hg.), Die Ermordung der europäischen Juden, München 1990, S. 15.
6 Wie Anm. 4.
7 StAD, Verwaltungsbericht 1895/96, S. 1, zit. in: Hans J. Domsta, Helmut Krebs, Anton Krobb, Zeittafel zur Geschichte Dürens 747-1997, Düren 1998, S. 152.

4 Schulzeit und Studium. Krankheit (?)

1 Karl Leven, Blutplättchenzählung nach Spitz-Müller, Inauguraldissertation Köln, der Med. Fakultät vorgelegt am 8. Juli 1925, Universitäts- und Stadtbibliothek Köln, Abt. 3, ohne nähere Angaben.
2 Schulte, K. S. H., Dokumentation zur Geschichte der Juden am linken Niederrhein seit dem 17. Jahrhundert, (Ohne nähere Angaben) S. 26 f . Vgl. Bonn, M. M., D. Rumpel und P. F.

Fischbach, Sammlung von Materialien zur Geschichte Dürens, S. 235, zit. in: Naor, Neomi und Nika Robrock, Erinnerung, S. 23.
3 Realgymnasium mit Realschule Düren, 1828–1928, Festschrift zum 100jährigen Bestehen. Stadtarchiv Düren.
4 Gerhard von Rad, Weisheit in Israel, Neukirchener Verlag 1970, S. 91 ff.
5 StAD, Yearbook of the Realgymnasium Düren, 1914, S. 21.
6 Wie Anm. 5 (Festschrift zum 100jährigen Bestehen).
7 Zeugnis der Reife für Leven, Karl, 17. 8. 1914, Archiv Gymnasium am Wirteltor Düren (durch die freundliche Vermittlung von Herrn Direktor Müller).
8 Wie Anm. 5.
9 Ebd. S. 22.
10 Barkai, Abraham, Die Juden als sozio-ökonomische Minderheitsgruppe in der Weimarer Republik, in: Grab, Walter, Julius H. Schoeps, (Hg.), Juden in der Weimarer Republik, Skizzen und Porträts, Wissenschaftliche Buchgesellschaft Darmstadt 2. Aufl. 1998, S. 330
11 Vidal, Nachum G. Die Juden in Deutschland von der Römerzeit bis zur Weimarer Republik, Köln 1997, S. 238.
12 Richarz, Monika (Hg.), Jüdisches Leben in Deutschland. Bd. 3: Selbstzeugnisse zur Sozialgeschichte, 3. Aufl. München 1985, S. 24.

5 Im Ersten Weltkrieg.

1 StAD, Yearbook of the Realgymnasium Düren, 1914, S. 22.
2 Gidal, Nachum G, Die Juden in Deutschland von der Römerzeit bis zur Weimarer Republik, Köln 1997, S. 312.
3 Philolexikon. Handbuch des jüdischen Wissens, Berlin/Amsterdam 1937, S. 799.
4 Burleigh, Michael, Die Zeit des Nationalsozialismus. Eine Gesamtdarstellung. Frankfurt am Main 2000, S. 327.
5 Fritzsche, Peter, Wie aus Deutschen Nazis wurden, Zürich, München 1999, S. 77.
6 Philolexikon, S. 401 f.
7 StAD, Kriegserlebnisse des Dürener Gymnasiums. I. Beiträge von Lehrern und Schülern der Anstalt, gesammelt und herausgegeben von Dr. M. Weyrauch, Düren 1915, „Bei Gent", S. 26 f.

8   Angress, Werner T., The German Army's ‚Judenzählung' of 1916: Genesis-Consequences-Significance, in: LBIY 23 (1978), S. 117 ff., zit. in: Friedländer, Saul, Das Dritte Reich und die Juden. Erster Band. Die Jahre der Verfolgung 1933–1939, München 1998, S. 87.
9   „Zweite Balkonrede des Kaisers, 1. August 1914" in: Catarius, Ulrich (Hg.), Deutschland im Ersten Weltkrieg, München 1982, zit. in: Fritzsche, Peter, Wie aus Deutschen Nazis wurden, S. 29.
10 Pracht, Elfi, Jüdisches Kulturerbe in Nordrhein-Westfalen, Teil I: Regierungsbezirk Köln, .in: Mainzer, Udo (Hg.), Beiträge zu den Bau- und Kunstdenkmälern im Rheinland, Bd. 34.1, Köln 1997, S. 91.
11 Vgl. Anm. 8
12 Ebd.
13 Philolexikon, S. 402.
13 Jochmann, Werner, Die Ausbreitung des Antisemitismus, in: Mosse, Werner, E. (Hg.) Deutsches Judentum in Krieg und Revolution 1916–1923, Tübingen 1971, S. 426, zit. in: Friedländer, Saul, S. 89. (Friedländer erwähnt, dass sich Jochmann hier auf die klassische Studie des jüdischen Statistikers und Demographen Franz Oppenheimer, Die Judenstatistik des Preußischen Kriegsministeriums, München 1922, bezieht.)
14 Friedländer, Saul, Das Dritte Reich und die Juden. Erster Band. Die Jahre der Verfolgung 1933–1939, München 1998, S. 89.
15 Simon, Ernst, Unser Kriegserlebnis (1919), in: Zechlin, Egmont, Die deutsche Politik und die Juden im Ersten Weltkrieg, Göttingen 1969, S. 533, zit. in: Friedländer, Saul, S. 89.
16 Burleigh, Michael, Die Zeit des Nationalsozialismus. Eine Gesamtdarstellung. Frankfurt am Main 2000, S. 327.
17 Archiv Werner Lachs, Prestwich.

6 Examen. Medizinalassistent in Köln-Ehrenfeld.

1   Leven, Karl, Blutplättchenzählung nach Spitz-Müller, Inauguraldissertation zur Erlangung der Doktorwürde der Hohen Medizinischen Fakultät der Universität Köln, Stempel: Universitäts- und Stadtbibliothek Köln, Abtlg. 3, ohne Datum, jetzt: Mediz. Zentralbibliothek Köln, Diss. Köln 1925 Leven,

    2. Expl. Durchschlagpapier, o. Pag. Referiert in: Dissertationen an d. Med. Fak. Köln 1924/25, S. 122, Köln Med. Diss. V. 30. Juli 1925
2 Naor, Erinnerung, S. 201 und mündl. Angabe von Dr. Norbert Ludwig.
3 Golo Mann, ohne nähere Angaben zit. in: Gidal, Nachum G, Die Juden in Deutschland, S. 327.
4 Heinrich von Treitschke im „Berliner Antisemitismusstreit".
5 Golo Mann, wie Anm. 3.
6 Gemeindeblatt vom 20. Januar 1933, in: Jüdisches Leben in Ehrenfeld vom Ende der Weimarer Republik bis zur Vernichtung, Katalog zur Ausstellung der Evangelischen Kirchengemeinde Ehrenfeld, Köln Im November 1988, S.12.
7 Murken, Axel Hinrich, Vom Hekdesch zum Allgemeinen Krankenhaus. Jüdische Krankenhäuser in Deutschland im Wandel ihrer 800jährigen Geschichte vom 13. Jahrhundert bis zum Zweiten Weltkrieg., in: Historia Hospitalium, Zeitschrift der Deutschen Gesellschaft für Krankenhausgeschichte. Heft 19, 1993-1994, S. 134; vgl. Liebermann, Peter, Das Israelitische Asyl für Kranke und Altersschwache, in: Jüdisches Leben in Ehrenfeld…, S.16.
8 Nach Abschluss dieses Manuskripts erschien: Becker-Jákli, Barbara, Das jüdische Krankenhaus in Köln, Die Geschichte des Israelitischen Asyls für Kranke und Altersschwache 1869-1945, Köln: Emons Verlag 2004. Dr. Leven ist in der Ärzteliste nicht erwähnt. Die Personalakten der Klinik sind nicht erhalten geblieben. Die Quellenbasis der biographischen Daten wird von der Autorin als sehr heterogen bezeichnet. Die Zahl der ca. einhundert nachweisbar im Israelitischen Asyl beschäftigten Ärztinnen und Ärzte muss nach Meinung des Autors (Björn Windmann) gerade für den Bereich der Famuli, Volontär- und Assistenzärzte als wesentlich höher eingeschätzt werden. Da K. L. nur als „freiwilliger Arzt" (ohne Anstellungsvertrag) und nur kurzfristig im jüdischen Krankenhaus Köln beschäftigt war, ist das Fehlen von Angaben über K. L. erklärlich.
9 Auerbach, Benjamin, Das Israelitische Asyl für Kranke und Altersschwache, in: Naturwissenschaft und Gesundheitswesen in Cöln. Festschrift für die Teilnehmer an der 80. Versammlung der Gesellschaft deutscher Naturforscher und Ärzte in Cöln 1908, S. 466 ff.

10 Murken, Axel Hinrich, S. 133 sowie Peter Liebermann, Das Israelitische Asyl für Kranke und Altersschwache, in: Jüdisches Leben in Ehrenfeld. S. 14 ff.
11 Auerbach, Benjamin, S. 466.
12 Jüdisches Schicksal in Köln 1918–1945, Katalog zur Ausstellung des Historischen Archivs der Stadt Köln/NS- Dokumentationszentrum, S. 54.
13 Doerry, Martin, „Mein verwundetes Herz". Das Leben der Lilli Jahn 1900–1944. Stuttgart, München 2002, S. 38
14 Ebd. S. 151 und Brief von Werner Lachs an den Verfasser vom 11. November 2002.
15 Doerry, Martin, S. 35f.
16 Vgl. Anm. 13.
17 Vgl. Anm. 8.
18 Liebermann, Peter, S. 16 f.
19 Vgl. Anm. 8, S. 302
20 Vgl. Anm. 18
21 Jüdisches Schicksal in Köln 1918–1945, Katalog zur Ausstellung des Historischen Archivs der Stadt Köln/NS- Dokumentationszentrum, S. 54.

7 Augusta-Hospital. Der Doktorand.

1 Leven, Karl, Blutplättchenzählung nach Spitz-Müller, Inauguraldissertation zur Erlangung der Doktorwürde der Hohen Medizinischen Fakultät der Universität Köln, Universitäts- und Stadtbibliothek Köln, Abtlg. 3, ohne Datum.
2 Dissertationen an d. Med. Fak. Köln 1924/25, S. 122, Köln Med. Diss. V. 30. Juli 1925.
3 Dissertation Christian Gebauer, Die Universitätskliniken Köln. Die Baugeschichte der Lindenburg von 1848 bis 1965, aus dem Institut für Geschichte der Medizin zu Köln, 1980.
4 Krautwig (Vorname fehlt i. Orig.) (Hg.):Naturwissenschaft und Gesundheitswesen in Cöln. Festschrift für die Teilnehmer an der 80. Versammlung der Gesellschaft deutscher Naturforscher und Ärzte in Cöln 1908, S. 322 ff.
5 Egon Schmitz-Cliever am 10. 6. 1973 in einem Brief an Dr. med. Beltz, den Sohn von Prof. Ludwig Belz, Nachlass Prof. Karl Boventer im Archiv des Institutes für Geschichte der Medizin u. des Krankenhauswesens der RWTH Aachen.

6 Archiv der Universität Köln, Fakultätsalbum der Medizinischen Fakultät Köln.
7 Ebd.
8 Karl Boventer, Zur Erinnerung an Professor Dr. Ludwig Belz in: Zeitschrift des Aachener Geschichtsvereins, Band 94/95, Aachen 1988, S. 450.
9 Ebd. S. 460.
10 Abschrift des Zeugnisses, das Külbs Beltz am 3. 6. 1924 ausgestellt hat, vgl. Nachlass Prof. Karl Boventer im Archiv des Institutes für Geschichte der Medizin u. des Krankenhauswesens der RWTH Aachen.
Mit dieser Empfehlung bewarb sich Beltz erfolgreich um die Stelle des Leitenden Arztes der Inneren Abteilung der städtischen Krankenanstalten Aachen (Elisabethkrankenhaus), die mit ihren 300 Betten, einschließlich der Kinderabteilung, eine der größten im Rheinland war. Die Kinderabteilung erlangte erst 1941 ihre Selbständigkeit. Das war im Vergleich mit der Entwicklung einer eigenständigen Pädiatrie in den Universitätskliniken zwar spät, für große karitative und kommunale Krankenhäuser jedoch nicht ungewöhnlich. In Aachen hat Ludwig Beltz offenbar für einen reibungslosen Übergang bei der Loslösung der Pädiatrie von der Inneren Medizin gesorgt. Ludwig Beltz starb am 13. September 1944 in Erfüllung seines ärztlichen Dienstes, als er sein Haus verließ, um sich in die Klinik zu begeben, obwohl Aachen unter massivem Artilleriebeschuss lag. Er wurde durch einen Granatsplitter tödlich getroffen.
11 Karl Boventer, S. 452f., vgl. Aachener Querschnitt, Nr. 58, 11. September 1946. (Nachlass Boventer)

8 Dissertation.

1 Karl Leven, Blutplättchenzählung nach Spitz-Müller, Inauguraldissertation zur Erlangung der Doktorwürde der Hohen Medizinischen Fakultät der Universität Köln, Stempel: Universitäts- und Stadtbibliothek Köln, Abtlg. 3, ohne Datum, jetzt: Mediz. Zentralbibliothek Köln, Diss. Köln 1925 Leven, 2. Expl. Durchschlagpapier, o. Pag. Referiert in: Dissertationen an d. Med. Fak. Köln 1924/25, S. 122, Köln Med. Diss. V. 30. Juli 1925

2 Hagers Handbuch der pharmazeutischen Praxis, 2. berichtigter Neudruck von 1938, unveränderter Nachdruck 1949, Bd. I, S. 868.
3 Ebd.
4 *Zusammenfassend ist zu bemerken: Vermehrung der Plättchen wurde gefunden bei 3 Fällen von Sepsis, im Verlaufe von akuten Infektionskrankheiten (2 Fälle), bei 2 Patienten mit Lungentuberkulose im vorgeschrittenen Stadium, bei einer kroupösen Pneumonie, um nach der Krise eine weitere Vermehrung zu erfahren, bei einem hochfieberhaften Entzündungsprozess der Gallenblase, sowie bei einem Falle von echter Chlorose.*
Verminderung der Thrombozytenzahl zeigte sich im Beginn eines Falles von Typhus, bei einer echten Urämie, bei 6 Fällen von Atherosklerose, Nephrosklerose und Hypertonie mit leichter bezw. mit mittelschwerer Anämie, bei Nephritis chronica mit urämischen Symptomen (1 Fall), bei einem Fall von Purpura simplex, sowie bei vier Kranken mit Endocarditis lenta im Endstadium.
Experimentell ließ sich eine erhebliche Verminderung der Blutplättchen etwa 5 Minuten nach 2 ccm intravenöser Caseosaninjektion feststellen, eine erhebliche Vermehrung etwa 1 Stunde nach der Injektion.
Die Thrombozytenzählung nach Spitz-Müller verdient neben den bekannten bisherigen Methoden Beachtung. Wegen ihrer Einfachheit, leichten Ausführbarkeit dürfte sie sich für die klinische Diagnostik empfehlen. Nennenswerte Nachteile habe ich nicht bemerken können. Ihr weiterer Ausbau, z.B. bessere Sichtbarmachung der Plättchen in der Kammer durch geeignete Farbstoffe, wäre in Betracht zu ziehen.
5 Karteikarte des Reichsarztregisters der kassenärztlichen Vereinigung, Bezirksstelle Aachen, Landesstelle Rheinland, Bundesarchiv Berlin, Kopie vom 05. 10. 2004
6 Haffner, Sebastian, Geschichte eines Deutschen. Die Erinnerungen 1914–1933, Stuttgart/München 2000, S. 53f.

9 Akademische Lehrer. Ausbildung zum Kinderarzt.

1 Püschel, Erich, 75 Jahre Kinderheilkunde in Rheinland und Westfalen, Die Geschichte der Vereinigung rheinisch-westfälischer Kinderärzte, 1900-1975, in: Düsseldorfer Arbeiten zur Geschichte der Medizin, Beiheft IV, Michael Triltsch Verlag Düsseldorf, 1975, S. 136f.
2 Wie Anm. 1, S. 24ff.

3   Doerry, Martin, „Mein verwundetes Herz". Das Leben der Lilli Jahn 1900–1944. Stuttgart-München: Deutsche Verlags-Anstalt, 2002, S. 33.
4   Wie Anm. 1, S. 91.
5   Wie Anm. 1, ohne Paginierung.
6   Seidler, Eduard, Kinderärzte 1933–1945, entrechtet – geflohen – ermordet, Bonn, Bouvier Verlag, 2000, S. 18.
7   Friedländer, Saul, Das Dritte Reich und die Juden, München, Verlag C. H. Beck, 1998, S. 69.
8   Ebd.
9   Krautwig, (Dr.med.) (Vorname fehlt i. Orig.), Naturwissenschaft und Gesundheitswesen in Cöln, Festschrift f. d. Teilnehmer an d. 80. Versammlung d. Gesellschaft deutscher Naturforscher und Ärzte in Cöln Köln, 1908, ohne nähere Angaben.
10 Frau Dr. B. Knittel, Städtisches Klinikum Magdeburg, Brief an den Verfasser (22. 01. 1999).
11 Koelsch, K. A. (Hg.), Das Krankenhaus Magdeburg-Altstadt. Festschrift zu seinem 150-jährigen Bestehen, 1967, S. 47 ff.
12 Ebd. Schon 1908 wurde Professor Dr. Martin Thiemich Nachfolger von Professor Keller, der einen Ruf an die „Reichsanstalt zur Bekämpfung der Säuglings- und Kindersterblichkeit", das Kaiserin-Augusta-Viktoria-Haus, angenommen hatte. Thiemich erweiterte während seiner 5-jährigen Tätigkeit die Säuglingsabteilung und sorgte sich besonders um die Ernährung der Magdeburger Säuglinge, indem er ein Prämiensystem für das Stillen entwickelte und „Gute Rohmilch" nur aus Musterställen liefern ließ. Nach der Übernahme des Leipziger Lehrstuhls für Kinderheilkunde durch Thiemich im Jahr 1913 wurde Professor Dr. Hans Vogt, der sich noch im Fach der Inneren Medizin habilitiert hatte, sein Nachfolger. Er blieb bis 1925 in Magdeburg, wo er mit seiner Mitarbeiterin Frau Dr. Kayser 1919 die erste Frauenmilchsammelstelle in Deutschland ins Leben rief. Diese Einrichtung sollte sich bald überall verbreiten. Sie erwies sich in den folgenden Jahrzehnten für schwer ernährungsgestörte Kinder als lebensrettend. Unter Vogt erhöhte sich die Zahl der Säuglingsberatungsstellen in Magdeburg bis zum Beginn des Ersten Weltkriegs auf neun, ein Stand, der durch die Belastungen der Kriegszeit und der Inflation nicht gehalten werden konnte.

13 K. Nißler, Die Kinderklinik, in: 10 Jahre Medizinische Akademie Magdeburg 1954–1964, Selbstverlag d. Med. Akad. Magdeburg 1964, S. 74 ff.
14 Wilhelm Thal, Albert Uffenheimer (1876-1941). Direktor der Städtischen Kinderklinik im Altstädter Krankenhaus zu Magdeburg (1925–1933) – später Nachruf für einen jüdischen Kinderarzt- in: Ärzteblatt Sachsen-Anhalt 5 (1994) 12 S. 74–76.
15 Magdeburger Zeitung, kopierte Zeitungsseite, Nr. und Datum nicht erkennbar . Zit. in: W. Meißemann, Projekt Magdeburger Biografisches Lexikon und Magdeburger Zeitung Magdeburger Zeitung, vom März 1933, o. n. A.
16 Seidler, Kinderärzte, S. 283 f.
17 Ebd. S. 285.
18 Vgl. Anm. 14, S. 76.
19 Wilhelm Thal, Brief an den Verfasser, 29. 10. 2000.

10 Seltene Diagnose. Schwierige Therapie.

1 Karl Leven, Placentare Übertragung einer Impfmalaria von einer Paralytikerin auf das Kind, in: Monatsschrift Kinderheilkunde 49 (1931), S. 46–53.
2 1927, zu einer Zeit, als Dr. Leven noch als Assistenzarzt in Magdeburg tätig war, wurde der Nobelpreis für Medizin dem Wiener Psychiater Julius Wagner-Jauregg verliehen. Er hatte bereits 1887 als Dreißigjähriger eine Studie „Über die Einwirkung fieberhafter Erkrankungen auf Psychosen" publiziert und sich während seines ganzen Lebens als Forscher und Arzt mit der seit Hippokrates bekannten Erfahrung beschäftigt, dass sich psychische und neurologische Krankheiten nach einer fieberhaften Erkrankung bessern oder sogar ausheilen konnten. 1917 hatte er erstmals neun an progressiver Paralyse leidende Patienten mit Blut von Malariakranken infiziert. Die Patienten hatten eine Malaria entwickelt, ihre neurologischen und psychischen Symptome hatten sich gebessert und bei drei von ihnen war es zu einer praktisch vollständigen Genesung gekommen Aus der Laudatio bei der Preisverleihung in Stockholm geht hervor, dass die Malariaerkrankung, bei der es sich um die leichtere Form der Malaria tertiana handelte, durch die nachfolgende damals übliche Chinintherapie

jeweils erfolgreich behandelt werden konnte. Das Experiment Wagner-Jaureggs war in den folgenden Jahren weltweit bei mehreren Tausend „unglücklichen Patienten" aus Asylen und vielen Kliniken mit günstigen Ergebnissen wiederholt worden (Quelle: W. Wernstedt, Nobel Prize in Physiology or Medicine 1927, Presentation Speech, in: Nobel Lectures, Physiology or Medicine 1922-1941 (o. n. A.). Aus heutiger Sicht wird eine derart drastische Methode vermutlich mit einiger Skepsis angesehen, zu einem abwertenden Urteil gibt es aber keinen Anlass. Moderne immunologische Forschungsergebnisse lassen vermuten, dass Abwehrmechanismen durch eine erhöhte Körpertemperatur stimuliert werden. Somit besteht heute ein Erklärungsmodell für die Wirkung von Fieber auf chronisch entzündliche Prozesse, das den empirisch gewonnenen Erkenntnissen früherer Ärztegenerationen ein theoretisches Fundament gibt. Patienten, die unter dem schweren Krankheitsbild der progressiven Paralyse leiden, sind heute in der Öffentlichkeit wie auch bei der jetzigen Ärztegeneration – abgesehen vielleicht von einigen erfahrenen Neurologen – kaum noch bekannt. Zu Dr. Levens Zeiten war ihr Leidensdruck eine Herausforderung für die medizinische Forschung, die ja nur über das Instrumentarium empirischer Studien verfügte. Während vor der Etablierung dieser zweifellos belastenden Therapie nur etwa ein Prozent der Patienten eine spontane Besserung erlebte, sprachen die Statistiken, von denen bei der Nobelpreisverleihung die Rede war, von Raten von 30 Prozent, sogar bis zu 50 Prozent der Patienten, denen es nach der durch Malaria erzeugten Fiebertherapie deutlich besser ging. Fälle von völliger Genesung wurden ebenfalls geschildert. Seit der Entdeckung des Penicillins und seiner hervorragenden Wirkung bei der Syphilis haben die Erkenntnisse Wagner–Jaureggs nur noch medizinhistorischen Wert.

3   Unklar bleibt, welche Kommunikationsprobleme zwischen Geburtshelfern und Pädiatern bestanden. Die rechtzeitige Information über die mütterliche Krankengeschichte hätte – nicht nur aus heutiger Sicht – die Magdeburger Kinderkliniker frühzeitiger auf die richtige Spur geführt.

4   Dass der Verfasser 1947 in Thüringen an Malaria tertiana erkrankte, mag als weiterer Beleg für das damalige Vorkommen der Anophelesmücke in dieser Region dienen.

Vermutlich waren Plasmodien aus dem Blut eines Afrika- oder Russlandheimkehrers übertragen worden.
5 Im Herbst 2000 macht mich Wilhelm Thal auf die Veröffentlichung Karl Levens aufmerksam. Ohne ihn wäre diese Lebensspur Karl Levens nicht wieder lesbar geworden.

11 Wieder in Düren. Die Herkunft.

1 Germania Judaica I, 92, in: Jüdisches Kulturerbe in NRW, Köln 1997, S. 88.
2 Urkundenbuch der Stadt Düren (im folgenden: UB Düren), Bd. I 1, Nr. 32., in: Domsta, Hans J., Helmut Krebs, Anton Krobb, Zeittafel zur Geschichte Dürens 747-1997, Düren 1998, S. 26.
3 Avneri, Germania Judaica II 1, S. 179, in: Domsta, Zeittafel, S. 30.
4 Brocke, Michael, (Hg.), Feuer an Dein Heiligtum gelegt. Zerstörte Synagogen 1938 Nordrhein-Westfalen, Bochum 1999, S. 127.
5 UB Düren I 1 Nr. 178, in: Zeittafel, S. 31f.
6 August Schoop, Quellen zur Rechts- und Wirtschaftsgeschichte der rheinischen Städte. Jülichsche Städte. I. Düren, bearbeitet von August Schoop, Bonn 1920, S. 409, 413, 423, Stadtplan von 1634, in: Zeittafel, S. 36.
7 Peters, Dieter: Land zwischen Rhein und Maas. Land tussen Rijn en Maas. Genealogische Daten von jüdischen Friedhöfen in der ehemaligen Rheinprovinz und in der niederländischen Provinz Limburg. Aachen 1995.
8 Angabe von Kurt Baltus, s. Bevölkerungsliste von 1799 (An VII), vgl. Anmerkung 11.
9 Adolf Kober, Aus der Geschichte der Juden im Rheinland, in: Wiesemann 1985, S. 96 (o. n. A.), in: Pracht, Elfi, Jüdisches Kulturerbe in Nordrhein-Westfalen, Köln 1997, S. 88.
10 Einzelbelege in: Horst Wallraff, Nationalsozialismus in den Kreisen Düren und Jülich. Tradition und „Tausendjähriges Reich" in einer rheinländischen Region 1933 bis 1945, Düren 1998, S. 265.
11 Diese und die folgenden Angaben verdanke ich dem Familienforscher Kurt Baltus, Düren. In einer aufwendigen Recherche hat Kurt Baltus eine große Zahl von Vorfahren Karl

Levens dokumentiert. Seine Forschungsergebnisse hat er mir zur Verfügung gestellt. Eine ausführliche Darstellung des umfangreichen genealogischen Materials durch Kurt Baltus ist an anderer Stelle vorgesehen.

12 Friedt, Heinz Gerdt, Ein jüdischer Arzt des 18. Jahrhunderts in Bergheim/Erft Dr. Med. Moyses Samuel Levi, in: Geschichte in Bergheim, Jahrbuch des Bergheimer Geschichtsvereins e. V. Bd. 4, 1995 S. 42-55.
13 Müller, Regina, Um Heimat und Leben gebracht. Zur Geschichte der Juden im alten Landkreis Düren 1830-1945, Düren: Hahne und Schloemer, 1989, S, 20ff
14 Klaus H. S. Schulte, Dokumentation zur Geschichte der Juden am linken Niederrhein seit dem 17. Jahrhundert, Düsseldorf 1972, S. 234 ff. in: Müller, Regina, Um Heimat und Leben gebracht, S. 16.
15 Dürener Volkszeitung, 49. Jg., Nr. 36, 2. Blatt, Samstag, 14. 2. 1903, S. 4.
16 Naor, Neomi, Nika Robrock, Erinnerung. Eine Dokumentation über die Jüdinnen und Juden in Düren von 1933 bis 1945, Düren: Hahne und Schloemer Verlag, 1994 S. 18.
17 Brocke, Michael, (Hg.), Feuer an dein Heiligtum gelegt. Zerstörte Synagogen 1938 Nordrhein-Westfalen. Bochum: Verlag und Druckkontor Kamp, 1999, S. 127.
18 StAD, LA Düren 183, in: Müller, Regina, Heimat, S. 12.
19 Pracht, Elfi, Jüdisches Kulturerbe, S. 89 ff.
20 Vgl. Anm. 16, S. 149.
21 Vgl. Anm. 19, S 92.
22 Lebenslauf Karl Leven, in: Leven, Karl, Inaugural-Dissertation
23 Vgl. Anm. 13, S. 44.
24 Interview mit Frau Hildegard Engels (21. 01. 1996).
25 Klaus H. S. Schulte, Dokumentation zur Geschichte der Juden…, S. 234 ff. in: Müller, Regina, Heimat, S. 16
26 Gespräch mit Werner Lachs bei meinem Besuch in Prestwich, 1.bis 4. April 2000.
27 Interview Frau Cilli Bongard, geb. Zilken, (6. 1. 1996).
28 Arnold Pauker, Zum Selbstverständnis jüdischer Jugend in der Weimarer Republik und unter dem der nationalsozialistischen Diktatur, in: Hans Otto Horch und Charlotte Wardi (Hg.), Jüdische Selbstwahrnehmung. La Prise de conscience de l'identité juive. Tübingen 1977, S. 111ff., in: Roseman, Mark ,

In einem unbewachten Augenblick. Eine Frau überlebt im Untergrund, Berlin 2002, S. 279.
29 Otto Edler, Brief vom 4. 12. 1987, zit. in Naor, Erinnerung, S. 20.
30 Ruth Loewy geb. Roer, Brief vom 15. 9. 1987, in: Naor, Erinnerung, S. 144 ff.
31 Philo-Lexikon, Handbuch jüdischen Wissens, Berlin-Amsterdam 1937, S. 11.
32 vgl die Hinweise auf das eher religionsferne Leben der Familie Strauß in Essen, in: Mark Roseman, In einem unbewachten Augenblick, mehrere Textstellen.
33 Vgl. Anm 16, S. 20.
34 Ruth Loewy geb. Roer, Brief vom 15. 9. 1987, vgl. Anm 16, S. 144 f.
35 Interview mit Dr. Norbert Ludwig (13. 1. 1996).
36 Die Inschrift wurde von Karl Levens Neffen Werner Lachs nach seinem Besuch in Düren 2003 in Auftrag gegeben.
37 Adolf Diamant, Geschändete jüdische Friedhöfe in Deutschland 1945 bis 1999, Verlag für Berlin – Brandenburg, Potsdam 2000, in: Dirk Walter, Antisemitische Kriminalität und Gewalt. Judenfeindschaft in der Weimarer Republik, Bonn 1999.
38 Dirk Walter, Die Geltungssucht der einfachen Leute, in: Literaturen, Friedrich Berlin Verlag, Heft 12, 2002, S. 40.
39 Dirk Walter, Antisemitische Kriminalität und Gewalt, zit. in: DIE ZEIT Nr. 42 v. 12. 10. 2000.

12 Die Praxis. Patienten.

1 Dürener Zeitung 38/ 60. Jg. v. 14. 02. 1931
2 Kater, Michael, Physicians in Crisis at the End of the Weimar Republic, S. 57, zit. in: Eberhard Wolff, Mehr als nur materielle Interessen: Die organisierte Ärzteschaft im Ersten Weltkrieg und in der Weimarer Republik 1914-1933, in: Jütte, Robert (Hg.), Geschichte der deutschen Ärzteschaft. Organisierte Berufs- und Gesundheitspolitik im 19. und 20. Jahrhundert. Köln: Deutscher Ärzte-Verlag, 1997, S. 124.
3 Kater, Michael, Die soziale Lage der Ärzte im NS-Staat, in: Ebbinghaus, A. und K. Dörner (Hg.), Vernichten und Heilen, Der Nürnberger Ärzteprozess und seine Folgen, Aufbau-

Verlag Berlin 2001, S. 53.
4 Reichsarztregister der kassenärztlichen Vereinigung, Bezirksstelle Aachen, Landesstelle Rheinland, Karteikarte Dr. Karl Leven, Kopie Bundesarchiv Berlin, 5. 10. 2004
5 Reichsmedizinalkalender für Deutschland, Leipzig: Georg Thieme-Verlag, 1933, S. 287.
6 Aachener Nachrichten, Aachener Zeitung, Ausgaben für Düren, 06. 01. 1996, S. 9 D/E.
7 Interview mit Frau Resi Düpper, geb. Zilken, (6. 1. 1996)
8 Interviews mit Cilli Bongard, geb. Zilken, und Resi Düpper, geb. Zilken, (21. 02. 1996).
9 Interviews mit Margarete Sauer (6. 1. 1996 und 26. 1. 1996).
10 Interview mit Christine Henzig, (10 1. 1996).
11 Interview mit Frau Mölbert, (28. 4. 1996).
12 Zit. in: Sven Eppinger, Das Schicksal der jüdischen Dermatologen Deutschlands in der Zeit des Nationalsozialismus, Dissertation TU Dresden, 1999, Frankfurt am Main 2001, S. 47.
13 Christhard Hoffmann, Das Judentum als Antithese. Zur Tradition eines kulturellen Wertungsmusters, in: Benz, Wolfgang, (Hg.), Antisemitismus in Deutschland. Zur Aktualität eines Vorurteils. München 1995, S. 41.
14 Interviews mit Hedwig Müller, Düren und Maria Glombek, Neuss, (14. 11. 2002).
15 Interview mit Frau Meesen, (28. 4. 1996).
16 Brief an den Verfasser v. 16. 5. 1996.
17 Interview Dr. Norbert Ludwigs, (13. 1. 1996).
18 Hubert Kourth, Meine Erinnerungen an die Anfänge des Nationalsozialismus und die ersten Jahre des NS-Staates in Düren, S. 11. Die kopierte Seite des unveröffentlichten Typoskriptes wurde mir freundlicherweise von Bernd Hahne, Geschichtswerkstatt Düren, überlassen.
19 Fritz Goldschmidt, Meine Arbeit bei der Vertretung der Interessen der jüdischen Ärzte in Deutschland seit dem Juli 1933, in: Stephan Leibfried (Hg.), Florian Tennstedt, Arbeitsbericht zu verschütteten Alternativen in der Gesundheitspolitik, Universität Bremen, Gesamthochschule Kassel, Bremen 1979, S. 76 f.
20 Hinweis von Werner Lachs,
21 Dürener Volkszeitung v. 08. 10. 1932.
22 Dürener Lokal-Anzeiger v. 15. 03. 1933.
23 Joseph Walk (Hg.), Das Sonderrecht für die Juden im NS-

Staat, Heidelberg 1981, S. 8, in: Saul Friedländer, Das Dritte Reich und die Juden. S. 49.
24 Westdeutsches Grenzblatt Jg. 7 Nr. 285 v. 14. 12 1931, zit. in: Lepper, Herbert, Von der Emanzipation zum Holocaust. Die israelische Synagogengemeinde zu Aachen 1801–1942, Aachen 1994, S. 1095 f.

13 Hochzeit. Die Familie.

1 Dürener Volkszeitung, Nr. 300, Jg. 77, 23. 12. 1931
2 Dürener Volkszeitung, Nr. 242, Jg. 66, 23. 10. 1920
3 Die jüdischen Opfer des Nationalsozialismus aus Köln. Gedenkbuch. Köln, Weimar, Wien 1995, S. 403.
4 Dürener Zeitung, Nr. 127, Jg. 61, 02. 06. 1932.
5 Brief von Werner Lachs an den Verfasser, 30. 07. 2001.
6 Werner Lachs hat auf allen Fotos die ihm bekannten Personen identifiziert
7 Kopie mit Anmerkungen im Archiv des Verfassers.
8 Fotos als Kopie im Archiv des Verfassers
9 Dürener Volkszeitung, Nr. 218, Jg. 66, 25. 9. 1920.
10 Dürener Volkszeitung, Nr. 130, Jg. 68, 3. 6. 1922.
11 Mündliche Angabe von Werner Lachs, Prestwich, April 2000.
12 Müller, Regina, S. 123, vgl. Todesanzeige von Hermann Leven, Stadtarchiv Düren, Dürener Zeitung, Jg. 58, Nr. 208, 6. 9. 1929. Über die Berufstätigkeit von Hermann Richard Lachs: mündl. Angaben des Sohnes Werner Lachs.
13 Sämtliche Angaben mündlich und handschriftlich durch Werner Lachs.
14 Dürener Zeitung, Nr. 124, Jg. 60, 29. 5. 1931.
15 Brief von Werner Lachs an Verfasser, 10. 12. 1999.
16 Interview Dr. Norbert Ludwig, (13. 1. 1996).
17 Hamburger jüdische Opfer des Nationalsozialismus. Gedenkbuch. Hamburg 1995, S. 235.
18 Pracht, Elfi, Jüdisches Kulturerbe in Nordrhein-Westfalen, Köln 1997, Bd. 1, S. 275.

14 Zeitsprung: April 2000. Besuch in Prestwich.

1 Smith, Michael, Foley. The Spy who saved 10.000 Jews, London: Coronet Paperback, 1999.
2 JenninFrazer, MI 6 agent who helped Jews flee, Recognition claim for war hero. Jewish Chronicle 8. Januar 1999 (und andere Zeitungen).
3 Brief an den Verfasser, 7. Januar 2003.
4 Vollständig zitiert in Kapitel 23.

15 Kinder. Boykott. Ein Überfall.

1 Naor, Neomi, Nika Robrock, Erinnerung. Eine Dokumentation über die Jüdinnen und Juden in Düren von 1933 bis 1945, Düren: Hahne und Schloemer Verlag, 1994, S. 201 f.
2 Kopien von Fotos aus dem Privatarchiv von Werner Lachs, Prestwich, England.
3 Interviews mit Cilli Bongard, geb. Zilken und Resi Düpper, geb. Zilken, (21. 2. 1996).
4 Brief von Lotte Löwenherz an den Verfasser, 16. Mai 1996.
5 Interview mit Margarethe Sauer,(29. 1. 1996)
6 StAD, Lokal-Anzeiger für Düren und Umgebung, 3. Jg., Nr. 81, 5. 4. 1933.
7 Benz, Wolfgang, Hermann Graml, Hermann Weiß (Hg.): Enzyklopädie des Nationalsozialismus, Stuttgart, Deutscher Taschenbuch Verlag, 4. Aufl., 2001, S. 401.
8 Stadtarchiv Aachen, Politisches Tageblatt Nr. 148 v. 29. 03. 1933, zit. in: Lepper, Herbert, Von der Emanzipation zum Holocaust, Aachen 1994, S 1120.
9 Politisches Tageblatt Nr. 159 (Abendausgabe), 4. 4. 1933, zit. in: Lepper, S. 1136.
10 Wie Anm. 1, S. 38.
11 Burleigh, Michael, Die Zeit des Nationalsozialismus. Eine Gesamtdarstellung, Frankfurt am Main, S. Fischer Verlag, 2000, S. 325.
12 Westdeutsches Grenzblatt/Dürener Beobachter, 5. April 1933, zit in: Wallraff, Horst: Nationalsozialismus in den Kreisen Düren und Jülich, Tradition und „Tausendjähriges Reich" in einer rheinländischen Region 1933 bis 1945, Düren 2000, S. 209.

13 Domsta, Hans J., Helmut Krebs, Anton Krobb, Zeittafel zur Geschichte Dürens 747-1997, Düren 1998
14 Wallraff, Horst, Nationalsozialismus in den Kreisen Düren und Jülich. Tradition und „Tausendjähriges Reich" in einer rheinländischen Region 1933-1945. Düren: Hahne & Schloemer, 2000, S. 267.
15 Wie Anm. 11, S. 325 ff.

16 In Düren wie überall in Deutschland.

1 Wallraff, Horst, Nationalsozialismus in den Kreisen Düren und Jülich. Tradition und „Tausendjähriges Reich" in einer rheinländischen Region 1933 bis 1945, Düren, Hahne und Schloemer Verlag, 2000, S. 515.
2 Böll, Heinrich, Die Juden von Drove, in: Ein- und Zusprüche. Schriften, Reden und Prosa 1981-1983, Köln, Verlag Kiepenheuer und Witsch, 1984, S. 94–117.
3 Wie Anm. 1, S. 522.
4 Wie Anm. 2, S. 109.
5 Wie Anm. 1, S 263.
6 Gutman, Israel, et. al. (Hg.), Enzyklopädie des Holocaust, München-Zürich, Serie Piper, 2. Aufl., 1998, Bd. III, S. 1380f.
7 Dürener Volkszeitung, Ausgabe 46, vom 23. 2. 1933, S. 2.
8 Burleigh, Michael, Die Zeit des Nationalsozialismus. Eine Gesamtdarstellung, Frankfurt am Main, S. Fischer Verlag, 2000, S. 336.
9 Max Domarus (Hg) Hitler, Reden und Proklamationen, 1932-1945, München 1962, Bd. 1.2, S.845 u. 849. zit in: Burleigh …, S. 322.
10 Errechnet aus den Angaben von Domsta, Hans J., Helmut Krebs, Anton Krobb, Zeittafel zur Geschichte Dürens 747-1997, Düren 1998, S. 193 ff.
11 Wie Anm. 1, S. 108 ff.
12 Hanna Liffmann, Brief vom 17. 12. 1987, in: Naor, Neomi, Nika Robrock, Erinnerung, Eine Dokumentation über die Jüdinnen und Juden in Düren von 1933 bis 1945, Düren 1994, S. 48.
13 Wie Anm. 1, S. 268.
14 Benz, Wolfgang, Hermann Graml, Hermann Weiß, Enzyklopädie des Nationalsozialismus …, S. 668.

15 Westdeutscher Beobachter/Dürener Beobachter, Nr. 43 v. 13. 2. 1934, in: Wallraff …, S. 264.
16 Kulka, Otto Dov, Jäckel, Eberhard, (Hgg) Die Juden in den geheimen NS-Stimmungsberichten 1933–1945, Droste Verlag Düsseldorf 2004, Bericht der Stapostelle Regierungsbezirk Aachen vom 6. August 1934, Dokument 164 der beigefügten CD-Rom. Der Refrain lautete: „Wenn das Judenblut vom Messer spritzt, dann geht's noch mal so gut".
17 Wie Anm. 14, S. 620.
18 Westdeutscher Beobachter/Jülicher Beobachter Nr. 222 v. 14. 8. 1935, in: Wallraff …, S. 272.
19 Hauptstaatsarchiv Düsseldorf, BR 1031-527, Pag.375-379, in: Wallraff …, S. 272.
20 Hauptstaatsarchiv Düsseldorf, BR.1031-572, Pag.384, in: Wallraff …, S. 272.
21 Westdeutscher Beobachter, Nr. 282/14, 14. Oktober 1938, Lokalteil Düren.
22 Graml, Hermann, Reichskristallnacht. Antisemitismus und Judenverfolgung im Dritten Reich. München: Deutscher Taschenbuch Verlag. 1988, S. 159.
23 Gellately, Robert, Hingeschaut und Weggesehen. Hitler und sein Volk. Stuttgart/München: DVA, 2002, S. 187.
24 Interview mit Resi Düpper und Cilli Bongard, (06. 01. 1996).
25 Vgl. Kapitel 15.
26 Interview mit Resi Düpper, (30. 5. 2002).
27 Interview mit Maria Glombek, (14. 11. 2002).

17 Ausgrenzung. Entrechtung. Berufsverbot.

1 StAD, Dürener Lokal-Anzeiger, Nr. 81, 5. 4. 1933, S. 4.
2 Deutsches Ärzteblatt (1933) 62, S. 153–154, in: Renate Jäckle: „Pflicht zur Gesundheit" und „Ausmerze" in: Dachauer Hefte 4, dtv, (1993), S. 60.
3 Waigand, Beate: Antisemitische Tendenzen in der ärztlichen Standespolitik der Weimarer Zeit? in: Medizin und Judentum, Heft 5 (2000) S. 92 f.
4 Deutsches Ärzteblatt (1933) 62, S 153-154, vgl. Anm. 2.
5 Wolff, Eberhard, Mehr als nur materielle Interessen: Die organisierte Ärzteschaft im Ersten Weltkrieg und in der Weimarer Republik 1914–1933, in: Jütte, Robert,

(Hg.): Geschichte der deutschen Ärzteschaft, Köln, (1997), S. 141
6   Tatsächlich waren jüdische Ärzte, gemessen am jüdischen Anteil an der Gesamtbevölkerung, im Verhältnis von 10:1 überrepräsentiert. In Städten wie Berlin, Frankfurt und Hamburg lag der Prozentsatz noch wesentlich höher. Dabei waren jüdische Ärzte in einigen Spezialfächern, wie Psychiatrie, Sozialhygiene, Sexualwissenschaft, aber auch in der Kinderheilkunde und in der Dermatologie besonders stark vertreten. Es liegt auf der Hand, dass das Denkmuster der Reichsnotgemeinschaft und des späteren NSDÄB dem der NSDAP entsprach, von der sie folglich Hilfe erwarten konnte. 1933 stieg die Mitgliederzahl des NSDÄB allmählich auf etwa 3000 Ärzte an, 1938 hatte sich diese Zahl verzehnfacht. Die führenden Leute konnten sich inzwischen eine Option auf berufspolitische Führungspositionen ausrechnen.
7   Deutsches Ärzteblatt (1933) 62, 141-143
8   Plum, Günter: Wirtschaft und Erwerbsleben, in: Benz, Wolfgang (Hg.), Die Juden in Deutschland 1933–1945, Leben unter nationalsozialistischer Herrschaft, München, C. H. Beck, (1988), S. 288.
9   Dürener Volkszeitung Nr. 72, 25. 3. 1933
10 Rüther, Martin, Ärztliches Standeswesen im Nationalsozialismus 1933–1945, in: Jütte, Robert (Hg.), Geschichte der deutschen Ärzteschaft, S. 149.
11 Deutsches Ärzteblatt (1933) 62, 141-143.
12 Wolff, Eberhard, Mehr als nur materielle Interessen, S. 141, vgl. Anm. 5
13 Friedländer, Saul, Das Dritte Reich und die Juden, Erster Band, Die Jahre der Verfolgung 1933–1939, München: Verlag C. H. Beck, 1998, S. 234.
14 Vollmann, Siegmund, Der deutsche Arzt in dreifacher Krise? ÄVB 56 Sp. 674-678 (1929), in: Beate Waigand: Antisemitische Tendenzen … vgl. Anm. 3, S. 93.
15 Martin Rüther, Ärztliches Standeswesen, S. 143 ff.
16 Waigand, Beate, Antisemitische Tendenzen, S. 92 ff
17 Rüther, Martin, Ärztl. Standeswesen, S. 148.
18 Kahn, Lieselotte: Die Nase meines Mannes, in: Margarete Limberg, Hubert Rübsaat (Hg.): Sie durften nicht mehr Deutsche sein. Jüdischer Alltag in Selbstzeugnissen 1933–1938, Frankfurt, New York 1990, S. 62.

19 Klemperer, Victor, LTI, Notizbuch eines Philologen, Leipzig, Reclam Verlag 1975, S. 36.
20 Reichsgesetzblatt, Jg. 1933, Teil I, S. 222 f. in: D. Schmid, G. Schneider, W. Sommer, (Hg.): Juden unterm Hakenkreuz. Dokumente und Berichte zur Verfolgung und Vernichtung durch die Nationalsozialisten 1933-1945, Düsseldorf (1983) S. 79. Vgl. Martin Rüther, Ärztliches Standeswesen, S. 148.
21 Reichsgesetzblatt, Jg. 1933, Teil I, S. 175.
22 Strauss, Herbert A., Wissenschaftler in der Emigration, in: Tröger, Jörg, (Hg.) Hochschule und Wissenschaft im Dritten Reich, Frankfurt, 1986, S. 54, zit. in: Woelk, Wolfgang, Jüdische Ärzte in der Stadt und an der Medizinischen Akademie Düsseldorf im Nationalsozialismus (1933–1938), S. 67 in: Esch, Michael G., Kerstin Griese, Frank Sparing, u. a., Die Medizinische Akademie Düsseldorf im Nationalsozialismus, Essen 1997.
23 Rüther, Martin, Ärztliches Standeswesen, S. 149.
24 Seidler, Eduard, Kinderärzte 1933–1945, entrechtet – geflohen – ermordet, Bonn 2000, S. 15, vgl. Rüther, Martin, Ärztliches Standeswesen…, S. 151.
25 Griese, Kerstin, Wolfgang Woelk, Jüdische Ärztinnen und Ärzte in Düsseldorf und in der Emigration, in: Düwell, Kurt, Angela Genger, Kerstin Griese u. a. (Hg.), Vertreibung jüdischer Künstler und Wissenschaftler aus Düsseldorf 1933-1945, Düsseldorf 1998, S. 180.
26 Rüther, Martin, Ärztliches Standeswesen im Nationalsozialismus, S. 151
27 Aus: „Ring – Blätter"; Februar 1934 (3. Jg., Nr. 1. S. 17) zit. in: Leibfried, Stephan, Florian Tennstedt, Berufsverbote und Sozialpolitik 1933, Arbeitspapiere Forschungsschwerpunkt Reproduktionsrisiken, soziale Bewegungen und Sozialpolitik, 2. Aufl. Februar 1980, Universität Bremen
28 Naor, Neomi, Nika Robrock, Erinnerung, Eine Dokumentation über die Jüdinnen und Juden in Düren von 1933 bis 1945, Düren 1994, S. 208. Vgl. Eppinger, Sven, Das Schicksal der jüdischen Dermatologen Deutschlands in der Zeit des Nationalsozialismus, Frankfurt am Main 2001, S. 157
29 Verordnung über die Zulassung von Ärzten zur Tätigkeit bei den gesetzlichen Krankenkassen, zit. in: Sven Eppinger, Das Schicksal der Jüdischen Dermatologen …, S. 51.

30 StAD, Adressbuch der Stadt Düren für das Jahr 1936/37, S. 287.
31 Kudlien, Fridolf, Ärzte im Nationalsozialismus, Köln 1985, S. 76, zit. in: Friedländer, Saul, S. 247.
32 Plum, Günther, Wirtschaft und Erwerbsleben …, S. 291 f.
33 Rüther, Martin Ärztliches Standeswesen im Nationalsozialismus, S. 152.
34 Wie Anm. 32. vgl. Benz, Wolfgang, Hermann Graml, Hermann Weiß, (Hg.) Enzyklopädie des Nationalsozialismus, dtv, 1997, S. 239.
35 Püschel, Erich, 75 Jahre Kinderheilkunde in Rheinland und Westfalen, Die Geschichte der Vereinigung rheinisch-westfälischer Kinderärzte 1900–1975, Düsseldorf, 1975, S 126 ff.
36 Püschel, 75 Jahre …, S. 138.
37 Seidler, Kinderärzte …, S. 310.
38 Seidler, Kinderärzte …, S. 209 ff.
39 Seidler, Kinderärzte …, S. 218.
40 Jahnke-Nückles, Ute: Die Deutsche Gesellschaft für Kinderheilkunde in der Zeit der Weimarer Republik und des Nationalsozialismus, Med. Diss. Freiburg, 1992
41 Seidler, Eduard, Die Kinderheilkunde und der Staat, in: Monatsschrift für Kinderheilkunde, 1995, Bd. 143, S. 1187.
42 Seidler, Kinderärzte …, S. 32 ff.
43 Thomas Lennert an den Verfasser, 9. 6. 1995.
44 Friedländer, Saul, vgl. Anm. 13, S. 247.
45 Rüther, Martin, Ärztliches Standeswesen im Nationalsozialismus, S. 152
46 Karteikarte des Reichsarztregisters der kassenärztlichen Vereinigung, Bezirksstelle Aachen, Landesstelle Rheinland, Bundesarchiv Berlin, , Kopie 5. 10. 2004
47 Goldschmidt, Fritz, Meine Arbeit bei der Vertretung der Interessen jüdischer Ärzte in Deutschland seit dem Juli 1933, Arbeitsbericht zu verschütteten Alternativen in der Gesundheitspolitik, Hg. Stephan Leibfried, Universität Bremen, Florian Tennstedt, Gesamthochschule Kassel, Bremen 1979, S. 63.
48 Vollnhals, Clemens, Jüdische Selbsthilfe bis 1938, in: Benz, Wolfgang (Hg.), Die Juden in Deutschland …, S. 379
49 Kwiet, Konrad, Nach dem Pogrom: Stufen der Ausgrenzung in: Benz, Wolfgang (Hg.), Die Juden in Deutschland …, S. 548.

50 Stadtarchiv Aachen, Hausbücher Nr. 3730, zit. in: Lepper, Herbert, Von der Emanzipation zum Holocaust, Die israelische Synagogengemeinde zu Aachen 1801–1942, Aachen 1994, S. 1669.
51 Benz, Wolfgang, Hermann Graml, Hermann Weiß, (Hg.) Enzyklopädie des Nationalsozialismus, S. 239.
52 Samuel, Arthur, Mein Leben in Deutschland vor und nach dem 30 Januar 1933, verfasst 1940 als Beitrag zu einem Preisausschreiben der Harvard-Universität, USA, in: Bonner Geschichtsblätter Bd.49/50 Bonn 1999/2000 (2001) S. 445.
53 Friedländer, Saul, vgl. Anm. 13, S. 280.
54 Benz, Wolfgang, (Hg.) Die Juden in Deutschland …, S. 291 f.
55 Schwab, Henry, The Echoes That Remain; A Postal History of the Holocaust, ohne nähere Angaben.
56 Seidler, Eduard, Kinderärzte …, und Eppinger, Sven, Das Schicksal der jüdischen Dermatologen …
57 Rüther, Martin, Ärztliches Standeswesen im Nationalsozialismus, S. 153.
58 Kater, Michael, Die soziale Lage der Ärzte im NS-Staat, in: Ebbinghaus, A. und K. Dörner (Hg.), Vernichten und Heilen, Der Nürnberger Ärzteprozess und seine Folgen, Aufbau-Verlag Berlin 2001, S. 59.
59 Seidler, Eduard, Kinderärzte …, S. 54.
60 Rüther, Martin, Ärztliches Standeswesen …, S. 154 ff.
61 Rüther, Martin, Ärzte im Nationalsozialismus, Neue Forschungen und Erkenntnisse zur Mitgliedschaft in der NSDAP, Deutsches Ärzteblatt, Jg. 98, Heft 49, 7. Dez. 2001, S. C2561.

18 Zeitsprung: Oktober 1998/Mai 2000, Gedenken in Dresden und Jerusalem.

1 Die deutschen Kinderärzte gedenken ihrer verfolgten, aus dem Land getriebenen und ermordeten Kolleginnen und Kollegen 1933-1945, in: Monatsschrift Kinderheilkunde 147. Band, 1999, Suppl. 1, S. 30.
2 Lothar Pelz, Begrüßung und Erklärung, in: Monatsschrift Kinderheilkunde …, S. 17.
3 Seidler, Eduard, Kinderärzte 1933-1945, entrechtet – geflohen – ermordet. Bonn: Bouvier-Verlag 2000.

4   Seidler, Kinderärzte …, S. 366ff.
5   Über die Gründe vgl. Kapitel 26.
6   Vgl. Kapitel 20
7   Dr. Christian Weymann und Prof. Dr. Anton Sutor, Violine, Prof. Dr. Matthias Brandis, Viola, Dr. Eckhart Krumbeck, Violoncello.
8   Seidler, Eduard, Von denen wir wissen und von den anderen, in: Monatsschrift Kinderheilkunde 147. Band, 1999, Suppl. 1, S. 25.
9   Müller, Regina, Um Heimat und Leben gebracht. Zur Geschichte der Juden im alten Landkreis Düren 1830–1945. Düren 1989.
10 Yad Vashem, wörtlich übersetzt: „Denkmal und Name". Das Wort geht zurück auf einen Satz des Propheten Jesaja (56,5): „Ihnen allen errichte ich in meinem Haus und in meinen Mauern ein Denkmal, ich gebe ihnen einen Namen, der mehr wert ist als Söhne und Töchter: Einen ewigen Namen gebe ich ihnen, der niemals getilgt wird.", zit. in: Enzyklopädie des Holocaust, Bd. 3, S. 1616.
11 Werner Lachs ist der Neffe Karl Levens
12 Ebd., S. 1616 ff.

19 Brennende Synagoge. Brennende Praxismöbel.

1   Graml, Hermann, Reichskristallnacht. Antisemitismus und Judenverfolgung im Dritten Reich. München: Deutscher Taschenbuch Verlag. 1988, S. 12 ff.
2   Vgl. Anm. 1, S. 19.
3   Aussage Görings, Trial of the Major War Criminals, XI, S. 276–278, zit. in: Eppinger, Sven: Das Schicksal der jüdischen Dermatologen Deutschlands in der Zeit des Nationalsozialismus, Frankfurt/M. 2001, S. 292.
4   Das Zitat der eidesstattlichen Versicherung, die die Ehefrau des Walter Funk, Luise Funk, am 5. 11. 1945 abgegeben hat, vgl. Raul Hilberg, Die Vernichtung der europäischen Juden, Frankfurt/M. 1990, (3 Bände), Bd. 1, S. 45, zit. in: Eppinger, Sven: Das Schicksal der jüdischen Dermatologen Deutschlands in der Zeit des Nationalsozialismus, Frankfurt/M. 2001, S. 291 f.
5   Titel des gleichnamigen Buches von Robert Gellately,

(Untertitel: Hitler und sein Volk). dva, 2002.
6 Vgl. Anm. 1, S. 34f.
7 Goldhagen, Daniel, Hitlers willige Vollstrecker. Ganz gewöhnliche Deutsche und der Holocaust. Berlin: Wolf Jobst Siedler Verlag, 1996, S. 132.
8 Peter Loewenberg, „The Kristallnacht as a Public Degradation Ritual" in: LBIY 32 (1987), S. 309 ff., zit. in: Friedländer, Saul, Das Dritte Reich und die Juden, Bd. 1, München, Verlag C. H. Beck, 1998, S. 299.
9 Vgl. Anm. 1, S. 35b.
10 Burleigh, Michael, Die Zeit des Nationalsozialismus. Eine Gesamtdarstellung, Frankfurt am Main: S. Fischer Verlag, 2000, S. 383.
11 Wallraff, Horst, Nationalsozialismus in den Kreisen Düren und Jülich. Tradition und „Tausendjähriges Reich" in einer rheinländischen Region 1933–1945. Düren: Hahne & Schloemer, 2000, S. 522.
12 Brocke, Michael (Hg.), Feuer an Dein Heiligtum gelegt, Zerstörte Synagogen 1938 Nordrhein-Westfalen, Bochum, Verlag und Druckkontor Kamp, 1999, S. 128.
13 Naor, Neomi, Nika Robrock, Erinnerung. Eine Dokumentation über die Jüdinnen und Juden in Düren von 1933 bis 1945, Düren: Hahne und Schloemer Verlag, 1994 S. 210.
14 Unterlagen der Kreisverwaltung Düren von 1978. Die Kreisverwaltung hatte zum 40-jährigen Gedenken an den Pogrom Informationen von Zeitzeugen gesammelt. Zit. N. Neomi..., S. 58.
15 Vgl. Anm. 13, S. 60.
16 Brief von Hannelore Blum, der Tochter von Hermann Lichtenstein, vom 20. 3. 1995 aus Montevideo. Dagegen stehen schriftliche Äußerungen von Hermann Coenen v. 13. 10 1993 und Klaus Zeitz vom 11. 11. 1993, die behaupten, die Täter hätten angesichts von Prothese und Orden von der Zertrümmerung des Geschäftes Abstand genommen., vgl. Wallraff, Horst, Nationalsozialismus in den Kreisen Düren und Jülich, S. 521.
17 Vgl. Anm. 13, S. 62.
18 Vgl. Anm. 13, S. 197.
19 Vgl. Anm. 13, S. 24.
20 Schwab, Henry, Echoes That Remain. A Postal History of the

Holocaust, (USA), o. n. A.
21 Eppinger, Sven: Das Schicksal der jüdischen Dermatologen Deutschlands in der Zeit des Nationalsozialismus, Frankfurt/M. 2001, S. 157.
22 Vgl. 11, Anhang 13 f.
23 Aachener Volkszeitung Nr. 258 v. 11. 11. 1978, vgl. Naor, Neomi, Nika Robrock, Erinnerung …, S. 57, (Anonymisierung daselbst)
24 Gellately, Robert, Hingeschaut und Weggesehen. Hitler und sein Volk. Stuttgart/München: DVA, 2002, S. 182.
25 Vgl. Anm. 10, S. 377 ff.
26 Zusammenstellung nach Deportationslisten des Hauptstaatsarchivs Düsseldorfs, Bestand Reg. Aachen 14420, vgl. Naor, Neomi, Nika Robrock, Erinnerung…, S. 64.
27 Vgl. Anm. 13, S. 65, (Verhaftungsliste vom 10. 11. 1938).
28 Alfred Morgenthau, Brief v. 4. 3. 1988, vgl. Anm. 27, S. 64.
29 STAD: HuFP 1954, S. 181: RP 1955, S. 307, vgl. Domsta, Hans J., Helmut Krebs, Anton Krobb, Zeittafel zur Geschichte Dürens 747-1997, Düren 1998, S. 258.
30 StAD: PrZ 481, vgl. Domsta et al., Zeittafel zur Geschichte Dürens, S. 205.
31 Vgl. Anm 13, S. 25.
32 Benz, Wolfgang (Hg.), Die Juden in Deutschland 1933-1945. Leben unter nationalsozialistischer Herrschaft. 4. Aufl. München: C. H. Beck Verlag 1996, S. 749.
33 Vgl. Anm. 32, S. 752.
34 Wie Anm. 31.
35 Vgl. Anm. 10, S. 387.
36 Vgl. Anm. 13, 72f.

20 Emigrieren?

1 Seidler, Eduard, Kinderärzte 1933-1945, entrechtet – geflohen – ermordet, Bonn, Bouvier-Verlag, 2000, S. 66.
2 Werner Lachs, Brief an den Verfasser, 10. Dezember 1999.
3 Kreuter, Maria-Luise, Emigration, in: Wolfgang Benz, Hermann Graml, Hermann Weiß (Hg.) Enzyklopädie des Nationalsozialismus, München dtv 2001, S. 301f.
4 Bericht des Sicherheitsdienstes des Reichsführers SS vom Januar 1937, in: Gutman, Israel u. a. (Hg.): Enzyklopädie des

Holocaust, Die Verfolgung und Ermordung der europäischen Juden, Bd. 1, München Zürich, Piper-Verlag 1998, S. 428.

5 Goebbels, Tagebücher, TT. 1, Bd. 3, S. 55, zit. in Friedländer, Saul: Das Dritte Reich und die Juden, München, Verlag C. H. Beck, 1998, S. 195.

6 Dippel, John V. H., Die große Illusion, Warum deutsche Juden ihre Heimat nicht verlassen wollten, Weinheim und Berlin 1997.

7 Benz, Wolfgang, (Hg.), Die Juden in Deutschland 1933-1945. Leben unter nationalsozialistischer Herrschaft. 4. Aufl. München: C. H. Beck Verlag 1996, S. 740.

8 Benz, Wolfgang, Hermann Graml, Hermann Weiß (Hg.), Enzyklopädie des Nationalsozialismus, München: Deutscher Taschenbuch- Verlag, 1997, S. 668.

9 Westdeutscher Beobachter, Nr. 282/14, 14. Oktober 1938, Lokalteil Düren.

10 Naor, Neomi, Nika Robrock, Erinnerung. Eine Dokumentation über die Jüdinnen und Juden in Düren von 1933 bis 1945, Düren: Hahne und Schloemer Verlag, 1994, S. 105 ff.

11 Enzyklopädie des Holocaust, Israel Gutman (Hg.), Eberhard Jäckel, Peter Longerich, Julius H. Schoeps (Hg. der deutschen Ausgabe), Die Verfolgung und Ermordung der europäischen Juden. 2. Aufl. München Zürich: Serie Piper. 1998, Bd. I, S. 428.

12 Strauss, Herbert A., The Migration of Jews from Nazi Germany, in: Strauss, Herbert A., (Hg), Jewish Immigrants of the Nazi Period in USA, Vol. 1 New-York–München– London–Paris, 1979, S. 14, zit. in: Eppinger, Sven, Das Schicksal der jüdischen Dermatologen Deutschlands in der Zeit des Nationalsozialismus, Frankfurt am Main, 2001 S. 31.

13 Hilberg, Raul, Die Vernichtung der europäischen Juden, Frankfurt am Main, 1990, Bd. 3, S. 1187,

14 Eppinger, Sven, Das Schicksal der jüdischen Dermatologen Deutschlands in der Zeit des Nationalsozialismus, Frankfurt am Main: Mabuse Verlag, 2001, S. 31 (ohne nähere Angaben)

15 Haffner, Sebastian, Germany: Jekyll & Hyde, 1939 – Deutschland von innen betrachtet, München: Droemersche Verlagsanstalt Th. Knaur Nachf. 2001, S. 227.

16 Vgl. Anm. 1, S. 66.

17 Vgl. Anm. 1, S. 366.

18 Smith, Michael, Foley. The Spy who saved 10,000 Jews, London: Coronet Paperback, 1999, S. 159 f.
19 Moll, H., Emigrierte deutsche Pädiater: Albert Eckstein, Werner Solmitz, in: Monatsschr. Kinderheilkd 143 (1995), S. 1204–1207 Springer-Verlag 1995.
20 Ebd.

21 Ausgeraubt und eingekreist. Ein abgelehnter Antrag.

1 Naor, Neomi, Nika Robrock, Erinnerung, Eine Dokumentation über die Jüdinnen und Juden in Düren von 1933 bis 1945, Düren 1994, S. 82.
2 Gutman, Israel, [u.a.] (Hg): Enzyklopädie des Holocaust, Die Verfolgung und Ermordung der europäischen Juden, München Zürich, Piper-Verlag, 1998, (4 Bände) Bd. 1, S. 80.
3 Vgl. die namentliche Auflistung bei Naor, Neomi, Nika Robrock, Erinnerung …, S. 68 ff.
4 Vgl. Anm. 1, S. 100 f.
5 Die Rückriem-Stelen, Zur Erinnerung an die Opfer des Nationalsozialismus in Düren, Düren, Hahne und Schloemer Verlag,1991, S. 31f.
6 Benz, Wolfgang, Hermann Graml, Hermann Weiß (Hg.), Enzyklopädie des Nationalsozialismus, München: Deutscher Taschenbuch-Verlag, 1997, S. 535.
7 Vgl. Anm. 1, S. 206f.
8 Vgl. Anm. 1, S. 101; S. 120; S. 207.
9 Postkarte in Privatbesitz, zit. in: Wallraff, Horst, Nationalsozialismus in den Kreisen Düren und Jülich, Düren, Hahne und Schloemer Verlag, 2002, S. 528.
10 Pracht, Elfi, Jüdisches Kulturerbe in Nordrhein-Westfalen, Teil I, Regierungsbezirk Köln, Köln 1997, S. 93.
11 Vgl. Anm. 1, S. 82.
12 Vgl. Anm. 1, S. 105.
13 Domsta, Hans J., Helmut Krebs, Anton Krobb, Zeittafel.zur Geschichte Dürens 747–1997, Düren 1998, S. 218.
14 StAD, Aus dem Tagebuch von Lambert Derichs, zit. in Domsta Hans J., Düren 1940–1947, Krieg, Zerstörung Neubeginn , Düren 1994, S. 299.
15 Interview Eheleute Düpper, 21. 2. 1996.
16 Domsta, Hans J., Düren 1940–1947. Krieg, Zerstörung

Neubeginn. Düren: Verlag Dürener Geschichtsverein, 1994. S. 407 A. 14, 15. StAD: S1/230.
17 Gemeindearchiv Nörvenich 41-9 (ohne Pag.), Landrat Düren L. I. an Amtsbürgerm. des Kreises, vgl. Wallraff, Horst, Nationalsozialismus in den Kreisen Düren und Jülich, Düren, Hahne und Schloemer Verlag, 2002, S. 528.
18 Vgl. Anm. 5, S. 30.
19 Protokoll Aussage Peter Binz, ehem. Kreisleiter der NSDAP, in: Die Rückriem-Stelen, S. 30.
20 Vgl. Anm. 5, S. 26.
21 Vgl. Kapitel 12.
22 Interview Eheleute Düpper, 21. 02. 1996.
23 Benz, Wolfgang, Die Juden in Deutschland 1933–1945, Leben unter nationalsozialistischer Herrschaft, München, C. H. Beck, 1988, S. 748.
24 Vgl. Interview Eheleute Düpper, 21. 02. 1996.
25 Vgl. Anm. 1, S. 226.
26 Vgl. Anm. 1, S. 102.
27 Vgl. Anm. 5, S. 75 f.
28 Vgl. Anm. 23, S. 750.
29 Vgl. Anm. 23, S. 574.
30 Gruner, Wolf, Der geschlossene Arbeitseinsatz deutscher Juden: Zur Zwangsarbeit als Element der Verfolgung 1938-1943, Berlin 1997, S. 313 in: Robert Gellately, Hingeschaut und weggesehen. Hitler und sein Volk. Stuttgart München, DVA, 2002, S. 186.
31 Bundesarchiv/Militärarchiv RW 20-3/15, Lageberichte der RüIn III Heft 4, 15, 7. 1940 bis 15. 8. 1941, S. 15, in: Benz, Wolfgang, Die Juden in Deutschland …, S. 576.
32 Mündliche Mitteilung, Dr. Norbert Ludwigs, August 1999
33 StAD, Faksimilierter Abdruck in: Regina Müller, Um Heimat und Leben gebracht, Zur Geschichte der Juden im alten Landkreis Düren 1830–1945, Düren, Hahne und Schloemer, 1989, S. 73.
34 QUERSCHNITT 71, Jahrbuch der Evangelischen Gemeinde zu Düren, Hg. Evangelische Gemeinde zu Düren, S. 6
35 Benz, Wolfgang, Enzyklopädie des Nationalsozialismus …, S. 534.
36 Gutman, Israel [u.a.], (Hg.), Enzyklopädie des Holocaust, Die Verfolgung und Ermordung der europäischen Juden, München Zürich, Piper-Verlag, 1998, (4 Bände) Bd. III, S. 1595.

37 Friedländer, Saul, Das Dritte Reich und die Juden, Die Jahre der Verfolgung 1933-1939, München, C. H. Beck, 1998, S. 351.
38 Meldungen aus dem Reich, 24. November 1941, S. 3020–3023, in: Gellately, Robert, Hingeschaut und Weggesehen, Hitler und sein Volk, Stuttgart München, DVA 2002, S. 187.
39 Benz, Wolfgang..., Enzyklopädie des Nationalsozialismus..., S. 534.
40 Richard Gutteridge, Open thy Mouth for the Dump! The German Evangelical Church and the Jews 1879–1950 Oxford 1976, S. 188 ff., in: Friedländer, Saul, Das Dritte Reich und die Juden, S. 319.
41 Am 19. Oktober 1945 tagte in Stuttgart der neu konstituierte Rat der Evangelischen Kirche in Deutschland (EKD) gemeinsam mit Vertretern des Ökumenischen Rates der Kirchen und gestand in der „Stuttgarter Erklärung" eine Mitverantwortung der Evangelischen Kirche ein. Er sprach von einer großen Gemeinschaft der Leiden und einer Solidarität der Schuld und sagte mit großem Schmerz: Durch uns ist unendliches Leid über viele Völker und Länder gebracht worden. Der Rat der EKD klagte sich an, nicht mutiger bekannt, nicht treuer gebetet, nicht fröhlicher geglaubt und nicht brennender geliebt zu haben [Quelle: Asmus, Burkhard (Hg), Holocaust, Der nationalsozialistische Völkermord und die Motive seiner Erinnerung- Ausstellungskatalog, Berlin, DHM, 2002, S. 255.]. Der Rat sprach in der Wir-Form für die Evangelische Kirche in Deutschland. Die Deutschen Christen mit ihrer aktiven Mitwirkung am Nationalsozialismus wurden in der Stuttgarter Erklärung ebenso wenig erwähnt, wie die Euthanasie und die Konzentrationslager. In Gemeindeversammlungen waren die Befürworter dieses Schuldbekenntnisses in der unmittelbaren Nachkriegszeit in der Minderheit, hier fielen Worte wie „Nestbeschmutzung," und „Selbsterniedrigung" (Quelle: Hildegard Hamm-Brücher, Wir waren ein zerstörtes, demoralisiertes Volk, Süddeutsche Zeitung, Nr. 164, S. 17, 19./20. 7. 2003.)
42 Wallraff, Horst, Nationalsozialismus in den Kreisen Düren und Jülich. Tradition und „Tausendjähriges Reich" in einer rheinländischen Region 1933–1945. Düren: Hahne & Schloemer, 2000, S. 324 ff.

43 Vgl. Anm. 42, S. 329.
44 Hauptstadtarchiv Düsseldorf, RAA, PB Nr. 1031, in: Lepper, Herbert, Von der Emanzipation zum Holocaust. Die israelische Synagogengemeinde zu Aachen 1801–1942, Aachen 1994, S. 1186.
45 Interview Dr. Norbert Ludwigs, 13. 01. 1996.
46 Klemperer, Victor, Ich will Zeugnis ablegen bis zum Letzten, Tagebücher 1942–1945, Berlin, Aufbau- Verlag, 1995, Bd. 2, S. 107 f.

22 In Aachen. Eine Geburt. „Man darf als Jude heute nicht krank sein."

1 Interview mit Frau Maria Glombek, 14. 11. 2002.
2 Interview mit Frau Cilli Bongard, geb. Zilken, 6. 1. 1996.
3 Stadtarchiv Aachen, Hausbücher Nr. 3730, in: Lepper, Herbert, Von der Emanzipation bis zum Holocaust, Die israelische Synagogengemeinde zu Aachen 1801–1942, Aachen 1994, Teil II, S. 1669
4 Das Krankenhauswesen der Stadt Aachen in „Festschrift zur 72. Versammlung deutscher Naturforscher und Ärzte" Aachen 1900, zit. in: Begegnungen, Beiträge zum christlich-jüdischen Dialog 1993–2002, Hg. Freundeskreis Christlich-Jüdisches Forum e. V. Aachen 2002, S. 20.
5 Gerhard Ganser, Dorit Felsch, Das Deportationslager am Grünen Weg in Aachen, 1941–1942, vgl. Anm. 4, S. 20 f.
6 Stadtarchiv Aachen, Preuß. Zeit, Amtsbuch-Reg. 1, Nr. 106 (Bl.10), in: Lepper, Herbert, Von der Emanzipation …, S. 1320.
7 Bierganz, Manfred, Annelie Kreutz, Juden in Aachen, Hrsg. von d. Ges. für Christl.-Jüd. Zusammenarbeit Aachen e. V. Aachen 1988, S. 84
8 Vgl. Anm. 7, S. 89, identische Angabe bei Herbert Lepper: Von der Emanzipation bis zum Holocaust …, Teil II, S. 1669.
9 Walk, Das Sonderrecht, S. 230, zit. in: Friedländer, Saul, Das Dritte Reich und die Juden, 1. Band, München 1998, S. 353.
10 Kwiet, Konrad, Nach dem Pogrom: Stufen der Ausgrenzung, in: Benz, Wolfgang, Die Juden in Deutschland 1933–1945, Leben unter nationalsozialistischer Herrschaft, München 1996, S. 599.

11 Ulrich Knipping„ Die Geschichte der Juden in Dortmund während der Zeit des Dritten Reiches, Dortmund 1977, vgl. Anm 10.
12 Ebd.
13 Victor Klemperer, Ich will Zeugnis ablegen bis zum letzten, Tagebücher 1942–1945, Berlin 1995, S. 339, 341 f.
14 Ebd. S. 446.
15 Ebd. S. 455 f.
16 Friedländer Saul, Das Dritte Reich und die Juden, 1. Band, München 1998, S. 166.
17 Mündliche Mitteilung von Sebastian Elverfeld, Aachen, (22. 6. 2002).
18 Stadtarchiv Aachen, Hausbücher Nr. 3730, in: Lepper, Herbert, Von der Emanzipation …, S. 1669.
19 Vgl. Anm. 18, S. 1668.

II TODESSPUR

23 Deportationen.

1 Semprun, Jorge, Der Tote mit meinem Namen, Frankfurt 2002, S. 12.
2 Liefmann, Else, Liefmann Martha, Helle Lichter auf dunklem Grund, Erinnerungen, Bern 1966, in: Seidler, Eduard, Kinderärzte 1933-1945, entrechtet – geflohen – ermordet. Bonn: Bouvier-Verlag 2000, S. 241.
3 Seidler, Eduard, Kinderärzte 1933-1945, S. 126.
4 Adelsberger, Lucie, Auschwitz, Ein Tatsachenbericht, (Hg. Von Eduard Seidler), Bouvier Verlag Bonn, 2001
5 Adelsberger, Lucie, S. 106.
6 Eine Gleichheit des Familiennamens, allerdings mit dem falschen Vornamen Augusta ‚Sara' – Sara war der einzige Vornahme von Karl Levens Mutter und nicht der zusätzliche Zwangsvorname – sowie mit unzutreffendem Geburtsdatum (14. 11. 1878) und falschem Geburtsort (Krefeld) führte zu einer Verwechslung in einer Publikation: [Naor, Neomi, Nika Robrock, Erinnerung. Eine Dokumentation über die Jüdinnen und Juden in Düren von 1933 bis 1945, Düren: Hahne und Schloemer Verlag, 1994 S. 106]. Dort heißt es irr-

tümlich, Karl Levens Mutter habe 1942 vor ihrer Deportation Selbstmord begangen. Tatsächlich beging eine Augusta ‚Sara' Leven in der Grupellostraße in Düsseldorf am 15. Juni 1942 vor dem Abtransport Selbstmord [Corbach, Dieter, 6.00 Uhr ab Messe Köln- Deutz. Deportationen 1938–1945. Köln: Scriba-Verlag, 1994, S. 140]. Dass es sich um eine Verwechslung handelte, erschloss sich erst im Verlaufe meiner Recherchen. Das hatte zur Folge, dass bei meinen ersten Kontakten die beiden in England lebenden Enkel von Sara Leven, noch mit der Suizidversion konfrontiert wurden. Die Korrektur konnte ich erst später anbringen.

7   Ortsangabe laut vorliegender Geburtsurkunde. Eine frühere Angabe „Lendersdorf-Krauthausen" trifft nicht zu (vgl. Müller, Regina, Um Heimat und Leben gebracht, Zur Geschichte der Juden im alten Landkreis Düren 1830–1945, Düren 1989, S. 79). Dieselbe falsche Angabe auch in: Gedenkbuch, Opfer der Verfolgung der Juden unter der nationalsozialistischen Gewaltherrschaft in Deutschland 1933–1945, Koblenz 1986, S. 838) (Hinweis von Kurt Baltus)

8   StAD Düren, Dürener Zeitung, Jg. 58, Nr. 208, 6. 9. 1929.

9   Gedenkbuch, Opfer der Verfolgung der Juden unter der nationalsozialistischen Gewaltherrschaft in Deutschland 1933-1945, Koblenz 1986, S. 838. (künftig: „Gedenkbuch Koblenz")

10 Lambert Derichs, Tagebuch, in: Domsta, Hans J., Düren 1940–1947, Krieg, Zerstörung, Neubeginn, Düren 1994, S. 299.

11 Ich verdanke diese Hinweise, durch die frühere Angaben falsifiziert werden, Kurt Baltus, Düren. Quelle: Terezinska Pametni Kniha/Theresienstaedter Gedenkbuch, Terezinska Inciativa, vol. I–II Melantrich, Praha 1995, vol. III Academia Verlag, Prag 2000

12 „Gedenkbuch Koblenz", S.838.

13 Kurt Baltus, Genealogische Untersuchungen. (unveröffentlicht)

14 Werner Lachs, Brief vom 10. 12. 1999

15 Festschrift des Realgymnasiums Düren 1928.

16 Hamburger jüdische Opfer des Nationalsozialismus, Gedenkbuch, Staatsarchiv Hamburg 1995, S. 235. (künftig: „Gedenkbuch Hamburg")

17 Ebd.

18 „Gedenkbuch Hamburg", S. XVIII f.
19 Asmuss, Burkhard, (Hg. im Auftrag des Deutschen Historischen Museums), Holocaust, Der nationalsozialistische Völkermord und die Motive seiner Erinnerung, Ausstellungskatalog, Berlin 2002, S. 140.
20 „Gedenkbuch Hamburg", S. 235.
21 Lucjan Dobroczyski, The Chronicle of the Lodz Ghetto, 1941–1944, New Haven, London 1984, S. 162, in: Matzerath, Horst, „Gedenkbuch Köln", S. 548.
22 Reitlinger, Gerald, Die Endlösung. Hitlers Versuch der Ausrottung der Juden Europas 1939–1945, Berlin 1979, S. 101, in: Matzerath, „Gedenkbuch Köln", S. 548.
23 Matzerath, „Gedenkbuch Köln", S. 549.
24 „Gedenkbuch Koblenz" S. 838.
25 „Gedenkbuch Köln", S. 403.
26 Nachweis des Verwandtschaftsverhältnisses durch genealogische Untersuchungen von Kurt Baltus (unveröffentlicht)
27 Ergebnisse der Recherchen von Walter Fritz (Hannover). Zu dieser Deportation vgl. Corbach, Dieter „Von Deutz aus in den Tod", in: Kölner Stadt-Anzeiger, Nr. 166 v. 20. 7. 1992, S. 7, zit. in: „Gedenkbuch Köln", S. 541.
28 Justiz und NS-Verbrechen. Sammlung deutscher Strafurteile wegen nationalsozialistischer Tötungsverbrechen 1945-1966, Amsterdam 1974, Bd. XIX, S. 192 ff., in: Matzerath, Horst, „Gedenkbuch Köln", S. 550.
29 Ebd., vgl. Gerlach, Christian, Kalkulierte Morde, Die deutsche Wirtschafts- und Vernichtungspolitik in Weißrußland 1941 bis 1944, Hamburg 1999, S. 766. Fußnote 1445: ‚In Wahrheit war der Gastod außerordentlich qualvoll.'
30 Gerlach, Christian, Kalkulierte Morde, Vgl. Matzerath Horst „Gedenkbuch Köln", S. 704.
31 Standesamt Düren 1854, Nr. 87, Auskunft von Friedel Gaspers, Stadtarchiv Düren.
32 StAD Düren, Dürener Zeitung, Jg. 58, Nr. 208, 6. 9. 1929.
33 Werner Lachs, Brief an den Verf. vom 10. Dezember 1999.
34 Angaben aus dem „Gedenkbuch Theresienstadt" s. www.yadvashem-org
35 Andreas Anthepoth, Brief vom 17. Oktober 1981, StAD. Düren, AZ 41004.4, mitgeteilt von Friedel Gaspers.
36 „Gedenkbuch Koblenz" S. 838.
37 Mündliche Angabe von Werner Lachs

38 Wie Anm. 14.
39 Ebd.
40 Mündliche Auskunft Werner Lachs, 28. 8. 2002. Quelle bezüglich des Todesdatums: Lodz Names – List of the ghetto inhabitants 1940-1944, Yad Vashem and the Organization of former residents of Lodz in Israel, Jerusalem 1994
41 Müller, Regina, Um Heimat und Leben gebracht, S. 123 f.
42 Ebd., vgl. auch Naor, Neomi, Nika Robrock, Erinnerung. Eine Dokumentation über die Jüdinnen und Juden in Düren von 1933 bis 1945, S. 200.
43 Wie Anm. 10
44 Ebd. Vgl. dagegen Gerlach, Christian, Kalkulierte Morde …, S. 758: In einer Auflistung der Deportationstransporte aus Deutschland, Österreich und ‚Protektorat' ins Generalkommissariat Weißruthenien 1942 ist der 20. Juli 1942 als einziges Datum eines Transportes aus Westdeutschland dokumentiert. Eine Unvollständigkeit der Liste ist nicht auszuschließen.
45 Naor, Neomi, Nika Robrock, Erinnerung, S. 105.
46 Wie Anm. 10
47 Gerlach, Christian, Kalkulierte Morde, S. 756f.
48 Wallraff, Horst, Nationalsozialismus in den Kreisen Düren und Jülich, Düren 2000, S. 530.
49 Wie Anm. 10.
50 Ebd.
51 Privatarchiv Werner Lachs, Prestwich.

24 Sonderzug DA 22.

1 Deportationsliste des Polizeipräsidiums Aachen, in: Bierganz, Manfred, Annelie Kreutz, Juden in Aachen, Aachen, Alano-Verlag, 1988, S. 93. Das Kürzel „DA" war ein Code für Deportationszüge. Es steht für „Da(vids)züge" (Judenzüge) Quelle: Schelvis, Jules, Vernichtungslager Sobibor. Berlin: Metropol Verlag, 1998, S. 72
2 Corbach, Dieter, 6.00 Uhr ab Messe Köln-Deutz, Deportationen 1938–1945, Köln 1999 S. 136.
3 Arolsen, Archivaliensammlung; HstAD, Mikrofilm A 28, (künftig: „Arolsen") zit. in: Lepper, Herbert (Bearb.), Von der Emanzipation zum Holocaust, Die Israelitische Synagogen-

gemeinde zu Aachen 1801–1942, Bd. II, Aachen, Verlag der Mayerschen Buchhandlung, 1994, S. 1342 ff. Vgl. auch Dieter Corbach... S. 133 ff.
4   HstAD, Gestapoakten (ohne nähere Angaben), in: Corbach, Dieter, , 6.00 Uhr ab Messe Köln-Deutz, S. 135.
5   Ebd.
6   Ebd.
7   „Arolsen" in: Lepper, Herbert (Bearb.), Von der Emanzipation zum Holocaust, S. 1342f.
8   Den Hinweis verdanke ich dem Historiker Peter Witte.
9   „Arolsen", Abdruck in: Faust, Anselm (Hg.), Die Kristallnacht im Rheinland, Düsseldorf 1987, S. 207–208,
10 Ebd.
11 AZ -II B 3-4/42 g s. „Arolsen", Vgl. Anm. 7, S. 1347.
12 Vgl. Anm. 2, S. 139.
13 Schabow, Dietrich, Zur Geschichte der Juden von Bendorf, Bendorf 1979, vgl. Anm. 2, S. 139.
14 Benz, Wolfgang, Hermann Graml, Hermann Weiß (Hg), Enzyklopädie des Nationalsozialismus, München: Deutscher Taschenbuch-Verlag, 1997. S. 417.
15 „Arolsen", Richtlinien des RSHA Berlin – IV B 4 a 2093/42g (391) zur technischen Durchführung der Evakuierung von Juden nach dem Osten (Izbica bei Lublin) in: Lepper, Herbert, Von der Emanzipation zum Holocaust, S. 1343 ff.
16 Bierganz Manfred, Annelie Kreutz, Juden in Aachen, S. 85.
17 Wie Anm. 15
18 Stadtarchiv Aachen, Hausbücher Nr. 3730, in: Lepper, Von der Emanzipation... S. 1667.
19 Wie Anm. 16
20 Wie Anm. 15
21 Stadtarchiv Aachen, Hausbücher Nr. 3730, in: Lepper, Von der Emanzipation..., S. 1669.
22 Ebd.
23 Bierganz, Manfred, Annelie Kreutz, Juden in Aachen, S. 93.
24 Gedenkbuch, Opfer der Verfolgung der Juden unter der nationalsozialistischen Gewaltherrschaft in Deutschland 1933–1945, Koblenz 1986, S. 846.
25 Ebd. S. 838.
26 Vgl. Anm. 23, S. 102.
27 „Arolsen" Telegramm Nr. 2579 v. 15. 6. 42, 1.30 Uhr, in: Lepper, Von der Emanzipation..., S. 1348f.

28 HstAD, RW 18, Nr. 18 (Bll. 48–49), Masch. Vervielfältigung, Abdruck in: Mommsen, H. u. S. Willems (Hg.), Herrschaftsalltag im Dritten Reich. Studien und Texte, Düsseldorf 1988, S. 480–482, in: Lepper, Von der Emanzipation …, S. 1345 f.
29 Schweizerisches Bundesarchiv Bern (SBAB), 2300 Köln 6; Bericht v. 24. 6. 42, zit. in: Matzerath, Horst, Der Weg der Kölner Juden in den Holocaust: Versuch einer Rekonstruktion, in: Die jüdischen Opfer des Nationalsozialismus aus Köln. Gedenkbuch, Köln, Weimar, Wien 1995, S. 539.
30 Ebd.
31 Matzerath, Der Weg der Kölner Juden …, S. 538.
32 Vgl. Anm. 2, S. 192.
33 Staatspolizeistelle Düsseldorf II B 4/226/42g an RSHA Referat IV B 4, Berlin vom 18. Juni 1942, faksimiliertes Telegramm in: Bierganz, Manfred, Annelie Kreutz, Juden in Aachen, S. 112.
34 Naor, Neomi, Nika Robrock, Erinnerung, Eine Dokumentation über die Jüdinnen und Juden in Düren von 1933 bis 1945, Düren 1994, S. 106.
35 „Arolsen", Telegramm Nr. 2579 v. 15. 6. 42, 1.30 Uhr, in Lepper, Von der Emanzipation …, S. 1348 f.
36 Vgl. Anm. 2, innere Umschlagseite, ohne Paginierung.
37 Am 15. Juni 1942, einem Montag, wurden morgens um 8 Uhr in den Städten, die an der Strecke des Zuglaufes lagen, folgende Temperaturen gemessen: Aachen 9°, Essen 10°, Hannover 10°, Berlin 13°. Am 16. Juni, 8 Uhr, lag die Temperatur in Warschau bei 15°, am 17. Juni, 8 Uhr, in Lublin bei 11°. Angaben des Deutschen Reichswetterdienstes, herausgegeben von der Deutschen Seewarte. (Für die Überlassung der Daten danke ich Dr. Eckart Schultz, Deutscher Wetterdienst Freiburg.)
38 Peter Witte, mündliche Mitteilung.
39 Forschungsergebnisse von Robert Kuwalek, Historiker an der Gedenkstätte Majdanek, z. T. in polnischer Sprache publiziert, z. T. noch unveröffentlicht, schriftl. Mitteilung (7. 12. 2002).
40 Peter Witte, mündliche Mitteilung.
41 Vgl. Anm 14, S. 918.
42 Archiv des Staatlichen Museums Majdanek, Lublin; Schriftliche Mitteilung von Robert Kuwalek, (25. 11. 2002)
43 Vgl. Anm. 34, S. 184.(Der Verfasser wohnt seit drei Jahrzehnten in der Nähe des ehemaligen Wohnhauses der

Familie Berlin. Bei seinen Recherchen 2002 hat er von dem Schicksal von Max Berlin erfahren. Bis zu diesem Zeitpunkt war über den Verbleib Max Berlins nichts bekannt.)
44 Beide sind in der Deportationsliste aus Bendorf-Sayn aufgeführt:vgl. Dokumentation zur Geschichte der jüdischen Bevölkerung in Rheinland-Pfalz und im Saarland von 1800–1945, Hg.: Landesarchivverwaltung Rheinland-Pfalz in Verbindung mit dem Landesarchiv Saarbrücken, Koblenz 1974, S. 277. Über die Todestage: unveröffentlichte Untersuchung von Peter Witte, schriftliche Mitteilung (7. 12. 2002).
45 Bericht des Transportführers Josef Frischmann aus Wien, faksimilierter Abdruck in: Schelvis, Jules, Vernichtungslager Sobibor, Berlin 1998, S. 70.
46 Ebd.

25 Izbica. Sobibor.

1 Justiz und NS-Verbrechen, Sammlung deutscher Strafurteile wegen nationalsozialistischer Tötungsverbrechen 1945-1966, Amsterdam 1972, Bd. IX, S. 622 f. Initialisierung des Namens im Original. Eine vergleichbare Schilderung findet sich auch bei Blatt, Thomas Toivi, vgl. Anm. 3.
2 Gutman, Israel, (Hauptherausgeber), Eberhard Jäckel, Peter Longerich, Julius H. Schoeps (Hg. Der deutschen Ausgabe), Enzyklopädie des Holocaust, Die Verfolgung und Ermordung der europäischen Juden, München Zürich 2. Aufl. 1998, Bd. 1, S. 14 f. und S. 511. Es gibt zwei Schreibweisen: „Reinhardt" und „Reinhard": Fritz Reinhardt hieß ein Staatssekretär im Reichsfinanzministerium, das die Vermögenswerte der ermordeten Juden übernahm, während „Reinhard" auf Reinhard Heydrich, den Leiter des RSHA verweist, der am 4. Juni 1942 seinen Verletzungen nach einem Attentat in Prag erlegen war.
3 Blatt, Thomas T., Nur die Schatten bleiben. Der Aufstand im Vernichtungslager Sobibor, Berlin 2000
4 Kuwalek, Robert, Historiker an der Gedenkstätte Majdanek, Vortrag: Transit-Ghettos in Distrikt Lublin (Izbica, Piaski, Rejowiec, Trawniki) bei der Konferenz „Aktion Reinhardt"; 07.–09. November 2002, Lublin, Abstract.
5 Max Kirnberger, mehrere Fotografien aus Izbica aus dem

Jahr 1941 wurden mir freundlicherweise vom Deutschen Historischen Museum Berlin zu Verfügung gestellt.
6   Encyclopaedia Judaica, Bd. 9, S. 1158.
7   Wie Anm. 3, S. 15.
8   „Stichwort Izbica" vgl. www.ns-gedenkstätten.de
9   Wie Anm. 4.
10 Reitlinger, Gerald, Die Endlösung, Hitlers Versuch der Ausrottung der Juden Europas 1939–1945, Berlin 1979, S. 281.
11 Mündliche Mitteilung von Peter Witte.
12 Vgl. Anm. 10, S. 282.
13 Eine kurze Übersicht über die Verhältnisse in Izbica in dieser Zeit findet sich im Internet: www.ns-gedenkstätten.de. „Stichwort Izbica" Hier werden auch die Quellen für die statistischen Angaben zitiert: Thomas Toivi Blatt, From the Ashes of Sobibor. A Story of Survival, Evanston 1997, S. 19, 25, 40. deutsche Ausgabe: vgl. Anm. 3; Enzyklopädie des Holocaust. S. 1054; Kruglov, Die Deportation deutscher Bürger jüdischer Herkunft durch die Faschisten in den Osten 1940 bis 1945, S. 1084–1091, in: Zeitschrift für Geschichtswissenschaft, Bd. 32, 1984, S. 1088 f.; Faschismus – Getto – Massenmord. Dokumentation über Ausrottung und Widerstand der Juden in Polen während des Zweiten Weltkrieges, hg. v. Jüdischen Historischen Institut Warschau, Berlin 1061, S. 275. Eine vergleichende Analyse der Angaben würde über den Rahmen dieser Studie hinausgehen.
14 vgl. Anm. 13, „Stichwort Izbica" .
15 Angabe von Peter Witte in „Stichwort Izbica" .
16 Schelvis, Jules, Vernichtungslager Sobibor. Berlin: Metropol Verlag, 1998 S. 284, 288 und 293.
17 Vgl. Anm 13, Blatt, Thomas Toivi, From the Ashes …, S. 19, 25, 40.
18 Vgl. Anm. 1
19 Roseman, Marc, In einem unbewachten Augenblick. Eine Frau überlebt im Untergrund, Berlin 2002, S. 230.
20 Gilbert, Martin, Holocaust Journey, Travelling in Search of the Past, Columbia University Press, New York 1997, S. 229. Näheres bei Blatt, Nur die Schatten bleiben …, an mehreren Stellen.
21 Nestler, Peter, Die Verwandlung des früheren Nachbarn, Fernsehproduktion „Kintopp HB/ZDF" 2002, sowie: Gilbert, Martin, Holocaust Journey, S. 237.

22 Wood, E. Thomas, Janowski, Stanislaw M., Einer gegen den Holocaust, Als Kurier in geheimer Mission, Gerlingen 1997, S. 165 f.
23 Vgl. Anm. 1
24 Mündliche Hinweise von Peter Witte, unveröffentlichte Untersuchungen.
25 Vgl. Anm. 19, S. 184.
26 Über eine Begegnung mit dem Kinderarzt Leven aus Düren, die unter der Voraussetzung, dass Familie Leven Izbica erreicht hätte, nicht ausgeschlossen gewesen wäre, wird von Ernst Krombach nichts erwähnt.
27 Vgl. Anm. 19, S. 227-246f.
28 Ebd.
29 Enzyklopädie des Holocaust, Israel Gutman (Hg.), Eberhard Jäckel, Peter Longerich, Julius H. Schoeps (Hg. der deutschen Ausgabe), Die Verfolgung und Ermordung der europäischen Juden. 2. Aufl. München Zürich: Serie Piper. 1998, Bd. 1, S. 179.
30 Enzyklopädie des Holocaust, Bd. 3, S. 1333.
31 Dokumentation zur Geschichte der jüdischen Bevölkerung in Rheinland-Pfalz und im Saarland von 1800–1945, Hg.: Landesarchivverwaltung Rheinland-Pfalz in Verbindung mit dem Landesarchiv Saarbrücken, Koblenz 1974, S. 274–280.
32 Vgl. Anm. 3, S. 323.
33 Hinweis von Peter Witte, der den Hagener Prozess im Gerichtssaal verfolgt hat.
34 Mündliche Mitteilung von Patricia Heberer, Center for Advanced Holocaust Studies am United States Holocaust Memorial Museum, Washington. Die gesetzliche Grundlage war der Erlass des Reichsministers des Inneren vom 12. 12. 1940, der die Separierung und Verlegung jüdischer Geisteskranker in die jüdische Heil- und Pflegeanstalt Bendorf-Sayn anordnete, da „ein derartiges Zusammenwohnen Deutscher mit Juden auf die Dauer nicht tragbar" sei. Die in der Deportationsliste registrierten Geburtsorte der jüdischen Patienten waren in ganz Deutschland verstreut. Vgl. dazu auch Kapitel 23.
35 Hinweis von Peter Witte.
36 Die Bahnfahrt zwischen Lublin und Sobibor berührte die Orte: Swidnik, Minkowice, Dominow, Jaszczow, Trawniki,

Biskupice, Kanie, Rejowiec, Zawadowska, Chelm, Ruda Huta, Uhrusk, Wola Uhruska. Für die Strecke konnte man mit den vielen kriegsbedingten Unterbrechungen durchaus 10 Stunden ansetzen. Sie ist heute in rund zwei Stunden zurückzulegen. (Persönliche Mitteilung von Robert Kuwalek)

37 Vgl. Anm. 4,
38 Kuwalek, Robert, Schriftl. Mitteilung an den Verfasser, 30. 11. 2002.
39 SBAB Bern, 2300 Köln 6; Bericht v. 24. 6. 1942, zit in: Matzerath, Horst, Der Weg der Kölner Juden in den Holocaust: Versuch einer Rekonstruktion, in: Die jüdischen Opfer des Nationalsozialismus aus Köln. Gedenkbuch, Köln, Weimar, Wien 1995, S. 539. Vgl. auch Kapitel 23.
40 Bericht des Transportführers Josef Frischmann aus Wien, faksimilierter Abdruck in: Schelvis, Jules, Vnichtungslager Sobibor, S. 70.
41 Kuwalek, Robert, Brief an den Verfasser, 24. 12. 2002.
42 Bei dem SS-Angehörigen handelte es sich um Karl August Wilhelm Frenzel, Aussage des Überlebenden Abraham Margulies am 18. November 1965 im Sobibor-Prozess in Hagen StA.Do-November 65–590. zit. in Schelvis, Jules, Vernichtungslager Sobibor, S. 76. Ausführliche Darstellung der Vorgänge in Sobibor in Schelvis' detailreicher Monografie. Einige weitere nicht mit Quellen belegte Angaben über Sobibor sind Schelvis' Buch entnommen.
43 Enzyklopädie des Holocaust, Bd. 3, S. 1333.
44 Vgl. Anm. 16, S. 84, S. 95.
45 Bauer am 6. Oktober 1965 in Hagen. StADo-Okt., '66–185 in: Schelvis, Vernichtungslager …, S. 78.
46 Vgl. Anm. 16, S. 76ff.
47 Peter Witte, Functioning of the Death Camps in Belzec and Sobibor, Abstract, Vortrag am 7. 11. 02 Lublin, Internationale Konferenz „Aktion Reinhardt"
48 Enzyklopädie des Holocaust, Bd. 3, S. 1330 ff.
49 Vgl. Anm. 16, S. 132f.
50 The Holocaust. The Holocaust Exhibition at the Imperial War Museum, Katalog S. 39, 40, London 2002.
51 Angaben von PeterWitte, in: Schelvis, Jules, Vernichtungslager Sobibor, S. 280.
52 Enzyklopädie des Holocaust, Bd. 3, S. 1334.

III HINTERGRÜNDE

26 Kinderheilkunde – ein spezieller Blick zurück.

1 Das Kapitel stützt sich in weiten Teilen auf die grundlegenden Untersuchungen des Freiburger Medizinhistorikers und Kinderarztes Eduard Seidler.
2 Eduard Seidler, Die Kinderheilkunde in Deutschland, in: Paul Schweier, Eduard Seidler, (Hg.), Lebendige Pädiatrie, Hans Marseille Verlag, München, 1985, S. 13 ff.
3 Eduard Seidler, Über den Anteil jüdischer Kinderärzte an der Entwicklung einer Sozialen Pädiatrie, in: Albrecht Scholz, Caris-Petra Heidel (Hg.), Sozialpolitik und Judentum, Dresden, Union Druckerei Dresden , 2000, S. 76 ff.
4 Eduard Seidler, Die Kinderheilkunde und der Staat, in: Monatsschrift für Kinderheilkunde, 1995, Bd. 143, S. 1184–1191 sowie: Erich Püschel, 75 Jahre Kinderheilkunde in Rheinland und Westfalen, Die Geschichte der Vereinigung rheinisch-westfälischer Kinderärzte 1900–1975, Düsseldorf, 1975, S. 1–8
5 Vgl. Anm. 4, S. 1184.
6 Ebd.
7 Werner Friedrich Kümmel, Einführung in das Tagungsthema, in: Scholz, Albrecht, Caris-Petra Heidel, (Hg.), Sozialpolitik und Judentum, Union Druckerei, Dresden 2000, S. 5.
8 Vgl. Anm. 3.
9 Eduard Seidler, Kinderärzte 1933–1945, entrechtet – geflohen – ermordet, Bonn 2000, S. 15 ff.
10 Vgl. Anm. 9, S. 214 ff.
11 Vgl. Anm. 3, S. 78 ff.
12 Vgl. Anm. 9, S. 28.
13 Doerry, Martin, „Mein verwundetes Herz". Das Leben der Lilli Jahn 1900–1944. Stuttgart-München: Deutsche Verlags-Anstalt 2002, S. 38.
14 Vgl. Anm. 3, S. 83.
15 Baten, Jörg, Andrea Wagner, Health under National Socialism: The Mortality and Nutritional Crisis in Germany 1933-38, in: Economics and Human Biology, o. n. A., zit. in: DER SPIEGEL, 2/2003, S. 117.
16 Vgl. Anm. 9, S. 45 ff.
17 Vgl. Anm. 9, S. 47.

18 Vgl. Anm. 3, S. 78 ff.
19 Vgl. Anm. 9, S. 17.
20 Hammerstein, Notker, Antisemitismus und deutsche Universitäten 1871–1933, Franfurt/New York, Campus Verlag 1995, zit. in Eduard Seidler, Kinderärzte 1933–1945, entrechtet – geflohen – ermordet, Bonn 2000, S. 20.
21 Vgl. Anm. 4, S. 1185.
22 Vgl. Anm. 2, S. 40.

27 NS-Ideologie und Medizin.

1 Vasold, Manfred, Medizin, in: Benz, Wolfgang, Hermann Graml, Hermann Weiß, (Hg.), Enzyklopädie des Nationalsozialismus, 4. Aufl., München, dtv, 2001, S. 236.
2 Klee, Ernst, „Euthanasie" im NS-Staat, Die „Vernichtung lebensunwerten Lebens", Frankfurt, Fischer Taschenbuch Verlag 1985, S. 25.
3 Wolff, Eberhard, Mehr als nur materielle Interessen: Die organisierte Ärzteschaft im Ersten Weltkrieg und in der Weimarer Republik 1914–1933, in: Jütte, Robert, (Hg.), Geschichte der deutschen Ärzteschaft, Deutscher Ärzteverlag Köln, 1997, S. 140.
4 Wie Anm. 1, S. 240 f.
5 Franke, Klaus, Reine Rasse, in: Die Gegenwart der Vergangenheit, SPIEGEL spezial, Nr. 1/2001, S. 135.
6 Kampf und Gefahr 5 (1938), zit. in: Rüther, Martin, Ärztliches Standeswesen im Nationalsozialismus 1933–1945 in: Jütte, Robert, (Hg.), Geschichte der deutschen Ärzteschaft, Deutscher Ärzteverlag Köln, 1997 S. 170.
7 Wie Anm. 4, S. 240.
8 Kötschau, Karl, Münchener Medizinische Wochenschrift, 20. September 1935, in: Klee, Ernst, Deutsche Medizin im Dritten Reich, Karrieren vor und nach 1945, S. Fischer Verlag, Frankfurt, 2001, S. 324.
9 Seidler, Eduard, Kinderärzte 1933–1945, entrechtet – geflohen – ermordet, Bonn, Bouvier Verlag, 2000, S. 75.
10 Seidler, Eduard, Die Kinderheilkunde und der Staat, in: Monatsschrift für Kinderheilkunde, 1995, Bd. 143, S. 1188.
11 Klee, Ernst, Deutsche Medizin im Dritten Reich, Karrieren vor und nach 1945, S. Fischer Verlag, Frankfurt, 2001, S. 320.

12 Joppich, Gerhard, Konstitution und Konstitutionsanomalien, Erbpflege und Erbkrankheiten im Kindes- und Jugendalter, in: Hördemann R, Joppich G (Hg) Die Gesundheitsführung der Jugend. Lehmann, München Berlin, 1939, S 39–59, zit. in: Seidler, Eduard, Die Kinderheilkunde und der Staat, S. 1188 .
13 Klee, Ernst, Was sie taten – Was sie wurden, Ärzte, Juristen und andere Beteiligte am Kranken- oder Judenmord, Fischer Taschenbuch Verlag, Frankfurt, 1986, S. 139 ff.
14 Vgl. Anm. 2, S. 79.
15 Vgl. Anm. 13.
16 Verhandlg. Dt. Ges. f. Kinderheilkd., 1936, S. 3–8, in: Seidler, Eduard, Die Kinderheilkunde. u. d. Staat, S. 1188.
17 Hofmeier, Kurt, Denkschrift an Reichsärzteführer Wagner vom 16. 6. 1937, Archiv d, Dt. Ges. f. Kinderheilkunde 11, vgl. Anm. 16.
18 Vgl. Anm. 10.
19 Vgl. Anm. 3, S. 141
20 Rüther, Martin, Ärztliches Standeswesen im Nationalsozialismus 1933–1945 in: Jütte, Robert, (Hg.), Geschichte der deutschen Ärzteschaft, Deutscher Ärzteverlag Köln, 1997 S. 168 ff.
21 Reeg, Peter, „Deine Ehre ist die Leistung…" – Auslese und Ausmerze durch Arbeits- und Leistungs-Medizin im Nationalsozialismus, in: Bleker, Johanna, Norbert Jachertz (Hg), Medizin im „Dritten Reich", Köln, Deutscher Ärzte-Verlag 1993, S.192f.
22 Vgl. Anm. 20, S 172.
23 Vgl. Anm. 1, S. 241.
24 Ramm, Rudolf, Ärztliche Rechts- und Standeskunde: Der Arzt als Gesundheitserzieher, 2. Aufl., Berlin 1943, S. iv 43, 79–80, 101, 135, 154–156, in: Lifton, Robert Jay, Ärzte im Dritten Reich, Ullstein Buchverlage Berlin, 1998, S 54.
25 Hamburger, Franz, Wien. Klin. Wochenschr., Bd. 52, 1939, H. 6, S. 133-138, in: Seidler, Eduard, Kinderärzte …, S. 61.
26 Bauer, Erwin u. a., Grundriß der menschlichen Erblichkeitslehre und Rassenhygiene, München, 1923.
27 Wippermann, Wolfgang, Ideologie, in: Benz, Wolfgang, Hermann Graml, Hermann Weiß, (Hg.), Enzyklopädie des Nationalsozialismus, S. 12f.
28 Vgl. Anm. 5.
29 Vgl. Anm. 27, S. 14.

30 Lifton, Robert Jay, Ärzte im Dritten Reich, Ullstein Buchverlage Berlin, 1998, S 54.
31 Hitler, Mein Kampf, Bd. 1, S. 446 f. zit. in: Alfons Labisch, Der Gesundheitsbegriff Adolf Hitlers – zur inneren Rationalität nationalsozialistischer Gesundheitsgesetzgebung. In: Nach Hadamar, Sonderdruck, Paderborn 1993.
32 Joachim Mrugowsky, Einleitung, in: Christoph Wilhelm Hufeland, Das ärztliche Ethos ... , München und Berlin 1939, S. 9ff zit. in: Lifton, Robert Jay: Ärzte im Dritten Reich, S. 54.
33 Adolf Hitler, Reden, Schriften, Anordnungen, hg. vom Institut f. Zeitgeschichte München/London/New York/Paris, 1992–1998, Bd. 3, Teilbd. 2, S. 348, zit. in: Ian Kershaw, Hitler, 1936–1945, S. 352. Andere Autoren datieren dieses Hitlerzitat auf den NSDAP-Parteitag des Jahres 1929, z. B. Manfred Vasold, vgl. Enzyklopädie des Nationalsozialismus, wie Anm. 1, S. 237, und Michael Burleigh, Die Zeit des Nationalsozialismus, Eine Gesamtdarstellung, Frankfurt, S. Fischer Verlag, 2000, S. 441, der sich auf die Quelle: Adolf Hitler, Appell an die deutsche Kraft, Völkischer Beobachter (Bayernausgabe), 7. 8. 1929, stützt.
34 Franke, Klaus, Reine Rasse, in: Die Gegenwart der Vergangenheit, SPIEGEL spezial, Nr. 1/2001, S. 241.

28 Die Folgen. Ärztlicher Alltag?

1 Wippermann, Wolfgang, Ideologie, in: Benz, Wolfgang, Hermann Graml, Hermann Weiß, Enzyklopädie des Nationalsozialismus, München: Deutscher Taschenbuch-Verlag, 1997 S. 14.
2 Stuckart, W., R. Schiedermair, Rassen- und Erbpflege in der Gesetzgebung des Dritten Reiches, zit. in: Hamid Moghareh-Abed, Rassenhygiene/Eugenik, in: Wolfgang Michalka, (Hg.), Der Zweite Weltkrieg, Piper, München Zürich 1989, S. 806.
3 Vasold, Manfred, Medizin, in: Benz, Wolfgang, Hermann Graml, Hermann Weiß, Enzyklopädie des Nationalsozialismus, S. 243.
4 Wallraff, Horst, Nationalsozialismus in den Kreisen Düren und Jülich, Tradition und „Tausendjähriges Reich" in einer rheinländischen Region 1933–1945, Düren, 2000, S. 482.

5 Hirsch, Kurt, Vom „Gnadentod" des Dritten Reiches zur restaurativen Einschläferung in der Bundesrepublik, in: Blätter für deutsche und internationale Politik, Heft 1, 1960, S. 16, in: Klee, Ernst, „Euthanasie" im NS-Staat, Die „Vernichtung lebensunwerten Lebens", Fischer Taschenbuch Verlag, Frankfurt, 1985, S. 53.
6 Aussage Dr. Karl Brandt in Prozess I, abgedruckt in : Alexander Mitscherlich und Fred Mielke, Wissenschaft ohne Menschlichkeit, Heidelberg 1949, S. 176, zit. in: Reitlinger, Gerald, Die Endlösung, Hitlers Versuch der Ausrottung der Juden Europas 1939–1945, Berlin 1979, S. 140.
7 Wie Anm. 3, S. 246 f.
8 Klee, Ernst „Euthanasie" im NS-Staat, Die „Vernichtung lebensunwerten Lebens", Fischer Taschenbuch Verlag, Frankfurt, 1985, S. 79.
9 Wie Anm. 8, S. 379.
10 Wie Anm. 8, S. 297.
11 Aussage Catels vom 17. 5. 1962 vor dem UR beim LG Hannover (UR3/62), zit. in. Ernst Klee, Was sie taten- was sie wurden, Ärzte, Juristen und andere Beteiligte am Kranken- oder Judenmord, Fischer Taschenbuch Verlag, Frankfurt, 1986, S. 139.
12 Seidler, Eduard, Kinderärzte 1933–1945, entrechtet – geflohen – ermordet, Bonn, 2000, S. 45.
13 Bericht der „Kommission Kinderklinik Jussuf Ibrahim" der Friedrich-Schiller-Universität Jena zur Untersuchung der Beteiligung Prof. Dr. Jussuf Ibrahims an der Vernichtung „lebensunwerten Lebens" während der NS-Zeit vom 25. April 2000, www.verwaltung.uni-jena.de/oeff/ibrahim.
14 Seidler, Eduard, Die Pädiatrie in Deutschland, in: Schweier, Paul, Eduard Seidler (Hg.), Lebendige Pädiatrie, Hans Marseille Verlag, München, 1983, S. 72.
15 Kershaw, Ian, Hitler 1936–1945, Stuttgart: Deutsche Verlags-Anstalt, 2000, S. 358.
16 Vgl. Anm. 12, S. 45.
17 Rüther, Martin, Ärztliches Standeswesen im Nationalsozialismus 1933-1945, in: Jütte, Robert, (Hg.) Geschichte der deutschen Ärzteschaft, Köln, 1997, S. 180,
18 Wie Anm. 16
19 Klee, Ernst, Was sie taten – was sie wurden, „Die Bilanz", ohne Pag.

20 Benz, Wolfgang, Hermann Graml, Hermann Weiß, Enzyklopädie des Nationalsozialismus, München: Deutscher Taschenbuch-Verlag, 1997, S. 355
21 Hauptstaatsarchiv Düsseldorf, RW 58-17505, vgl. Peter Dohms, (Bearb.)Flugschriften in Gestapoakten…, Siegburg 1977, in: Wallraff, Horst, Nationalsozialismus …, S. 474.
22 Archiv des Landschaftsverbandes Rheinland, Nr. 14295 II, Pag. 108f., Nr. 16968, Pag. 104f., Nr. 16969, Pag. 53.
23 Vgl. Anm. 4, S. 480.
24 Persönl. Mitteilung von Patricia Heberer, United States Holocaust Memorial Museum, Washington, 10. Februar 2003.
25 Wie Anm. 23.
26 Stefan Stracke, Die Provincial-Heil-und Pflegeanstalt und die „Euthanasie"-Aktion T-4, in: Knauer, Erhard, F. Schulz, H. Lepper (Hg.), 125 Jahre Rheinische Klinken Düren gestern, heute, morgen, Köln: Rheinland-Verlag 2003; S. 74
27 Vgl. Anm. 4, S. 479.
28 Vgl. Anm. 3, S. 247.
29 Vgl. Anm. 8, S. 205.
30 Vgl. Anm. 8, S. 244.
31 Alfred Nitschke, Redemanuskript, ohne Datum, hg. von August Nitschke und persönl. Mitteilg., Ruprecht Nitschke, Oklahoma City, USA.
32 Clemens August Graf von Galen, Predigten in dunkler Zeit, Hg.: Domkapitel Münster, S. 38.
33 Seidler, Eduard, Die Kinderheilkunde und der Staat, in: Monatsschrift für Kinderheilkunde, Bd. 143, 1995, S. 1190.
34 Grosser, Alfred, Für eine schöpferische Erinnerung, in: Monatsschrift Kinderheilkunde Suppl. 1 zu Bd. 147, 1999, S. 20.
35 Vgl. Anm. 4, S 477.
36 Wie Anm. 20.
37 Archiv des Landschaftsverbandes Rheinland, Nr. 14295 II, Pag. 108f., Nr. 16968, Pag. 104f., Nr. 16969, Pag. 53.
38 Vgl. Anm. 20, S. 356.
39 Heberer, Patricia, A Continuity in Killing Operations: T 4 Perpetrators and the „Aktion Reinhard", Vortrag bei der Konferenz „Aktion Reinhard": Der Völkermord an den Juden im Generalgouvernement, Lublin, 8. November 2002, Manuskript.
40 Baader, Gerhard, Menschenversuche in Konzentrations-

lagern, in: Bleker, Johanna, Norbert Jachertz (Hg), Medizin im „Dritten Reich" Köln, Deutscher Ärzte-Verlag 1993. S. 183.
41 Zit. in: Günter Franzen, „Wir bitten um Vergebung", SPIEGEL-Archiv, 24/1996, S. 66 ff.
42 Gerst, Thomas, Der Auftrag der Ärztekammer an Alexander Mitscherlich zur Beobachtung und Dokumentation des Prozessverlaufs, in: Deutsches Ärzteblatt 91, Heft 22/23, 1994.
43 Vilmar, Karsten, Erkenntnisse für Freiheit und Frieden, Deutsches Ärzteblatt 84, Heft 31/32, 1. August 1987 [15] B-1455 – B-1456
44 Ebd.
45 Deutsches Ärzteblatt, 84, Heft 18, 30. April 1987, [11] B-847 – B-859
46 Vgl. Anm. 17, S. 143.
47 Jäckle, Renate, „Pflicht zur Gesundheit" und „Ausmerze", in: Dachauer Hefte 4, Medizin im NS-Staat, Täter, Opfer, Handlanger, Deutscher Taschenbuch Verlag, München, 1993, S. 77.
48 Vgl. Anm. 17, S. 187.
49 Klee, Ernst, Deutsche Medizin im Dritten Reich, Karrieren vor und nach 1945, Frankfurt 2001, S. 51.
50 Wie Anm. 46.
51 Lifton, Robert Jay, Ärzte im Dritten Reich, Berlin 1998, S. 56.
52 Wie Anm. 47.
53 Vgl. Anm. 51, S. 61.
54 Zit. in: Bleker, Johanna, Norbert Jacherz (Hg), Medizin im „Dritten Reich", Köln: Deutscher Ärzte-Verlag 1993, Vorwort, S. 10.
55 Toellner, Richard, Ärzte im Dritten Reich, in: Bleker, Johanna, Norbert Jachertz (Hg), Medizin im Dritten Reich ..", S. 18.
56 Vgl. Anm. 55, S. 22.
57 Labisch, Alfons, Der Gesundheitsbegriff Adolf Hitlers – zur inneren Rationalität nationalsozialistischer Gesundheitsgesetzgebung, in: Kersting, Franz-Werner, Karl Teppe, Bernd Walter (Hg.) Nach Hadamar, Zum Verhältnis von Psychiatrie und Gesellschaft im 20. Jahrhundert. Sonderdruck. Paderborn 1993 (ohne Pag.)

Verwendete Literatur

Adelsberger, Lucie, Auschwitz. Ein Tatsachenbericht, (Hg.: Eduard Seidler), Bonn: Bouvier Verlag, 2001.
Asmuss, Burkhard, (Hg. im Auftrag des Deutschen Historischen Museums), Holocaust. Der Nationalsozialistische Völkermord und die Motive seiner Erinnerung, Ausstellungskatalog. Berlin, DHM, 2002.

Becker-Jákli, Barbara, Werner Jung, Martin Rüther (Hg.), Nationalsozialismus und Regionalgeschichte. Festschrift für Horst Matzerath. Köln: Emons Verlag, 2002.
Becker-Jákli, Barbara, Das jüdische Krankenhaus in Köln, Die Geschichte des Israelitischen Asyls für Kranke und Altersschwache 1869-1945, Köln: Emons Verlag 2004.
Benz Wolfgang, Barbara Distel (Hgg.), Medizin im NS-Staat. Täter, Opfer, Handlanger. Dachauer Hefte 4. München: Deutscher Taschenbuch Verlag 1993.
Benz, Wolfgang, (Hg.), Antisemitismus in Deutschland. Zur Aktualität eines Vorurteils. München: Deutscher Taschenbuch- Verlag, 1995.
Benz, Wolfgang, (Hg.), Die Juden in Deutschland 1933-1945. Leben unter nationalsozialistischer Herrschaft. 4. Aufl. München: C. H. Beck Verlag 1996.
Benz, Wolfgang, Hermann Graml, Hermann Weiß (Hg.), Enzyklopädie des Nationalsozialismus, München: Deutscher Taschenbuch- Verlag, 1997.
Bierganz, Manfred, Annelie Kreutz, Juden in Aachen, Hrsg. v. d. Gesellschaft für Christlich–Jüdische Zusammenarbeit Aachen e. V., Aachen: Alano-Verlag, 1988.
Blatt, Thomas T., Nur die Schatten bleiben. Der Aufstand im Vernichtungslager Sobibor, Berlin: Aufbau Taschenbuch Verlag, 2002,
Bleker, Johanna, Norbert Jachertz, (Hg.), Medizin im „Dritten Reich". Köln: Deutscher Ärzte-Verlag, 1993.
Böll, Heinrich, Ein- und Zusprüche. Schriften, Reden und Prosa 1981-1983. Köln: Verlag Kiepenheuer und Witsch, 1984.
Brocke, Michael, (Hg.), Feuer an dein Heiligtum gelegt. Zerstörte Synagogen 1938 Nordrhein-Westfalen. Bochum: Verlag und Druckkontor Kamp, 1999.

Burleigh, Michael, Die Zeit des Nationalsozialismus. Eine Gesamtdarstellung, Frankfurt am Main: S. Fischer Verlag, 2000.

Corbach, Dieter, 6.00 Uhr ab Messe Köln- Deutz. Deportationen 1938–1945. Köln: Scriba-Verlag, 1994.

Die jüdischen Opfer des Nationalsozialismus aus Köln. Gedenkbuch. Mitteilungen aus dem Stadtarchiv von Köln. Köln Weimar Wien: Böhlau Verlag, 1995.
Die Rückriem-Stelen. Zur Erinnerung an die Opfer des Nationalsozialismus in Düren. Hg.: Dürener Geschichtswerkstatt. Düren: Hahne und Schloemer Verlag, 1991.
Dippel, John V. H., Die große Illusion. Warum deutsche Juden ihre Heimat nicht verlassen wollten. Weinheim und Berlin: Beltz Quadriga Verlag, 1997.
Doerry, Martin, „Mein verwundetes Herz". Das Leben der Lilli Jahn 1900-1944. Stuttgart-München: Deutsche Verlags-Anstalt, 2002.
Domsta, Hans J., Düren 1940–1947. Krieg, Zerstörung Neubeginn. Düren: Verlag Dürener Geschichtsverein, 1994.
Domsta, Hans J., Helmut Krebs, Anton Krobb, Zeittafel zur Geschichte Dürens 747–1997, Düren: Verlag Dürener Geschichtsverein e. V., 1998.
Düwell, Kurt, Angela Genger, Kerstin Griese u. a. (Hg.), Vertreibung jüdischer Künstler und Wissenschaftler aus Düsseldorf 1933–1945, Düsseldorf 1998.

Ebbinghaus, Angelika, Klaus Dörner (Hg.) Vernichten und Heilen, Der Nürnberger Ärzteprozess und seine Folgen, Berlin Aufbau-Verlag 2001.
Enzyklopädie des Holocaust, Israel Gutman (Hg.), Eberhard Jäckel, Peter Longerich, Julius H. Schoeps (Hg. der deutschen Ausgabe), Die Verfolgung und Ermordung der europäischen Juden. 2. Aufl. München Zürich: Serie Piper. 1998.
Enzyklopädie des Nationalsozialismus: s. Benz, Wolfgang, Hermann Graml, Hermann Weiss (Hg.)…
Eppinger, Sven, Das Schicksal der jüdischen Dermatologen Deutschlands in der Zeit des Nationalsozialismus, Frankfurt am Main: Mabuse Verlag, 2001.
Esch, Michael G., Kerstin Giese, Frank Sparing, Wolfgang

Woelk, (Hgg.), Die Medizinische Akademie Düsseldorf im Nationalsozialismus, Essen: Klartext Verlag, 1997.

Friedländer, Saul, Das Dritte Reich und die Juden, Erster Band, Die Jahre der Verfolgung 1933-1939, München: Verlag C. H. Beck, 1998.

Fritzsche, Peter, Wie aus Deutschen Nazis wurden, Zürich, München: Pendo, 1999.

Gedenkbuch, Opfer der Verfolgung der Juden unter der nationalsozialistischen Gewaltherrschaft in Deutschland 1933-1945, Koblenz 1986.

Gedenkbuch, Hamburger jüdische Opfer des Nationalsozialismus. Hamburg: Staatsarchiv Hamburg, 1995.

Gedenkbuch, Die jüdischen Opfer des Nationalsozialismus aus Köln, s. Die Jüdischen Opfer…

Gellately, Robert, Hingeschaut und Weggesehen. Hitler und sein Volk. Stuttgart/München: DVA, 2002.

Gerlach, Christian, Kalkulierte Morde. Die deutsche Wirtschafts- und Vernichtungspolitik in Weißrußland 1941 bis 1944, Hamburg: Hamburger Edition, 1999.

Gilbert, Martin, Holocaust Journey, Travelling in Search of the Past, New York: Columbia University Press, 1997.

Goebbels, Joseph, Tagebücher 1945. Die letzten Aufzeichnungen. Hamburg: Lizenzausgabe mit Genehmigung des Hoffmann und Campe Verlags, o. J.

Goldhagen, Daniel, Hitlers willige Vollstrecker. Ganz gewöhnliche Deutsche und der Holocaust. Berlin: Wolf Jobst Siedler Verlag, 1996.

Goldschmidt, Fritz, Meine Arbeit bei der Vertretung der Interessen jüdischer Ärzte in Deutschland seit dem Juli 1933, Arbeitsbericht zu verschütteten Alternativen in der Gesundheitspolitik, Hg. Stephan Leibfried, Universität Bremen, Florian Tennstedt, Gesamthochschule Kassel, Bremen 1979.

Grab, Walter, Julius H. Schoeps, (Hg.), Juden in der Weimarer Republik, Skizzen und Porträts, Darmstadt: Wissenschaftliche Buchgesellschaft, 1998.

Graml, Hermann, Reichskristallnacht. Antisemitismus und Judenverfolgung im Dritten Reich. München: Deutscher Taschenbuch Verlag. 1988.

Gutman, Israel, s. Enzyklopädie des Holocaust…

Haffner, Sebastian, Germany: Jekyll & Hyde, 1939 – Deutschland von innen betrachtet, München: Droemersche Verlagsanstalt Th. Knaur Nachf. 2001.

Haffner, Sebastian, Geschichte eines Deutschen. Die Erinnerungen 1914 – 1933, Stuttgart/München 2000.

Hamburger jüdische Opfer des Nationalsozialismus, s. Gedenkbuch, Hamburger jüdische Opfer…

Jäckel, Eberhard, Jürgen Rohwer (Hg.), Der Mord an den Juden im Zweiten Weltkrieg, Frankfurt am Main 1987.

Johnson, Eric A., Der nationalsozialistische Terror. Gestapo, Juden und gewöhnliche Deutsche, Berlin: Siedler Verlag, 2000.

Jütte, Robert (Hg.), Geschichte der deutschen Ärzteschaft. Organisierte Berufs- und Gesundheitspolitik im 19. und 20. Jahrhundert. Köln: Deutscher Ärzte-Verlag, 1997.

Justiz und NS-Verbrechen, Sammlung deutscher Strafurteile wegen nationalsozialistischer Tötungsverbrechen 1945-1966, Bd. IX, Amsterdam 1972.

Kershaw, Ian, Hitler 1936 – 1945, Stuttgart: Deutsche Verlags-Anstalt, 2000

Klee, Ernst, „Euthanasie" im NS-Staat. Die „Vernichtung lebensunwerten Lebens", Frankfurt: Fischer Taschenbuch Verlag, 1985.

Klee, Ernst, Was sie taten- was sie wurden. Ärzte, Juristen und andere Beteiligte am Kranken- oder Judenmord. Frankfurt: Fischer Taschenbuch Verlag, 1986.

Klee, Ernst, Deutsche Medizin im Dritten Reich. Karrieren vor und nach 1945, Frankfurt: S. Fischer Verlag, 2001.

Klemperer, Victor, Ich will Zeugnis ablegen bis zum Letzten, Tagebücher 1942-1945, Berlin: Aufbau Verlag, 1995

Klemperer, Victor, LTI, Notizbuch eines Philologen, Leipzig, Reclam Verlag 1975

Knauer, Erhard, Friedel Schulz, Heinz Lepper (Hg.), 125 Jahre Rheinische Klinken Düren gestern, heute, morgen, Köln: Rheinland-Verlag 2003.

Kranz, Tomasz, (Hg.) Bildungsarbeit und historisches Lernen in der Gedenkstätte Majdanek. Lublin: Panstwowe Muzeum na Majdanku. 2000.

Kulka, Otto Dov, Eberhard Jäckel, (Hg.) Die Juden in den

geheimen NS-Stimmungsberichten 1933-1945, Schriftenreihe des Bundesarchivs 62, Düsseldorf: Droste Verlag 2004, s. auch: http://dnb.ddb.de

Leibfried, Stephan, Florian Tennstedt, Berufsverbote und Sozialpolitik 1933, Arbeitspapiere Forschungsschwerpunkt Reproduktionsrisiken, soziale Bewegungen und Sozialpolitik, 2. Aufl., Universität Bremen, 1980.

Lepper, Herbert, (Bearb.), Von der Emanzipation zum Holocaust. Die Israelische Synagogengemeinde zu Aachen 1801-1942. Aachen: Verlag der Mayer'schen Buchhandlung, 1994.

Leven, Karl, Blutplättchenzählung nach Spitz-Müller, Inauguraldissertation zur Erlangung der Doktorwürde der Hohen Medizinischen Fakultät der Universität Köln, Stempel: Universitäts- und Stadtbibliothek Köln, Abtlg. 3, ohne Datum, jetzt: Mediz. Zentralbibliothek Köln, Diss. Köln 1925 Leven, 2. Expl. Durchschlagpapier, o. Pag. Referiert in: Dissertationen an d. Med. Fak. Köln 1924/25, S. 122, Köln Med. Diss. V. 30. Juli 1925

Lifton, Robert Jay, Ärzte im Dritten Reich. Berlin: Propyläen Taschenbuch, 1998.

Limberg, Margarete, Hubert Rübsaat (Hg.): Sie durften nicht mehr Deutsche sein. Jüdischer Alltag in Selbstzeugnissen 1933-1938, Frankfurt, New York 1990.

Michalka, Wolfgang, (Hg.), Der Zweite Weltkrieg, München Zürich: Piper Verlag, 1989.

Monumenta Judaica. Konrad Schilling (Hg.), 2000 Jahre Geschichte und Kultur der Juden am Rhein. Handbuch und Katalog der Ausstellung im Kölnischen Stadtmuseum 1963/64. Köln 1963.

Müller, Regina, Um Heimat und Leben gebracht. Zur Geschichte der Juden im alten Landkreis Düren 1830-1945, Düren: Hahne und Schloemer, 1989.

Murken, Axel Hinrich, Vom Hekdesch zum Allgemeinen Krankenhaus. Jüdische Krankenhäuser in Deutschland im Wandel ihrer 800jährigen Geschichte vom 13. Jahrhundert bis zum Zweiten Weltkrieg., in: Historia Hospitalium, Zeitschrift der Deutschen Gesellschaft für Krankenhausgeschichte. Heft 19, 1993-1994,

Naor, Neomi, Nika Robrock, Erinnerung. Eine Dokumentation über die Jüdinnen und Juden in Düren von 1933 bis 1945, Düren: Hahne und Schloemer Verlag, 1994.

Philolexikon. Handbuch des jüdischen Wissens, Berlin/Amsterdam 1937.

Pracht, Elfi, Jüdisches Kulturerbe in Nordrhein- Westfalen, Teil I, Regierungsbezirk Köln, Köln 1997.

Püschel, Erich, 75 Jahre Kinderheilkunde in Rheinland und Westfalen, Die Geschichte der Vereinigung rheinisch-westfälischer Kinderärzte 1900-1975, Düsseldorf: Michael Triltsch Verlag, 1975.

Reitlinger, Gerald, Die Endlösung, Hitlers Versuch der Ausrottung der Juden Europas 1939-1945, Berlin 1979.

Roseman, Marc, In einem unbewachten Augenblick. Eine Frau überlebt im Untergrund, Berlin: Aufbau Verlag, 2002.

Rückerl, Adalbert, (Hg.), NS – Vernichtungslager im Spiegel deutscher Strafprozesse; Belzec, Sobibor, Treblinka, Chelmno. München: dtv dokumente, Deutscher Taschenbuch – Verlag, 1977.

Schabow, Dietrich: Zur Geschichte der Juden von Bendorf, Bendorf 1979.

Schelvis, Jules, Vernichtungslager Sobibor. Berlin: Metropol Verlag, 1998.

Scholz, Albrecht, Caris-Petra Heidel (Hg.), Sozialpolitik und Judentum, Dresden: Union Druckerei Dresden, 2000.

Schweier, Paul, Eduard Seidler, (Hg.) Lebendige Pädiatrie. München: Hans Marseille Verlag, 1983.

Seidler, Eduard, Kinderärzte 1933-1945, entrechtet – geflohen – ermordet. Bonn: Bouvier-Verlag 2000.

Semprun, Jorge, Schreiben oder Leben, Frankfurt: Suhrkamp Verlag, 1995.

Semprun, Jorge, Der Tote mit meinem Namen, Frankfurt 2002.

Smith, Michael, Foley. The Spy who saved 10,000 Jews, London: Coronet Paperback, 1999.

Ventzke, Karl, Evangelische Gemeinden in Düren vom 16. Jahrhundert bis 1944, Ausgewählte Aufsätze. Düren: Verlag Dürener Geschichtsverein, 1986.

Vidal, Nachum G., Die Juden in Deutschland von der Römerzeit bis zur Weimarer Republik, Köln: Könemann Verlagsgesellschaft mbH, 1997.

Wallraff, Horst, Nationalsozialismus in den Kreisen Düren und Jülich. Tradition und „Tausendjähriges Reich" in einer rheinländischen Region 1933-1945. Düren: Hahne & Schloemer, 2000.
Walter, Dirk, Antisemitische Kriminalität und Gewalt. Judenfeindschaft in der Weimarer Republik, Bonn 1999.
Wood, E. Thomas, Stanislaw M. Janowski, Einer gegen den Holocaust. Als Kurier in geheimer Mission. Gerlingen: Bleicher Verlag, 1997.

Abkürzungen

DA:	„Davidszug" (Kürzel für Transportzug mit jüdischen Deportierten)
DAF:	Deutsche Arbeitsfront
Gestapo:	Geheime Staatspolizei
G-Wagen:	Gedeckter Güterwaggon
HStA:	Hauptstaatsarchiv Düsseldorf
KK:	Kriminalkommissar
NSDÄB:	Nationalsozialistischer Deutscher Ärztebund
NSDAP:	Nationalsozialistische Deutsche Arbeiterpartei
RSHA:	Reichsicherheitshauptamt
StAD:	Stadt- und Kreisarchiv Düren

Dank

Mein Dank gilt: Dieter Kühn, dem Freund und Schriftsteller für viele konstruktive Anregungen und ermutigende Gespräche; Jochen Johannsen, dem Sohn und Historiker, für seine Hinweise bei der Quellensuche, seine Unterstützung bei der Annäherung an historische Arbeitsweisen und seine kritische Begleitung; Prof. Dr. Eduard Seidler, Freiburg, für den Gedankenaustausch und die wertvollen Hinweise auf Daten und Quellen; Hildegard Schernus, die mich als erste auf Familie Leven aufmerksam machte und judaistischen Rat gab; Regina Müller für ihre unermüdliche Bereitschaft, mich an ihren Kenntnissen der Geschichte jüdischer Menschen im Kreis Düren teilhaben zu lassen; Friedel Gaspers, Stadtarchiv Düren, für viele Personalia der Familie Leven und für archivalische Hilfen; Robert Kuwalek, Historiker in Majdanek, der mich an seinen Recherchen in Izbica und Sobibor teilhaben ließ und für seine einfühlsame Hilfe bei meinem Besuch in Lublin; dem Historiker Peter Witte für seine präzisen Informationen über die Deportationszüge; Horst Wallraff, Historiker und Kenner der lokalen Geschichte Dürens in der NS-Zeit.

Ein besonderer Dank gilt Werner Lachs in Prestwich/England und seiner leider kürzlich verstorbenen Schwester Ruth Shiers, geb. Leven und ihren Familien. Sie haben als Verwandte eine durch die zurückliegenden Jahrzehnte zwar abgeschwächte aber doch noch klare Erinnerung an ihren „Uncle Karl". Unsere gegenseitigen Besuche in Prestwich und Düren gehören zu den Grundlagen dieses Buches. Dankbar bin ich auch Marianne Schwarz-Gerstenfeld für ihre Begleitung in Yad Vashem und den unkomplizierten Zugang zum Archiv der Gedenkstätte.

Bei meinen Gesprächspartnerinnen und -partnern, zumeist aus Düren, möchte ich mich noch einmal sehr herzlich bedanken. Bei allen traf ich auf Offenheit und Gesprächsbereitschaft: Cilli Bongard, geb. Zilken; Ludger Dowe; Resi Düpper geb. Zilken; Franca Fischer; Bernd Hahne; Christine Hentig; Dr. Norbert Ludwigs; Hedwig Müller; Willi Müller, Direktor des Gymnasiums am Wirteltor; Neomi Naor; Nina Robrock; Margarethe Sauer; Dr. Karl Ventzke als Kenner der Geschichte der Evangelischen Gemeinde zu Düren; Maria Glombek, Neuss; Jürgen Lauer, Aachen.

Kurt Baltus, Düren, in seiner Freizeit Genealoge, hat aus eigenem Antrieb in aufwendigen Archivrecherchen zahlreiche, bis in das 17. Jahrhundert zurückreichende Erkenntnisse über die Vorfahren der Familien Leven und Lachs gesammelt und die Familien Lachs und Leven grafisch übersichtlich dargestellt. Dafür bin ich sehr dankbar. Längst nicht alle Daten und Fakten konnten in dieses Buch aufgenommen werden. Das umfangreiche Material sieht zu einem späteren Zeitpunkt an anderer Stelle der Veröffentlichung entgegen.

Die Teilnahme an der Internationalen Historikerkonferenz zum 60. Jahrestag der Aktion Reinhardt in Lublin/Polen wäre ohne das freundliche und unbürokratische Entgegenkommen des Deutschen Historischen Instituts Warschau und der Staatlichen Gedenkstätte Majdanek nicht möglich gewesen. Hierfür und für die Gastfreundschaft in Lublin bin ich besonders dankbar.

Weitere wertvolle Gesprächspartner waren: Dr. Barbara Becker-Jakli und Dr. Peter Liebermann, beide aus Köln; Anneke Rooijens-Waltuch, Bodegraven, Niederlande; Dr. Ruprecht Nitschke, Oklahoma City; Dieter Pohl, München.

Dr. Martin Doerry, Hamburg, und dem Deutschen Historischen Museum, Berlin verdanke ich zwei wertvolle Photographien.

Wolfgang Camphausen, Köln, und ein ungenannt sein wollender Freund übernahmen die mühevolle Arbeit des Korrekturlesens und waren wichtige Gesprächspartner.

Herrn Gerhard Hentrich als Verleger, Herrn Klaus-Peter Gerhardt als Lektor sowie dem Herausgeber, Herrn Dr. Hermann Simon, Direktor der Stiftung Neue Synagoge Berlin – Centrum Judaicum, danke ich für die Bereitschaft, mein Buch in die Reihe „Jüdische Memoiren" aufzunehmen. Ich freue mich darüber, es in diesem Kontext zu wissen. Frau Barbara Nicol danke ich für die verständnisvolle Zusammenarbeit, die aus meinem Manuskript ein Buch entstehen ließ.

Von den ersten Anfängen meiner Beschäftigung mit dem Lebens- und Leidensweg von Karl Leven und seiner Familie an war meine Frau Gudrun zuhörend, mitfühlend, unterstützend und ermutigend in die oft belastende Arbeit einbezogen. Die bewegenden menschlichen Begegnungen bei den Besuchen in England und Israel könnte ich mir ohne sie nicht vorstellen. Manche Last hat sie mitgetragen. Ihr Urteil war oft wichtig für mich. Mein Dank an sie gehört eigentlich an den Anfang.

Biographische Notiz

Lorenz Peter Johannsen wurde 1933 in Remscheid geboren. Kriegszeit und Nachkriegswirren „ermöglichten" ihm den Besuch von dreizehn Schulen. Abitur 1954 in Düsseldorf. Medizinstudium in Freiburg, Marburg, Innsbruck und Düsseldorf. Staatsexamen und Promotion 1959 in Düsseldorf. Medizinalassistent in Rheinberg/Niederrhein und Duisburg. Ab 1962 Weiterbildung zum Kinderarzt und Assistentenjahre in Datteln und Freiburg. Von 1969 bis 1998 Chefarzt der Kinderklinik des Krankenhauses Düren.

Lorenz Peter Johannsen ist verheiratet und hat drei Kinder und vier Enkelkinder.

Ab 1995 Recherchen über Dr. Karl Leven. In der Folge Reisen nach England, Israel und Polen.

Abbildungen, Quellen

Brocke, Michael, (Hg.), Feuer an dein Heiligtum gelegt. Zerstörte Synagogen 1938 Nordrhein-Westfalen. Bochum: Verlag und Druckkontor Kamp, 1999 – *Seite 156*
Doerry, Martin, „Mein verwundetes Herz". Das Leben der Lilli Jahn, 1900-1944. Stuttgart-München: Deutsche Verlags-Anstalt, 2002, mit freundlicher Genehmigung des Verfassers – *Seiten 40, 74*
Johannsen, Lorenz Peter – *Seiten 24, 93, 228, 229*
Lachs, Werner, Privatarchiv – *Seiten 30, 87–92, 96, 151*
Naor, Neomi, Nika Robrock, Erinnerung. Eine Dokumentation über die Jüdinnen und Juden in Düren von 1933 bis 1945, Düren: Hahne und Schloemer Verlag, 1994 – *Seiten 70, 160, 183*
Postkarten, Privatbesitz – *Seiten 106, 228*
Stadtarchiv Düren – *Seiten 118, 247*

Übersichtskarte Distrikt Lublin

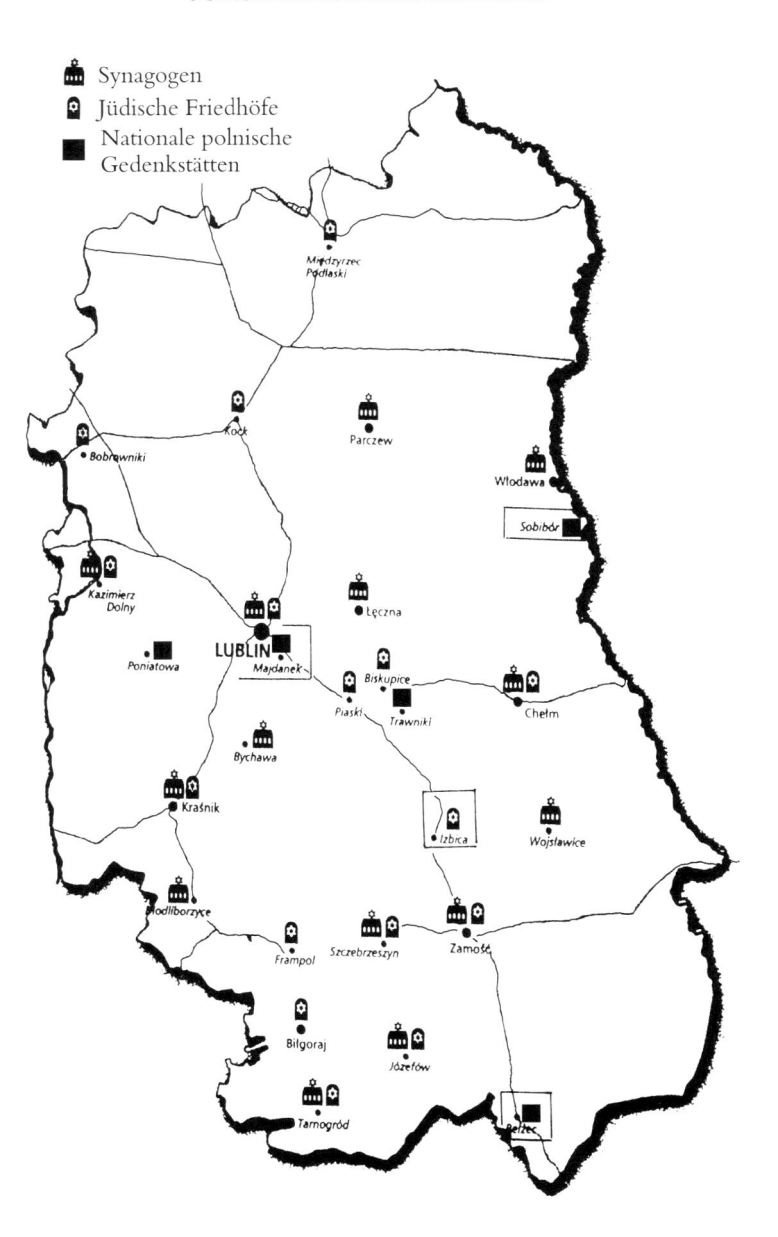

- 🕍 Synagogen
- 🪦 Jüdische Friedhöfe
- ■ Nationale polnische Gedenkstätten

Reihe jüdische Memoiren

Herausgegeben von Hermann Simon
Neue Synagoge Berlin – Centrum Judaicum

Meno Burg **Geschichte meines Dienstlebens** Band 1
Erinnerungen eines jüdischen Majors der preußischen Armee ISBN 3-933471-00-1

Jacob Teitel **Aus meiner Lebensarbeit** Band 2
Erinnerungen eines jüdischen Richters im alten Rußland ISBN 3-933471-03-6

Salomo Sachs **„Ich büße für meinen Glauben"** Band 3
Fünfzigjähriges Dienstleben u. literarisches Wirken In Vorbereitung ISBN 3-933471-04-4

Karl Schwarz **Jüdische Kunst – Jüdische Künstler** Band 4
Erinnerungen des ersten Direktors des Berliner Jüdischen Museums ISBN 3-933471-05-2

Martin Riesenburger **Das Licht verlöschte nicht** Band 5
Ein Zeugnis a. d. Nacht d. Faschismus – ein Berl. Rabbinerleben ISBN 3-933471-21-4

Elchanan Nathan Adler **Von Ghetto zu Ghetto** Band 6
Berichte eines jüdischen Reisenden ausgangs des 19. Jahrhunderts ISBN 3-933471-18-4

James Israel **Meine Reise zum Sultan** In Vorbereitung Band 7

Wolfgang Pintzka **Von Sibirien in die Synagoge** Band 8
Erinnerungen aus zwei Welten ISBN 3-933471-31-1

Rosemarie Schuder **Deutsches Stiefmutterland** Band 9
Wege zu Berthold Auerbach ISBN 3-933471-40-0

Magrit Delius **Gisela Jacobius – als Jüdin in Berlin** Band 10
„... sind wir am 9. Januar 1943 in den Untergrund gegangen" ISBN 3-933471-88-5

Christoph Hamann **Die Mühsams** Band 11
Geschichte einer Familie ISBN 3-938485-00-0

Christiane Hoff **Anna und Leon** Band 12
Ihre Lebenswege nachgezeichnet ISBN 3-938485-01-9

Lorenz Peter Johannsen **Kinderarzt Karl Leven** Band 13
Lebensspuren – Todesspur ISBN 3-938485-05-1

Hans Brodnitz **Kino intim** Band 14
Eine vergessene Biographie ISBN 3-938485-06-X

Sabine Hank und Hermann Simon (Bearbeiter) **2 Bände**
Feldpostbriefe jüdischer Soldaten 1914–1918 Sonderausgabe
Briefe ehemaliger Zöglinge an Sigmund Feist ISBN 3-933471-25-7 u. 33-8

Fräulein Rabbiner Jonas Sonderband Zweite Auflage
„Kann die Frau das rabbinische Amt bekleiden?" ISBN 3-933471-17-6

Reihe jüdische Miniaturen

LEBENSBILDER · KUNST · ARCHITEKTUR
Herausgegeben von Hermann Simon

Hermann Simon **Moses Mendelssohn**		**Band 1**
Gesetzestreuer Jude und deutscher Aufklärer		ISBN 3-933471-45-1
Christian Schölzel **Walther Rathenau**		**Band 2**
Industrieller · Schriftsteller · Politiker		ISBN 3-933471-44-3
Chana Schütz **Max Liebermann**		**Band 3**
Impressionistischer Maler · Gründer der Berl. Secession		ISBN 3-933471-47-8
Elisa Klapheck **Regina Jonas**		**Band 4**
Die weltweit erste Rabbinerin		ISBN 3-933471-48-6
Michael Hanisch **Ernst Lubitsch**		**Band 5**
Von der Berliner Schönhauser Allee nach Hollywood		ISBN 3-933471-54-0
Julius H. Schoeps **Theodor Herzl**		**Band 6**
Die Utopie des Judenstaates		ISBN 3-933471-55-9
Heinrich Simon **Jüdische Feiertage**		**Band 7**
Festtage im jüdischen Kalender		ISBN 3-933471-56-7
Heinrich Simon **Leben im Judentum**		**Band 8**
– Persönliche Feste und denkwürdige Tage –		ISBN 3-933471-66-4
Walter Nowojski **Victor Klemperer**		**Band 9**
Vom Romanisten zum Chronisten der Vorhölle		ISBN 3-933471-59-1
Sösemann / Frölich **Theodor Wolff**		**Band 10**
Journalist · Weltbürger · Demokrat		ISBN 3-933471-62-1
Elvira Groezinger **Glückel von Hameln**		**Band 11**
Kauffrau, Mutter und erste jüdisch-deutsche Autorin		ISBN 3-933471-61-3
Joanna Obruśnik **Jurek Becker**		**Band 12**
Gebor. Jude · Selbsternannter Atheist · Deutscher Schriftsteller		ISBN 3-933471-57-5
Nils Buch-Petersen **Oscar Tietz**		**Band 13**
Von Birnbaum/Provinz Posen z. Warenhauskönig v. Berlin		ISBN 3-933471-67-2
Anita Wünschmann **Anna Seghers**		**Band 14**
Jüdin, Kommunistin, Weltbürgerin – d. gr. Erzähl. d. 20. Jahrh.		ISBN 3-933471-68-0
Ralf Dose **Magnus Hirschfeld**		**Doppelband 15**
Deutscher – Jude – Weltbürger		ISBN 3-933471-69-9
Klaus Schütz **Heinz Galinski**		**Band 16**
Ein Berliner unter dem Davidsschild		ISBN 3-933471-70-2

Reihe jüdische Miniaturen

LEBENSBILDER · KUNST · ARCHITEKTUR
Herausgegeben von Hermann Simon

Hermann Simon	**Die Synagoge Rykestraße** 1904–2004	Band 17	ISBN 3-933471-71-0
Michael Hanisch	**Billy Wilder** Von Galizien nach Beverly Hills	Band 18	ISBN 3-933471-72-9
Michael Schäbitz	**Hans Rosenthal** Deutschl. unvergess. Quizmaster – Bewusster, stolzer Jude	Band 19	ISBN 3-933471-73-7
Nora Goldenbogen	**Die Dresdner Synagoge** Geschichte und Geschichten	Band 20	ISBN 3-933471-74-5
Christian Schölzel	**Albert Ballin** „Ein Schiffsherr ist's… Ein Kaiser neigt s. v. d. jüd. Mann…"	Band 21	ISBN 3-933471-75-3
Хайнрих Зимон	**Еврейские праздники** (Russische Ausgabe von Band 7 »Jüdische Feiertage«)	Band 22	ISBN 3-933471-77-X
Marianne Büning	**Jenny Hirsch** Frauenrechtlerin – Redakteurin – Schriftstellerin	Band 23	ISBN 3-933471-81-8
Hedvah Ben Zev	**Rahel Hirsch** Preußens erste Medizinprofessorin	Band 24	ISBN 3-933471-82-6
Hoffmann/Schulmann	**Albert Einstein** 1879–1955	Doppelband 25	ISBN 3-933471-83-4
Norbert Böttcher	**Siegfried Marcus** Bedeutender Ingenieur und vielseitiger Erfinder	Band 26	ISBN 3-933471-84-2
Хайнрих Зимон	**Еврейские традиции** (Russische Ausgabe von Band 8 „Leben im Judentum")	Band 27	ISBN 3-933471-85-0
Yvonne Domhardt	**Alfred Dreyfus** degradiert – deportiert – rehabilitiert	Band 28	ISBN 3-933471-86-9
Wolfgang Holtz	**Moses aus Dessau** Der Weg des Moses Mendelssohn nach Berlin 1743	Band 29	ISBN 3-933471-87-7
Marina Sassenberg	**Selma Stern** Erste Frau in der Wissenschaft des Judentums	Band 30	ISBN 3-938485-07-8
Norbert Haase	**Die Synagoge zu Görlitz** Ein vergessenes Gedenkzeichen	Band 31	ISBN 3-938485-09-4
Nils Busch-Petersen	**Adolf Jandorf** Vom Volkswarenhaus zum KaDeWe	Band 32	ISBN 3-938485-10-8

BEATE NIEMANN

MEIN GUTER VATER

MEIN LEBEN MIT SEINER VERGANGENHEIT

EINE TÄTER-BIOGRAPHIE

25 Jahre saß SS-Sturmbannführer Bruno Sattler in DDR-Gefängnissen. Unschuldig – wie seine Familie glaubte.
Zufällig stieß Beate Niemann auf das Buch »Serbien ist judenfrei« von Walter Manoschek, in dem die Beteiligung ihres Vaters – als Leiter der Abteilung IV (Gestapo) – an dem Gaswageneinsatz in Belgrad 1942 beschrieben ist, bei dem ca. 8.000 Menschen, hauptsächlich Frauen und Kinder, ermordet wurden.
Ihr »unschuldiger« Vater war ein Massenmörder im Dienst seiner Weltanschauung. Diesen fürchterlichen Tatsachen konnte die Tochter fortan nicht mehr ausweichen.
In Jahren der Spurensuche fand die Tochter die Akten, die seine Verbrechen nachweisen.

224 Seiten, 17 Bilder, Festeinband, 19,90 Euro
ISBN 3-938485-03-5